毛泽东完胜蒋介石实录

王相坤 著

四川人民出版社

图书在版编目（CIP）数据

毛泽东完胜蒋介石实录/王相坤著. —成都：四川人民出版社，2019.11（2020.5 重印）
ISBN 978－7－220－11586－8

Ⅰ.①毛… Ⅱ.①王… Ⅲ.①毛泽东（1893－1976）－生平事迹　②蒋介石（1887－1975）－生平事迹　Ⅳ.①A752　②K827＝7

中国版本图书馆 CIP 数据核字（2019）第 188779 号

MAOZEDONG WANSHENG JIANGJIESHI SHILU
毛泽东完胜蒋介石实录
王相坤　著

出 版 人	黄立新
策划组稿	刘周远　罗晓春
责任编辑	罗晓春
营销策划	张明辉
封面设计	象上设计
内文设计	戴雨虹
责任校对	韩　华
责任印制	许　茜
出版发行	四川人民出版社（成都市槐树街 2 号）
网　　址	http://www.scpph.com
E-mail	scrmcbs@sina.com
新浪微博	@四川人民出版社
微信公众号	四川人民出版社
发行部业务电话	（028）86259624　86259453
防盗版举报电话	（028）86259624
照　　排	四川胜翔数码印务设计有限公司
印　　刷	四川机投印务有限公司
成品尺寸	170mm×240mm
印　　张	22.75
字　　数	371 千
版　　次	2019 年 11 月第 1 版
印　　次	2020 年 5 月第 2 次印刷
书　　号	ISBN 978－7－220－11586－8
定　　价	59.80 元

■版权所有·侵权必究

本书若出现印装质量问题，请与我社发行部联系调换
电话：（028）86259453

现在摆在中国人民、各民主党派、各人民团体面前的问题，是将革命进行到底呢，还是使革命半途而废呢？如果要使革命进行到底，那就是用革命的方法，坚决彻底干净全部地消灭一切反动势力，不动摇地坚持打倒帝国主义，打倒封建主义，打倒官僚资本主义，在全国范围内推翻国民党的反动统治，在全国范围内建立无产阶级领导的以工农联盟为主体的人民民主专政的共和国。

——毛泽东：《将革命进行到底》，1948 年 12 月 30 日如果没有毛泽东同志多次从危机中挽救中国革命，如果没有以他为首的党中央给全党、全国各族人民和人民军队指明坚定正确的政治方向，我们党和人民可能还要在黑暗中摸索更长时间。同中国共产党被公认为全国各族人民的领导核心一样，毛泽东同志被公认为中国共产党和中国各族人民的伟大领袖，在党和人民集体奋斗中产生的毛泽东思想被公认为党的指导思想，这是中华人民共和国建国以前二十八年历史发展的必然结果。

——《中国共产党中央委员会关于建国以来党的若干历史问题的决议》，1981年6月27日十月革命一声炮响，给中国送来了马克思列宁主义。从纷然杂陈的各种观点和路径中，经过反复比较和鉴别，毛泽东同志毅然选择了马克思列宁主义，选择了为实现共产主义而奋斗的崇高理想。在此后的革命生涯中，不管是"倒海翻江卷巨澜"，还是"雄关漫道真如铁"，毛泽东同志始终都矢志不移、执着追求。

——习近平：《在纪念毛泽东同志诞辰 120 周年座谈会上的讲话》，2013 年 12 月 26 日

70 年前的今天，毛泽东同志在这里向世界庄严宣告了中华人民共和国的成立，中国人民从此站起来了。这一伟大事件，彻底改变了近代以后 100 多年中国积贫积弱、受人欺凌的悲惨命运，中华民族走上了实现伟大复兴的壮阔道路。

70 年来，全国各族人民同心同德、艰苦奋斗，取得了令世界刮目相看的伟大成就。今天，社会主义中国巍然屹立在世界东方，没有任何力量能够撼动我们伟大祖国的地位，没有任何力量能够阻挡中国人民和中华民族的前进步伐。

——习近平：《在庆祝中华人民共和国成立 70 周年大会上的讲话》，2019 年 10 月 1 日

目 录

001/ 序言
001/ 从转折到起飞

第一章
001/ **1949 年的中国新年**
　　——失败情绪笼罩南京国民政府

第二章
043/ **胜利在望的中国共产党**
　　——将革命进行到底

第三章
091/ **中国因素牵动世界神经**
　　——美、苏大国着手调整对华政策

第四章

131/ 围绕和谈的斗争

——蒋介石"假和谈""真备战"阴谋破产

第五章

171/ 没有悬念的最后决战

——人民解放军百万雄师彻底摧毁国民党政权基础

第六章

201/ 建设什么样的中国？

——中共高层躬身征询良策

第七章

245/ 美国为摇摆不定的弃蒋政策付出代价

——新中国外交选择"一边倒"

第八章

297/ 一个新生政权诞生

——全世界目光聚焦新中国开国大典

331/ 后　记

序言

在即将迎来中华人民共和国 70 周年华诞之际，在四川人民出版社的大力支持下，全景记录新中国成立过程的《毛泽东完胜蒋介石实录》一书，将再版重印。四川人民出版社产品总监张明辉要我为再版写一篇序，我想了一想，本书是在 2009 年为庆祝中华人民共和国成立 60 周年而写的。为什么要写 1949 年，写作的思想、框架的确立，在序言和后记中都写清楚了。

这里要说的，就是我在研究毛泽东和蒋介石的过程中，经常思考的一个问题：毛泽东为什么能完胜蒋介石？与蒋介石相比，是哪些优势成就了他？

一、"学不成名誓不还"的远大志向成就了毛泽东的高超智慧

毛泽东的童年时代大部分时间是在外婆家度过的。外婆家虽然是农民，但有一个开馆教书的舅舅，这使毛泽东有机会较早地接受一些新知识。1902 年，在 9 岁时，毛泽东正式入私塾读书。天资聪颖的毛泽东很快读完了《三字经》《幼学琼林》《论语》《孟子》《中庸》《大学》等中国古代经典。学问不深的老师以出对联、背书难为毛泽东，被他轻松化解。1904 年秋，毛泽东转学到关公桥私塾。读不到半年，毛泽东再次转学。然而，老师所授的课程仍然不能满足他"饥不饱腹"。于是，毛泽东开始利用课余时间读一些被视为"杂书"的《精忠传》《水浒传》《三国演义》《西游记》等。而这些书对培养毛泽东对英雄的崇拜，激发毛泽东对改造客观世界的历史使命感，产生了重要作用。毛泽东的同窗好友邹普勋回忆起毛泽东时说："他读书时，十分认真，特别是善于独立思考，经常在书上打圈点，写批语。他的记忆力和理解力非常强，除了老师授的经书外，还喜欢看《水浒传》《三国演义》等小说。"[①]

随着年龄的增长和学习的知识增多，毛泽东越来越感到私塾教育不能适应他的求知欲望。1906 年，他在井湾里私塾呈毛宇居老师诗一首：天井四四方，周围是高墙。清清见卵石，小鱼圈中央。只喝井里水，永远长不长。[②] 这首诗

[①] 龙剑宇：《毛泽东与蒋介石的人生道路》，经济日报出版社 2010 年版，第 112 页。
[②] 龙剑宇：《毛泽东与蒋介石的人生道路》，经济日报出版社 2010 年版，第 119 页。

充分反映了毛泽东对学习现状的不满和对新生活的渴望。

四年后,毛泽东所渴望的新生活终于来到。他考入湘乡县立东山高等小学堂读书。这是毛泽东人生道路上的一次重要转折。行前,他曾抄诗一首送给父亲:

孩儿立志出乡关,学不成名誓不还。埋骨何须桑梓地,人生无处不青山。

这首诗表达了毛泽东一心向学、志在四方的决心。

走出韶山冲的毛泽东,果然如鱼得水。1912年上半年,他读了《资治通鉴》中一则"商鞅徙木立信"的故事,讲的是公元前359年,秦孝公任命商鞅为左庶长,准备实行变法。变法令公布之前,为了展示朝廷的决心,获取公众的信任,就贴出告示:凡能把"三丈之木"从国都市南门搬到北门者重奖"十金"。搬一段木头能得到这样的重赏,这使很多人们不敢相信。于是,朝廷又下令:"能徙者予五十金!"俗话说"重赏之下,必有勇夫"。结果,有一人抱着试试看的态度把"三丈之木"从国都市南门搬到北门,朝廷果真"辄予五十金"。"徙木即赐",让人们亲眼看见并且相信朝廷颁布的任何命令都是要执行的,从而为变法实行新政做了思想准备。

这则故事蕴含的道理并不深奥,但毛泽东却运用他所知道的美国民主政治制度和当时世界上崇尚的民主、法制等比较先进的治国理念,与这则故事联系起来,写了一篇寄托着他的远大抱负的天下奇文《商鞅徙木立信论》,全文如下:

吾读史至商鞅徙木立信一事,而叹吾国国民之愚也,而叹执政者之煞费苦心也,而叹数千年来民智之不开、国几蹈于沦亡之惨也。谓予不信,请罄其说。

法令者,代谋幸福之具也。法令而善,其幸福吾民也必多,吾民方恐其不布此法令,或布而恐其不生效力,必竭全力以保障之,维持之,务使达到完善之目的而止。政府国民互相倚系,安有不信之理?法令而不善,则不惟无幸福之可言,且有危害之足惧,吾民又必竭全力以阻止此法令。虽欲吾信,又安有信之理?乃若商鞅之与秦民,适成此比例之反对,抑又何哉?

商鞅之法良法也。今试一披吾国四千余年之记载,而求其利国福民伟大之政治家,商鞅不首屈一指乎?鞅当孝公之世,中原最鼎沸,战事正殷。举国疲劳,不堪言状。于是而欲战胜诸国,统一中原,不綦难哉?于是而变法之令出,其法惩奸宄以保人民之权利,务耕织以增进国民之富力,尚军功以树国威,孥贫怠以绝消耗。此诚我国从来未有之大政策,民何惮而不信?乃必徙木以立信者,吾于是知执政者之具费苦心也,吾于是知吾国国民之愚也,吾于是知数千年来民智黑暗、国几蹈于沦亡之惨境有由来也。

虽然,非常之原,黎民惧焉。民是此民矣,法是彼法矣,吾又何怪焉?吾特恐此徙木立信一事,若令彼东西各国文明国民闻之,当必捧腹而笑,噭舌而讥矣。呜呼!吾欲无言。①

此文虽然只有400多字,但紧密联系中国的社会实际,提出了救国安邦的思路,表现出了毛泽东忧国忧民的思想情怀和"利国福民"的改革抱负。文章切中时弊,道出中国的根本问题是"国民之愚""民智黑暗",最高当局未能唤醒民众、开启人们参与政治和追求幸福的热忱。国文教员柳潜看到此文后,十分高兴。1912年6月28日,柳潜将毛泽东此作评为100分的满分,批示"传观",并作了很长的评语。评语说:此文"实切社会立论,目光如炬,落墨大方,恰似报笔,而义法亦入古。逆折而入,笔力挺拔。历观生作,练成一色文字,自是伟大之器,再加功候,吾不知其所至。力能扛鼎,积理宏富。有法律知识,具哲理思想,借题发挥,纯以唱叹之笔出之,是为压题(点题)法,至推论商君之法为从来未有之大政策,言之凿凿,绝无浮烟涨墨绕其笔端,是有功于社会文字"②。

柳潜将毛泽东此作评为100分,是基于什么标准考虑的,后人无法得知,但他评价毛泽东"自是伟大之器……吾不知其所至。力能扛鼎,积理宏富。"则体现了他的"目光如炬",有先见之明。毛泽东后来果然如他预见,"力能扛鼎",成为中国人民的伟大领袖。

成了伟人的毛泽东仍然十分重视学习。

曾经担任毛泽东的图书管理员、后来担任中央文献研究室主任的逄先知回忆说,毛泽东常常废寝忘食地阅读古今中外的各种书籍。即使在最艰苦、最紧张的革命战争环境中,他也总是不忘读书。到陕北以后,毛泽东通过各种渠

---

① 毛泽东:《商鞅徙木立信论》,见《毛泽东最早文稿1912.6—1920.11》,第1页,原件存中央档案馆。

② 毛泽东:《商鞅徙木立信论》,见《毛泽东最早文稿1912.6—1920.11》,第2页,原件存中央档案馆。

道，尽一切可能，从国民党统治区购买各类书报。到了延安，他的书逐渐多起来了，并有专人替他管理。他的书起先放在离住处不远的一排平房里，后因日机轰炸，搬到一个很深的窑洞里，保护起来。1947年从延安撤退的时候，别的东西丢下了很多，但是他的书，除一部分在当地埋藏起来以外，大部分，特别是他写了批注的那一些，经过千辛万苦，辗转千里以后，搬到了北京。这些书是毛泽东藏书中最宝贵的一部分，是研究毛泽东思想的珍贵资料。

毛泽东读书的范围十分广泛，从社会科学到自然科学，从马列主义著作到西方资产阶级著作，从古代的到近代的，从中国的到外国的，包括哲学、经济学、政治、军事、文学、历史、地理、自然科学、技术科学等方面的书籍以及各种杂书。他对宗教问题是比较重视的，代表中国几个佛教宗派的经典如《金刚经》《六祖坛经》《华严经》以及研究这些经典的著述，都读过一些。对于禅宗的学说，特别是它的第六世唐朝高僧慧能的思想更注意一些。《六祖坛经》一书，毛泽东读过多次，有时外出还带着，这是一部在慧能死后由慧能的弟子编纂的语录。哲学刊物上发表的讲禅宗哲学思想的文章，毛泽东几乎都看。基督教的《圣经》，他也读过。毛泽东阅读宗教经典，既作为哲学问题来研究，也当作群众工作问题来看待。他说："我赞成一些共产主义者研究各种宗教的经典，研究佛教、伊斯兰教、耶稣教等等的经典。因为这是个群众问题，群众有那样多人信教，我们要做群众工作，我们却不懂得宗教，只红不专。"[①]

二、为人民服务的赤子情怀是毛泽东得以成功的力量源泉

"为人民服务"这个概念不是中国共产党的发明，而是从国民党的有关档案发现的，早在1927年国民党的"毕业证书"上，就印着"誓为人民服务"六个大字。但是在蒋介石领导下的国民党，从来没有实践为人民服务的承诺。只有中国共产党把全心全意为人民服务作为自己的根本宗旨。

早在井冈山斗争时期，毛泽东在农村调查中就发现，农民人口占全国人口总数的80%以上。在井冈山根据地内，60%以上的土地在地主手里，40%以下在农民手里。江西方面，遂川的土地最集中，约80%是地主的。永新次之，约70%是地主的。万安、宁冈、莲花自耕农较多，但地主的土地仍占总量的多

[①] 毛泽东1961年1月23日同班禅额尔德尼的谈话，见《毛泽东西藏工作文选》，中央文献出版社、中国藏学出版社2001年版，第222页。

数,约60%,农民只占40%左右。湖南方面,茶陵、酃县两县均有约70%的土地在地主手中。对此,毛泽东指出:"中国革命最大部分的目标在于使农民得到解放,农民如不得解放,国民革命断不能完成。"从此,他把革命的基点建立在农民这支革命的生力军上。

抗日战争时期,党中央所在地延安经济十分困难。1942年毛泽东在陕甘宁边区高级干部会议上的讲话说:1940—1941年我们曾经弄到几乎没有衣穿,没有油吃,没有纸,没有菜,战士没有鞋袜,工作人员在冬天没有被盖。造成这种困难的原因,一方面,那时延安是万众瞩目的红色大本营,代表着中国发展的方向,引起了许多中外人士的关注。"到延安去",成了千万有识之士的共同选择,他们冒着生命危险,不顾日本侵略者的炮火和空袭,冲破国民党顽固派的封锁和阻挠,像潮水般奔赴延安和陕甘宁边区。据统计,到1938年底,赴延安的知识分子达10万多人。这在客观上给延安的粮食和物资供给增添了很大压力。另一方面,1938年武汉失守后,伴随军事摩擦、军事蚕食和封锁,经济封锁也加紧了,边区与国统区货物流通几乎完全停止,1940年9月,国民党又曾一度停发八路军的军饷。皖南事变后,国民党给八路军的军饷彻底停发,同时海外华侨及后方进步人士的捐款也因封锁而停止汇兑了。面对日益严重的困难,毛泽东开始考虑必须通过"自己动手"来克服物质困难的问题。1938年12月12日,他在抗大干部晚会上的报告明确指出,武汉、广州失陷以后,敌人还要继续进攻。他们那时还有一点钱,还有小米饭,但以后会有那样一天,没有钱,粮食困难,那怎么办呢?第一个办法是饿死,第二个办法是解散回家,这两个办法是没有一个人赞成的,"第三个方案,就是靠我们自己动手","党政军民学大家一齐动手,衣食住都由自己来解决"。但是,问题还是发生了。

1941年6月3日下午,陕甘宁边区政府在延安的杨家岭小礼堂召开边区各县县长联席会议,突然刮起大风,下起暴雨,一个炸雷击断了礼堂的一根木柱,坐在附近的延川县代县长李彩云猝不及防,触电身亡。就在同一天,安塞县一位农民到延安赶集,把毛驴拴在一个木桩上,自己去置办东西。又是因为突然雷鸣电闪,狂风大作,一个炸雷击中拴在木桩上的毛驴。老乡看到自己的毛驴被雷击死,又心疼又抱怨,口头数落说:"老天爷真是瞎了眼,雷公为什么不打死毛泽东,偏要打死李县长,今天又打死我的宝贝驴子……"保卫部门闻讯，立即逮捕了这个农民，要把这件事当作反革命事件来追查。毛泽东从警卫员口中知道这件事以后，立即阻止了保卫部门的行动。不久，清涧县农妇伍兰花的丈夫在山上用铁犁耕地时，也被雷电打死。伍兰花一边悲痛，一边大骂"世道不好""共产党黑暗""毛泽东领导官僚横行"等。中央社会调查部闻讯后，把伍兰花拘押到延安，并由保卫部门建议判刑。毛泽东从社会调查部送来的《情况汇报》中知道了这件事。当晚，毛泽东的心情难以平静，就叫来中央军委总部保卫部部长钱益民，要他立即把伍兰花带来。在会客室里，通过拉家常话，毛泽东了解到：伍兰花的家里共有六口人，七十岁的婆婆是个瘫痪病人；三个娃，大的才十岁，小的还不到三岁半；里里外外全靠丈夫支撑着。1935年中央红军来了以后，她家里分了五亩地，头几年还好，政府收的公粮少，家里的粮食吃不完，踏实过了几年好日子。这几年变了，干部只管多要公粮，还多吃多占。如今她丈夫死了，家里的顶梁柱就没有了。毛泽东又把钱益民叫进来，当面嘱咐说："把这个妇女马上放回去，还要派专人护送她回家。记住，去的人要带上公文，向当地政府当面讲清楚，她没有什么罪过，是个敢讲真话的好人。她家困难多，当地政府要特别照顾。对于清涧县群众的公粮负担问题，边区政府要认真调查研究，该免的要免，该减的要减。我们决不能搞国民党反动派那一套，不管老百姓的死活！"

毛泽东为什么对骂了他的群众三番五次地宽厚为怀呢？1945年4月24日，在中国共产党第七次全国代表大会的政治报告中，毛泽东作了解答。他说："1941年边区要老百姓出20万担公粮，还要运输公盐，负担很重，他们哇哇地叫。那年边区政府开会时打雷，垮塌一声把李县长打死了，有人就说，哎呀，雷公为什么没有把毛泽东打死呢？我调查了一番，其原因只有一个，就是征公粮太多，有些老百姓不高兴。那时确实征公粮太多。要不要反省一下研究研究政策呢？要！从1921年共产党产生，到1942年陕甘宁边区开高干会，我们还没有学会搞经济工作。没有学会，要学一下吧！不然雷公要打死人。"毛泽东没有因为这个农民希望雷击他、那个农民骂了他，就默认有关部门给判刑，给枪毙。而是从中反省自身，找到了人民不满的真正原因，调整政策，从自己动手，减轻人民负担。这就是人民领袖的公仆情怀。后来的统计资料显示，边区农民所交公粮，从1941年占总收获量的13.58%，到1943年降至不足9%，截至1943年底，部队的衣食住行实现六成自给，中直机关实现五成自给，边区农民家中储粮平均翻了两倍半。

1945年6月，中共七大胜利闭幕。面对抗战胜利后内战即将爆发的严峻形势，毛泽东再一次认识到，在国共的角逐中，谁赢得人民，谁将赢得未来的中国。大会提出："党的路线，就是放手发动群众，壮大人民力量，在我党的领导下，打败日本侵略者，解放全国人民，建立一个新民主主义的中国。"① 为了坚定全党和全国人民胜利的信心，毛泽东在大会闭幕时发表了题为《愚公移山》的著名讲话，借用中国古代"愚公移山"的寓言故事，说明"只要努力，就能成功"的道理。要求全党下定决心，不怕牺牲，排除万难，去争取胜利；要让全国人民坚定这样的信心：中国是中国人民的，不是反动派的。在七大精神的鼓舞下，我们党依靠全国人民，发扬愚公移山精神，经过三年解放战争，打败了国民党反动派，建立了社会主义的新中国。

依靠人民群众与维护人民群众的根本利益是一致的。中国共产党的宗旨是全心全意为人民服务，全党一切工作的根本出发点和落脚点都是维护人民的根本利益。1944年9月8日，毛泽东在中央警备团战士张思德追悼大会上发表著名演说，深刻论述为人民服务的重要意义，借用司马迁"人固有一死，或重于泰山，或轻于鸿毛"一语，强调"为人民利益而死，就比泰山还重；替法西斯卖力，就比鸿毛还轻"。号召全党要坚持全心全意为人民服务，"只要我们为人民的利益坚持好的，为人民的利益改正错的，我们这个队伍就一定会兴旺起来"②。

对于那些贪赃枉法、损害人民利益的害群之马，毛泽东始终决不轻饶。1949年初，在中共即将掌握全国政权之际，毛泽东即向全党发出"两个务必"的警示。1953年，天津市爆出新中国成立以来第一贪污大案：原任地委书记刘青山和原任行署专员张子善贪污腐化的问题被揭露出来。在天津市因战争创伤及不法商人投机倒把、囤积居奇，不少群众无粮无衣、冻饿街头的情况下，刘青山竟接受不法商人的巨额行贿，用中央救济款建造自己的豪华官邸，吊打詈骂体力不支的工人；张子善不仅贪污受贿，还下令驱打来访的群众，以"反革命分子"名义逮捕无辜群众。当时，党内对这一案件的处理出现两种意见。一

---

① 《毛泽东选集》第三卷，人民出版社1991年版，第1101页。
② 《毛泽东选集》第三卷，人民出版社1991年版，第1104—1105页。

种认为对"违法乱纪,(要)明正典刑";一种认为,新中国成立之初,干部奇缺,刘青山、张子善是经过战火考验的年轻的"老革命",有功之臣,应戴罪立功。面对前来讲情的人,毛泽东说:"正因为他们两个人的地位高、功劳大、影响大,所以才下决心处决他们,只有处决他们,才可能挽救二十个、二百个、二千个犯有不同程度错误的干部。"

三、"团结-批评-团结"的方法,使毛泽东比蒋介石更多地得到全党支持

在一个班子、一个群体中,工作中出现不同意见是正常的,也是不可避免的。如果不能正确地处理同志间的意见分歧,就会成为团结的障碍。在党的历史上,宗派主义一度对党的事业造成重大损失。在王明"左"倾教条主义统治全党的四年多时间里,宗派主义盛行,一些没有"喝过洋墨水"、在中国土地上土生土长的领导干部不被重视甚至遭到排挤。长征途中,张国焘依仗人多兵多,向党要官、要权,闹独立,甚至"另立中央",不听中央指挥,最后叛逃当了国民党的特务。抗日战争开始后,王明回国,以共产国际钦差大臣自居,对中央的工作指手画脚,否认抗日民族统一战线中的独立自主原则,主张抗日民族统一战线中"一切经过统一战线","一切服从统一战线",放弃党对统一战线的领导权,抗战初期在武汉任长江局书记时给党带来很大损失。

党内出现的这些问题,既与领导干部个人的思想修养、政治品德、能力素质有关,也与党内政治生活制度有关。为了从根本上统一全党思想,确立实事求是、一切从实际出发的马克思主义思想路线,全党开展了一场思想整风运动(即延安整风运动)。在领导整风运动中,毛泽东创造性地提出了"惩前毖后,治病救人"的方针,他解释说:对以前的错误一定要揭发,不讲情面,要以科学的态度来分析批判过去的坏东西,以便使后来的工作慎重些,做得好些。这就是"惩前毖后"的意思。但是我们揭发错误、批判缺点的目的,好像医生治病一样,完全是为了救人,而不是为了把人整死。任何犯错误的人,只要他不讳疾忌医,不固执错误,以至于达到不可救药的地步,而是老老实实,真正愿意医治,愿意改正,我们就要欢迎他,把他的毛病治好,使他变为一个好同志。对待思想上的毛病和政治上的毛病,决不能采用鲁莽的态度,必须采用"治病救人"的态度,才是正确有效的方法。这一方法后来被概括为"团结-批评-团结"的公式,即从团结的愿望出发,通过积极的思想斗争达到新的

团结。

运用这一马克思主义的思想武器，我们党才能够由小到大、由弱到强，不断战胜前进道路上的各种艰难险阻。从遵义会议改变临时中央的错误领导，确立毛泽东在党和红军的领导地位，到长征途中粉碎张国焘分裂党和红军的阴谋；从总结"文化大革命"的沉痛教训，实现党的指导思想的拨乱反正，到正确应对和处理1989年的那场政治风波，都是我们党依靠自己的力量解决了自身存在的问题，而更加成熟起来。在党内巩固团结是如此，对党外人士实行统一战线也是如此。

中国出了个毛泽东，这是中国共产党的骄傲，是中国人民的骄傲，是中华民族的骄傲。毛泽东表现出的伟大革命领袖高瞻远瞩的政治远见、坚定不移的革命信念、炉火纯青的斗争艺术和杰出高超的领导才能，赢得了全党和全国各族人民的爱戴和敬仰。邓小平曾说："如果没有毛泽东同志的卓越领导，中国革命有极大的可能到现在还没有胜利，那样，中国各族人民就还处在帝国主义、封建主义、官僚资本主义的反动统治之下，我们党就还在黑暗中苦斗。"江泽民指出：毛泽东同志是从人民群众中成长起来的伟大领袖，永远属于人民。他的革命精神具有强大的凝聚力，他的伟大品格具有动人的感染力，他的科学思想具有非凡的号召力。他的名字、他的思想、他的精神，将永远鼓舞着我们继续推动中国社会向前发展。毛泽东也赢得了国际社会的尊敬。美国学者施拉姆说："一百年之后，毛泽东仍是世界人民最为关注的思想家与军事家。"在英国，无论你问任何成年人："中国的四大发明有哪些？孔子对中国产生哪些影响？"英国人可能说不出几个。但如果谈起毛泽东，他们居然能背诵出毛泽东多条经典语录。毛泽东的"丢掉幻想，准备斗争（Cast away illusions, prepare for revolution）"的精美语言，被许多英国人作为座右铭牢记在心。毛泽东通俗而古典的理论修养和强势逼人的领袖气魄，吸引了一代又一代的英国年轻人。曾几何时，毛泽东这个名字，成为英国师生讨论最多的国外话题。

四、对待宿敌的态度使毛泽东赢得人心

蒋介石对待毛泽东的态度，可用"置于死地而后快"来形容。毛泽东的6位亲人——爱人杨开慧、弟弟毛泽覃和毛泽民、妹妹毛泽建、侄子毛楚雄等，都惨死在国民党蒋介石的屠刀下。蒋介石还曾派兵挖了毛泽东家的祖坟。毛泽东对蒋介石虽然也恨，那是国仇家恨集于一体。但为了国家和民族的利益，毛泽东对蒋介石的态度是既斗争又合作。

第一次是处理西安事变时。在我党抗日民族统一战线政策的影响下，1936年12月12日，为了劝谏蒋介石改变"攘外必先安内"的既定国策，停止内战，一致抗日，时任西北"剿匪"副总司令、东北军领袖张学良和时任国民革命军第十七路军总指挥杨虎城在西安华清池发动"兵谏"，扣留了时任国民政府军事委员会委员长和西北"剿匪"总司令的蒋介石。消息传到延安，宝塔山下一片欢腾，军民拍手称快，有的说："蒋介石也有今日！"有的说："张学良确实干得不错！"有的说："现在还有别的什么话好说，先将那个家伙杀了再说。"冷静下来之后，毛泽东很快改变了"审蒋"的想法。促成这一转变的最大因素，一是南京国民党政府内部形成取蒋代之的"讨伐派"和救蒋出险的"主和派"，且"讨伐派"一度占据上风。在这种情况下，中共如果坚持"审蒋"，可能为"讨伐派"发动新的内战制造口实。二是英、美、苏等大国和国际舆论多数支持和平处理事变，而支持内战的只有日本，它想利用国共内战，坐收渔翁之利。加之西安事变的主角张学良、杨虎城无意杀蒋，蒋介石的态度又开始向着接受和平调解的方向转变。综合各种因素，从抗日民族大义出发，毛泽东和党中央决定倡导有条件"释蒋"，和平解决事变。12月19日，中共中央召开政治局扩大会议，系统讨论和平解决西安事变的方针，毛泽东做了报告和结论。毛泽东指出"目前问题主要是抗日问题，不是对蒋个人的问题"；我们应该"坚定地站在抗日的立场"[①]。也就是要坚决主张用和平方式解决西安事变引起的问题，反对新的内战；同时主张用一切方法联合南京的左派，争取中间派，反对亲日派，以推动南京政府走向抗日。毛泽东指出：对蒋介石处置有上、中、下三策。"杀"是下策，"不杀不放"是中策，"放"则是上策。中央的方针是采取"放"这个上策。在党的这一策略指导下，经过努力，以同意抗日为条件，释放了蒋介石。西安事变的和平解决基本停止了内战，停止了国民政府"攘外必先安内"的政策，迫使国民政府进行国共第二次合作，促成了抗日民族统一战线的建立。

第二次是在应对美国企图把台湾从中国版图分离出去时。美国垂涎台湾由来已久，早在1942年，美国海军情报官柯乔治在给美国当局的备忘录中，就

[①]《毛泽东传（1893—1949）》，中央文献出版社1996年版，第418—419页。

提出了"台湾战后处理计划",建议战后托管台湾。为配合实施托管计划,美国海军部制订"铺道"计划,为日后占领台湾培训管理人员。台湾云林县人廖文毅,就是美国哥伦比亚大学海军军政学院"福摩萨小组"秘密培训的近千名未来"台湾临时军政府"的预备行政官员之一,后来出现的"台独"就是在美国鼓噪下最先由廖文毅搞起来的。它的理论根据就是"台湾不是中国领土"。不管是"托管台湾"还是"台湾独立"都是要把台湾从中国分离出去,都是不相信蒋介石能顶住毛泽东和中国人民解放军的强大攻势,都是要直接取代国民党和蒋介石在台湾的统治。

蒋介石也明白这一点。因此,蒋介石把打击"台独"势力视作确保政局稳定的最重要的大事,发誓:"谁搞台独我搞谁脑袋!"一是坚决整肃"台独"思潮。后来查出操纵廖文毅搞"台独"的是美国驻台机构。于是,由时任"行政院长"的孙科举行记者招待会,公开谴责美国领事馆、美国新闻处。美国方面不得不撤换了有关驻台人员。二是用法律武器严厉打击"台独"活动。在颁布的有关法律中,对惩治"台独"分子规定了"涉嫌叛乱""涉嫌台独""破坏国体,窃据国土""颠覆政府"等罪名,蒋介石亲自领导了至少4次大规模的抓捕"台独"分子的行动。三是收买分化"台独"分子,成功地策反了"台独"组织的"精神教父"廖文毅。1965年5月15日廖从日本返回台湾,发表声明,宣布解散"台独"组织,放弃"台独"活动。

毛泽东看到了蒋介石反"台独"的不妥协立场。这种立场是一种维护国家领土完整的民族主义精神。在"台独"势力发展起来以后,民族矛盾已经上升为第一位的矛盾,国共两党之间的矛盾已经退居为第二位的矛盾。美国"保台"与支持蒋介石是两回事。"保台"是从美国的战略利益出发所作出的一种政治安排,其目的是要把台湾这块重要的战略资源牢牢控制在自己手里,它表现为支持台湾的国民党当局,但不是支持蒋介石,曾几度要"换马",取蒋介石而代之。1960年,蒋介石第二个"总统"任期届满。按照中华民国宪法,"总统"最多只能当12年。蒋介石1948年出任"总统",到1960年任期届满。在此之前,美国就开始鼓噪台湾政要竞选"总统"。蒋介石也同意搞竞选,但却没有打算放弃统治。美国人选中陈诚,想让蒋介石放弃权力,一旦陈诚当选,就挟持他支持"台独"。在美国的影响下,岛内外出现了一股反对蒋介石连任"总统"的强烈声音,蒋介石陷入异常政治困境。美国趁火打劫,逼蒋放弃竞选。在孤立无援、且无法逾越宪法限制的情况下，蒋介石只好同意交权，由陈诚继任。

毛泽东获知此情后，做出了一个出乎意料的重大决定：支持蒋介石继续当"总统"。1959年5月10日，他在会见德意志民主共和国人民议院代表团时说："台湾人民很不喜欢美国人，也不喜欢蒋介石。但是要蒋介石好呢，还是不要他好？现在要他好，他是亲美派，但他还想自己统治。另外一批人也是亲美派，但想完全投降美国。现在的一个具体问题是：蒋介石明年还做不做'总统'。美国不想让他做，但我们认为他应该做。"

毛泽东这些话，在国际上产生很大反响，当然也传到了蒋介石耳中。在关键时刻来自毛泽东的帮助，使蒋介石又重新振作起来，反击岛内外对他构成的政治压力。国民党通过修改所谓的《动员戡乱时期临时条款》，规定"动员戡乱时期总统副总统得连选连任，不受宪法第四十七条连任一次之限制"，排除了蒋介石寻求连任的法律障碍。1959年10月1日，毛泽东在会见捷克斯洛伐克总统诺沃提尼时说："美国并不喜欢蒋介石，它喜欢的是'副总统'陈诚和一些100%地赞成美国的人。蒋介石是99%赞成美国，还有1%不赞成。在美国很大的压力下，蒋介石本来打算不做'总统'了，后来还是我们告诉他做下去好，现在他又起劲了。可以说现在全世界只有我们是唯一支持蒋介石做'总统'的了。"毛泽东的支持成为保住蒋介石"总统"职位的重要王牌。1960年2月20日，第一届"国民大会"第三次会议在台北中山堂举行，蒋介石在此次会议上以1481票（占98.14%）当选"总统"，开始了他第三个任期。

五、对待自己的苛求使蒋介石望尘莫及

作为生活管理员的吴连登陪伴毛泽东度过了最后的12年，据他回忆，哪怕在公务活动中喝杯茶，毛泽东也得私人付钱。吴连登说："喝茶是肯定要交茶钱的，到外地，都是我们自己带茶。而在大会堂、钓鱼台这些地方，我们就忘了带茶，如果用人家的一杯茶，我一般不定期的或者定期，最长不超过一个月，我就要到这些地方去结一次账。"1965年5月22日，毛泽东重返井冈山，到28日上午9点多离开，在这前后7天里，有两张发票收藏在韶山纪念馆，第一张记载的是毛泽东7天的伙食费，每天2.5元，合计17.50元，另一张记载的是毛泽东交的23斤粮票。由井冈山交际处开具的这两张发票足以证明毛泽东那几近严苛的公私分明态度。吴连登还说：毛主席的开支还有一项，就是吃饭，这是主要部分，吃饭一般都在 100 块钱左右。包括请他的私人朋友、老师、故友吃饭。只要主席说："我今天要请客。"这个费用就是从主席的工资里出。毛主席每天晚上开会，如果开会开到 12 点，也要给开会的人做顿夜餐，夜餐费用也得从主席账房里出钱。毛主席身边，大部分工作人员都曾得到毛主席的资助。

　　毛泽东在许多方面都强于蒋介石，所以，他才能完胜蒋介石。

王相坤

2019 年 9 月

从转折到起飞

王相坤

如今，中国已经成为站在世界高点的巨人。21世纪刚刚过去10年，它的经济总量已经超过40万亿，成为仅次于美国的世界上第二大经济体。这个成就震撼了世界！

如果把历史的时针回转30年，改革开放之初，中国经济总量仅有3645亿人民币，美国经济折合人民币已经达到38642.748亿元。那时，中国人均国民总收入只有190美元，是全世界最不发达的国家之一，而美国人均国民总收入已经超过1万美元。

如果把历史的时针再回转30年，新中国还没有诞生，正处在一个旧时代行将结束，一个新时代即将到来的伟大转折时期。毛泽东正以"宜将剩勇追穷寇"的豪迈气概指挥人民解放军百万雄师，完成"三大战役"，横渡长江天险，直捣国民党政府首都南京的"老巢"。

如果把历史的时针再回转30年，中国共产党还没有成立，标志着马克思主义在中国传播的五四运动刚刚爆发，帝国主义列强还企图通过巴黎和会把中国山东青岛置于日本的控制之下。

这样来看中国近百年的历史，就会发现一个不变的规律：每当历史发生重大改变的时刻，总是伴随着一系列重大事件的发生，一个个对推动历史进程产生重大影响的杰出人物的诞生。

——五四运动的爆发，推动了马克思主义在中国的传播，为中国共产党培养了一批杰出人才，如陈独秀、李大钊、毛泽东等。两年后，中国共产党宣告成立，由此开始了中国革命胜利的进程。

——新中国的成立，标志着国民党蒋介石统治中国时代的结束和共产党毛泽东领导新中国的开始，标志着自鸦片战争以来在帝国主义列强压迫下的半殖民地半封建的中国已经成为历史，中华民族实现了民族独立和人民解放，中国人民在中国共产党领导下开始从新民主主义向社会主义迈进。在这个进程中，形成了以毛泽东为核心的比较成熟、稳定的第一代中共中央领导集体，实现了马克思主义中国化的第一次历史性飞跃，创立了毛泽东思想。

——中国共产党第十一届三中全会的召开，确立了以经济建设为中心的根本方针，推动了改革开放的起步，实现了党的工作指导思想的战略转变。从此，以邓小平为核心的第二代中共中央领导集体开始驾驭中国改革开放和社会主义现代化建设的航船。在这个过程中，实现了马克思主义中国化的第二次历史性飞跃，创立了邓小平理论。党的十三届四中全会形成的以江泽民为核心的第三代中共中央领导集体，党的十六大产生的以胡锦涛为总书记的党中央，继续把中国特色社会主义伟大事业推向前进。先后把"三个代表"重要思想和科学发展观等党的最新理论创新成果鲜明地写在了党的旗帜上。党的十八大产生的以习近平为总书记的党中央，正率领全党全国各族人民为实现中华民族伟大复兴的中国梦而努力奋斗。

这样来看中国近百年的历史，还会发现一个不变的规律：在一个时代向另一个时代演进的过程中，总会出现若干个重要的关节点，出现对改变事物发展方向起决定作用的事情。把握好这些关节点，革命就成功，否则，事业就受挫折。这个"关节点"在共产党人的术语中被表述为"转折点"。

1911年的辛亥革命，是推翻封建帝制的转折点。"从此，谁再想当皇帝不行了。"

1919年的五四运动，是中国革命的转折点。从此，马克思主义在中国生根，中国共产党从无到有，社会主义成为中国共产党人的理想。

1949年中华人民共和国的成立，是旧中国向新中国的转折点。从此，社会主义制度在中国建立，各方面事业突飞猛进地发展，在国际舞台上洗雪昔日的屈辱。

1978年的十一届三中全会，是中国从"以阶级斗争为纲"向"以经济建设为中心"的转折点。从此，中国经济发展进入快车道，社会主义市场经济逐步替代社会主义计划经济。

在中国共产党的历史上，被称为"转折点"的事件还有很多，如，遵义会议是一次伟大的历史转折，因为它中止了王明"左"倾教条主义在中央的统治，确立了毛泽东在党和红军的领导地位；西安事变也被称为是一次重要的历史转折，因为在中国共产党的影响下，张学良、杨虎城发动西安事变，扣留蒋介石，迫使其放弃"剿共"内战，实行联共抗日政策。之后，抗日民族统一战线才得以建立。

这些具有转折点意义的重大事件，对于推进中国革命、建设和改革事业，发挥了十分重要的作用和影响。认真研究和了解这些重大事件的发生、发展过程及其历史作用，对于今天的人们从发展事业到走好人生之路，都具有重要的意义。

于是，理论研究者、史学工作者的笔下，出现了林林总总有关转折点事件的论著。

于是，新中国成立——这个重大历史事件，成为人们关注的党史"热点"问题。

人们关注它，是因为它的政治意义。中国的崛起、中国特色社会主义事业的开辟、经济总量世界第二的实现、中国国际地位的提高等，都由此开始。

人们关注它，是因为它的本质意义。建立新中国，意味着推翻旧中国；历史选择了毛泽东，意味着历史抛弃了蒋介石。围绕着谁将主宰中国的命运，以毛泽东为首的中国共产党人与以蒋介石为首的国民党人进行了几十年的较量，而两个阶级、两个阵营、两大党派、两支军队最后的决战，发生在1949年。中国共产党在这场大决战中取得最后胜利，宣告了中国将进入历史的新纪元。

人们关注它，是因为它的历史意义。自1840年鸦片战争以来，中国人民受尽屈辱，太平天国运动、义和团运动没有改变中国的地位，洋务运动、戊戌变法没有实现国家自强，辛亥革命、军阀混战、中华民国没能实现民族独立和人民解放，只有在中国共产党的领导下，中国人民才得以扬眉吐气。新中国的成立，宣告了"以农村包围城市，武装夺取政权"革命道路的成功，这是有史以来别的政党无法做到的。

人们关注它，是因为它的国际意义。马克思列宁主义是国际共产主义运动的旗帜，马克思、恩格斯讲过工人阶级是革命的领导力量，但没有对农民阶级的历史作用作出这样的阐述；俄国十月革命走的是城市包围农村的道路。中国共产党人没有被马克思主义"老祖宗"的话所束缚，创造性地走出了一条有别于巴黎公社和十月革命模式的中国革命的正确道路。中国革命的胜利、新中国的成立，雄辩地证明，马克思主义是活的灵魂，不是僵化的教条，坚持和捍卫马克思主义，必须把马克思主义基本原理与本国的具体实际相结合。

我被这种"关注"所吸引!

我被"新中国成立"——这一党史事件的重要历史地位、重大现实意义、深远历史意义所感染!!

我被这段历史中为新中国的诞生不惜流血牺牲、做出杰出贡献的人们的战斗精神所感动!!!

于是，我的视野进入了那个年代——

那个决定中国人民命运的年代。

那个决定毛泽东与蒋介石个人命运的年代。

那个牵动着大国神经，对20世纪后的世界产生重要影响的年代。

那个关系着国际共产主义运动发展大势的年代。

那个关系着谁将为21世纪的世界做出更大贡献的年代。

自那个伟大的历史转折之后，中国走上了坦途——中国人民的命运开始由自己主宰。远的不说，仅1949年的最后3个月，已经让世界感受到中国的巨大变迁。在这3个月里，完成了4件具有里程碑意义的大事。

一、从速建立自中央到地方的各级人民政权机构

周恩来受命主持中央人民政府机构人事安排，在开国大典后的20天内，各部门负责人接受任命，机构组建归于完成。自11月1日起，中央人民政府正式开始工作。

中央人民政府的机构设置基本上是学习苏联的做法。1949年6月至8月刘少奇秘密访问莫斯科时，专门就此问题征询斯大林的意见，并考察了苏联中央和国家机关有关部委设置。此后，借鉴苏联的经验并结合中国的实际，提出了中央人民政府各机构组成的方案，得到中国人民政治协商会议第一届全体会议的批准。中央人民政府下辖政务院、人民革命军事委员会、最高人民法院、最高人民检察署。在中央人民政府政务院下，设有4个委员会、30个部级机构。

4个委员会分别是：政治法律委员会、财政经济委员会、文化教育委员会、人民监察委员会。30个部、委、院、署、行分别是：内政部、外交部、情报总署、公安部、财政部、人民银行、贸易部、海关总署、重工业部、燃料工业部、纺织工业部、食品工业部、轻工业部、铁道部、邮电部、交通部、农业部、林垦部、水利部、劳动部、文化部、教育部、科学院、新闻总署、出版总署、卫生部、司法部、法制委员会、民族事务委员会、华侨事务委员会。

人事安排上，中共中央确定了按照"同党外民主人士长期合作的政策"来选用干部，也就是说，要大比例地吸收各民主党派人士入阁。1949年初，党中央和毛泽东考虑联合政府的组成时，曾设想过在联合政府中各党派的比例为：中共与进步分子合为2/3，中间与右翼占1/3。最后一致商定以华北人民政府为基础，由三部分人员组成：一是经过长期革命考验的老同志；二是各民主党派人士；三是进步的知识分子。

对民主人士的安排，由周恩来先提出人选名单，尔后与毛泽东和中共中央其他领导同志共同研究，最后经中央人民政府讨论决定。前提是"凡对革命做过贡献的民主人士和各民主党派的领导人，都应在政府里安排适当职务"。

经过反复酝酿，精心挑选，新中国第一届中央人民政府机构领导班子终于"尘埃落定"。1949年10月19日，中央人民政府举行第三次会议，通过了各项任命。中华人民共和国首届中央人民政府组成人员达到整整500人，包括：中央人民政府主席1人、副主席6人、委员56人；政务院总理1人、副总理4人、政务委员15人、秘书长1人、副秘书长5人；4个委员会的主任、副主任、委员共170人，各部、会、院、署、行的部长、副部长、主任委员、副主任委员、委员、院长、副院长、署长、副署长、行长、副行长等共175人；人民革命军事委员会的主席、副主席、委员、总参谋长等共30人；最高人民法院院长、副院长、委员共17人；最高人民检察署的检察长、副检察长、委员14人；中央人民政协办公厅的主任、副主任5人。①

在这500人中，各党派民主人士和无党派民主人士占了相当大的比重。

从中央人民政府的组成来看，6名副主席中，党外人士3人；委员56人中，党外人士27人。从政务院的组成来看，4名副总理中，民主人士占2人；21名政务院领导成员中，民主人士占了9人；政务院下属34个机构的109名正副职位中，民主人士占了49人，其中15人是正职。

作出这样的安排，充分地显示了共产党人立党为公、执政为民、励精图治、不谋党派和个人私利的坦荡胸怀。许多民主人士非常感动，称赞中共考虑问题周到、完备，兼顾到了各个方面。共和国元勋陈毅则评价说："周总理平

---

① 张玮瑄等主编：《共和国风云40年（1949—1989）》（下），中国政法大学出版社1989年版，第13页。

衡这个班子的功绩是，既照顾到解放区的各个方面，也照顾到延安；既照顾到各党各派，也还要照顾到被安排人的资历、职业和他的能力。"

这一人事布局同样引起美国朝野的关注。杜鲁门总统得知中国政府的组成人选之后，对国务卿说：中共如此重视民主人士，中共政权与苏联政权是有区别的。只要我们努力工作，有可能使中共政权摆脱苏联的控制，成为自由世界的一员。

之后，各地按照中央的做法，陆续召开人民代表会议，逐步代行人民代表大会职权，讨论和决定当地人民政府的施政方针和重大事宜，选举人民代表。到 1950 年，全国已经建立 2 个大行政区人民政府（华北和东北行政区）、1 个中央直属的自治区人民政府（内蒙古自治区）、4 个大行政区的行政委员会、28 个省人民政府、2087 个县人民政府。

二、继续完成人民解放战争

在中华人民共和国成立之时，国民党仍然占据着大陆的华南、西南、西北等十多个省份，面积占全国总面积的一半以上。军事上，国民党尚有 100 多万正规军。中南有白崇禧集团，华南有薛岳、余汉谋部和刚从华东撤下来的汤恩伯集团，西南有胡宗南集团和宋希濂集团，西北有马步芳、陶峙岳集团等。另外，还有大量的国民党地方实力派军阀。可以说，中华人民共和国的诞生，实际上并不仅仅是数十万人大游行，高喊"毛主席万岁"的情形，它的背后，是战争的硝烟弥漫。

因此，在开国大典仪式上，中国人民解放军总司令朱德宣布《中国人民解放军总部命令》，命令中国人民解放军全体指战员、工作员，迅速清除国民党反动军队的残余，解放一切尚未解放的国土，同时肃清土匪和其他一切反革命的匪徒，镇压他们的一切反抗和捣乱行为。朱德的命令实际上包含两项重要内容：一是清除国民党反动军队的残余；二是肃清土匪和其他一切反革命的匪徒。

对完成第一项任务，开国大典仪式结束就展开了。

10 月 2 日，第二野战军第四兵团、第四野战军第十五兵团和两广纵队等 22 万人，在陈赓指挥下，发起广东战役。广东战役以消灭国民党军 6.2 万余人，彻底切断白崇禧集团向海南岛逃窜的通路结束，并由此拉开广西战役的序幕。11 月 4 日，广西战役打响。经过 20 多天作战，在粤桂边境的容县、玉林、博白、信宜、廉江地区，歼灭白崇禧部主力第三、第三十一两个兵团大部，活捉华中军政长官公署副长官兼第三兵团司令张淦等大批高级军官。12 月 4 日，我军攻下桂南重镇南宁。

与此同时，毛泽东把进军大西南的主要任务交给了以刘伯承为司令员、邓小平为政治委员的第二野战军。11月1日，第二野战军与第四野战军发起进军川黔的作战，解放大西南的战役由此打响。这样，人民解放军在南起贵州天柱，北至湖北巴东约500公里的地段上，实施多路挺进，从1日至16日，相继解放湖北境内的巴东、恩施、鹤峰、利川等，湖南省的永顺、保靖、永绥等，四川省的秀山、酉阳、黔江、彭水等，贵州省的铜仁、石阡、玉屏、都匀、贵定等41座县城，异常神速地解放贵州省会贵阳和遵义。第三兵团主力与第四野战军部队也在宋希濂集团的两翼突破，跨越武陵山，深入到秀山、酉阳一线。11月28日，人民解放军第三兵团主力和第四十七军将宋希濂部两个兵团主力3万余人，围歼于南川以北地区，并乘胜攻占重庆外围据点，歼灭了增援重庆的胡宗南集团一部。蒋介石看大势已去，遂将国民党政府由重庆迁至成都。11月30日，西南的政治、文化中心，国民党的陪都重庆宣告解放。

进入12月中旬，云南、西康相继和平解放，这使蒋介石在西南地区的残余部队仅剩胡宗南集团。中共中央军委指挥人民解放军继续向成都地区猛进，并分别由重庆、贵阳以急行军抢占泸州、宜宾、乐山、大名、邛崃一线，完全切断了胡部逃路。与二野、四野从东、南、西三面迫近成都的同时，贺龙率领一野兵团分东、西、中三路迅速由陕南、甘南尾击胡部。中路由秦岭沿川陕公路进击，于12月17日解放陕南重镇汉中，然后翻越大巴山主脉；西路由甘南出发，越过摩天岭进入四川，连克青川、江油、绵竹；东路沿秦岭通汉中的狭道与中路大军平行南进，进入川北，占领南江、巴中、仪陇等地。三路大军进抵成都外围广汉一线，这使胡宗南部完全陷入人民解放军的包围之中。胡宗南在欲逃无路、孤立无援的情况下，仍令其主力向西昌方向突围，自己则乘飞机逃往海南岛。残存于四川的蒋介石最后一张"王牌"胡宗南部及其他国民党军队30余万人宣告覆灭，解放大西南的战役就此结束。"西南作战从战役发起到结束，为时不过57天，前进约3000华里，提前两月完成战役计划，消灭蒋、胡残余部队约90万人，其中包括投降俘虏40余万，起义40余万。"①

---

① 邓小平：《在中央人民政府第六次会议上的报告》（1950年4月11日），转引自《解放战争时期国民党军起义投诚·川黔滇康藏地区》，解放军出版社1996年版，第83页。

12月31日，中共中央发布《告前线将士和全国同胞书》，宣告1949年内中国人民解放军已解放了除西藏以外的全部中国大陆，歼灭敌军260万人。

三、克服经济困难，稳定物价

新中国成立之初，人民政府从国民党手中接管的中国，出现了工厂停工、工人失业，经济崩溃，投机商人乘机兴风作浪、囤积居奇的局面。生产萎缩，交通瘫痪，贸易阻塞，市场萧条，物资匮乏，民生困苦，失业众多。据统计，1949年全国工农业总产值仅466亿元，其中农业总产值占70%，工业总产值占30%，而现代工业产值只占10%左右。与历史上最高水平1936年相比，重工业生产下降70%，轻工业生产下降30%，手工业生产下降43%，粮食、棉花生产分别下降25%和48%。1949年，国民收入358亿元，人均国民收入仅66元。为此，中共中央决定组建中央财政经济委员会，统一处理全国经济问题。经周恩来推荐，毛泽东选中陈云主掌中财委。

当时，经济形势面临的最突出问题是通货膨胀、物价飞涨。问题最多的是上海。上海当时是我国最大的工商业城市，也是旧中国帝国主义、官僚资本主义的重要基地和中国民族资本的重要基地。国民党政府国家垄断资本银行的总行和全国24个大银行的总行都设在上海，控制着全国的金融命脉。上海的工商业有16.3万户，职工达100多万人，进出口总额在1936年已占全国半数以上，到1949年，主要出口品种占全国出口总额的80%~90%。因此，不论从哪方面说，上海都是全国的金融中心。

但是，解放之初，上海的经济出现了严重困难的局面。为了稳定上海，中共中央于7月27日至8月15日在上海召开了全国财经会议。陈云提出了一系列解决上海和全国财政经济困难的措施。最主要的是：（一）精简节约。不用裁员而用减薪的办法，"三个人的饭五个人匀着吃"。（二）在新解放区抓紧征粮，增加税收。（三）发行公债。（四）中财委从全国各地调集物资，首先保证上海需用的粮食、棉花、煤炭，稳住上海，恢复生产。进入10月，通货膨胀问题又死灰复燃。10月15日，新中国成立仅仅半月，由上海、天津先导，华中、西北跟进，蔓延全国的物价上涨又一次发生。不出一月，物价平均指数天津、北京上涨1.8倍，上海涨1.5倍。这是继6月份上海发生"银圆之战"、7月份几个大中城市发生"粮米之战"以来的又一次物资供应之战。

在中共中央和中央人民政府的统一部署下，各地运用经济手段开展了打击投机资本的活动。一场全国范围稳定物价、打击投机势力的战斗打响了。11月25日，陈云命令全国统一行动，在上海、北京、天津、武汉、沈阳、西安等大城市采取统一步骤，大量抛售纱布。上海等地的资本家和投机势力一看有纱布抛售，立即拿出全部力量争相抢购，甚至不惜借高利贷。他们盘算，纱布价格一天之内能涨好几次，"吃"进之后，当天转手，除了应付日拆，还可以获得高额利润。谁知，上海等地的国营花布公司，源源不断地抛售花布，而且一边抛售，一边降低牌价，连续抛售了10天。投机商们见大事不妙，赶紧抛售自己手中的纱布，但他们抛得越多，市场行情跌得越快。上海的纱布价格，一天之内下降了一半。投机分子叫苦不迭。而此时，我们则紧缩银根，穷追不舍。一是规定所有国有企业的资金一律存入银行，不向私营银行和资本家企业贷款；二是规定私营工厂不准关门，而且要照发工人工资；三是加紧征税，规定税金不得迟交，否则，迟交一天罚税金额3%。如此一来，投机分子撑不住了，不得不要求人民政府买回他们"吃"进的棉纱，而人民政府则以极低的价格买回了大量棉纱。

这场战役，使投机分子受到严厉打击。有的资本家血本无归，有的卷铺盖逃往香港。上海和全国的物价迅速稳定下来。上海有名的资本家不得不承认：共产党在经济方面有奇才。"6月银圆风潮，中共是用政治力量压下去的，此次则用经济力量就能稳住，是上海工商界所料不到的"，它给"上海工商界一个教训"。而陈云则总结说："我们是税收、公债、货币回笼、收购四路'进兵'，一下子把通货膨胀制止了。"毛泽东更给予高度评价，指出：它的意义"不下于淮海战役"。

反对通货膨胀斗争的胜利，极大地提高了党和人民政府在广大群众中的威信，它向全世界表明共产党领导下的中国人民军事上能打100分，经济上同样能打100分；它使旧中国留下的全国经济混乱的局面就此终结，使共产党的"天下大定"。

四、确立国营经济在新民主主义经济中的主导地位

宣告中华人民共和国成立的中国人民政治协商会议第一次全体会议所规定的新中国的建国纲领指出：国家的性质，是"中华人民共和国为新民主主义即人民民主主义的国家"。国家的政权，是由"中国工人阶级、农民阶级、小资产阶级、民族资产阶级及其他爱国民主分子的人民民主统一战线的政权"，"实

行工人阶级领导的、以工农联盟为基础的、团结各民主阶级和国内各民族的人民民主专政"。国家的目标，是"反对帝国主义、封建主义和官僚资本主义，为中国的独立、民主、和平、统一、富强而奋斗"。国家的经济政策，是"以公私兼顾、劳资两利、城乡互助、内外交流的政策，达到发展生产、繁荣经济之目的"为中华人民共和国经济建设的根本方针；其所有制形式，是"国营经济、合作社经济、农民和手工业者的个体经济、私人资本主义经济和国家资本主义经济"等5种经济形式，"各种社会经济成分在国营经济领导之下，分工合作，各得其所，以促进整个社会经济的发展"。①

这些规定包含着许多社会主义原则，但又不是社会主义。中国共产党人把它冠名为新民主主义。

提出"新民主主义"理论的是毛泽东。按照毛泽东的理论，中国革命胜利以后，必须经过新民主主义这个阶段才能发展到社会主义，而新民主主义正是从半殖民地半封建的中国到社会主义所必须经过的过渡阶段。在这个阶段里，既有资本主义因素的发展，又有社会主义因素的发展，经过一个漫长时期的发展，尔后进入到社会主义。

既然新民主主义必然要过渡到社会主义，那么理所应当从中华人民共和国成立第一天起就要为这一天的到来而积蓄力量。在新民主主义过渡到社会主义的过程中，最关键的是发展新民主主义经济，而发展新民主主义经济，起决定性作用的是社会主义国营经济。如何尽快地建立起社会主义国营经济体系就成为新中国成立后的一件刻不容缓的大事。

对于如何建立社会主义国营经济，《共同纲领》中明确指出："国营经济为社会主义性质的经济。凡属有关国家经济命脉和足以操纵国民生计的事业，均应由国家统一经营。"而在旧中国，能够控制国家经济命脉和足以操纵国民生计的事业，基本上由三个部分组成：一是原国民党政府各级机构和官僚资本家控制的大企业、大公司；二是帝国主义在华企业；三是解放区的公营经济。这三部分构成了社会主义国营经济的主要来源。

于是，人民政府开始了建立社会主义国营经济的第一个战役：没收官僚资本。在金融方面，没收和接管了国民党政府的国家银行系统的"四行两局一

---

① 《中国全鉴（1900—1949）》全6卷，团结出版社1998年版，第6180页。

库"，即中央银行、中国银行、交通银行、中国农业银行、中央信托局、邮政储金汇业局、合作金库；省、地地方银行系统共2400多家银行。在工业方面，没收和接管了控制全国资源和重工业生产的国民党政府资源委员会管辖的企业，还有垄断全国纺织工业的中国纺织建设公司，国民党兵工系统和军事后勤系统所办的工业，国民党交通部、粮食部和其他部门所办的企业，宋、孔家族和其他官僚的"商办"企业，"CC"系统的"党营"企业，各省、地官僚资本系统的企业。在交通运输方面，没收和接管了国民党政府交通部、招商局等所属全部交通运输企业。计有铁路2万多公里，机车4000多台，客车约4000辆，货车约4.7万辆，铁路车辆和船舶修造工厂约30个，各种船舶20多万吨。在商业方面，国民党政府经营的复兴、富华、中国茶叶、中国石油、中国盐业、中国蚕丝、中国植物油料等公司，大官僚经营的十几家垄断性贸易公司等，都被人民政府没收和接管。到1949年底，人民政府已没收和接管官僚资本企业2858个，拥有职工129万人，其中产业工人75万人。

上述企事业被人民政府没收和接管后，组建成社会主义性质的全民所有制国有企业，成为社会主义国营经济的一部分。

建立社会主义国营经济的第二个战役：接管和收购外国在华企业。按照《共同纲领》的规定，人民政府废除了帝国主义在中国的一切特权，包括废除过去强迫中国政府签订的一切不平等条约，接管帝国主义长期霸占的海关，收回中国在关税及管理海关事务方面的自主权，统制对外贸易和实行外汇管理，取消帝国主义利用进出口的不平等交换和特惠、关税条约攫取高额利润的特权。全国解放时，以英、美垄断资本集团为主体的帝国主义、资本主义国家在中国的企业，还有1000多家。对这些企业，起初人民政府实行的是监管措施。在帝国主义对华实行经济封锁并冻结中国在美国管辖区的公私财产之后，人民政府宣布管制美国在华财产，冻结美国在华存款。其他外国在华企业，在经营困难的情况下，有的申请歇业，有的自动放弃经营，有的转让给中国企业，以抵偿他们在中国的债务，有些则由中国政府作价收购。被中国政府管制、征用、收购的外国在华企业，成为早期社会主义国营经济的构成部分。

建立社会主义国营经济的另一项工程：以解放区公营经济为基础组建国营金融业与商业。新中国成立初期建立的社会主义国营经济的金融体系，主要由银行业和保险业两部分组成。其中，银行业的主要构成是中国人民银行和中国银行、交通银行等三大银行,而中国人民银行则是以解放区的中国人民银行为基础建立起来的。

解放区的中国人民银行初创于多家解放区银行,到解放战争全面胜利时,它在全国已拥有30多家分支机构;至新中国成立前夕,中国人民银行在各地(除尚未解放的地区)都建立了区行、分行、支行等。在建立社会主义国营经济金融体系中,人民政府以原中国人民银行为基础,成立新的中国人民银行,行使中央银行的职能。至1949年12月,中国人民银行已经建立了华东、中南、西北、西南4个区行,40个省、市分行,1200多个县(市)支行及办事处。社会主义国营经济金融体系中的保险业,由中国人民保险公司构成。1949年10月20日,中国人民保险公司正式成立,并陆续在全国设立分支机构。银行业和保险业机构的建立,标志着建立社会主义国营经济金融体系的工作基本完成。这时,全国设有金融机构1308个,职工8万余人。

到1949年底,社会主义国营经济的建立已取得重大进展。据统计,在全部工业资金91亿元中,国营工业为70.9亿元,占78.3%。国营工业在全国大型工业总产值中,占41.3%。国营经济已拥有全国发电量的58%,原煤产量的68%,生铁产量的92%,钢产量的97%,水泥产量的68%,棉纱产量的53%。全国的铁路、邮政、电信和大部分的现代化交通事业,也为国营经济所掌握。[1]

在1949年最后的一天,中共中央宣告社会主义国营经济正式建立。社会主义国营经济的建立标志着中国朝着社会主义的道路迈出了坚实的一步。

在那个大转折的年代,以毛泽东为代表的中国共产党人为了新中国的建立,与以蒋介石为代表的国民党反动派展开了殊死的决战,展示了大智大勇,建立了千秋功业,留下了一桩桩、一件件、一幕幕惊心动魄而令后人敬仰的故事。

王相坤

2010年9月

---

[1] 郭彬蔚:《中华人民共和国史纲》,河南教育出版社1989年版,第11—12页。

第一章

1949年的中国新年
——失败情绪笼罩南京国民政府

中国国民党人在精神上已瓦解。他们不知道他们为什么要去死，要做出牺牲。他们已对他们的政治和军事领导人失去信心，他们预感到彻底垮台。因此，那些在位者就贪污腐化，趁着垮台之前能捞多少是多少。国民党的士兵反映了这种态度，根本不愿打仗。他们的反应越来越冷漠而无效能。

——受杜鲁门总统派遣调查中国局势的美国特使魏德迈中将给国务院的报告①

公元1949年，在中国历史上，是一个非常重要的年份。

这一年，是中国推翻清政府、赶走宣统皇帝第38年，是中国国民党执政第22年，是中国共产党成立第28年。

38年前（1911年），中国第一个资产阶级革命政党——中国同盟会（国民党前身），在孙中山领导下，发动武昌起义，建立中华民国，结束了中国2000多年封建君主专制的统治！

16年后，中国国民党在苏俄和中共帮助下，夺取北伐战争胜利，取得了执政地位。叛卖工农革命后获得执政地位的国民党蒋介石集团，完全放弃了孙中山的革命理想，不仅没能实现"三民主义"，而且在帝国主义国家发动的侵略战争中，使中华民族逐步沦为半殖民地半封建社会。于是，中国共产党领导和团结全国一切爱国力量向国民党的反动统治发起了挑战！

在国民党执政22年后，蒋介石在中国大陆的统治已经寿终正寝。

在1949年到来的时候，中国人民解放军总部发布解放战争以来两年半（1946年7月1日至1948年12月31日）战绩总结公报公布：此期间"共消灭

---

① 资中筠：《美国对华政策的缘起和发展（1945—1950）》，重庆出版社1987年版，第155页。

国民党军（包括歼灭、投诚、起义三项）433.14 万人，解放区面积增加 29.6 万平方公里，解放人口 5449 万人，收复和解放城市 270 座。解放区面积由战争开始的 228.5 万平方公里，发展为 258.1 万平方公里，人口由 1.36 亿人发展到 1.9049 亿人。战争开始时，国民党原有正规军 248 个师，两年来被消灭 207 个师，除补充及新建者外，被消灭的整师为其原有师的 83.46%。……被消灭的兵力为原有总兵力的 100.73%"[1]。

中外政治观察家包括普通民众以及国民党的高级将领，无一例外地得出结论：南京政府的倒台已是不可避免了！

军事决战惨败——蒋介石对解放区的全面进攻被中共彻底粉碎，"双矛攻势"的重点进攻使国民党军以平均每月 8 个旅的速度、共 112 万人被中共军队歼灭，孤注一掷的战略决战又使国民党军的主力部队损失殆尽。南京国民政府军事上的总失败无情地摆在面前。

国民党南京政府迎来了又一个难熬的新年。

在过去的 1948 年，国统区的人民已经听了太多关于国民党政府的坏消息了。元旦，沈阳市出现物价大涨潮，大米每斤涨到 9 万元（法币），高粱米每斤涨到 4.5 万元。这一涨价浪潮迅速涉及上海、天津等各大城市，5 日之内米每石涨到 150 万元，为抗战前的 15 万倍，从而引起全国的恐慌。到 6 月底，财政赤字高达 434.57 万亿元，比 1947 年增加 14.7 倍。军事上，2 月丢了辽阳、鞍山；3 月丢了四平街、永吉；4 月丢了洛阳；5 月丢了老河口；6 月丢了开封；7 月丢了兖州、襄阳；9 月济南被人民解放军攻克，第二绥靖区 10 万精锐部队被歼，这被南京政府称之为"动摇委员长政权基础的开始"；10 月丢了锦州、长春、郑州、包头；11 月丢了沈阳、营口、保定、徐州，国民党军 47 万主力被人民解放军全部消灭，辽沈战役结束；12 月丢了淮阴、淮安、张家口，黄百韬、黄维两个兵团约 22 万人被歼，杜聿明率所剩的 20 余万人马被团团围困，粮草断绝，国民党军在淮海战役的失败已成定局；美国杜鲁门总统拒绝继续对南京政府提供援助。在此前后，南京政府已开始做败退的准备。蒋介石的大部分家庭细软、文件和 3 辆"白卡尔"高级轿车已运至台湾；党政军首脑人

---

[1] 谢谊主编：《向新中国迈进——1949 年 1 月 1 日至 10 月 1 日纪事》，湖南教育出版社 1999 年版，第 42 页。

物国防部长何应钦、海军司令桂永清、空军司令周至柔以及陈立夫、陈果夫、王世杰、张道藩、徐永昌、汤恩伯、胡宗南、顾祝同、淞沪警备司令宣铁吾等人的眷属，已经逃到台湾；国民党海军、空军的一些部门和大批参谋人员也撤至台湾；国民党特务机关已在台湾设立总部；汉阳兵工厂和南京四个兵工厂的主要设备，也已运往台湾。在1948年的最后一天，林彪的第四野战军已完成对天津的合围；坐镇北平的华北"剿匪"总司令部总司令傅作义早已打定主意与中国人民解放军和谈接受改编。

1949年的第一天还会有什么更坏的消息呢？国民党总裁、国民政府总统蒋介石的《新年文告》，通过无线电波传播到全国和世界。每年一度的官样文章——《新年文告》，今年却有了新内容。文告说：

"今日'戡乱'军事已进入严重阶段，大家都希望战事及早结束，和平及早实现。而中共发动全面武装'叛乱'，危害国家的生存，政府迫不得已，从事'戡乱'。今日时局如何，先要问明共党其对和平的意向如何，只要共党一有和平的诚意，能作确切的表示，政府必开诚相见，愿与商讨停止战争，恢复和平的具体方法。""只要议和无害于国家的独立完整，而有助于人民的休养生息；只要神圣的宪法不因我而违反，民主宪政不因此而破坏，中华民国的国体能够确保，中华民国的法统不致中断，军队有确实的保障，人民能够维持其自由生活方式与目前最低生活水准，则我个人则无复他求。中正毕生革命，早置生命于度外，只望和平果能实现，则个人的进退出处，绝不萦怀，而一惟国民的公意是从。"[1]

从字面理解，蒋介石的这个《新年文告》主要有三个意思：一是表示他愿与共产党和平谈判；二是他有第三次下野的考虑；三是提出和谈的条件。实际上，蒋介石要表达的内容要比这份《新年文告》丰富得多。同日，出席总统府举行的高级官员团拜仪式后，在休息室蒋介石与李宗仁谈话，进一步透露了他的一些考虑并说："就当前局势来说，我当然不能再干下去了。但是，我走开以前必须有所布置，否则你就不容易接手，请你告诉健生（白崇禧）也明白这个道理，制止湖北、河南两省参议会不要再发表通电，以免动摇人心。"[2]

---

[1] 中国人民解放军政治学院党史教研室编：《中共党史参考资料》第11册，第335页。
[2] 李勇等编：《蒋介石年谱》，中共党史出版社1995年版，第371页。

这一天，蒋介石对重要人事作出调整，任命陈诚为台湾省政府主席。看来蒋介石并非真想下野，而是迫于桂系的压力。他也并非真的想让位于李宗仁，通过谈判实现国内和平，而是要重点经营台湾。

后来，蒋经国在回忆录中说，父亲决意下野之后，非常痛苦，几天食不甘味，这在一定程度上反映了蒋介石当时的心境。孙中山一手创建起来的国民党及其中华民国，曾经象征进步、具有先进意义的资产阶级民主革命，仅仅22年便被人民所淘汰，葬送在蒋介石的手里，他确实不甘。

蒋介石在国民党内的真正发迹始于1922年。是年6月16日，陈炯明叛变革命，孙中山被困永丰舰。蒋闻讯返粤，潜登永丰舰，护卫孙中山，得到孙的赏识。孙中山亲自为蒋介石题写了"大道之行也，天下为公"的条幅。半年后，孙中山派蒋担任"孙逸仙博士代表团"团长赴俄考察，并采纳蒋的建议，建立黄埔军校，任命蒋介石为黄埔军校校长兼粤军参谋长。正是这一职务建立了蒋介石的权力基础，使其有了战胜国民党内任何政敌的军事实力。

蒋介石凭借黄埔军校这一基地，按照孙中山关于要"用黄埔学生为骨干"组建一支"决死之革命军"的建校宗旨，抓紧培训干部，募集新兵，组建部队，很快在军事上站稳脚跟。1924年7月7日，蒋介石兼任长洲要塞司令；同月11日，出任新成立的军事委员会委员；15日，被孙中山委派为各军军事训练筹备委员会委员长，兼粤军总司令部训练部部长。在一个月内官升4次，这不仅在今天和平条件下是罕见的，即使昔日战争年代恐怕也绝无仅有。

孙中山去世后，随着国民政府的建立和国民党权力的又一次调整组合，手握重兵的蒋介石问鼎更高权力的机会再一次来临。在国民党"一全大会"连候补中央执行委员都未当上的蒋介石，仅仅一年过去，在1926年1月召开的国民党二大和二届一中全会上，他便一跃成为国民党中央执行委员和中央常务委员会委员，并任国民革命军总监，成为仅次于汪精卫的人物。

接着，在蒋介石亲自导演的意在挤走苏俄、打击中共、挑战汪精卫权威的"中山舰事件"中，拥有军队的支持再次使蒋处于有利地位。

事件的导火索，是在国民党"二大全会"上蒋介石就北伐统一中国问题作出决议，由于苏联首席军事顾问季山嘉的反对而遭到否决；2月7日，国民党军事委员会在分配军费时将计划拨给黄埔军校的30万减至27万，而拨给蒋介石下属的第二师（师长王懋功）的经费由12万增至15万，这使蒋对苏联顾问季山嘉颇为不满，他怀疑季别有用心，遂向汪精卫作了报告，未得到汪的支持。

两件小事，使疑忌心重的蒋介石与汪、季关系顿时紧张起来。这时，一艘商轮被劫后停泊在黄埔上游，要求保护。依惯例派舰船 1 艘、卫兵 16 人即可解决问题。但负责处理此事的几名办事人员几经转送，变成了蒋介石要调动 2 艘军舰。这就需要报告海军局代局长、中山舰舰长李之龙批准。而李之龙按照蒋介石要调动 2 艘军舰的指令派出的宝璧舰、中山舰开到黄埔军校后，因苏共（布）中央使团正在广州考察要求参观中山舰，李之龙又命中山舰返回广州。这件事引起蒋介石的极大疑心。蒋介石认定中山舰的频繁调动是汪、季与中共党员中山舰舰长李之龙共同策动谋害他。于是，20 日晨，蒋介石发布广州戒严令，断绝了省内外交通。密令第一军第二师师长刘峙和海军军官学校副校长欧阳格，共同解除中山舰武装，率兵逮捕李之龙并将其禁于东山官邸；命令刘峙部包围广州罢工委员会，收缴了纠察队的枪械；拘捕了中央军事学校及第一军以副党代表周恩来为首的全体共产党员。还武装包围、搜查、监视东山苏联顾问住宅及海军局、航空局、参谋团、制弹厂，并收缴了其卫队的枪械。

"中山舰事件"就这样发生了。

汪精卫对蒋介石的造反行为非常气愤，曾有意对蒋采取行动。无奈，时任国民革命军第二军、第三军军长的谭延闿、朱培德等人在广州市内都无驻军，无力给汪实际的支持；而广州驻军的各军军长们在对待汪蒋之争问题上，既想搞掉蒋介石，又怕担风险，矛盾心理驱使他们普遍采取了骑墙态度。此间正在广州考察的苏共（布）中央使团也采取退让态度，这使得没有军队支持的汪精卫只有选择退让。

事件发生的第二天，即 21 日，汪精卫向中央请假"迁地就医"，并请党中央派干员暂代其职。22 日，在讨论"中山舰事件"处置办法的国民党中央政治委员会会议上，实际上作出了支持蒋介石的决议：1. 工作上意见不同之苏俄同志暂行离去，另聘其他顾问。2. 汪患病，应予暂时休假。3. 李之龙受特种嫌疑，应即查办。[①]

"中山舰事件"之后，苏联顾问季山嘉、罗加乔夫等人离粤回俄；汪精卫

[①] 刘健清等主编：《中国国民党史》，江苏古籍出版社 1992 年版，第 255 页。

称病不再负责中央工作,不久就离粤赴法疗养;中共亦撤出国民革命军第一军。而蒋介石则接替了汪精卫在国民党中央的最高职务——中央执行委员会常务委员会主席。这次事件,也是蒋介石背叛孙中山倡导的"联俄、联共、扶助农工"三大政策、走上反共道路的一次预演。从此时起国共两党关系出现了裂痕。而一年后,以蒋介石发动镇压共产党人的"四一二"反革命政变为标志,国共两党从此走上对立。

在撵走汪精卫、掌握了国民党的实权、发动"四一二"反革命政变、免除了共产党对其建立独裁统治构成的暂时威胁后,1927年4月18日,在蒋介石的操纵下,以南京为国都、以胡汉民为主席的南京国民政府宣告成立。南京国民政府的成立成为国民党发展史上的重大转折点,从此,国民党开始了在全国的执政时期,同时也结束了它的革命发展时期。

一年后,中国政府和国民党的大权完全集中到蒋介石身上。他身兼国民党政治委员会主席、国民政府主席、国民革命军总司令兼军事委员会主席等职,成为中国政坛上无出其右的独裁人物。以这一年12月29日东北军少帅张学良对外宣布东北军"遵守三民主义,服从国民政府,改易旗帜"为标志,中国南北实现了形式上的"统一"。自此,中国开始了蒋介石时代。

蒋介石当政后,其内政外交政策的着眼点,基本是围绕一党专政和确保个人集权而展开的。为达到此目的,他至死不改变"剿共"、反共政策。在蒋介石执政初期,他公开声称:对共产党人"宁可枉杀一千,不可使一人漏网";国民党二届四中全会通过的《制止共产党阴谋案》规定,凡经审查确定为"共产党之理论、方法、机关、运动,均应积极铲除"。[1] 这些政策和法律的实施,导致大批共产党人惨遭屠杀。到1932年为止,共产党人和革命群众被国民党杀害达百万人之多。彭湃、向警予等中共早期领导人都是在这期间死于国民党的屠刀之下。

而中国共产党也逐步提出了打倒蒋介石、推翻国民党黑暗统治、建立人民当家做主的新中国的目标。

从1927年国民党取得全国执政地位到1937年抗战全面爆发前,是国民党坚持反共内战的10年,也是国民党军事力量处于绝对优势地位的10年。以

---

[1] 李友仁等主编:《中国国民党简史(1894—1949)》,档案出版社1988年版,第135页。

1928 年为例，两党的实力对比形势是：国民党全国兵力为 84 个军，272 个师，年消耗军费 304260 万元，占全国财政收入 405000 万元的 75%。① 而中共刚刚开始建立自己的武装，到 1930 年 3 月，全国才有共产党员 10 万人，红军 13 个军，共 6.2 万人。② 到 1936 年经过两万五千里长征，三大红军主力会合时已不足 3 万人。

从 1937 年 7 月抗日战争全面爆发至 1945 年 8 月抗战胜利，是中国全民抗战的 8 年。其间，中共领导的八路军、新四军等革命武装，在正面战场配合国民党作战的同时，挺进敌后，发动广大人民群众开展游击战争，建立和发展抗日根据地，赢得了人民的支持，得到了较大发展。抗战胜利时，它的党员人数发展到 120 多万，军队发展到 120 余万，民兵发展到 260 万，根据地面积达到近 100 万平方公里，控制着近 1 亿人口的区域。国民党军队主要担负在正面战场上抗击日军。太平洋战争爆发后，中国的抗日战争成为世界反法西斯战争的重要组成部分。为此，美国调整对华政策，由美日妥协、牺牲中国的政策，转为对日强硬、援助中国抗日的政策。仅 1942 年，美国政府和国会就 3 次通过向中国提供经援和军援的法案，其中，第一次向中国提供的借款就达 5 亿美元，这项借款大大超过了自 1938 年至 1941 年间 4 年历次借款的总和，而且暂时不提偿还的条件和办法。这对于提高中国的作战能力是有益的。由于中国在世界反法西斯战争中的特殊地位，国际社会对中国抗战提供了大量援助，而在国际上代表中国的南京政府成为这些援助的主要受益者，这使得它的武器装备得到很大加强；又由于国民党的执政地位在国际上得到承认，抗战胜利后使得它有机会全面接收了日军投降后留下的军事装备和经济基础设施。在武器装备方面，国民党官方宣布：共缴获步骑枪 685897 支，手枪 60377 支，轻重机枪 29822 挺，各种火炮 12446 门，战车 383 辆，飞机 1068 架，主要舰艇 1400 艘。③ 在经济方面，据国民党六届二中全会文件披露，共接收敌伪资产价值 6200 亿元，工矿事业及公司企业总数计 3255 个单位。实际上，此间报纸估计，其接收总价值约达数万亿元之多。④ 美国国务院后来发表的《白皮书》也称，

---

① 刘健清等主编：《中国国民党史》，江苏古籍出版社 1992 年版，第 329 页。
② 胡绳主编：《中国共产党的七十年》，中共党史出版社 1991 年版，第 103 页。
③ 刘健清等主编：《中国国民党史》，江苏古籍出版社 1992 年版，第 554 页。
④ 刘健清等主编：《中国国民党史》，江苏古籍出版社 1992 年版，第 556 页。

内战爆发时，中国"国民政府在拥有作战装备的军队数量上，对共产党已占压倒的优势。据保守的估计，双方在这方面的力量约为5∶1。而且，中国境内的一切重武器，实际上都在政府军队的掌握中"①。这时，南京政府掌握的物资和外汇储备数量超过以往任何时期。全国面积的3/4以上和占70%的人口被南京政府所控制。在全国2009座县以上城市中，南京政府控制1509座；在全国铁路26922公里中，南京政府控制19743公里。

总的来说，从军力、财力和掌握的物质资源看，抗战胜利之时，国民党军仍然对中共具有较大优势，但中共经过8年抗战与1927年时的中共相比，有了惊人的发展，不仅部队数量、装备、战斗力与国民党军的差距大大缩小，而且在军事指挥能力和在群众中的影响力方面，远远强于国民党。这恰恰是赢得战争的决定性因素！而国民党则忽视了这一至关重要的因素。

于是，在得到美国支持、经过大量准备之后，南京政府依仗它军事实力强大，撕毁停战协议，向共产党不宣而战！此时，它的军队数量达到500多万人，其中正规部队就有200多万人，武器、装备得到很大加强，美械装备达45个师。蒋介石自夸地说："无论从哪一方面看，我们都占有绝对的优势；军队的装备，作战技术或经验，共军不如我们，至于军需补给，如粮食弹药等，我们也比共军丰富10倍。"蒋氏此言，反映出他对中共的情况了解甚少、判断国共双方实力极其肤浅。后来，蒋介石在谈及这个问题时承认他当初的判断失误。蒋说，政府战后方针是，或者以和平谈判方式迫使中国共产党"放弃武装，改走合法的道路"，或者通过"放手动员作战"的办法来消灭中国共产党的武装。"这两条道路，任取其一，都足以解决中共问题"。② 事情发展的结局恰恰证明，蒋介石的"两条道路"都不能解决中共问题。

美国的援助也未能解决国民党军面临的问题。内战爆发前，美国政府不仅出动海、空军帮助蒋介石运送部队和武器弹药，还继续供应物资以完成帮助装备国民党军39个师的计划，为国民党军装备了空军部队，并直接帮助国民党军抢占中国沿海重要战略要地。据统计，从1945年9月至1946年7月，美国海、空军共耗资6亿多美元，运送国民党军14个军、8个交通警察总队，计54

---

① 《中美关系资料汇编》第1辑，世界知识出版社1957年版，第993页。
② 《中国共产党历史》第1卷·下册，中共党史出版社2002年版，第855页。

万人到各战略要地。驻华美军总司令魏德迈将军称此为"历史上最大一次的空运和海运"。美国政府还直接派遣海军陆战队11万余人在中国沿海登陆，占领指定的港口和机场，使国民党军能够顺利进入这一地区。美方特别强调，"在华占领的各地只许移交给中国国民政府"①。为了帮助国民党军包围解放区，1946年3月以后，美国在华专门设立了由750名陆军和250名海军组成的美国军事顾问团；为了增强国民党军队的战斗力，美军担负起为国民党训练军队、特务、交通警察、军医、军需等军事人员15万人的使命。

美国的先进技术帮助国民党军把远在西南地区的作战部队投送到了指定地域，但是导致国民党军队失败的最主要问题——部队士气低落、普遍厌战、军官不懂作战指挥等，是美国先进技术所不能及的。蒋介石不得不承认，他的多数军官包括高级将领根本谈不上专业技能，大部分是在打"糊涂仗"，"大家都不研究学术和典范令，更不注意侦察敌情和地形，随便拟订计划，随便颁发命令，而不能缜密研究，切实准备"。为此，蒋介石埋怨大多数军官"不动脑筋，不肯研究。无论对于什么问题，总是粗枝大叶，不求甚解。至于办事，则更是敷衍表面，不求贯彻"。他说："现在我们的大多数军人的脑筋真是在睡觉了。"他批评一些对军事一窍不通的高级将领："你们今天做军长师长的人，如果真正凭自己的学识能力，在国外做一个团长的资格都不够，正因为我们中国一切落后，人才贫乏，所以你们以微薄的才能，担负如此重大的责任。"② 就连美国驻南京政府军事顾问团团长巴达维也说："自从我来这里起，（国民党）没有一次作战失败，是由于缺乏弹药或装备的。在我看来，这些军事上的惨败都可以归因于世界上最糟糕的领导以及许多降低士气的其他因素。这些因素导致完全失去战斗意志。"③

在此后3年（从1946年6月内战全面爆发到1949年）的内战中，国民党与共产党相比呈现的弱势，在战场上迅速演变为败势、败局。其垮台速度之快让人难以置信。

战争初期，国民党采取的是全面进攻战略。其基本作战方针是：先集中兵

---

① 《马歇尔使华》，中华书局1981年版，第399页。
② 启跃编：《国民党怎样丢掉了中国大陆?》，新疆人民出版社1997年版，第43页。
③ 启跃编：《国民党怎样丢掉了中国大陆?》，新疆人民出版社1997年版，第52页。

力，在关内全线出击，迅速"消灭"关内共军的主力，控制京浦、平汉两条南北交通干线，稳定长江流域，确保华北地区。具体分三步实施：第一步，"消灭"中原解放军；第二步，进击苏皖，攻击延安，扫荡沂蒙，"清剿"山东，平定华北；第三步，移师关外，由南往北，重兵"征剿"东北解放军，"击灭"东北民主联军，从而达到彻底地"解决"全部解放区的目标。按照此一战略部署，国民党计划：以8个整编师又2个旅约22万人围攻中原解放区，尔后抽兵会同陇海路及豫北国民党军队进攻晋冀鲁豫的鲁西北、豫北解放区；以胡宗南部6个旅在阎锡山部配合下进攻晋冀鲁豫的晋南解放区；以31个旅约27万人进攻苏北解放区；以27个旅约19万人进攻山东解放区；以38个师（旅）约26万人进攻晋察冀、晋绥解放区；以7个军23个师（旅）约25万人监视东北的中共军队；以19个旅约15.5万人继续包围并准备进攻陕甘宁解放区；以9个旅约7.5万人进攻广东各游击区及海南岛的解放区。

国民党最高军事当局锁定的第一个进攻目标是中原解放区。蒋介石特命由郑州绥靖主任刘峙统一指挥第五、第六绥靖区的部队约12个整编师共30万人，将中原解放区压缩在以宣化店为中心的狭小地带，企图一举围而歼之。

1946年6月29日，国民党军的合围部队向宣化店发起猛攻。中原解放军遵照中共中央关于"立即突围，愈快愈好，不要有任何顾虑，生存第一，胜利第一"的指示，立即突围，作战略转移。为迷惑敌人，决定兵分三路：主力部队向西突围，伪装主力的一个旅向东突围，留部分地方部队坚持游击战争。国民党军经过两个月的"围追堵截""清剿追击"，均告失败，而中原解放区的部队突围取得成功：由王震领导的部队进入陕甘宁边区；由李先念领导的部队创建了陕南根据地；由王树声领导的部队创建了鄂西游击根据地；由皮定均领导的部队进入苏北解放区。

国民党军在进攻中原解放区的同时，亦发兵进攻华东解放区。其部署及战略意图是：先以37个旅27万余人的兵力，以淮北为重点，两淮（淮阴、淮安）为目标，由南向北，由西向东，挤压苏皖解放区。另用17个旅17万余人的兵力，在山东向胶济路和鲁南发起进攻，进行钳制，以成掎角之势。其意图是通过对苏皖解放区的合围，"消灭"中共华东野战军于苏北，从而解除中共军队对宁沪中心地区及京沪铁路、京浦铁路南段并陇海铁路东段的威胁；即使不能达此目的，也要达到挤逼中共部队北撤山东、然后主力决战齐鲁的目的。

7月16日，国民党军开始进攻长江北岸的苏皖解放区，月底，占领了天长、盱眙，控制了淮南，9月19日，攻占解放区首府淮阴。12月下旬控制陇海路东段一带。

针对国民党军的战略企图，中共的作战方针是：不争一城一地之得失，从海安、如皋等地撤退，布置伏兵，出奇制胜，打破国民党军的围攻。在苏中解放区，司令员粟裕、政委谭震林率领华中野战军主力3万多人，主动迎击国民党军12万人的进攻，激战40多天，一战泰兴、宣家堡，二战如皋，三战海安，四战李堡，五战丁堰、林梓，六战分界、加力，七战邵伯、春野，七战七捷，共歼灭国民党军1个整编师部、6个旅又5个交通警察大队，计5万多人。中共七战七捷，使国民党军损失了进攻苏中全部军队的40%以上。在山东的鲁南、鲁西地区，华东野战军集中10个纵队共24个师和6个团迎战国民党军。1947年2月20日，国民党军第二绥靖区副司令李仙洲率第四十六军、第七十三军在莱芜地区进入华东野战军预先设置的口袋中。司令员兼政委陈毅指挥华东野战军主力部队，发起莱芜战役，激战至第二天凌晨，一举歼灭国民党军第二绥靖区所属7个师旅共7万多人，李仙洲部几乎全军覆没。此役，李仙洲等21名少将以上军官19人被俘，2人被击毙。遭此重创，使国民党军第二绥靖区司令王耀武备感耻辱，他在日记中写道："莱芜战役，损失惨重，百年教训，刻骨铭心。"

此间，国民党军还对华北、东北等北线中共解放区发起进攻。于1946年8月29日攻陷冀热辽解放区首府承德；9月13日占领集宁；10月11日占领晋察冀首府张家口；10月下旬，国民党军相继占领了东北地区的丹东、通化等原属中共的南满大部分城市。

以攻占张家口为标志，国民党军的全面进攻达到高潮。内战4个月以来，国民党军共占领了原属中共控制的153座城市，对此，国民党军队高层欣喜若狂。在10月17日为庆祝攻陷张家口的胜利而举行的记者招待会上，参谋总长陈诚吹嘘"也许3个月至多5个月便能解决"中共问题。事实上，这些表面的暂时的胜利，大多数没有实现其预定的战略目标。从中共来看，中原野战军最终突围而去，华东野战军在苏中七战七捷，华北、东北的中共武装也顶住了国民党军的攻势，并在运动战中消灭了大量国民党军队。从国民党军来看，内战头4个月，国民党军在各战场共损失29.8万余人，占全部进攻部队的1/6；国民党军虽然占领了中共 153 座城市,但同时也被中共夺走了 48 座,而且这些新占城市与地区,使国民党军的战线越拉越长,机动兵力逐步减少,战线长与兵力不足之间的矛盾开始显露并日益突出。在开战第二个 4 个月中,国共双方夺取的和丢失的城市数均为 87 座,而国民党军又有 34 个旅 41.4 万余人被歼灭。总计战争前 8 个月,国民党军多占中共 105 座城市,而中共则歼灭国民党军 66 个旅 71 万余人,折算下来,等于国民党军每占中共一城市,需付出近 7000 人的惨重代价。

大量有生力量的减少,后方补给和新占城市的牵扯,使国民党军越来越不敷使用。到 1947 年初,投入战争的兵力由开战时的 193 个旅增至 219 个旅,而用于一线作战的兵力反由 117 个旅降为 85 个旅。这种状况使国民党在军事上出现被动局面,已经无力对中共进行全面进攻。国民党不得不调整战略,将全面进攻改为重点进攻。至此,蒋介石所采取的全面进攻战略宣告失败。

从 1947 年 3 月起,国民党军对中共解放区的进攻改为以陕北和山东解放区为重点、被称为"双矛攻势"的重点进攻。

蒋介石认为,中国共产党在关内有三个重要根据地:以延安为政治根据地,以沂蒙山区为军事根据地,以胶东为交通供应根据地。对这三个地区必须"犁庭扫穴,切实攻占"。他的计划是:首先,攻占延安,摧毁中国共产党的党、政、军指挥中心,以"动摇其军心,瓦解其意志,削弱其国际地位";其次,攻占胶东,切断中国共产党由关外到关内的海陆补给线;然后,集中力量攻占沂蒙山区;接着,北渡黄河,"肃清"华北的人民解放军;随后,再集中兵力转战东北。

按照这一进攻次序,蒋介石命令以胡宗南部 15 个旅由宜川、洛川一线向北担任主攻,另以 5 个旅为第二线兵力随后跟进;以马步芳部 3 个整编师向东,以榆林邓宝珊部 1 个军向南,以此配合。全部兵力达到 34 个旅约 25 万余人。胡宗南部于 3 月 13 日向延安发起猛烈进攻。在此地迎击国民党军的是西北野战军司令员兼政治委员彭德怀、副政治委员习仲勋所部 6 个旅 2.6 万余人,另 3 个地方旅和 1 个骑兵师 1.6 万余人。在兵力悬殊的情况下,为了把胡宗南部拖在西北战场,中共中央决定暂时放弃延安和若干城市,诱敌深入,运用"蘑菇"战术,在运动中歼灭敌人。西北野战军遵照党中央的指示,在进行 7 天阻击之后,于 19 日主动撤离延安。待胡宗南部进入延安时,这里已成为一座空城。

山东解放区是国民党军又一重点进攻方向。蒋介石对赢得此役极其重视。1947年2月26日，在南京军事将领会议上，蒋介石说："我想在关内的共军，虽以陈毅一股为最顽强，但我们如果能够不顾一切，集中兵力，首先来对付这股共军，现在还来得及。如果我们再像过去一样，不听统帅的话，各自为政，任其东奔西突，各个击破，则二、三个月以后，你们大家都要死无葬身之地。因为陈毅组织民众的技术、训练军队的能力和其作战的灵活，我们前方的高级将领中，可以说很少人能够和他相比。他过去唯一的缺乏就是没有重武器，所以我们的部队虽不长于野战，但凭借工事，还可以固守！现在他在向城和莱芜得了我们的重武器，如果我们不能在他重武器部队训练完成（两个月到三个月）以前，将他包围歼灭，那他的势力日益增加，我们无险可守，不仅山东将非我有，就是已经收复的东北，亦将重变共区！所以我这几天，时时刻刻在研究如何'剿灭'陈毅这股共军的办法！"① 蒋介石进攻山东解放区的战略总方针是："占领各重要交通点，步步紧逼，使之被迫决战，然后一举歼灭。"其具体作战部署为："第一步先占领津浦线的大汶口和泰安，向鲁中临沂连成一根横线，使陈……无法'窜'到津浦路以西的地区，如果他要'窜'过来，我们就准备和他作陆战。""第二步，于胶济线以南，津浦线以东之地区，置三个力量围攻陈毅华东解放军。这三个力量分别置于西、北、南三个方向，西面是济南、泰安、大汶口一线，以第十一师为主力；北面是张店、潍县、高密、青岛一线，现军加第五军为主力；北线是临沂地区，以三个师之精锐部队驻扎。"

此一部署，蒋介石十分满意，且感有把握消灭陈毅的华东野战军。蒋说：用"这三个力量在他的周围摆起来，他如不来进攻，我们就向前推进，他如果进攻我们一方面，则一方面守，其他两方面攻……陈毅现在势力，虽已增加，……还只能集中兵力，向我们一方面发动进攻，这个基本的判断，我相信是绝对的正确"②。

他命令陆军总司令顾祝同亲自主持华东战事。参战部队有第一兵团汤恩伯部、第二兵团王敬久部、第三兵团欧震部。另有第二绥靖区、第三绥靖区的1

---

① 王俯民：《蒋介石详传》（下册），中国广播电视出版社1993年版，第1145—1146页。
② 王俯民：《蒋介石详传》（下册），中国广播电视出版社1993年版，第1146页。

个军、2个师配合作战,总兵力达到19个整编师46个旅(后增加到24个整编师60个旅),共45万余人。在这45万兵力中,有邱清泉的第五军、张灵甫的整编第七十四师、胡琏的整编第十一师等嫡系"精锐之师",还有黄百韬的整编第二十五师、杨干才的整编第二十师、李弥的第八军等在国民党军内颇能打凶仗的国军主力。顾祝同吸取了以往分路进攻而常被分割围歼的教训,决定采取集中兵力、密集靠拢、稳扎稳打、齐头并进的方法,将主力逐步推进至泰安、莱芜、新泰、蒙阴、沂水之线,迫使华东野战军在鲁中地区与之决战,或逼迫华东野战军放弃沂蒙山地区,北渡黄河,实现其全占山东解放区的目的。这个方法被蒋介石称之为"硬核桃"和"烂葡萄"战术,就是将嫡系主力作为"硬核桃"放在中间,而两翼放置的则是作为"烂葡萄"的杂牌军和二流部队,如果人民解放军要攻到中间去消灭他的嫡系部队,不仅第七十四师、第十一师、新五军三个主力能够互相策应,两翼部队还可以赶来,使人民解放军啃不动这个"硬核桃";如果打他的两翼,他拼着牺牲几个"烂葡萄",等人民解放军精疲力竭的时候,他的主力部队就突然从中间出来,实施突然袭击。

华东野战军共9个纵队27万人,毛泽东给该野战军司令员陈毅的指示是:对于密集进攻之敌,实行诱敌深入,胶济路以南广大地区均可开辟为机动作战的战场;要有极大的忍耐心,掌握最大兵力在手,不要性急,不要分兵,不要扰敌后路,让敌放胆前进,总有歼敌机会;要将主力部队置于机动位置,随时准备应付各种可能出现的情况。

机会终于来了。5月11日,国民党第一兵团司令官汤恩伯不等友邻兵团统一行动,便指挥所属8个师,以第七十四师为主攻,第二十五、第八十三师在左右两翼配合,向沂水、坦埠方向进击,企图以第七十四师作诱饵,吸引共军主力,然后实施聚歼。第七十四师以其全部美械装备机械化之师的机动速度很快超过临蒙公路,并在垛庄大张旗鼓地修建通向坦埠的公路。这条公路的建成进一步加快第七十四师的行军速度,张灵甫仅用一天时间就到达坦埠。陈毅抓住张灵甫前锋突出的弱点,立即下令于蒙阴以东围歼第七十四师。

华东野战军集中5倍于敌的兵力,出其不意,以4个纵队牵制第七十四师的左右两路之敌,以5个纵队集中对付第七十四师。顾祝同还把第七十四师被围当作与共军决战的良机,他一面命令张灵甫坚守阵地,一面督令其余10个整编师分路向第七十四师所在的孟良崮驰援,准备在此与华东野战军主力决战。但各路援军均遭到顽强的阻击，无法同第七十四师会合。而第七十四师在铁臂合围和强攻猛击面前，亦无力坚持。战至16日，张灵甫被击毙，第七十四师全军覆没。

蒋介石对孟良崮战役的失败深为沮丧，他把第七十四师被歼的责任归结到友邻部队救援不力上，训斥他的将领们："如果大家'各自为谋，同床异梦'，胜则争功，败不相救，那就没有不被共军各个击破的道理！大家要知道：共军今天可以消灭七十四师，明天你们自己的部队，就可以变成七十四师，就要被共军消灭，唇亡齿寒，决没有幸存的道理。"

在对陕北、山东重点进攻失败的同时，国民党军在其他战场上被迫陆续转入防御。3月下旬至5月初，中共晋冀鲁豫解放军发起对豫北的攻势，国民党军4万余人被歼，丢掉9座县城，被迫退守新乡、郑州、开封、菏泽等几个主要据点，不敢出战。4月，中共太岳部队出击晋南，国民党军再损1.8万余人，失掉对同蒲路南段的控制权，让出晋西南大片地区，使中共部队取得了进攻黄河以南的有利条件。此时，正太路一线的国民党军3万余人亦被中共晋察冀解放军吃掉。国民党军不仅丢掉正太路，而且太原与石家庄之间的联系从此切断，而中共晋察冀和晋冀鲁豫两个解放区连成了一片。5月底至6月底，中共又在东北成功地发动了大规模的夏季攻势，占领沈阳至长春、沈阳至吉林铁路沿线以及辽东、辽南和热河地区的城市4座，国民党军损兵8万，并被压缩在中长与北宁两路的少数据点中。

在1947年3月至6月实施重点进攻的4个月中，国民党军新占解放区城市95座，失去153座，得失相较，丢了城市58座；同时损失兵力40余万人。而从国民党军发动全面内战以来的一年间战绩来看，伤亡中共部队近36万，占领城市335座，付出的代价是：损失兵力112万人，其中正规军97个旅78万人，平均每月损失8个旅。实行重点进攻的结果，造成了国民党军力部署上难以改变的哑铃状态势，重点被拖在东西两翼，中原及江南空虚，国统区后方13个省中，兵力仅有21个旅，第二线部队急缺。这一情况不仅迫使国民党重新评估其重点进攻战略，也使美国人对国民党的战争前景愈加担忧。事后美国军事专家评论说，"共军胜利地击退政府向山东共区的大进攻"，"标志着战争转折点"的到来，"战略上的主动权已由政府手中转入共军手中"。①

国民党军事颓势开始出现。

此时，国民党军的总兵力由 430 万减少为 370 万，正规军由 200 万降到 150 万。在 248 个旅中能够用于机动作战的仅有 40 个旅。而人民解放军的总兵力已由开战时的 127 万人增加到 195 万人，其中野战军由 61 万人发展到 100 万人以上。力量对比的变化，尤其是一年来连续粉碎国民党军全面进攻和重点进攻，使形势急速朝着有利于中共的方向发展。鉴于此，中共中央于 1947 年 7 月 21 日至 23 日，在陕北靖边县小河村召开扩大会议，着重讨论了战略进攻的部署等问题。毛泽东在会上提出计划用五年时间（从 1946 年 7 月算起）解决同蒋介石斗争的问题，同时指出："现在不公开讲出来，还是要准备长期斗争，五年到十年甚至十五年。"会议决定：不等完全粉碎国民党军队的重点进攻和人民解放军的总兵力超过敌军，就"以主力打到外线去，将战争引向国民党区域"，调动敌人回援后方，迫使敌人转入战略防御，改变敌我攻防形势。

此后，人民解放军各路大军按照中共中央的部署，开始由内线作战转入外线作战，由战略防御转入战略进攻。6 月 30 日夜，刘邓大军 4 个纵队 12 万人，在山东临濮集至章丘镇 150 公里的地面上，一举突破黄河天险，挺进鲁西南，发起鲁西南战役。此后一个月，歼敌 4 个整编师师部、9 个半旅，共 6 万人，由此揭开人民解放军战略进攻的序幕。

8 月 22 日，陈赓、谢富治大军在西北野战军的策应下，在晋南、豫北交界处南渡黄河，挺进豫西。到 11 月底，共歼敌 5 万余人，并在 39 个县建立了民主政权，完成在豫陕鄂边区的战略展开。

9 月 9 日，陈毅、粟裕率领华东野战军外线部队 8 个兵团突入鲁西南地区，在全歼敌整编第五十七师之后，分 5 路越过陇海路南下，进入豫皖苏平原，并在那里建立起 25 个县的民主政权。

此后短短 4 个月，刘邓、陈谢、陈粟三路大军，共歼灭国民党军 19.5 万人，解放县城近百座，吸引和调动了南线敌军约 90 个旅与己周旋。后来台湾出版的有关图书亦认为，中原战场的失利，使其"全盘战略形势，乃从此陷于

---

① 郭贵儒：《从繁盛到衰败——大陆时期的中国国民党》，华文出版社 1999 年版，第 348 页。

被动"①。

与此同时，西北野战军发起黄龙、延清战役，解放延安东北的广大地区。华东野战军东线兵团挺进中原，进行胶东保卫战，并于10月初转入内线反攻，最终粉碎国民党军对山东的进攻，从根本上改变了山东战场的形势。北线的东北民主联军于9月14日发起秋季攻势，共歼敌6.9万人，迫使敌人退缩在锦州、沈阳、四平、长春、吉林等仅占东北总面积14%的34座城市及其附近地区，陷入更加被动的局面。晋察冀野战军在连续发起并取得大清河北战役、清风店战役胜利之后，按照朱德总司令的指示，一举攻克国民党盘踞的华北重镇石家庄，全歼守敌2万余人。解放石家庄，是人民解放军转入战略进攻后，对国民党军队据守的较大城市的第一次成功的攻坚战，这一战役的胜利，使晋察冀和晋冀鲁豫两大解放区连成一片，同时表明人民解放军已具备夺取敌人坚固设防的较大城市的能力。

人民解放军转入战略进攻半年，共歼灭国民党军75万余人。到1947年底，战争已经不是主要在解放区内进行，而是在国民党统治区内进行了。

1948年，国民党的军事形势更加堪忧。截至6月，兵力损失的数字已上升到152万人，经过大量补充，总兵力虽然保持在365万人左右，其中正规军285个旅（师），但能够用于第一线的只有170万人，还被人民解放军分别钳制在东北、华北、西北、中原、华东五个战场上，能够进行战略机动的兵力已经不多。而人民解放军此时已增至280万人，其中正规军149万人。基本形成野战军、地方军和游击部队三者结合的完整体系，有了5支大的野战部队。在西北，有5个纵队7万人，华北有3个兵团11个纵队20万人，中原有7个纵队20万人，华东有3个兵团16个纵队42万人，东北有14个纵队70万人。

国民党为挽回颓势，于1948年8月3日至7日在南京召开军事检讨会。会上，何应钦作了全盘军事形势报告，公布了两年来作战消耗的数字：兵力死伤、被俘、失踪总数为300多万人；损失步枪100万支，轻重机枪7万挺，山野重炮1000多门，迫击炮、小炮15000多门，还有战车、装甲车、汽车及大批通信器材和各种弹药。

蒋介石在会议讲话中公开承认："就整个局势而言，则我们无可讳言的，

---

① 《中国共产党历史》第1卷·下册，中共党史出版社2002年版，第955页。

是处处受制、着着失败。""不仅使得全国人民的心理动摇，军队将领信心丧失，士气低落，而且中外人士对我们国军讽刺诬蔑，令人难以忍受。"①

这次会议决定收缩战线，实行重点防御。其作战方针是："撤退东北、巩固华北、确保华中、经营华南。"会议作出裁并绥靖区，扩编机动兵团，集中兵力在南线执行三角、四边、十三点计划等措施。也就是要在华中、华东、豫陕战场集结65个师（军）上百万兵力，固守徐州、汉口、西安等三角地区；陇海路全线、津浦路兖州至浦口段、郑州以南平汉线、宝鸡至成都公路等四条边；开封、郑州、济南、商丘、南阳、襄樊、确山、信阳、汉中、安康、钟祥、宜昌、合肥等13个重要据点。在黄河以南、长江以北作战重点地区，"各绥区国军配合地方武装堵剿兼施"，国军主力则编成"进剿兵力"继续进攻解放军根据地。在东北地区，"集中主力，确保辽东、热河，以巩固华北"，达到钳制东北、华北解放军，保障黄河以南作战的目的。在西北，建立一个"独立作战地带"。在陕西，"建立一骨干部队，支配战场，确保汉中，并于四川及汉中及时建立一个坚强兵力，以应陕甘之急需"。为实现上述战略方针，会议还做出两项重大决定：一是调整军事机构，将长江以北、黄河以南划为一个战区；东北、华北划为一个战区；在西北成立"剿匪"总部。二是组建二线部队，在长江以南、西南和西北地区，迅速编练第二线部队150万人，计划先编成50个步兵师、10个骑兵师。

一个月后，即9月8日至13日，中共中央在西柏坡召开了政治局扩大会议。讨论决定了有关军事、政治、经济、党的建设等一系列重大问题。会议提出了全党的战略任务：建设500万人民解放军，在五年左右时间内，歼敌正规军500个旅（师）左右，从根本上打倒国民党的反动统治。会议分析认为，今后局势的发展有两种可能：如果战争第三年、第四年给敌人的打击很严重，加上敌人政治、经济危机的发展，则蒋介石的统治可能垮台早些；另一种可能即美国出兵，战争也可能延长。我们既不要因胜利太快而无准备，也不要因胜利稍慢而没有耐心。会议决定，在军事上，人民解放军仍然全部在长江以北和华北、东北作战，并准备打若干次带决定性的大会战，力争歼灭更多的国民党军队；全国作战的重心在中原，北线的重心在北宁路；要敢于打前所未有的大

---

① 《中国共产党历史》第1卷·下册，中共党史出版社2002年版，第993页。

仗，敢于同敌人的强大兵团作战，敢于攻击敌人重兵据守和坚固设防的大城市。

这次会议实际上为人民解放军与国民党军队进行战略决战，为最后打倒蒋介石、有计划有步骤地夺取新民主主义革命在全国的胜利，从思想上、政治上、组织上做了重要准备。

从1948年9月开始，人民解放军先后在东北、华东、中原、华北和西北战场上，发起规模空前的秋季攻势。秋季攻势的一个重要战役是夺取济南。济南是华东战场的战略要地，攻占了济南，就腰斩了津浦路，切断了国民党军华东与华北两大战略集团的陆上联系。而人民解放军两大解放区就可以连成一片，对人民解放军在华东、华北和东北歼灭敌人具有重要政治意义。蒋介石同样看重济南的战略地位。为此，他拒绝了美国军事顾问团提出的"退出济南，把军队撤至徐州"的建议，决定在济南设立第二绥靖区，派他的嫡系王耀武为司令官，以10万多重兵守备济南，通过空中走廊向该地运送了大量兵力，并命令山东全境的国民党军队与地方保安旅统归王耀武指挥；同时策划徐州地区主力第二、第七、第十三兵团的17万兵力星夜北援，企图在兖州、济宁间击破华东野战军主力。

1948年9月16日夜，由华东野战军7个纵队组成的攻城兵团分东西两个集团，在南北东西百余里的广阔战线上，向国民党守军外围部队发起进攻。到20日拂晓前，西集团从西、南、北三个方向包围了济南市郊区的商埠，并占领机场，完全切断了国民党济南守军的空中补给。东集团一举占领了扼守济南东南进口的岭山、砚池山、回龙岭等要地，很快逼近外城，这使国民党军济南西守备区的总指挥、整编第九十六军军长吴化文的部队，直接暴露在人民解放军西集团的炮火之下。吴化文自知再战必定全军覆灭，遂率所属3个旅举行战场起义，这使国民党军济南战场更加恶化，前来增援的部队得知此讯，反而放慢前进速度，又给人民解放军西集团攻城部队突增战机，西集团很快占领商埠，并不作停留向外城发起猛攻，于23日攻占了外城大部分地区。至24日，内城亦被人民解放军突破，国民党济南守军除吴化文部战场起义外，其余全部被歼，王耀武亦在化装逃跑的途中被解放区军民抓获。

解放济南，是人民解放军攻克敌人重兵设防的大城市的开始，是蒋介石以大城市为主的"重点防御"体系总崩溃的开始，它动摇了国民党军固守大城市进行顽抗的信心,从而揭开了人民解放军战略决战的序幕。

人民解放军与国民党军战略决战的第一战是辽沈战役。

1948年秋,经过东北野战军秋季攻势的打击,东北国民党军队55万人被迫收缩在沈阳、长春、锦州三个独立地区。东北"剿总"总司令卫立煌率第八兵团、第九兵团共8个军24个师约30万兵力防守沈阳地区;东北"剿总"副总司令兼第一兵团司令郑洞国率两个军6个师约10万人孤守长春,已经弹尽粮绝,靠空投补给;东北"剿总"副总司令兼锦州指挥所主任范汉杰率第六兵团4个军14个师约15万人,在北宁路义县至秦皇岛之间设防。

此时,中共在东北已控制97%以上的土地、86%以上的人口和95%的铁路线。东北野战军已发展到70多万人,还有地方部队33万人,并拥有一支颇具威力的炮兵部队。鉴于东北国民党军所处绝境,美国向南京政府建议:暂弃北纬40度以北,力争北纬35度以北,坚守北纬30度以北,经营北纬30度以南。在南京国民党军事检讨会上也做出撤退东北的决定。但对于收缩东北兵力,南京政府没有彻底下定决心。因为放弃沈阳,在军事上可能是明智的,但在政治上将造成政府军溃败的严重后果。就在那次军事检讨会上确定"撤退东北,确保华北"方针的同时,又要求"坚持沈阳至10月底以观时局发展,原则上不弃沈阳,同时亦作撤退准备"①。这一犹豫,使其顿失撤离沈阳的机会。还未等10月到来,林彪、罗荣桓即率东北野战军于1948年9月12日发起攻击,切断北宁线,直逼锦州。

毛泽东的战略意图是:首先控制北宁路锦州、山海关段,以及山海关、滦县段。即关闭东北大门,切断东北敌人与关内的联系,在战略上又是中间突出,使两翼的卫立煌和傅作义相互孤立。为实现首取锦州的战略目标,林彪、罗荣桓部署6个纵队和炮兵纵队主力攻打锦州,以两个纵队在锦西向塔山一线打援,以3个纵队对付沈阳援锦之敌,还留下一个纵队做战略预备队。

战役一打响,蒋介石顿感问题严重。他于9月30日飞抵北平,商讨对策,决定从华北、山东紧急海运7个师到葫芦岛,会同锦州和葫芦岛原有的4个师组成"东进兵团",自锦西增援锦州;从沈阳抽出5个军11个师组成"西进兵团",自沈阳西进援锦。蒋介石自以为让范汉杰坚守锦州,牵住解放军,让葫

---

① 李文主编:《中国国民党史》,陕西人民出版社1991年版,第444页。

芦岛所部集中精锐之师向东攻,让廖耀湘兵团出来向西打,切断解放军后方补给线,一仗可以击灭解放军的主力。但人民解放军总攻锦州战役仅用 30 多个小时,即全歼守敌,生俘敌官兵 9 万多人,以陆军中将、东北"剿总"副总司令范汉杰为首的 35 名将官被俘。

锦州失守后,长春守敌已无心恋战,第六十六军军长曾泽生率部起义,新七军官兵相继投诚,郑洞国也被迫在投诚书上签字,放下武器。长春宣告和平解放。

10 月 18 日,蒋介石第三次飞抵沈阳,企图挽救东北全军即将覆灭的命运。他命令锦西的"东进兵团"继续北进;命令徘徊于彰武、新立屯地区的"西进兵团"立即南进,企图南北夹击,"规复锦州",然后沈阳的国民党军队经北宁路撤入关内;另以一个军南下抢占营口,以控制从海上撤退的通路。他命令杜聿明为东北"剿总"副总司令兼冀热辽边区司令官,指挥这一总撤退行动。蒋介石这一招为东北野战军就地消灭廖耀湘兵团赢得了时间。东北野战军即以一部在黑山、打虎山以北设堵阻击,主力部队则从锦州地区秘密向东北方向集结。待 10 月 21 日廖耀湘兵团开始由彰武南下时,已经赶来的东北野战军以有力阻击,迫使敌不能越过黑山、打虎山。廖耀湘兵团见从此地逃跑已不可能,便于 25 日黄昏后停止攻击,改向营口方向撤退,但为时已晚。此时,秘密回师的东北野战军 8 个纵队已经对其构成合围之势,并逐渐缩小包围圈。战至 28 日晨,这支以国民党主力新一军、新三军、新六军等为基干的美式机械化兵团全部覆灭。

这时,沈阳守敌仅剩周福成兵团第五十三军 3 个师、青年军第二〇三师、暂五师及 1 个守备纵队,共 10 万余人。在锦州、长春相继失守的压力下,已经无心再战的兵团司令兼军长周福成化装逃跑被俘,第五十三军副军长赵国屏率部已同中共接洽投诚。这使东北野战军各纵队迅速挥师东进,相继攻占铁岭、抚顺、本溪,并对沈阳、营口之敌形成合围。11 月 1 日,东北野战军向沈阳发起总攻,战至第二天,全歼沈阳守敌 10 万余人。同日,营口也被东北野战军占领。

至此,历时 50 余天的辽沈战役宣告结束。此役,国民党精锐部队 47.2 万余人被歼,加上这期间其他战场的损失,国民党军总兵力下降到 290 万人,而人民解放军则增加到 310 万人。这一数据使人民解放军的总兵力首次超过国民党军,此时,人民解放军不但在质量上占有优势,而且在数量上也取得优势。

在辽沈战役国民党军败局已定之时，双方统帅部已开始运筹部署下一个决战——淮海战役。

这是在以徐州为中心，东起海州、西至商丘、北起临城（今薛城）、南达淮河的广大地区上国共两党的又一次殊死较量。由于徐州位于黄河、长江之间，东有大运河，南有淮河，形成天然防御体系，又是国民党政府首都南京的大门和津浦、陇海两大铁路的交会点，所以成为国民党的最大军事基地。国民党军实行重点防御战略后，徐州"剿总"将其重点集中于徐州、郑州、济南三个战略要点，以此保持津浦、平汉、陇海三条铁路贯通。但不久前结束的济南战役，使济南、郑州、开封相继失守，徐州与西安、平津间的战略联系从此被切断。国民党军只得再度收缩防御，以 4 个兵团、3 个绥靖区的兵力共 22 个军约 60 万人集结于以徐州为中心，东至连云港、西至商丘、北至临城（今薛城）、南到蚌埠的陇海、津浦线上，形成一点两线的防御。中共则以华东野战军 16 个纵队集结于徐州以西，对徐州形成夹击之势。

辽沈战役后，徐州成为国民党军阻止人民解放军进攻南京的北大门。为守住徐州，蒋介石亲自主持拟订了《徐蚌会战计划》，决定将徐州"剿总"所属各兵团及绥靖区各部队主力移至淮河南岸蚌埠东西地区（包括临淮关、怀远、凤台间地区），实施攻势防御，利用津浦、陇海两条铁路线便于机动增援的条件，在徐州地区重兵堵防和阻止解放军南下，以巩固江淮，屏障南京。蒋介石让杜聿明实际代替刘峙指挥全盘，把包括黄百韬、邱清泉、李弥、孙元良、刘汝明等在内的全部精锐部队共 5 个兵团、3 个绥靖区、34 个军、总兵力近 80 万人投入会战。其部署是：孙元良第十六兵团由商丘转移到蒙城地区，保障津浦路徐蚌段西侧的安全；邱清泉第二兵团仍在荡山、永城地区集结待机；刘汝明第四绥靖区两个军由商丘移驻临淮关；李弥第十三兵团由碾庄圩、炮车段向灵璧、泗县地区转移，担任机动任务；黄百韬第七兵团由新安镇移至运河以西集结；冯治安第三绥靖区两个军放弃临城、枣庄，退守韩庄、台儿庄段运河及其以南地区；周嵒第一绥靖区 3 个军驻守淮阴；黄维第十二兵团由确山地区开赴阜阳、太和集结；第七十二、一〇七、六十六、九十六军分别驻守徐州、睢宁、五河、盱眙与蚌埠。

中共参加这一战役的兵力主要有华东、中原两个野战军和晋冀鲁豫军区的部分部队共 60 万人。由毛泽东亲手设计的中央军委《关于淮海战役的作战方针》，把战役分为三个阶段：第一阶段，其重心是集中兵力歼灭黄百韬兵团，完成中间突破。力争在战役开始后两星期至三星期内结束。第二阶段，用大约5个纵队攻歼海州、新浦、连云港、灌云地区之敌……此阶段亦须争取两个至三个星期内完结。第三阶段，可设想在两淮方面（淮阴、淮安）作战，……约亦需两个至三个星期完成。三个阶段大概共需一个半月至两个月时间。

11月6日，人民解放军按计划对各个预定目标发起进攻。首先遭到这一波打击的是第七兵团，战至第三天，中共党员、第三绥靖区副司令官张克侠、何基沣率两个军约2.3万余人在贾汪、台儿庄起义，徐州大门由此洞开。华东野战军山东兵团乘机切断兵团退路，并会同中原野战军切断徐蚌线。人民解放军于11月15日顺利完成对徐州的包围。在此前后，华东野战军向兵团发动总攻击，于11月22日把黄百韬兵团12万人全歼于碾庄，至此，淮海战役第一阶段结束。

23日，蒋介石召集刘峙、杜聿明等到南京开会，决定徐州的3个兵团南下，蚌埠的3个兵团北上，南北夹击占领宿县的中原野战军和华东野战军，以重新打通津浦路徐蚌段。结果，黄维兵团在北上途中被中原野战军和华东野战军的9个纵队包围于宿县西南的双堆集地区。蒋介石急令杜聿明率3个兵团放弃徐州，绕永城南下，解黄维之危。杜聿明救援行动尚未实施，黄维兵团即于11月15日突围失败，所率4个军10个师共12万人被歼，黄本人亦被人民解放军俘获。而杜聿明所率的邱清泉、李弥、孙元良3个兵团在南下途中被人民解放军11个纵队包围于陈官庄、青龙集地区。最后，孙元良兵团自行突围被歼，邱清泉、李弥两兵团20万人在人民解放军的总攻中全军覆灭。至此，国民党军的"徐蚌会战"又告惨败。

淮海战役历时66天，共歼灭国民党军55.5万人。经过这一战役，南线国民党军队的精锐主力已被消灭，长江中下游以北的广大地区获得解放，并同华北解放区连成一片，人民解放军压到长江北岸，国民党政府首都南京直接暴露在人民解放军的攻击之下。

此时，国民党军在长江以北的主力仅剩华北地区傅作义所属的华北"剿总"部队近60万人，分布在北起山海关、西迄张家口的长达500公里的狭长地带上，被东北野战军和华北军区第二、第三兵团共100万人团团围住。作为非蒋介石嫡系的傅作义，既对蒋排斥异己的为人深怀忌而不愿南撤，又恐重蹈国民党东北守军被人民解放军关门围歼的覆辙，因而在辽沈战役结束、淮海战役国民党军败局已定之时，傅作义不断收缩兵力，调整部署，先后放弃承德、保定、山海关、秦皇岛等地，着力加强张家口、北平、天津、塘沽的防卫，保证西撤或南逃的通路。

为阻其南逃，就地歼灭傅作义集团，人民解放军于1948年11月28日发起平津战役。东北野战军采取"围而不打"或"隔而不围"的方法，至12月21日，完成对北平、天津、张家口之敌的战略包围和战役分割，切断了敌西撤南逃的通路，使傅作义集团孤守于平、津、塘、新、张5个据点，然后按照"先打两头、后取中间"的顺序发起攻击。22日，全歼新保安守敌1.6万余人；24日，再歼张家口以北地区守敌5.4万余人。

1949年新年刚过半个月，天津宣告解放，国民党守军13万人被人民解放军全部歼灭；孤守北平的傅作义部25万人这时已完全陷入绝境，1月21日，傅作义接受解放军提出的和平条件，双方签订了《关于和平解决北平问题的协议》。在这个月的最后一天，北平的国民党守军撤离市区，人民解放军进驻北平城，北平宣告和平解放。历时64天的平津战役，在歼敌52万人之后胜利结束了。

至此，国民党军队在长江以北的力量已经全线崩溃，在长江以南也难以组织起系统的防御，国民党在大陆的失败已经到来了。

财政经济崩溃——连年战事重创中国国民经济命脉，低下的生产力难以支撑错误的反共内战带来的巨大军费开支。抑制通货膨胀政策的完全失败，加速了国统区经济的破产。南京政府经济上的总崩溃加速到来。

南京政府在军事总溃败的同时，国统区的财政经济也陷入了总崩溃。

国民党承袭下来的是一个积贫积弱、经济十分落后的旧中国。自1840年鸦片战争帝国主义打开中国的大门至1905年中国国民党的前身同盟会成立的66年间，帝国主义列强发动了一次又一次侵华战争，不仅把中国一步步推入半殖民地的深渊，而且通过一个又一个丧权辱国的不平等条约，强迫中国割地赔款，给中国的经济造成毁灭性破坏。仅支付战争赔款一项，中国就损失白银十几亿两，而当时清政府每年的财政收入不过8000多万两白银。

1911年孙中山领导的辛亥革命推翻了清政府。自此到1927年国民党开始在全国执政的15年间，军阀割据和军阀混战是这一时期中国政治的显著特征。

从袁世凯到张作霖的历届北京政府，每年用于战争的费用要占去全部财政支出的 1/3 以上，而政府的财政主要依赖外国政府的大量借款。截至 1919 年 5 月，各派军阀公开或秘密举借外债 180 多次，数额达银圆 8 亿元以上。无度的举债和高额的还债压力，使得政府的许多权益包括铁路修筑权、矿山开采权、银行投资权、内河航运权和关税、盐税等收入，都成为抵押品给了外国。这期间的国家经济基础更加薄弱。

国民党执政以后，开展了有限的经济建设。蒋介石把他领导的中国经济建设分为三个时期：第一时期（1928 年至 1937 年）为统一建设时期；第二时期（1937 年至 1945 年）为抗战建国时期；第三时期（1946 年至 1949 年）为内战时期。在第一时期，提出并制定了《中国经济建设方案》《关于国防经济建设》《关于建设方针案》《遵照总理实业计划应用外国技术资本以发展国民经济增进国民福利案》等十几个经济建设法律法规，成效比较显明的是 1935 年蒋介石发起的"国民经济建设运动"，提出要"增加生产总量，解决生活需要。增加工作机会，解决失业问题。增加输出产品，藉谋贸易平衡。保障投资安全，鼓励生产运动"。同时，对"解除阻碍生产发展的外在的原因（如捐税、产业法规、劳资关系等不利发展的弊端）、解除阻碍经济发展的内在的原因（如缺乏经营方法与人才等技术方面问题）、解除货物流通障碍（如交通、金融、运销制度等方面不妥之处）、解除妨碍生产建设的心理障碍（如愚昧、迷信、保守、缺乏劳动习惯、漠视经济等心理方面的问题）"，[①] 做出了指标性规定。为设计、指导和监督全国的国民经济建设，在国民党中央执行委员会下，增设全国国民经济计划委员会，并成立了由蒋介石自任会长的国民经济建设总会。在工业方面，着手抓冶金、燃料、化学、机器和电气等 5 种工业，尤其以开发重工业和建设大工厂为重点；在农业方面，颁布《合作社法》和《中国农民银行条例》；在金融方面，实行了币制改革。这些措施的推行，使国民经济有所发展。据国民党公布的统计数据，仅 1936 年一年的建设成效，就超过了 1931 年到 1935 年的建设工作，"而这 4 年的建设成果又相当于民国以来 20 年的总和"[②]。其中，粮食产量全年达到 2844 亿斤，人均达到 600 斤，在当时创了历史最高纪录。

---

① 王俯民：《蒋介石详传》（下册），中国广播电视出版社 1993 年版，第 934—935 页。
② 刘健清等主编：《中国国民党史》，江苏古籍出版社 1992 年版，第 412 页。

1937年，国民党把经济转入战时轨道，采取了沿海工业内迁、经济统制、西南大后方建设、战时金融等一系列政策措施，因而避免了由于日军破坏可能造成国统区的经济崩溃，对于坚持持久抗战有其积极的作用。

从1928年到1937年，是国民党统治大陆时期经济成效最好的10年。根据费正清所著《剑桥中华民国史》记载，中国的工业在1931年至1936年间，年均增长率达到6.7%，发电量在这10年增长了一倍，年平均增长9.4%，棉布增长16.5%，银行存款增长15.9%。台湾学者对此问题也作了研究，并把蒋之国民政府在统一建设时期的成绩概括为4个方面："（一）财政改革：统一财政；确立预算制；'稳定'国家税收；整理外债；建立债信。至1937年，为北京政府先后偿还外债共2.7亿美元。""（二）健全金融制度：1933年，改两为元，建立银本位制。1935年11月4日，又实行法币制度，放弃银本位制。""（三）农粮和棉花的产量，因为发展农业科学逐年增加。""（四）交通建设：公路完成7省公路网；铁路修筑了浙赣、粤汉两条线。"①

在经济建设的第二时期、第三时期，南京政府也提出了一些政策、计划，由于抗战和反共战争，基本是一纸空文。

南京政府10年执政的上述成效，实际上没有完全反映当时中国经济的全部面貌。因为，国民党统治下的中国，虽然表面上实现了统一，但它从来没有实现过完全控制中国全境的目标。在1927年国民党取得政权时，仅控制了江苏、浙江及安徽的一部分；到1931年，中央政府的政令仍然被限制在浙江、江苏、安徽、河南、江西、湖北及福建等华中的几省或其一部分地区。1936年末，在全国本土18个省中，其对全国的政治控制能力也仅限于11个省。东三省一直被奉系军阀张作霖控制，1928年底东北易帜后这些特权依旧被保留，九一八事变后，随着日本扶持的伪满洲国的建立，东北彻底脱离南京政府的控制直到抗战胜利。南方的福建、广东、广西地区，是以胡汉民为首两广地区反蒋派的大本营，蒋、胡决裂之后这里就一直处于半独立状态，为此蒋介石曾以军事相威胁，并引发了两场反蒋福建事变和两广事变，也没能根本改变那里的局面。此外，中共领导的人民武装在广大农村所建立起来的大大小小革命根据地，当然也不受国民党政权的控制。

---

① 王俯民：《蒋介石详传》（下册），中国广播电视出版社1993年版，第935页。

这种情况使得国民党政权不仅控制的地域有限，其所掌握的财力也是有限的。加之，它自执政开始就奉行了一条一党专制的独裁统治和战争路线。不管是对党内持不同政见者，还是对党外反对其错误路线者，尤其是对中国共产党，蒋介石的惯用手法是用军事解决问题。用军事工具解决政治问题就要保留大量军队，这又使本来就十分庞大的国民党军队更加膨胀。据统计，中国清政府拥有军队40万人，北洋军阀政府拥有军队150万人，而国民党执政后，1929年拥有军队200万人，其中，蒋介石的嫡系部队24万人，年需军费就达3.6亿元，而此时政府年财政收入仅为3亿元。到1946年全面内战爆发时，国民党军队达到500万人，其军费消耗更高达南京政府年财政支出的80%以上。

由此看出，南京政府领导下的中国经济形势是不乐观的。即使在经济形势稍好的统一建设时期，仍然出现了1932—1935年的经济危机。据国民党中央研究院农业专家测算，1934年稻米收获量低于1931年收获量的34%，大豆几乎下降36%，小麦下降7%。棉花是当年唯一超过1931年水平的主要农作物。国民生产总值中，农业产值从1931年的244.3亿元下降至1934年的130.7亿元（时价）。

日本发动侵华战争后，给中国经济造成更大的灾难。首先是经济掠夺。在东北地区，它不但垄断了整个东北的钢铁、煤炭等基础工业，而且也垄断了金属和飞机、汽车制造等工业。到1943年，日本在东北地区已经拥有38个公司，投资总额达21.2亿日元。到1944年，日本在东北地区的企业资本更高达57.4亿美元，比1936年增加了3倍。在华北、华中和华南地区，对于日本紧缺的国防资源和与军事有关的交通通信事业及与日本经济有矛盾的蚕丝事业等，均被划为"统制事业"，所属工厂均由日本的华北开发股份公司和华中振兴公司经营，利用中国的物力、人力、财力掠夺中国资源。而对其他行业部门则划为"自由事业"，通过"军管理""委任经营""租赁""收买""合办"等形式加以控制。据不完全统计，被日本实行"军管理"的工厂有82家，"委任经营"的仅华中地区就有137家，"中日合办"的有70多家。日本还在沦陷区采用"并村""整理"土地、"没收"和"移民"等手段，侵占掠夺土地，到1944年底，日本移民强占的土地就达152.1万公顷，占东北耕地总面积的1/10。其次是战争破坏。据近年调查研究的不完全统计，在抗日战争中，中国军队伤亡380余万人，中国人民牺牲2000余万人，中国财产损失600余亿美元,战争消耗 400 多亿美元,间接经济损失达 5000 亿美元。① 再次是战争费用。抗战期间,仅国民党军队"每日平均战费约需 500 余万元……截至抗战两周年,其总支出当在 45 亿左右"。1940 年以后,南京政府每年的军费占财政支出的 60%～70%。②

经过日本长达 14 年侵华战争掠夺和 8 年全民抗战的消耗,在 1945 年抗战胜利前后,中国经济已经不堪重负。1944 年,南京政府收入 3350 余亿元,支出 12589 亿元,财政赤字达 9239 亿元。其支出:军费占 65.6%;中央政务支出占 14.88%;建设事业占 14.1%……1945 年,收入 2430 余亿元,支出 12590 余亿元。财政赤字达 1 万余亿元,赤字达 81%。③ 巨额财政赤字,导致物价飞涨,抗战第一年,物价上涨了 40%,从 1941 年下半年起物价开始猛涨,并连续三年以 237% 的上涨速度递增;1945 年仅 1 月到 8 月,价格就上涨了 251%,流通的法币总额增至 3 倍。同年 7 月,在上海市场,大米每斤价格为法币 12 元,面粉每斤 10 元,玉米面每斤 3 元。到 1946 年 1 月 21 日,大米价格上涨为每斤 184 元,面粉上涨为每斤 196 元。后来公布的数据显示,在 1937 年到 1945 年 8 月间,物价平均上涨了 2000 倍以上。

这个结果是灾难性的。它使整个国家,包括军队、政府、经济和整个社会衰弱下去。尽管战前(1937 年)中国经济已经十分困难了,但 1945 年与那时相比,又出现新的巨大的倒退。法币 100 元,在 1937 年可买两头牛,到 1938 年只买 1 头牛,至 1941 年只买 1 头猪,而 1943 年就只买 1 只鸡,到 1945 年只能买 1 条鱼,再到 1946 年只能买到一个鸡蛋。④ 购买力的急剧下降,使人民生活更加困难。在 1940 年,官员工资的购买力已下降到战前水平的大约 1/5。到 1943 年,实际工资跌落到 1937 年的 1/10。通货膨胀也严重损害士兵的生活。在 1937 年,士兵的生活费用购买力指数为 100,到 1938 年降为 91,1939 年又降至 64,1940 年再降至 29,1941 年降为 22,1942 年更降为 10,到 1943 年仅剩为 6。生活水平的急剧下降,反过来使军队战斗力锐减。有报道说,国民党军队"1945 年在西南作战时,美国观察家发现第 13 军甚至不能步行一小段距

---

① 孙景锋主编:《中国近代史通鉴》,红旗出版社 1998 年版,第 40 页。
② 刘健清等主编:《中国国民党史》,江苏古籍出版社 1992 年版,第 532 页。
③ 王俯民:《蒋介石详传》(下册),中国广播电视出版社 1993 年版,第 1212 页。
④ 王俯民:《蒋介石详传》(下册),中国广播电视出版社 1993 年版,第 1206 页。

离,'一大批掉队,而有许多人因极端饥饿而濒于死亡'。另外一位美国军官包瑞德上校报道说,看到国民党士兵们'行军不到一英里,就摇摇晃晃倒下来死了'。受到高度重视的《大公报》的一位记者说:'军队开过以后,在路旁能发现死亡的士兵,一个接着一个。'"① 后来,南京政府代总统李宗仁在谈及抗日战争的教训时亦说:"新兵未经训练,即仓促开赴前线应战,无异驱羊以喂虎口。粮饷待遇既微,致士兵恒苦,营养不良,骨瘦如柴。医生、药品均极缺乏,受伤患病官兵境遇之惨,有不忍言者。所以中日战前,日人视中国军队如无物,亦不为无因。"②

南京政府没有看清中国经济面临的严峻形势,特别是没有看到抗战以来对大伤元气的国力所产生的长远深刻影响,仅凭美国的支持、日本投降后垄断受降接收发的"国难财"、国统区财政经济出现的短暂稳定便悍然发动了全面内战。

内战爆发,军费成倍增长和对生产的破坏导致生产的停止甚至倒退,加剧了南京政府经济的崩溃。1946年,南京政府财政收入19791余亿元,而支出了55672亿元,赤字为43000余亿元。1947年,财政收入13万余亿元,而支出了40万余亿元,赤字为27万余亿元。1948年,财政预算收入57万余亿元,支出95万亿元,实际上,到6月,南京政府财政赤字已高达434.57万亿元法币,当月的财政收入只占支出的5%。而据当时中央银行总裁张嘉璈提供的数据,"1948年的前7个月,财政支出达655.47万亿元,竟比1947年增加14.1倍,比1945年增加278倍。财政支出的急剧增加,主要是军费猛增的结果。"③

南京政府对付无限扩张的战争开支所带来的巨额赤字,只能靠印钞机来弥补。据统计,1945年10月,上海两个印钞厂共印钞票2600万张,值法币560亿元,这个数字已经超过平时印钞量的7倍。到年底,则印出钞票103000余亿元,为抗战前的737倍。而1946年前5个月的内战经费,其中85%靠印钞机来提供。而中国印钞厂的印钞能力已无法按时提供如此之巨的钞票,只得求

---

① 费正清:《剑桥中华民国史》(下卷)。
② 孙景锋主编:《中国近代史通鉴》,红旗出版社1998年,第635页。
③ 刘健清等主编:《中国国民党史》,江苏古籍出版社1992年版,第635页。

助美英两国帮助印钞。到1947年，上海的印钞厂增至5家，以每分钟印出1600万元的速度，日夜不停地印，方能满足钞票发行的需要。

南京政府也想出拍卖日伪财产、出售黄金外汇、发行债券等办法减少财政赤字，缓解物价上涨和通货膨胀压力。但都是杯水车薪，成效甚微。据现存的南京政府档案记载，1946年共出售敌伪财产收入5000亿元，出售剩余物资收入1261万亿元，出卖黄金外汇收入12300亿元。但这3项收入仅占1946年财政支出的22%，充进国库之后仍有高达62%的财政赤字需要增发法币弥补。这就使1947年的财政赤字继续扩大。

1947年2月17日，南京政府公布《经济紧急措施方案》。在货币政策上，禁止黄金、外币流通，取缔黄金买卖和投机；在物价工资政策上，实行商品限价和工资冻结。由于收购黄金的"官价"大大低于黑市价格和国际市场价格，不但黄金收购不到，反而刺激了黄金黑市的活跃和价格暴涨。黄金黑市价格最高时达到每两5780万元，超过黄金收购"官价"1896万元的3倍以上，黄金政策自此流产。冻结职工工资以后，但物价并未下降，这就使依靠薪俸生活的人群生活水平骤降，导致社会愈加动荡。南京政府被迫于5月中旬宣布放弃物价限价政策。

为挽救濒于崩溃的财政经济，蒋介石于1948年8月19日行使"紧急处分权"，发布《财政经济紧急处分令》，宣布实行"币制改革"，即：以金圆券代替法币及东北流通券，按法币300万对金圆券1元限期兑换；所有物价及劳务价格，皆冻结于1948年8月19日之水准；禁止黄金、白银、银币及外汇券流通买卖或持有；限期向国家银行兑换金圆券，以增进税收，提高税率，稳定金融秩序。但国内外舆论反响颇为冷淡，也招致大官僚大富豪们的抵制。不得已，南京政府又公布《修正人民所有金银外币处理办法》，允许人民持有金、银、外币，并得以金圆券向国家银行兑换黄金。结果又引起挤兑黄金狂潮。进入1949年之后，人民开始拒用金圆券，使得南京政府财政金融完全崩溃。

在此前后，攸关国民党命运的三大战役已进入尾声。国民党军事的惨败，不仅宣告了它统治中国大陆即将成为历史，同时也使与美国的关系降到历史新低。南京政府及蒋介石本人在全国的威信都降至冰点。失去更多美援支撑的政府更加难以为继，从而加速了国统区经济的彻底破产。工业方面，到1949年初，重工业比1936年下降70%，轻工业下降30%。由于经济严重危机，工厂相继停工、倒闭，成千上万的工人成为失业者。农业方面，南京政府把战争的军粮供应大部分摊到农民头上，如河南省，1947年3月驻军110万人，而最高军事当局只拨给38万人的军粮，其余全由农民负担，这要占去农民所有口粮的60%～80%。从而导致广大农民纷纷破产，农村土地荒芜。根据当时政府对全国几个主要粮食产区土地荒芜情况的统计，湖南省荒地为40%，河南省荒地为30%，广东省荒地为40%。南京政府对农民征粮数额不断增加以及农村土地荒芜面积不断扩大，使中国农民的生活水平不断下降。在湖北省，"平均每6人中就有1人在受饥饿的威胁中"。在湖南衡阳，因饥饿而死的灾民达到9万人。1946年10月，国民党统治区的饥民已达1亿人以上，这一数字一直到1948年底国民党统治区大幅缩小后才开始回落。

财政经济的完全破产，使得南京政府只得以库存金银外币度日，坐吃山空，再也没有发动战争的力量。

政治危机加剧——面对无可挽回的失败形势，国民党高层选择了"逼蒋下野"，军队将领、下层官兵心怀异动甚至战场上倒戈现象愈演愈烈。坚持助蒋反共的美国政府开始为国民党丢掉政权后的中国筹划。国民党统治中国大陆气数已尽。

凭借军事实力取得政权的蒋介石，在军事溃败之际，其政治危机亦随之而来。

曾经积极支持国民党内战的美国政府，此时也对国民党从军队到政府的无能感到不满。为帮助国民党打赢内战，美国政府从经援、军援，到组建空军、训练部队、投送部队，可以说能做的都做了，只差派军队直接参战了。到1948年，还派出了联合军事顾问团，指导国民党军作战。作为美国联合军事顾问团团长的巴达维将军，被美国国务卿马歇尔授权"能非正式地、秘密地向蒋委员长提供意见，同时中国方面如果希望改组中国陆军后勤部队，陆军顾问团可以就这方面提出我们的意见"[1]。巴达维非常尽心地履行这一使命。

1948年3月，当中共军队主力从长春和沈阳附近撤离时，巴达维坚决敦促蒋介石利用这一机会逐渐把军队撤出满洲。蒋介石不同意这一方案，认为没有

---

[1] 陶文钊主编：《美国对华政策文件集（1949—1972）》第1卷·上，世界知识出版社2002年版，第20—21页。

任何情势诱使他这么做。巴达维又建议把长春、吉林和四平的守军撤到沈阳。蒋介石答复说：放弃长春将会在政治上产生恶果。基于这一情况，巴建议早日发动攻势，以打开锦州与沈阳的铁路交通，总算得到蒋的同意并训令国防部商订计划，但作战计划迟迟得不到蒋的批准，后来蒋批准这一计划并限定进攻沈阳的时间不得迟于5月5日。令这位美国职业军人想不通的是战役并未按时打响。原因是锦州守军要求从关内抽调两个军予以增援，而这被认为是战争胜利所必需的，由于华北傅作义部也没有多余的兵力能够增援东北，蒋介石只得收回成命，将进攻时间延至1948年8月1日进行。

还没等锦州与沈阳的战事展开，济南又陷入人民解放军的包围之中。蒋介石做出拼死保卫济南的决定。巴达维认为以单纯防御的办法对付优势对手，而希图在有限的范围内坚守城市是徒劳无功的。他建议退出济南，把军队撤到徐州。又像长春的情形一样，国民党当局说，由于政治上的理由，济南是山东省会，必须防守。执着的巴达维将军为察看实际战况，搭专机飞越开封及其东南地区上空，看到国民党空军正从2000英尺以上的高度攻击中共军队纵队，除了少数炸弹落在城墙外面以外，不能看到任何轰炸的效果。巴达维再一次指示飞机低飞盘旋于外传在该城东南的作战区域，看到零落的村庄有少数房屋起火、少数迫击炮弹爆炸、若干正在行进的军队和两架战斗机正在上空飞行。除此之外，发现没有据传50万人的战斗。这种情形使巴达维对坚守济南失去信心。于是，在9月14日国防部作战计划室的会议上，巴达维坚决反对向济南再空运一个师的部队，认为济南的处境已等于失陷了，再往此处增加兵力无异使国军增多一师人的损失而已。与其要再空运军队去，毋宁把济南现有的守军空运至徐州。巴达维的预见10天后被言中。1948年9月24日，人民解放军解放了济南。济南的迅速丢失使蒋介石甚为震惊，表示：过去不惜任何牺牲以坚守强固据点或主要城市的老战略，必须改变。必须研究军队的战略与战术以及野战部队的组织与训练情形，以便在济南所犯的错误不致重复。他还称赞了巴达维的军事智慧，并希望巴达维今后出席每星期三在国防部作战计划室举行的每周军事会议，以便国民党的高级将领获得教益。

9月底，锦州形势进一步恶化。为缓解南部的压力，蒋介石几经延迟的进攻长春的行动，于9月25日再次下达给已在沈阳的卫立煌。但是，命令发出一周后，没有见到卫立煌部发起进攻的任何迹象。于是在10月7日的午餐会上，巴达维建议"沈阳军队有无准备都应向西突围"。多方面的严厉督战终使卫立煌在接到进攻命令后的13天开始动作。但他仍没有按照命令"以15个师突围"，只使用了11个师的兵力向西突围。卫立煌对最高军事当局的命令执行不力，他的部下、长春守军指挥官郑洞国也没有完全执行他的命令，这不仅导致了郑洞国部的覆灭、长春的丢失，也使卫立煌部陷入前进受阻、回撤沈阳将陷入绝境的被动局面。巴达维建议卫立煌部不顾一切完全撤离沈阳，向西南作战前进，以期进入华北。如果重回沈阳，他所处的情况必将恶化而成长春第二。尽管事后证明此计划也许能够成功，但指挥全盘战事的蒋介石身在北平，执行部门几经周折失去了进攻的机会，失败成为不可避免。而人民解放军抓住战机，先歼国民党军第九兵团廖耀湘部5个军、12个师（旅）共10万余人，又攻克沈阳、占领营口，使国民党军东北"剿总"卫立煌集团47.2万人全部归于覆灭。在巴达维看来，东北和它最优秀军队的丧失，是对国民党致命的打击，而军队的丧失是最严重的结果。这实在是国民党军队死亡的开端。

目睹国民党军从决策到执行整个过程近一年，巴达维将军丧失了继续指导国民党军战斗下去的信心。1948年11月，顾问团一致做出结论，"在中国现时这种政治、军事和经济状况不断恶化的形势下，不论美国给多少援助，都不可能挽救蒋政权，顾问团继续留在中国已无济于事"[①]。

12月18日，他在回国前致陆军部的电报中说："由于国民政府在长江以北的失败所造成的耻辱与丧失面子，纵令时间容许，国民政府是否能取得必要的人民支持，以动员这一地区（华南）的充分人力，重建其军队，实属极端令人怀疑之事。唯有无限制的美国援助，包括直接使用美国武装部队以阻止共军南进的政策，才能使国民政府在华南保持立足点，以反抗共军的坚决推进，然而这种政策是我所最不主张的。……国军的完全失败……是不可避免的。"[②]

美国政府大力支持南京政府打内战绝不是免费的午餐。美国需要的是一个亲美的中国，以构筑对苏联的战略包围。1948年3月，美国新成立的国家安全委员会制定的第一份编号为"NSC6"的对华政策文件，明确指出，美国对华

---

① 陶文钊主编：《美国对华政策文件集（1949—1972）》第1卷·上，世界知识出版社2003年版，第16页。

② 陶文钊主编：《美国对华政策文件集（1949—1972）》第1卷·上，世界知识出版社2003年版，第31—32页。

政策的长远目标是:"推动建立一个稳定的代议制政府,以领导一个独立和统一的、对美国友好的、并能够作为有效防止苏联在远东侵略的中国。"①

此外,美国在华还有巨大的经济利益。南京政府为了回报美国对其内战的支持,不断从经济、贸易诸方面给予美国实惠。1946年5月,南京政府给予美国在中国内地各省及台湾地区进行军事性空中摄影之权。8月,给予美国陈纳德空运公司在华经营空运事业的权利。南京政府允许美国军舰30年内在中国沿海出入、修理、使用中国港口;并通过签订《中美宪警联合议定书》,使曾经废除的领事裁判权得以重新恢复;1946年11月4日,南京政府与美国政府签署的《中美商约》更给予了美国在华各种特权。其中,《中美商约》规定:美国国民、法人及团体,可以在中国"领土全境内"居住、旅行以及"不受干涉"地经营商业、制造、加工、科学、教育、宗教及慈善事业,并可在华取得"适当之土地及房屋";美在中国活动之法人及团体,其所享受之待遇应该完全无异于中国之法人及团体,如可以在中国取得动产、不动产权,同时在商品进出口关税、内地税、销售、分配或使用等方面,美国在华之法人、团体跟中国之法人、团体应同等对待;中国将来如以采矿权利给予第三国时,亦应给予美国;美国船舰包括军舰可以在中国"开放之经济口岸、地方或领水内"自由航行,并可以无限制地停泊几处口岸,"必要时",还可以开入中国"对外国商务或船业不开放之任何口岸、地方或领水",中国官民须对其取"友好之待遇及协助",美国人及其"行李",可经"最便捷之途径",自由通过中国的领土,中国对之"不得课以过境税,予以任何不必要之迟延或限制"。② 此后,南京政府还与美国政府签署了《中美航空协定》《海军协定》《中美救济协定》《中美双边协定》等出卖中国利益的协定。这些协定使中国失去了重要的主权,有些方面则使中国倒退到晚清时期。美国政府则通过这些协定,独占了中国的商品市场和投资市场,控制了中国的交通与外贸。到1948年,在中国对外贸易总额中,美国的投资占80%以上,而1936年美国仅占8%。

国民党政权为了赢得美国对其内战的支持,不惜牺牲民族利益,而美国利用中国内战发战争财、侵犯中国主权的做法,引起全中国包括国际社会的反

---

① 谭一青:《蒋介石与美国》,中国青年出版社2003年版,第198页。
② 刘健清等主编:《中国国民党史》,江苏古籍出版社1992年版,第598—599页。

对。1948年11月26日，中共《解放日报》发表《评蒋美协定》文章，宣布不承认蒋介石的卖国条约，并称此条约是"为袁世凯、汪精卫所不敢做的。……比汪精卫在日汪密约中所承认的还多"①。几天后，延安各界青年建议11月4日为国耻纪念日。联合国也于12月14日通过决议，要求会员国应将所驻其他国家的军队，未经驻在国家公开表示同意者（在不抵触国际协定或条约与本国宪法条件下），应立即撤退。

即便这样，也不能使美国政府对国民党十分糟糕的内战进展保持沉默。因为内战使得亲美的国民党政权更加不稳固了，这不符合美国希望的建立一个稳固的亲美政权的对华政策。经济利益与全球战略相比，美国更看重在与苏联的较量中取得优势。早在1946年8月，美国总统杜鲁门就致电蒋介石，称："近几个月来，中国局势的急剧恶化，已成为美国人民所深为关切的问题。虽然美国仍希望在你的领导之下，能够建立一个有力的民主的中国，然而假若我不指出最近的发展所迫使我得出了结论，即国共两党中的极端分子的自私自利在阻碍着中国人民的意志，那么我就不够诚实。"②

一国元首对另一国元首说出如此重话，蒋介石是深知其中所透出的信息的，那既包含着指责他自私自利，也包含着指责他领导无能，还包含着如果蒋介石无法"建立一个有力的民主的中国"的话就要换人的威胁。但是，蒋介石无法改变他的政府在军事、政治、经济等方面的无能现状，这就使改变领导、以扭转战争的不利局面成为美国政府对华政策的另一选项。

李宗仁、李济深等都曾是美国所属意的人物。美国在政治上看好李宗仁，一是因为李是桂系首领，有一定实力；二是认为李宗仁是国民党的"开明派"，容易被国民党各派系接受。1948年春，李宗仁不顾蒋介石的坚决反对，参加副总统竞选并取得胜利，使美国政府更加认定李宗仁是"建设性改革的象征"，相信李可以成为国民党内部团结"改革派"的核心，具有阻止对蒋不满的中间派人士转向共产党的能力。为此，马歇尔在蒋介石、李宗仁就职总统、副总统典礼之际，特意发表声明，表示美国支持选举结果（也就是支持李宗仁），希望蒋、李加强合作。司徒雷登还单独与蒋介石长谈，竭力劝蒋与李宗仁合作，

---

① 王俯民：《蒋介石详传》（下册），中国广播电视出版社1993年版，第1095页。
② 李长久等：《中美关系二百年》，新华出版社1984年版，第128页。

进行改革。

美国还一度对李济深在香港发起的"国民党革命委员会"抱有希望，曾经设想：在蒋介石统治不下去时，支持李济深、李宗仁、白崇禧为核心组成新的政府，以挽救国民党。1948年10月，司徒雷登正式向美国国务院提出："我们是否会劝告蒋委员长引退，以让位给李宗仁，或其他更有希望组成非共产党的共和政府，并能更好地进行反对共产党叛乱分子的战争的政治领袖？"①

尽管这一动议被否决，但消息传出，仍然震动了国民党。

首先使蒋介石感受到空前危机。抗战胜利后，蒋介石敢于发动全面内战，靠的是美国支持。在军事、经济形势日趋恶化，政治上越来越不得人心的情况下，离开美国支持，他的政权就难以为继。为重建美国对其信心，1947年3月15日，国民党召开了还都南京后的第一次中央全会——六届三次全会，目的是增强在"环境险恶之时"的自信和互信，为继续内战、维系国民党统治，寻找回生之方。国民党中央执行委员137人出席会议，国民党候补中央执委、中央监委以及候补监委117人列席会议。这次会议一再声明：要结束一党训政的局面，"还政于民"；把从速扩大政府基础，准备实施宪法，作为依据宪法召集国民大会之前国民党的中心工作；国民党要降为普通政党的地位，与国内"和平合法"之其他政党平等相处，共同完成宪法实施的准备程序。

但是，会议所决定的重大问题却使上述声明成为一纸空文。全会做出的《现阶段的党务方针》决议文中，把刚刚声明的"国民党要降为普通政党的地位，与国内'和平合法'之其他政党平等相处，开诚合作"的话忘得干干净净，说："今日党派虽多，舍本党而外，实更无任何一党担负得起建设三民主义新中国的责任。还可以说，中国盛衰兴旺的关键，不操于任何一党之手，而实操于本党之手。"在这次会议的宣言和《宪政实施准备案》中，国民党提出："从《中华民国宪法》公布到召集国民大会之日为止，为行宪之过渡期。在过渡期内，中国的政治就应该改变过去一党政治、以党治国的状况，而要通过对政府进行改组，让其他党派参加，以扩大政府的基础，建立起多党合作的'过渡政府'，以完成宪法实施的准备工作。"但在会议最后一天，当梁寒操等35

---

① 资中筠：《美国对华政策的缘起和发展（1945—1950）》，重庆出版社1987年版，第370页。

人提案要求为全会行将改组的国民政府选任委员时，大会主席团却把这一体现民主的选举权利归诸由蒋"总裁提请常委会决定"，而按照蒋介石个人意志宣布改组的国民政府，从主席到五院院长则是清一色的国民党要人：主席蒋介石，副主席孙科，行政院长张群，立法院长孙科，司法院长居正，监察院长于右任，考试院长戴传贤。唯一能够体现多党合作的政府的是，在现任29名国民政府委员中，除国民党外，给青年党、民社党、社会贤达各4人的名额。

舆论评论，这次全会作秀给美国看的政治意义远大于其实际意义。但美国更看重这次全会所引起的实质性改变，当一切仍然依旧时，美国对国民党、对蒋本人的看法也未改变。1947年6月18日，美国驻华大使司徒雷登再一次向国内报告说："中共之显著成功，多由于国民党之无能与腐败，以人民对政府丧失信心。关于此信心之丧失，近有速率日增之势。政府方面，倘有真力弥漫之政治家，出而领导，更佐以精神改革之明证，当能恢复对于智识阶级及一般大众之掌握，此点殆无可疑。"① 同月下旬，美国驻沈阳总领事也向国内报告："东北人民不但准备，抑且积极企盼政权之易手。……吾人此处所可断言者，厥为绝大多数之东北人民，不满国民党，厌恶国民党，乃至企盼脱离之统治。"② 几个月后，连蒋介石都不得不承认：目前，"形势的危险，实在是本党五十年革命历史所未有"③。

美方明确地给蒋介石开出了对其政府继续援助的条件。7月6日，美国驻华大使司徒雷登奉命将国务卿马歇尔的信函转至蒋介石。信中说："吾人对于中国之局势，经常予以密切注意。最近由于战祸之扩展，经济情形日形险恶，吾人获息之余，深抱焦虑。余等极了解中国之需要，而余个人观点，则更为蒋委员长所深知。蒋委员长应如何应付东北局势，吾人未便有何建议；然余愿坦白指出：关于东北局势之目前困难，余已预提警告；至关于预防该项困难之办法，余亦曾有所建议。依据吾人之最后分析，中国问题之根本及永解决，应由中国人自为之。对于此举，美国未便参与。其所能致力者，仅为于可能获致有利结果之条件下，作一援助。对中国局势，余个人应极关切，且深愿能获援助

---

① 王俯民：《蒋介石详传》（下册），中国广播电视出版社1993年版，第1160页。
② 王俯民：《蒋介石详传》（下册），中国广播电视出版社1993年版，第1160—1161页。
③ 刘健清等主编：《中国国民党史》，江苏古籍出版社1992年版，第617页。

途径。希望此意重向委员长证实。"①

那么，美国政府所谓"有利结果之条件"是什么呢？司徒雷登向蒋介石解释说：中国之若干改革，原为美方积极政策与援助之先决条件；至于该项改革之种类如何，彼曾屡向委员长提及。……乃在通过政府内部宪政机构所作基本之改革。该项改革，应包括如下各节：对于下属，应有更深广之授权；对于人民自由应有明显保障；政府与人民间，应有密切合作关系。

为了达到美方提出的条件，蒋介石当日发表讲话，宣称："竭尽全力，完成国家改革与进步。当吾人以兵力戡讨共产党时，全国亦同时进行内部之改革。……改革与进步必须实现。"次日，蒋又在"七七"纪念广播词中重申："除非实施彻底之改革，中国实不可能存乎国际社会之中。因此，凡应予实施之政治、教育、经济及社会等改革，应不待戡乱军事结束而予开始实施。"9月9日，国民党中央召开六届四中全会暨中央党团联席会议。决定党团合并，以解决国民党与三青团之间的宗派斗争问题。根据全会通过的《统一中央党团部组织案》，三青团本届中央干事和监察一律转为国民党本届中央执行委员和监察委员，在国民党中央党部设置了青年部，蒋经国由此进入国民党的中枢机构。国民党与三青团的矛盾争斗并没有因为组织上的合并而终止，反而互相倾轧，更为严重，以致使国民党中央当局不得不将原定于1948年5月召开的第七次全国代表大会无限期推迟。

在合并党团的同时，蒋介石不顾党内一致反对，紧锣密鼓筹备行宪国大，并于1947年12月25日宣布，1948年3月29日召开"国民大会"，实行宪政，选举正、副总统，"还政于民"。4月19日，蒋介石当选为行宪后第一届政府总统。在副总统的选举中各派之间的矛盾爆发出来。虽然报名竞选副总统职位有李宗仁、孙科、程潜、于右任、莫德惠、徐溥霖等6人，但最有竞争实力的是李宗仁和孙科。李宗仁不仅有桂系实力派做后盾，且因其平时作风比较开明，在党内颇得一些人好感，还有美国暗中支持。

蒋介石属意孙科，他做出这一选择：一是因为蒋、李一贯不和；二是因为李是国民党内对其权力构成最大威胁的实力人物；三是因为孙科是孙中山嗣子，身份特殊，支持孙科有利于借助孙中山的影响，扩大自己势力。为保证孙

---

① 王俯民：《蒋介石详传》（下册），中国广播电视出版社1993年版，第1161—1162页。

科顺利当选,蒋介石曾动员李宗仁退出选举,被李所拒绝,但经过四轮激烈角逐,李宗仁以微弱优势击败孙科,当选为副总统,这又使蒋、李矛盾进一步激化。

美方有意让李宗仁取代蒋介石的设想,李宗仁也是几乎在第一时间内就得到了来自权威人士传递的信息。这当然使国民党内部的反对派特别是桂系受到鼓舞。为加速蒋介石下台,在淮海战役最关键的时刻,桂系的第二号人物、身为华中"剿匪"总司令白崇禧坐视蒋介石嫡系部队一个个被人民解放军围歼而不顾,蒋下令白崇禧抽调部队救援,白公开抗命,乐观其败。这样淮海战役后,蒋介石的嫡系精锐之师已经损失殆尽,而白崇禧却掌握着近50万能战之兵,控扼长江中游防线及华中地区,成为举足轻重的关键人物。

李宗仁、白崇禧趁蒋介石在美国人那里失宠、在军事上失败、陷于政治危机之时,策划"和平运动",实际是逼蒋下台。12月中旬,李宗仁与张群等人达成"蒋主动下野",由他"代行总统职权,宣布和平主张"的非正式协议。同月下旬,白崇禧公开向蒋介石发难。不仅他自己两次通电蒋介石,要求蒋对和战问题"速谋决定","恢复和平谈判"。还联络长沙绥署主任程潜、河南省主席张轸、湘鄂豫桂四省参议会跟进发表通电,敦请蒋氏下台;一些立法委员也屡屡吁请和谈。国民党党内要求蒋介石下野的呼声更是越来越高。美国驻华大使司徒雷登也给国内报告说:"普遍地都在批评蒋委员长领导的无能","看到最近数月来他怎样完全丧失了人民的信心,以及要他退休的希望是如此广泛,实在让人痛心。这种情绪为政府中各级官员多数所共有……经常有这样的看法,说他是共产党的最好资产"①。

蒋介石很快发现"和平运动"的真实目的。在他看来,只要不到最后关头,就不能和谈,和谈就意味着承认自己失败,就必须下台。为挽救败局,也为反击李宗仁、白崇禧的逼宫,蒋介石只得亲笔致信美国杜鲁门总统,企求美国增加援助,使他的反共战争继续下去。信中蒋介石提出三点要求:(一)"迅速提供并增加军事经费";(二)"发表关于美国政策之坚定声明,支持我国政府奋斗之目的";(三)"尽速派遣一高级军官与本政府共商有关军事援助之具体计划,包括美国军事顾问参加指挥作战"。蒋介石称:"当此华北华中正展开

---

① 郭贵儒:《从繁盛到衰败——大陆时期的中国国民党》,华文出版社1999年版,第396页。

重要战斗之际，此一声明足以鼓舞军民士气，并巩固政府之地位。"① 杜鲁门不仅拒绝了这些要求，对蒋介石派往美国活动的宋美龄夫人也给予了冷遇。同时决定：美国驻华联合军事顾问团停止活动、撤离中国。

与此同时，国民党军队也开始公开背叛蒋介石。到1948年，成师成军的投降和起义已经屡见不鲜，直到平津战役中傅作义率整个华北"剿总"20余万人起义。据统计，在3年多的解放战争中，国民党军起义、接受和平改编和投诚官兵的总数达177万人，起义投诚将领1400余名，其中，陆军153个整师，海军大小舰艇74艘，空军飞机26架。

蒋介石陷入了绝望之中。他再也没有力量与人民解放军做最后的抵抗。也就从此时起，蒋介石开始了放弃大陆、孤守台湾的筹划与准备。

---

① 郭贵儒：《从繁盛到衰败——大陆时期的中国国民党》，华文出版社1999年版，第397页。

第二章

胜利在望的中国共产党
—— 将革命进行到底

现在摆在中国人民、各民主党派、各人民团体面前的问题，是将革命进行到底呢？还是使革命半途而废呢？如果要使革命进行到底，那就是用革命的方法，坚决彻底干净全部地消灭一切反动势力，不动摇地坚持打倒帝国主义，打倒封建主义，打倒官僚资本主义，在全国范围内推翻国民党的反动统治，在全国范围内建立无产阶级领导的以工农联盟为主体的人民民主专政的共和国，这样，就可以使中华民族来一个大翻身，由半殖民地变为真正的独立国，使中国人民来一个大解放，将自己头上的封建的压迫和官僚资本（即中国的垄断资本）的压迫一起掀掉，并由此造成统一的民主的和平局面，造成由农业国变为工业国的先决条件，造成由人剥削人的社会向社会主义社会发展的可能性。①

——毛泽东撰写的1949年新年献词

南京政府在军事、政治、经济等方面的快速瓦解，宣告了中国的未来属于中国共产党。

中国共产党——这个诞生于1921年7月的马克思主义政党，成立之初只有50多名党员，在1927年国民党取得执政地位时，年轻的中国共产党刚刚发展到5.8万余名党员，经历国民党"四一二"反革命大屠杀之后仅剩1万多名。但是，经过20多年艰苦奋斗，中国共产党不断成熟并发展壮大起来。在1947年内战进行一年之后，国共两党力量对比优势已经从国民党转向中国共产党，国民党军队被迫从全面进攻转为重点进攻，而人民解放军却由战略防御转为战略进攻。其实，此时国民党军队用于进攻人民解放军的力量已大大缩水。在南线，共248个旅，只用了157个旅，其中只有胶东15个旅是进攻，其余都是防御；在北线，共70个旅，只有29个旅能进攻。到1948年辽沈战役结束

---

① 《毛泽东选集》第四卷，人民出版社1991年版，第1375页。

时，国民党军队总兵力下降到290万人，而人民解放军则发展到310万人。人民解放军在与国民党军队力量对比中，不但在质量上占有优势，而且在数量上也取得优势。

进入1949年，中国共产党夺取全国政权已经指日可待了。带着胜利的喜悦，中共中央发表了充满自信的新年献词："敌人的战略上的战线已经全部瓦解。东北的敌人已经完全消灭，华北的敌人即将完全消灭，华东和中原的敌人只剩下少数。国民党的主力在长江以北被消灭的结果，大大地便利了人民解放军今后渡江南进解放全中国的作战。在军事战线上取得胜利的同时，中国人民在政治战线上和经济战线上也取得了伟大的胜利。因为这样，中国人民解放战争在全国范围内的胜利，现在在全世界的舆论界，包括一切帝国主义的报纸，都完全没有争论了。"

中国革命的胜利到来之快令世人惊讶。短短两年半时间人民解放军摧枯拉朽般地基本消灭美式装备的国民党军主力；中共的成功政策最大限度地促使人民纷纷离蒋而去却潮水般地簇拥在自己周围；"中共将赢得政权"成为国内外舆论一边倒的声音。

中国共产党迎来了自成立以来最引为自豪的时刻。

三年前全面内战爆发之时，国际上不少人看好国民党能够打败中共，国内亦有不少人为中共捏着一把汗，就是中共内部也没有足够的胜算。所以，在抗日战争胜利后，中共中央于1945年8月25日发表对目前时局的宣言，提出中国和平建国时期的总方针："和平、民主、团结，为独立、自由与富强的新中国而奋斗。"为实现这一目标，宣言要求国民政府立即实施以下六点紧急措施：(1) 承认中国解放区的民选政府和抗日军队，撤退包围与进攻解放区的军队，以便立即实现和平，避免内战。(2) 划定八路军、新四军及华南抗日纵队，接受日军投降的地区，并给予他们以参加处置日本的一切工作的权利，以昭公允。(3) 严惩汉奸，解散伪军。(4) 公平合理地整编军队，办理复员，救济难民，减轻赋税，以纾民困。(5) 承认各党派合法地位，取消一切妨碍人民集会结社言论出版自由的法令，取消特务机关，释放爱国政治犯。(6) 立即召开各党派和无党派代表人物会议，商讨抗日结束后的各项重大问题，制定民主的施政纲领，结束训政，成立举国一致的民主的联合政府，并筹备自由无拘束的普选的国民大会。①

从宣言看，中共当时确定的目标是建立联合政府，与国民党共同执政。还没有提出消灭国民党、推翻国民党政权的问题或意思的表示。后来披露的史料说，在中共高层，毛泽东曾经设想，结束国民党一党专政采取两个步骤：第一个步骤，目前时期，经过各党各派和无党派代表人物的决议，成立临时的联合政府；第二个步骤，将来时期，经过自由的无拘束的选举，召开国民大会，成立正式的联合政府。这个民主联合政府是无产阶级领导下的新民主主义性质的国家制度，基本目标是团结各阶级，在民主的共同纲领之下，建立一个新民主主义的中国。即便按照毛泽东的设想，未来的中央政府仍然是联合政府。在这个政府中，代表无产阶级的中国共产党是执政党，而国民党等其他各党派则是参政党。尚不说通过"自由的无拘束的选举"，实现执政党轮替，要经过长期的不懈努力。

1946年10月，即全面内战爆发后的最初四个月作战之后，毛泽东已经敏锐地发现，蒋介石的"进攻能力快要枯竭"。他的这一判断建立在两组数据上：一组数据是，4个月中，人民解放军共歼灭国民党正规军32个旅，连同被歼灭的非正规军，总数达30万人。其中，起义、被俘的和毙伤的约各占一半。同时，人民解放军损失兵员12万人，其中负伤的占9万多人。国民党军队的损失是解放军的2.4倍。另一组数据是，在国民党军队总兵力正规军86个整编师、248个旅中，战争第一个月就动用了68个师、193个旅，其中担任第一线攻击任务的是26个师、72个旅。到战争第四个月，动用的兵力增加到73个师、209个旅，其中担任第一线攻击任务的是43个师、117个旅。这就是说：国民党军队作为战略预备队而留置在后方的兵力，已由战争初的55个旅减少为39个旅；在投入内战前线的209个旅中，不得不以82个旅即占44%的兵力用于"清剿"他们日益扩大的占领区，相应地减弱了用于第一线进攻的机动兵力。这种情况使毛泽东断定"我们是能够战胜蒋介石的"，"除了政治上经济上的基本矛盾蒋介石无法克服，为我必胜蒋必败的基本原因之外，在军事上，蒋军战线太广与其兵力不足之间，业已发生了尖锐的矛盾。此种矛盾，必然要成

---

① 《解放日报》，1945年8月27日。

为我胜蒋败的直接原因"。① 毛泽东这个判断是十分正确的，此后蒋介石被迫由全面进攻转为重点进攻，原因就是兵力不足。毛泽东要求人民解放军："今后一个时期内的任务，是再歼灭敌军约25个旅。这个任务完成了，即可能停止蒋军的进攻，并可能部分地收复失地。可以预计，在歼灭第二个25个旅这一任务完成的时候，我军必能夺取战略上的主动，由防御转入进攻。那时的任务，是歼灭敌军第三个25个旅。果能如此，就可以收复大部至全部失地，并可以扩大解放区。那时国共军力对比，必起重大变化。欲达此目的，必须在今后三个月内外，继续过去三个月歼敌25个旅的伟大成绩，再歼敌25个旅。这是改变敌我形势的关键。"② 在这里，毛泽东已经提出了由战略防御转入战略进攻的时间表，并且鼓励全党增强胜利信心。

一个月后，在人民解放军歼灭国民党军队的数字上升到38个旅，国民党军在有些战场上出现停止进攻的情况时，毛泽东又一次预见到，这种态势证明打歼灭战是可能的，可以通过歼灭战加快消灭国民党军的速度。在这个月召开的一次中共中央会议上，毛泽东为解放战争的发展勾画了一张大致的蓝图，说：用半年到一年的时间，消灭国民党军七八十个旅，就可以消耗掉美国七八年中援助蒋介石的所有积蓄，使国共双方的力量达到平衡。"达到平衡后就很容易超过。那时我们就可以打出去，首先是安徽、河南、湖北、甘肃，然后就可以再向长江以南",③ 大约用3到5年的时间达成这一目标。这是毛泽东首次提出中国革命胜利的时间表。对这一大概时间，他仍然相当谨慎，指出：我们还是应该把事情估计得严重些，我们不但要准备3到5年，还要准备10到15年。一方面，要藐视他们，非此不足以长自己志气，灭他人威风，另一方面，又要重视他们，每一仗都要谨慎。

1947年2月1日，中共中央召开政治局会议，着重讨论并通过了毛泽东为中共中央起草的《迎接中国革命的新高潮》的党内指示。这个指示向全党宣布："目前各方面情况显示，中国时局将要发展到一个新的阶段。这个新的阶段，即是全国范围的反帝反封建斗争发展到新的人民大革命的阶段。现在是它

---

① 金冲及：《毛泽东传》，中央文献出版社1996年版，第777—779页。
② 金冲及：《毛泽东传》，中央文献出版社1996年版，第779—780页。
③ 《中国共产党历史》第1卷·下册，中共党史出版社2002年版，第922页。

的前夜。我党的任务是为争取这一高潮的到来及其胜利而斗争。"① 政治局进行讨论时，毛泽东对起草这个文件做了说明，他说，发这个指示很需要。解放区军事斗争的胜利和国民党统治区人民运动的发展，预示着中国革命的新高潮将要到来，在中国近半个世纪中这样的革命高潮有过几次：辛亥革命、北伐战争、抗日战争。20年前，1927年的北伐，是有共产党以来的第一次革命高潮。10年前，1937年的抗日战争，是第二次革命高潮。现在，1947年，将要出现第三次革命高潮。北伐是第一次国共合作的产物，形式上以国民党为主体，最后以国民党的叛变而失败。抗日战争是第二次国共合作的产物，国民党消极抗日、积极反共反人民，共产党却坚持抗日，壮大了人民力量，成了抗日的主体。北伐、抗日，国共两党分掌领导权，这次不同了，国民党反动派成为人民革命的目标，共产党成了中国革命的唯一领导者。但对何日能够夺取全国胜利，毛泽东依然谨慎地说：革命胜利的时间，还要准备相当长，5年到15年，5年已过了一年半。这个指示在干部中应该普遍散发，但不公开发表。

这次会议透出三点重要信息，一是第一次提出"1947年将要出现第三次革命高潮"。二是提出"共产党成了中国革命的唯一领导者"的概念，这就意味着中共中央基于对革命高潮将要到来的新判断，对未来中国的政治构架提出了新的设想——由中共单独执政，把国民党排除在领导力量之外。三是要求在党内干部中公开党中央的战略设计，这说明中共中央对未来中国的走向思考已趋于成熟，由此前的理论研究阶段进入到具体实施阶段。三点信息归结到一点，就是要用5年到10年甚至15年时间，完成打倒蒋介石、推翻国民党、建立新中国的任务。

毛泽东发表对战争进程的看法刚过1个月，战争形势又发生变化。国民党最高军事当局根据对过去4个月作战得失的比较，发现其军队共损失71万人，占领解放区城市87座，而人民解放军收复和新解放的城市也是87座。得失相抵，国民党军在4个月中由战争初期的得地失人变为净损失41万人马而无地可得。这使国民党最高军事当局不得不改变战略。1947年3月，蒋介石放弃全面进攻计划，改以对陕北和山东解放区进行重点进攻。这又促使毛泽东对时局产生新的认识。1948年3月21日，毛泽东、周恩来、任弼时率领中央机关，

---

① 《中国共产党历史》第1卷·下册，中共党史出版社2002年版，第923页。

从延安撤离，东渡到黄河，前往西柏坡。踏上黄河东岸后，毛泽东再次对杨尚昆谈了对中国局势的判断："同蒋介石的这场战争可能要打60个月。60个月者，五年也。这60个月又分成两个30个月：前30个月是我们'上坡'，'到顶'，也就是说战争打到了我们占优势；后30个月叫作'传檄而定'，那时候我们是'下坡'，有的时候根本不用打仗了，喊一声敌人就投降了。"这次谈话，毛泽东对中国革命胜利时间的判断出现了新的变化，由原来设想的"5年到15年"的概略时间，具体到用5年时间完成，并且把从此时开始到1949年10月这30个月定为取得优势的阶段，而把取得彻底胜利的时间定在1952年7月以前这第二个30个月内完成。

1948年，战争形势以最快的速度向有利于人民解放军的方向发展。全国各个战场上，除中原战场处于胶着状态外，其他战场的国民党军都已处于被动挨打的地位。国民党政权为保住现有区域，阻止人民解放军向长江以南挺进，决定采取尽可能坚守东北和华北，争取中原，大力经营华南、西南和台湾的方针，实行所谓"三分军事，七分政治"的总体战略和分区防御。这种战略，实际上已经准备进行战略退却了。这使毛泽东看到胜利有可能提前到来。8月1日，毛泽东在致李济深等并转香港各民主党派、各人民团体及无党派民主人士电文中指出："我们如果不愿意被敌人消灭，就必须把战争打到底，必须不要上反动派的当。必须向解放区军民人等指出，战争不是无止境的。依据过去两年的作战成绩，加上今后的更大努力，执行正确的军事政治经济文化各项政策，大约再打三年左右，就可以从根本上消灭中国的反动势力，在全国范围内建立人民民主共和国，我们自己及全国人民就可以永远过和平自由幸福的生活了。如果我们不能忍受这大约三年左右的痛苦，接受反动派的欺骗，停战议和，让其休养生息，然后被迫再打，我们就将受程度更大、时间更长的痛苦。"毛泽东这次对中国革命胜利的判断较之过去的类似说法，内容更加具体，目标更加明确，在时间上由五年完成中国革命缩小到"三年左右"，在具体目标上确定将"建立人民民主共和国"。同日，《人民日报》刊载的新华社社论说："中国人民还必须准备继续作几年的艰苦奋斗，至少还要准备拿三、四年时间去作这种艰苦斗争，才能最后解放全中国，并在民主基础上统一全中国。在斗争过程中，某些暂时的、局部的间歇和曲折，仍然还是可能有的。那些以为中国革命会在一次或几次斗争中就能完全胜利，并在具体斗争中抱轻敌态度的人们，或者以为它会完全一帆风顺，不会有任何暂时的、局部的曲折，而在遇到这种曲折时就感觉迷乱的人们，是错误的。"①

作为战略家的毛泽东，对中国革命胜利的估计是不是过于保守了？一个月后，在中央政治局会议上，毛泽东在对会议所作的结论中向与会者说明了他的考虑：

"大约五年左右根本上打倒国民党"，这里有一个"大约"，一个"左右"，还有"根本上"。这些形容词不能去掉，去掉一个都不行。关于公开宣传"五年左右根本上打倒国民党"，这固然有好处，原则上我不反对，但用什么方式讲，怎么讲，还得考虑。我现在倾向于讲困难一些，像"八一"社论上那样的提法，这可以使人更沉着、更努力些。在内部，首先在干部中，其次在战士中，是可以说的，在地方上也可以说。但说就要说得清楚些，有个"大约"五年"左右"和"根本上"，这就不会错。还要估计到，虽然解释清楚了，但一传出去，还会即刻被说成是"五年"胜利。"建军五百万"，"消灭敌人五百个旅的正规军"，"大约五年左右根本上打倒国民党"，这些话简单明了，是口号式的。口号的作用，就是好讲好传。

这次会议对困难和克服困难的可能性作了充分估计。我们党曾遇到两次大困难，是由两次大错误造成的，那就是一九二七年的失败和一九三五年的万里长征。后来的困难同那两次困难不同，也比较容易克服。今后还会遇到什么大困难呢？比如说，假使我们估计错了，由于工作做得不好，力量不足，未能阻止战争，世界大战爆发了，并且爆发得很快，这就是困难。世界大战不爆发，当然对中国革命有利得多。苏联不打仗，养精蓄锐，我们有可能得到国际方面的援助。有世界民主力量对我们帮助，这意义是很大的。但是如果我们估计不足，世界大战来了，怎么办？还不是要打。天要下雨，娘要嫁人，有什么办法？世界大战来了，这是全世界范围内的大困难，也是我们的大困难。但是，中国人民，尤其是共产党人，经过了多年战争，对此是不怕的。我们有了精神准备，就会更好一些。②

---

① 新华社社论：《人民解放战争两周年的总结和第三年的任务》，见《人民日报》，1948年8月1日。
② 《在中共中央政治局会议上的报告和结论》，见《毛泽东文集》第5卷，人民出版社1996年版，第141—142页。

显然，毛泽东对中国革命胜利时间的估计是一种留有充分余地的估计，是一种在吸取了党的历史上两次失败经验教训基础上做出的判断，同时也考虑到把困难估计得多一点有利于使全党更沉着、更努力。

然而，谁也不曾想到，就在毛泽东讲这番话的前一天打响的辽沈战役，一个多月后，人民解放军全歼了国民党在东北的47.2万精锐部队。这时淮海战役已揭开序幕，整整两个月之后，以包括国民党军队"五大主力"中的第五军和第十八军在内的55.5万军队被人民解放军歼灭，为淮海战役画上了句号。两场大战，使中国共产党的胜利已成定局，不可逆转，同时也使南京政府的垮台变得没有悬念。

中国革命最后的胜利来得之快，超出了中共最高战略设计家的预料。

这一胜利，同样使整个世界感到震撼。平津战役结束的当天，即1949年1月31日，斯大林委派苏共中央政治局委员米高扬到达中共中央所在地西柏坡，转达斯大林对中国共产党的祝贺和敬意，并表示愿意当面听取中国同志的意见。一直帮助南京政府反共的美国政府，得知中国的战况后，朝野震惊。在1948年9月30日人民解放军刚刚解放济南、而辽沈战役正在激战之际，国务院就专电驻华使馆，指示对于济南的国共军事力量在这样一种对比之下（据美国驻济南总领事报告，当时打济南的解放军比国民党守军在人数上大约只超过1/3，而国民党军弹药更充足）共产党能够取得速胜的原因作出分析（美国驻华大使司徒雷登复电称：主要是由于政府军士气太差，毫无斗志；而共产党方面士气高涨，进攻勇猛、激烈，完全是按预定计划打的）。11月6日，辽沈战役刚刚结束4天，美国驻华大使馆就召集军事顾问团讨论中国内战的军事形势，他们认为，除非美国军队亲自参加作战，否则，"任何数量的军事援助都不能挽救目前更趋恶化的形势"。"中国（指南京政府）或美国都没有充分的时间来采取措施。"美国政府得出结论："过去一年中特别是最近四个半月的事态发展结果，国民党军队遭受损失之惨重，使其军队地位已下降到没有可能恢复的地步。另一方面，同样的事态发展使共产党的地位大大上升，能力大大加强，现已有能力对国民党军队取得完全的军事胜利。"①

---

① 资中筠：《美国对华政策的缘起和发展（1945—1950）》，重庆出版社1987年版，第195—196页。

这时，各民主党派纷纷加入到支持共产党、反对国民党的行列中。国民党内的民主派自1947年秋开始陆续汇聚香港，于11月12日成立了由国民党创始人孙中山先生的夫人宋庆龄为名誉主席、李济深为主席的中国国民党革命委员会（以下简称民革）选举李济深、何香凝、谭平山、蔡廷锴、朱蕴山、陈劭先、李章达、陈其瑗、何公敢、张文、邓初民、朱学范、李民欣、郭春涛、王葆真、冯玉祥等16人为中央常委，李济深等71人为中央执行委员、候补执行委员，柳亚子、李锡九、陈汝棠等18人为中央监察委员。民革成立《宣言》即宣布："中华民国三十七年一月一日正式成立中国国民党革命委员会，脱离蒋介石劫持下的反动中央，集中党内效忠于总理忠于革命之同志，为实现革命的三民主义而奋斗；并发布行动纲领，愿与全国各民主党派、民主人士携手并进，彻底铲除革命障碍，建立独立、民主、幸福之新中国。"之后，民革发布的《行动纲领》规定："当前的革命任务，为推翻蒋介石卖国独裁政权"，建立"普选产生之民主政权"，首先是"联合各民主党派及各界民主人士的代表组成联合政府"。1949年1月27日，民革在沈阳发表《对于时局的声明》，指出：在中国反帝反封建的斗争中，"必须在中国的无产阶级政党——中共领导下，才有不再中途夭折的保证"。① 同月，李济深、沈钧儒、马叙伦、郭沫若等55人发表《我们对时局的意见》，明确表示："愿在中共领导下，献其绵薄，贯彻始终，以冀中国人民民主革命之迅速成功，独立、自由、和平、幸福的新中国之早日实现。"②

解放战争时期除国民党和共产党之外的第三大政党——民主同盟也不惧国民党的打击迫害，勇敢地走在反对独裁统治的第一线。1946年6月，民盟中央执行委员、云南省支部领导人、著名民主人士李公朴、闻一多，为制止内战爆发，筹划成立了"昆明各界争取和平反对内战委员会"，并发起万人签名运动，因而遭到国民党特务暗杀。在国民党撕毁政治协商会议决议、发动全面内战后，民盟中央依然坚持政协立场，坚决不参加伪国大，其领导人张澜、黄炎培、梁漱溟、章伯钧、韩兆鹗等5名参议员，向国民党参政会提出《停止内战恢复和平案》，要求国民党依据政治协商会议的精神，重新举行和平会议；迅

---

① 胡庆云：《解放战争时期的第二条战线》，国防大学出版社2000年版，第346页。
② 胡庆云：《解放战争时期的第二条战线》，国防大学出版社2000年版，第372页。

速恢复国共间联系，商讨停止战争恢复和谈的具体方案；政府应明令停止重兵与征粮征实，以为倡导和平之表示；切实尊重人权，保障自由等。这使国民党与民盟的关系急剧恶化。1947年5月31日至6月1日，国民党派出大批军、警、宪、特，在北平、天津、上海、武汉、重庆、成都、桂林、广州、杭州、福州、西安、太原等大城市对民主党派成员、民主人士和进步师生进行大逮捕，其中民盟成员被捕者100余人。10月25日，国民党军警包围了民盟南京总部。27日，经蒋介石亲自签署、国民党中央社发表《政府宣布民盟非法》声明，着令各地治安机关，"对于该盟及其分子一切活动，自应依据妨害国家总动员惩罚暂行条例及《后方共党处置办法》严加取缔"。

民盟被迫停止活动后，其大部分成员先后秘密来到香港，重新恢复组织，并于1948年1月5日至19日在港召开了一届三次会议。出席会议的有：沈钧儒、章伯钧、史良（沙千里代）、朱蕴山、周鲸文、周新民、柳亚子、邓初民、何公敢、刘王立明、李文宜、杨子恒、李伯球、沈志远、李相符、冯素陶、罗子为、陈此生、罗涵先、吴晗（千家驹代）、楚图南（周新民代）、李章达（萨空了代）、郭则沉（杨伯恺代）、丘哲（云应霖代）、韩云川（王深林代）、辛志超（王却臣代）等29人。民盟南方总支部、西南总支部、上海市支部、重庆市支部、云南省支部、福建省支部、港九支部和马来亚支部等派代表列席了会议。沈钧儒、章伯钧共同主持了这次会议。在会后发表的《三中全会宣言》中，民盟着重提出四项主张：（1）"南京国民党反动派集团既已关闭和平之门，且不容许任何不同意一党专政的反对党存在，则欲实现中国的和平民主，已不可能由谈判妥协中求之。我们必须粉碎一个反动贪污腐化的政权，才能建立一个和平民主廉洁有效能的政权。"（2）"我们要反对的不只是独裁者个人，而是那代表地主豪绅买办封建的整个集团。"（3）决不承认美国政府与南京政府所签订的损害中国人民利益的条约。（4）民盟欢迎与一切民主党派合作，而且要与一切民主党派结成坚强的民主统一战线。中国共产党为民主事业而奋斗的历史，值得每个爱国的中国人民赞佩，民盟今后要与中国共产党携手合作。

农工民主党也于1948年9月2日至11日召开中央扩大会议，通过《政治决议》和《组织决议》，确定了与国民党政权展开斗争、迎接新的革命胜利的具体任务和策略。中国民主促进会、中国致公党、中国人民救国会、中国国民党民主促进会、三民主义同志联合会、九三学社、台湾民主自治同盟等民主党派，先后发表声明、宣言和通电，祝贺中共在与国民党的斗争中所取得的胜利，热烈响应中国共产党的号召，愿意为打倒蒋介石、建立新中国而共同奋斗。

各民主党派为了加速国民党反动统治的崩溃，配合人民解放军作战，积极开展瓦解敌军工作，策动国民党军队人员起义。为此，民革中央常委会专门成立了由李济深、蔡廷锴、谭平山、龙云、杨杰、王葆真、朱蕴山、梅龚彬等组成的军事小组，并授权李济深主席设立秘密机构，与中共华南局、中原局联系，配合策反。1948年11月16日，民革中央发表《告蒋管区本党同志书》，号召国民党"尤其在蒋氏统治之下本党进步同志，尤宜率先起义，早得挣脱魔掌，参加本会革命工作，以铲除独裁，光复本党，共同完成革命之伟业"。[①] 在济南战役中，吴化文率部3个旅2万余人举行战场起义，即与民革和农工民主党的负责人冯玉祥、李济深、章伯钧、王寄一、陈铭枢等事先做的大量工作密不可分。为争取吴化文反正，章伯钧穿针引线，让吴化文与陈毅司令员沟通关系，陈毅派代表驻吴化文部指导工作，从而谋划了起义。在淮海战役中，国民党五十九军副军长孟绍濂的起义、八十五军一一〇师廖运周的起义，民革成员更是发挥了重要作用。从1948年到1949年，仅民革和农工民主党成功策反了吴化文、马师恭、张轸、张奇、毕书文、康朴、曾伟潮、周绍轩、范绍增、邓宝珊、王安昭、叶芳、方师哲、吴钟奇、丁锡山、李洁之、魏鉴贤、练锡生、施洋生、赵士佳、祝更生、张慕槎、谢汝昌、俞步琪等几十人。[②] 这些人中，职务最高的有国民党集团军总司令、省政府主席，职务最低的也是警察队长、县长。毛泽东后来说："由于国民党军中一部分爱国军人举行起义，不但加速了国民党残余军事力量的瓦解，而且使我们有了迅速增强的空军和海军。"[③] 这是中国共产党对国民党军起义壮举和对各民主党派策反工作所给予的历史评价。

各民主党派还在国统区建立反蒋武装，直接消灭国民党有生力量。1948年，农工民主党围绕"放手发动人民参加武装组织，武装与各民主党派联合行

[①] 胡庆云：《解放战争时期的第二条战线》，国防大学出版社2000年版，第445页。
[②] 胡庆云：《解放战争时期的第二条战线》，国防大学出版社2000年版，第446页。
[③] 《毛泽东年谱（1893—1976）》（下卷），人民出版社1993年版，第577页。

动"、"加强团结南京统治区的农工平民大众与解放军并肩进行坚决的革命斗争",专门做出《政治决议》,并组织力量在广东省的北江、兴海、惠东、宝安和广州地区建立了4支武装,共约2600人枪,民兵500余人枪,为迎接当地的解放而斗争。在浙江的杭州、诸暨、金华等分别组织游击武装共约300余人,与当地中共游击队一起打击敌人。在江西的九江等18个县、区组织"民兵自卫军"共4500余人,枪3000余支,在配合当地解放的作战中发挥了积极作用。在湖南的湘西成立了"溆沅辰人民解放军总队",共有3000余人枪,同国民党残部血战10余次,迎接当地解放,协助人民政府剿匪、征粮。在广西组织了数百人的"富川游击队",在当地展开自卫斗争。在四川的川北以中江县为中心,成立"农民自卫队",力量约百人,在当地策应解放,维持治安,配合人民解放军瓦解国民党军残部。① 这些武装在当地解放后,均按中国共产党的有关政策接受了改编。在农工民主党的影响下,民革、民联、民促等民主党派都曾派人到广东东江和东韩地区、云南地区、湘桂地区、闽浙沿海地区,发展武装力量,给国民党地方反动统治者以打击,从而牵制了国民党军队。1948年,国统区的人民反抗国民党黑暗统治的斗争达到高潮。

广大青年学生在这场伟大的斗争中走在前列。3月29日,国民党难产的行宪国大在南京开幕。出席会议的代表仅1679名,刚过代表总额的半数。为阻止各界民众特别是各大院校师生的示威游行和抗议活动,以使会议顺利结束,国民党当局发布了查禁学联的命令,华北学联亦在被禁之列。平、津、唐地区的各大院校坚决反对国民党当局的禁令,北大、清华、师大、中法、朝阳、南开、北洋、唐山工学院等十大院校,自4月3日起开始总罢课。接着,4月6日,各大学的讲师、助教、职工和工友为"争取合理待遇",宣布罢教、罢职、罢工,北平研究院的研究人员宣布罢研,北大医院的医师、护士宣布罢诊,从而形成了华北人民运动史上空前的"六罢"合流。4月9日,国民党特务冲进北师大,捣毁攸庄楼,还逮捕了8名学生。事情发生后,北师大800名学生不顾国民党当局的禁令,到达新华门北平行辕举行请愿。并与随后到来的各校学生在行辕门前举行了6000多人的群众大会,向国民党北平行辕提出了9项请愿要求,强烈呼吁李宗仁:"立即释放被捕学生,惩办凶手,赔偿损失,保证

---

① 胡庆云:《解放战争时期的第二条战线》,国防大学出版社2000年版,第442—443页。

今后不再发生类似事件。"最终迫使北京行辕参谋长徐启明同意"师大被捕学生可由学校保释"。这一轮的斗争，青年学生取得了胜利。

五六月间，兴起于1947年8月的反美扶日爱国运动迅速蔓延到北平、昆明、广州等全国各大城市。5月4日，上海150余所大中学校万余名学生聚集在交通大学举行纪念五四营火晚会，宣布成立"上海市学生反对美国扶助日本抢救民族危机联合会"（简称"反美扶日联合会"），开展反美扶日活动。两周后，上海市两万名学生举行大检阅，纪念"五二〇"一周年。这一天，刚刚成立的"反美扶日联合会"发起10万人大签名运动；各民主党派成员孟宪章、周谷城、史良、许广平、马寅初等知名人士，也先后应邀到圣约翰大学、交通大学和《观察家》杂志社等单位进行反美扶日演讲或参加座谈会。这次纪念"五二〇"一周年活动持续到5月23日，上海学联再次召集有1.5万大中学生参加的大会，继续推动10万人的签名运动。

从上海到全国各地的反美扶日浪潮，引起美国的关注。6月4日，美国驻华大使司徒雷登发表书面声明，指责反美扶日运动是"阴谋""错误"和"歧途"，是"无理及不负责任地攻击美国政策"。声称："此举对中美间的传统睦谊有严重的损害。倘仍继续进行，可能导致不幸之后果。""参加反美扶日政策……必须准备承受行动之后果。"① 美国大使的声明，激起中国知识界的莫大愤怒。6月5日，上海市120余所大中学校学生5000余人，再次走上街头，举行反美扶日示威游行。6月9日，北平各校组织5000多名学生大游行，支持上海学生反美扶日行动，抗议司徒雷登的声明。北平教育界知名人士许德珩、袁翰青、黄国璋、费孝通、潘光旦、吴晗等联合各校437人发表《为反对美国扶日致司徒雷登大使书》；清华大学110位教职工，包括张奚若、吴晗、朱自清等著名教授也签名发表拒领美国"救济"面粉的声明。著名教授朱自清此时正在病中，当吴晗请他在《抗议美国扶日政策并拒绝领取美援面粉宣言》上签字时，朱自清立即毫不犹豫地签了名。他在日记中写道："此事每月须损失600万法币，影响家中甚大。但余仍决定签名。因余等既反美扶日，自应直接由己身做起。"一个多月后，朱自清就住进医院。在临终前，他还谆谆告诫夫人："有件事要记住：我是在拒绝美援面粉的文件上签过名的，我们以后不要买国

---

① 《中国新民主革命通史》第12卷，上海人民出版社2001年版，第303页。

民党配给的美国面粉！"① 美国国内也对司徒雷登的声明表示不满。美民主远东政策委员会亦斥责司徒雷登干涉中国学生的爱国运动，指出："作为承认中国人民自决权利与反对美国干涉中国内政的美国人，我们为你胆敢告诉中国学生要他们对于影响中国的美国政策不要采取不同意和鼓动反对这一消息所震惊。美国大使'以不幸后果'威胁中国学生，与战前日本帝国主义试图钳制中国人民的爱国运动是一模一样的，对于我国（指美国）政府公然协同蒋介石对学生进行恐怖镇压，我们感到愤怒。"② 该委员会还要求美国国务院否认司徒雷登的声明。

工人阶级和全国人民一样，挣扎在饥饿线上。他们为生存与国民党反动派展开了一系列的斗争。1948年1月28日（阴历年），上海最大的纱厂——申新纺织第9厂工人因反对资方对年奖打8折、并克扣配给米一事举行了罢工，但问题没有得到解决。30日上午，罢工继续升温且演变为大罢工。在这次大罢工的次日，上海29家舞厅资方、职工、舞女、从业员、乐师近4000人，亦在新仙林召开大会，反对国民党当局强迫抽签停业，反对禁舞，要求政府收回成命，并捣毁了上海市社会局。南京政府上海警备司令部则出动军警逮捕了797名请愿群众。而一天前即29日，上海同济大学已经发生了一起由学生因反对校方禁止学生自治会活动，举行罢课并演变为200多人被捕的血案。这样，在3天之内，接连发生学生求民主、工人求生存、舞女求职业的事件，凸显出群众性的反蒋运动正在形成。国民党当局认为这是共产党的里应外合、有计划的行动，因而决定进行镇压。2月2日上午，5000多名军警特务和警备司令部的武装部队，用坦克、机关枪、美式卡宾枪、催泪弹以及马队，把申新纺织第9厂紧紧包围，最后引发了更大的流血事件——军警用坦克车冲开工厂大门，用机枪向徒手工人扫射，残酷的屠杀进行了两个小时，共有100多名工友被杀害（或受伤），200多人被捕。

上海工人阶级没有被武力所征服。惨案发生后，上海各界工人及学生立即组织了募捐支援，并定于2月22日下午2时22分，全上海工友、学生佩戴2寸2

---

① 陆祖德：《朱自清先生的生平事迹》，北京《文史资料选编》第6辑，北京出版社1980年版，第99—100页。

② 《人民日报》，1948年6月12日。

分宽的黑纱，以纪念"二二"惨案，同时组织"申九事件后援会"，准备为死难烈士开追悼会。2月中旬，电机联合会发起成立"上海各业工会申九惨案后援会"，全上海10多个产业、近百个单位的工会代表参加了成立大会，后援会还组织了"申九哭诉团"，向各工厂工人和社会各界控诉国民党的血腥镇压。

事情发展到这种局面，连美国驻华大使司徒雷登都为国民党政权感到担忧。他说："自1月29日至2月2日五天期间，上海发生三件较大的市民骚动事件。结果是发生暴动或者群众骚扰……警察和群众都有死伤。""这种局势本质上是表示政府由于行政上的失当已失去人民的拥护，这种行政上的失当现在已发展到危及政府稳定的程度。"①

然而，事情并没有结束。类似申新纺织第9厂的罢工事件在另一个纺织厂再次发生。1948年3月，上海申新纺织第2厂的2000多名工人，为抗议资方无辜解雇职工也组织了罢工，他们要求资方给予职业保证。罢工浪潮迅速向全国蔓延。同月，北平市20家报业工人同样为改善待遇问题，全体举行了罢工。4月，京沪铁路工人3000余人为抗议国民党交通部取消铁路工人30％的生活补助及一切补贴，进行"哑口"斗争，他们一起聚集到铁路上，一言不发，进行"卧轨罢工"。国民党当局派人干涉，没有一人吭声，使南京到上海的主要交通动脉顿时陷于停顿。5月，南京4000余名三轮车工人举行总罢工，反对资方将租金从每月15万元抬高到25万元，将押金增加到400万元。7月，沈阳市全体铁路工人1.4万名为要求改善生活待遇举行罢工。国民党铁路当局慑于工人的声威，被迫允予较好的生活条件。到1949年初，罢工潮已经从局部罢工发展到行业性的全市罢工。据国民党中央社当时一个显然是缩小了的统计：从1946年12月到1948年6月，在547天中，共发生"学潮"109次，达506天。

国民党的镇压和威胁已经无法遏制声势浩大、此起彼伏的学潮、工潮，南京政府已经摇摇欲坠了。

面对即将到来的胜利局面，已经成熟起来的中共中央领导集体，保持了高度清醒。毛泽东要求全党和全国人民牢记希腊的寓言中"农夫与蛇"的教训，坚决彻底全部干净地消灭一切反动派，将革命进行到底。

---

① 《中国新民主革命通史》第12卷，上海人民出版社2001年版，第310页。

当国内外舆论对中国政治、军事、经济形势的变化一片喝彩的时候，作为胜利者的中国共产党人却表现得相当谨慎。这不仅因为谦虚谨慎是党的优良传统和作风，还因为过去28年在与国民党蒋介石斗争的历史上，中国共产党有过数次由于犯"左"的和右的错误而痛失大好革命局面的沉痛教训。

第一次是大革命时期。

1924年至1927年，中国共产党与中国国民党实现了第一次成功合作，掀起了轰轰烈烈的大革命。这次合作的成功，首先是中国共产党认识到要使革命取得成功，不但要把全国工人、农民团结在自己的旗帜下进行斗争，还要联合全国一切革命党派，组织民主的联合阵线。为此，中共二大改变一大关于不同其他党派建立任何联系的规定，通过了《关于"民主的联合阵线"的决议案》，决定邀请国民党等革命团体举行联席会议，共商具体办法。这是中国共产党最早提出的关于统一战线的思想和主张，它对中国革命的发展具有重大意义和深远影响。其次，孙中山在率领国民党进行资产阶级革命中，逐渐认识到，国民党虽然人数很多，但组织松散，脱离群众，软弱无力；孙中山本人虽然在人民中享有崇高威望，在人们心目中是中国民族民主革命的象征，并且已经在南方建立起革命根据地，竖起了国民革命的大旗，但却几经挫折，屡屡不能成功。孙中山从俄国十月革命的胜利受到启示，看到十月革命后的俄国是同帝国主义根本对立的新兴力量，五四运动和正在兴起的中国工人运动具有辛亥革命所不曾有过的特点，中国共产党虽然人数不多，但朝气蓬勃，给中国革命带来新的希望。这使孙中山决定同苏联政府合作，同中国共产党合作，以重新改造国民党。

为了促成国共第一次合作的实现，中国共产党放弃了原来设计的国共两党以平等地位实行党外合作的主张，改为共产党人以个人身份加入国民党，在国民党内实行合作的方式。这就是说，这次国共合作中国共产党为了大局是做出了一定牺牲的。国共合作正式建立后，中国共产党积极帮助国民党改组，动员共产党员和革命青年加入国民党，扩大国民党组织，特别是为第一次北伐战争的胜利做出了重要贡献。

这次国共合作的成功，从中国共产党来看，改变了秘密活动的状况，得以合法身份公开从事革命活动，这就使得中国共产党在工农群众中影响迅速扩大，并得到很大发展。党的一大召开时，只有50多名党员；二大后到三大前，发展党员 225 人，新成立的地方组织，湖南有 13 个支部，北京有 7 个支部，广东有 4 个支部，在长沙、济南、成都、唐山、杭州、莫斯科成立了党的地委、特委、总支、支部等。三大后实行国共合作的不到 4 年时间，党员人数发展到 5.8 万多人；共青团员也发展到 3.5 万人；中国共产党直接领导着湖南、湖北、江浙、广东、北方、江西、河南、陕甘等 8 个区委和山东、福建、南满、北满、安徽、四川等 6 个地委，并拥有 280 余万工人和 970 余万农民的群众基础。

但是，随着蒋介石"四一二"反革命政变和汪精卫"七一五"反革命政变而来的一系列反共力量的残酷镇压，中国共产党由于不掌握领导权，没有革命武装，致使大批共产党员和革命群众被屠杀。截至 1927 年 11 月，有近 4 万多名党员或被杀害，或被迫脱党；到 1928 年上半年，共产党员和革命群众被危害的人数上升到 38 万多人。

大革命的失败，导致国民党独吞了整个国民革命特别是北伐战争胜利的成果。在基本推翻北洋军阀反动政府的统治之后，国民党建立了一党专政的政权。而中国共产党不仅被排除在外，而且在大革命期间发展起来的革命队伍亦在国民党发动的大屠杀中损失殆尽。从此，中国共产党的事业进入到最艰苦的岁月。

第二次是土地革命战争时期。

蒋介石在镇压共产党、使共产党的力量被削弱之后，用同样的手段又来对付国民党内部的反对派。1929 年 3 月，发动蒋桂战争，拆散了粤桂联盟；10 月，发动蒋、冯之战，削弱了冯玉祥；11 月，发动第 2 次蒋桂战争，击败了张发奎；12 月，发动蒋唐战争，击溃唐生智。1930 年 5 月，发动中原大战，经过 7 个月军事厮杀，蒋氏击溃了阎、冯实力派几十万军队，冯玉祥、阎锡山被迫下野。

中共抓住蒋介石忙于对付内部纷争的有利时机，加快恢复和发展革命力量。到 1930 年夏天，全国已拥有十几块农村革命根据地，红军发展到约 7 万人，连同地方武装达到约 10 万人。这时，党的组织也得到恢复和发展。1929 年 6 月中共六届二中全会召开时，党员人数已经达到 6.9 万人。到 1930 年 9 月，全国党员人数增加到 12 万人。年底，党在全国 17 个省恢复了省委和许多特委、市委、县委的组织，基层党的支部亦有较快发展，仅产业工人支部就增加到 228 个。

农村根据地的扩大、红军队伍的发展和党的组织的恢复及发展，标志着中国革命运动正在走出低谷、走向复兴。后来的事实证明，这一时期，中国共产党力量的发展达到整个土地革命战争时期的高潮。中共力量的迅速恢复并壮大，引起国民党统治集团的极大震惊。蒋介石在取得中原大战和湘粤桂边战争胜利后，从1930年10月起到1936年止，连续发动了5次对中央根据地及其他根据地红军的大规模"围剿"。

第一次"围剿"行动，于1930年10月展开。蒋介石调集10万重兵，以江西省主席、第九路军总指挥鲁涤平为陆海空军总司令兼南昌行营主任，采取"长驱直入""分进合击"的战术，向以江西南部为中心的、只有兵力4万余人的中共红一方面军发起进攻。毛泽东、朱德指挥红军主力，采取"中间突破"的战术，将敌分割为远距离的两段，实行各个击破。打了两个多月，红军突破敌人的包围圈，蒋介石企图消灭中央根据地的计划没有得逞。

第二次"围剿"行动，于1931年2月展开。蒋介石调集约20万重兵，并调整指挥和战术，任命军政部长何应钦为陆海空军总司令兼南昌行营主任，采取"稳扎稳打、步步为营"的战术，分四路向中央根据地的红一方面军大举进攻，企图包围并消灭红一方面军主力于赣南。此时，红一方面军减至3万人，苏区中央局接受毛泽东的意见，仍采用"诱敌深入"的方针，利用根据地的有利条件，集中兵力，先打弱敌，然后自西向东横扫，各个歼灭敌人。在半个月的战斗中，红军连续打了5次胜仗，歼敌3万余人，缴枪2万余支，扩大了中央根据地。蒋介石企图包围并消灭红一方面军主力的两个目标一个也没有实现。

第三次"围剿"行动，于1931年7月开始。蒋介石调集30万大军，自任"围剿"总司令，以何应钦为前线总司令，聘用英、日、德等国的军事顾问指导作战，并依仗十倍于红军的兵力，仍然采用"长驱直入""分进合击"的战术，企图把红军主力压迫到赣江东岸加以击破，然后分路"围剿"，完全摧毁中央根据地和消灭红一方面军。此时，红一方面军总兵力仍然只有3万人左右。面对强敌压境的形势，毛泽东、朱德仍然决定采用"诱敌深入"的方针，"避敌主力，打其虚弱"。打了3个多月，国民党军损失3万多人，而红军愈战愈勇，蒋介石亲自指挥的这次"围剿"最终无功而返。

第四次"围剿"行动，于1932年5月开始。鉴于前3次"围剿"没能实现包围和消灭中央红军主力的目标，在实施第四次"围剿"行动时，蒋介石调整了进攻方向，改以先进攻鄂豫皖、湘鄂西根据地，准备得手之后再全力进攻中央根据地。于是，蒋介石自任鄂豫皖三省"剿匪"总司令，调集了约30万军队，发起了又一次进攻行动。

此时，在鄂豫皖地区的红四方面军，有4.5万余人，总指挥为徐向前，政治委员为陈昌浩。但作战指挥的最终决定权在鄂豫皖中央分局书记和军委会主席张国焘。中共中央根据敌情形势，给鄂豫皖红军的任务是："除以二十五军巩固皖西北新发展的根据地外，主力应向西行动，扩大与巩固鄂东区，以一师以上的兵力过平汉路，配合红三军行动，消灭徐源泉、肖之楚主力，造成平汉路两旁孝感、武胜关间比较巩固的新根据地，必要时可重新进攻黄陂，调动敌人进攻湘鄂西力量，求得战争的解决，以造成包围武汉的形势。"[①] 但张国焘没有执行中央的指示，他认为，"目前已根本消灭'围剿'"，"现在是我们由冲破包围已经进到消灭敌人包围的时候"。他提出的作战计划是：第一步进逼罗山，破坏京汉路，并以歼灭新到这一带的敌第二师、第八十师和敌十五路军为目的；第二步，沿京汉路南下，歼灭宋埠、黄陂一线之敌，威逼武汉。这显然是一个冒险的进攻计划，进攻的结果使红四方面军遭受很大损失，最后突围到川北地区，部队剩下1.44万人。

在进攻鄂豫皖地区红四方面军的同时，蒋介石另以10万兵力进攻湘鄂西革命根据地。那里的红三军由中共湘鄂西分局书记兼红三军政治委员夏曦指挥。夏曦采取了与张国焘类似的战法，先是轻敌冒进，命令红三军主力进到襄河以北的京山、应城、皂市之间的地区寻找战机，遭到损失后又转而实行消极防御，准备固守，红军因此遭受更大伤亡，至9月初，根据地大部分地区被敌军占领，仅伤病员就有2000余人落入敌手。

蒋介石在进攻鄂豫皖和湘鄂西革命根据地取得优势后，于1932年底调集30多个师的兵力，分左、中、右三路军，开始对中央根据地和红一方面军发动第四次大规模军事"围剿"。其中，陈诚指挥的约16万人的中路军担任主攻。红一方面军此时有3个军团、4个军约7万人。指挥此次反"围剿"作战的是周恩来和朱德。毛泽东此前已被撤销红一方面军总政治委员职务，专理中华苏

[①] 《徐向前传》，当代中国出版社1992年版，第132页。

维埃共和国临时中央政府主席一职。周恩来、朱德仍然按照毛泽东提出的"诱敌深入，以保存实力，待机歼敌，集中优势兵力，选择敌人的弱点，在运动中有把握地消灭敌人的一部，各个击破敌人运动战，打得赢就打，打不赢就走，走是为了打；速决战，在战役和战斗中必须速决；歼灭战，以歼灭敌人有生力量作为作战的根本目标"①的游击战争战略战术原则，采取大兵团伏击战法，集中优势兵力，在运动中歼灭敌人。1933年2月27日、28日，在登仙桥、大龙坪、蛟湖地区、黄陂圩附近，歼敌2个旅及4个团；3月21日在东陂、草台冈附近，歼敌1个半师。两次激战，使国民党军第五十二师、第五十九师几乎全部被歼，两师师长李明、陈时骥亦被红军俘获。蒋介石的第四次"围剿"行动还是没能消灭中央红军主力。

第五次"围剿"行动，于1933年10月开始。蒋介石调集了100万大军，200架飞机，并在南昌成立全权处理赣、粤、闽、湘、鄂五省军政要务的军事委员会委员长行营，亲自坐镇南昌指挥。采取"步步为营、堡垒推进"的战术，重点进攻中央根据地。此时，中央红军有10万人，指挥反"围剿"作战的是时任党中央总书记博古和共产国际的军事顾问李德。李德的战法与张国焘、夏曦的错误如出一辙，先是进攻中的冒险主义，后是防御中的保守主义，结果，致使苏区越来越小，红军牺牲惨重，在1934年4月的广昌战役中，红军伤亡5000多人，也没能守住广昌，此后敌人多路逼近，根据地不断缩小，9月又失宁都，10月再失瑞金。红军被迫撤离中央根据地，进行战略转移，开始了二万五千里长征。

蒋介石的五次"围剿"虽然没能消灭中国共产党及其红军主力，但对中国共产党造成的损失却是空前的。曾有一段时间，中共在国民党统治区的党组织几乎损失100%，红军和革命根据地损失了90%。长征出发时中央红军和中央机关人员尚有8.6万余人，接下来的湘江战役，使红军锐减至3万余人。再到1936年10月，中央红军主力胜利到达陕甘根据地吴起镇时，仅剩1万余人。

从大革命到土地革命战争，中国共产党两次成功、两次失败的教训，教育了中国共产党人。大革命期间，中国共产党力量之所以发展较快，得益于正确

---

① 中共中央校理论部编：《中国共产党建设全书》第1卷，山西人民出版社1991年版，第65页。

的国共合作政策；后来大革命又失败了，最大的教训是对工农群众力量的认识和国民党新右派的认识严重错误，完全依靠国民党来进行革命，党没有领导权，不掌握军队，以致在反革命的进攻面前不断退让，犯了右倾退让的严重错误。土地革命战争时期，党之所以能够粉碎国民党大军的围追堵截，在于找到并坚持了毛泽东提出的"农村包围城市，武装夺取政权"的中国革命正确道路。这期间，党也遭受了重大的损失，沉痛的教训是，当时的中央机械地执行共产国际的指示，照搬照套苏维埃俄国革命的经验，犯了"左"倾机会主义错误。事实证明，没有形成一个政治上成熟的中央领导集体，是两次失败最主要的原因。

作为年轻的无产阶级政党，中国共产党是十分重视自身建设的。从建党到大革命失败，先后经历了5届中央领导集体。

1921年7月23日至8月初，在上海召开的中国共产党第一次全国代表大会上选举产生了第一届中央领导集体。这一届领导集体由陈独秀、张国焘、李达等组成临时中央执行委员会，陈独秀为书记，张国焘负责组织，李达负责宣传。他们的文化水平是6届中央领导集体中最高的，书本知识面广博，政治水平、能写会讲均属当时党内一流，在一大代表和全党具有较高威信。一大的召开宣告了中国共产党的正式成立，从此中国出现了一个完全新型的工人阶级政党。党成立后的一年，中央领导集体领导各地党组织宣传马克思主义，发展党的组织，指导工会开展工人运动，基本完成了组建中央机关部门，建立从中央到地方的组织体系等任务。

1922年7月16日至23日，在上海召开的中国共产党第二次全国代表大会上选举产生了第二届中央领导集体。这一届中央领导集体由中央执行委员会8名成员组成。陈独秀、张国焘、蔡和森、邓中夏、高君宇等5人当选为中央执行委员；李大钊、李汉俊、向警予等3人当选为候补中央执行委员。陈独秀为中央执行委员会委员长。这一届中央领导集体大多数成员有留学日、欧、赴苏联学习的经历和3年以上学运、党建、工运实际斗争经验，具有较高的马克思主义列宁主义理论水平，组织领导能力和决策水平也逐渐增强。党的二大制定了党的最高纲领和最低纲领及第一个《中国共产党章程》，标志着中国共产党创建工作的完成。二大召开后，中共中央领导掀起了中国第一次工人运动高潮，取得了安源大罢工和长沙泥木工人罢工的胜利；党积极推动孙中山改组国民党，并为实行国共合作积极进行准备。这期间，党的建设有了加强，中央领导集体在全党的威信增强。

1923年6月12日至20日，在广州召开的中国共产党第三次全国代表大会上选举产生了第三届中央领导集体。这一届中央领导集体由14人组成。陈独秀、蔡和森、李大钊、王荷波、毛泽东、朱少连、谭平山、项英、罗章龙等9人当选为中央执行委员；邓培、张连光（不久潜逃）、徐梅坤、李汉俊（未到职）、邓中夏等5人当选为候补中央执行委员；陈独秀、毛泽东、罗章龙、蔡和森、谭平山为新成立的中央局（相当于政治局）委员，陈独秀为委员长，毛泽东为中央局秘书，罗章龙为中央局会计。与前两届相比，第三届中央领导集体政治上比较坚定，善于联系群众，理论水平较高，组织领导能力较强，出身劳动者家庭的居多，均具有实际斗争的考验锻炼，并担任过党、团、工会的基层、中层、地区领导职务。总体看，这届中央领导集体个人素质水平和领导能力是遵义会议前各届最高的。

三大后，党中央制定了《中央执行委员会组织法》，规定中央局为中央执行委员会常设机构，负责党中央日常工作，从此确立了中央三级（代表大会、中央执委会、中央局）领导体制。从三大开始，中央领导集体采取了新的领导方式：坚持每四个月召开一次中央执委会全体会议，坚持对重大国是发表时局主张，建立起通告的工作制度，并指派委员、干部加强各地班子，增强全党集中统一领导。在一年半时间里，党的事业和党的自身建设取得了显著成就，表现为：采取实行国共合作、建立各革命阶级统一战线的正确策略方针，推动和帮助孙中山改组国民党，使国共合作正式形成，中共党员以个人身份加入国民党后，在国民党中央取得了一定决策和组织领导权；中共中央利用国民党在广州的合法地位和在许多地方的社会地位，帮助孙中山创建、扩大国民党省市组织，参与筹建黄埔军校，为建立国民革命军培养干部；坚决反击国民党右派，巩固国共合作的革命统一战线；直接领导工人运动和农民、青年、妇女运动，推动了工人运动、农民运动、妇女运动和中国社会主义青年团组织的迅速发展，加强党的自身建设也明显超过前两届，党员发展人数也超过前两届的总和。

第三届中央领导集体在领导全党的工作中也出现了一些失误。特别是中央领导成员对民主革命战线领导权观念存在严重分歧，多次发生激烈争论，影响了中央领导的团结统一，导致决策与实际工作发生摇摆。作为党的主要领导人的陈独秀，因二七惨案产生消极悲观看法，加之受马林影响，认为中国工人阶级"幼稚"，"资产阶级的力量究竟比农民集中，比工人雄厚"。革命发展的正确轨道应该是："统率革命的资产阶级，实现资产阶级民主革命，联合革命的无产阶级，实现资产阶级民主革命。"无产阶级在资产阶级胜利后，获得若干自由与扩大自己能力，尔后再进行社会主义革命。① 这种"二次革命论"的右倾主张引起了激烈争论，蔡和森、张国焘等坚决反对这一主张，同时又提出并坚持偏左观点，虽然经毛泽东、陈潭秋等多数同志努力，三大通过了基本正确的结论，但中央领导成员的不同主张仍然传播到党的各主要地方组织中。陈独秀本人并没有改变他的错误观点，在国民党一大后，主要精力都用于国民党的组建工作，而对中国共产党的党务、组织建设却重视不够，长期没有专人负责。2月底中共中央又作出决议，要求"本党以后一切宣传、出版、人民组织及其他实际运动，凡关于国民革命的均应用国民党名义，归为国民党的工作"②。这种"一切工作归国民党"，忽视党的组织和独立开展工运的右的偏向，产生了严重的消极后果，为此后在反革命的进攻中因不掌握革命武装而惨遭失败埋下了隐患。

1925年1月11日至22日，在上海召开的中国共产党第四次全国代表大会上选举产生了第四届中央领导集体。这一届中央领导集体由14人组成。陈独秀、李大钊、蔡和森、张国焘、谭平山、瞿秋白、彭述之、李维汉、项英等9人当选为中央执行委员；罗章龙、王荷波、朱锦棠、邓培、张太雷等5人当选为候补中央执行委员；陈独秀、张国焘、彭述之、蔡和森、瞿秋白等5人当选为中央局委员。陈独秀为中央执行委员会总书记兼中央组织部主任，彭述之为中央宣传部主任，蔡和森、瞿秋白为中央宣传部委员，张国焘为中央农工部主任。

第四届中央领导集体特别是当选为中共中央局（相当于中央政治局）的5名成员，从事理论宣传者居多，擅长组织领导者减少。他们当中大多数有留苏

---

① 王健英：《民主革命时期中共历届中央领导集体述评》（上卷），中共党史出版社2007年版，第63页。

② 《中共中央文件选集（1921—1925）》，中共中央党校出版社1982年版，第203页。

或在苏联工作的经历，受共产国际、联共（布）影响加深，坚持自主决策减弱。领导成员之间不够团结，先是彭述之与蔡和森，后是彭述之与瞿秋白，因观点分歧发生争论，形成陈独秀、彭述之与瞿秋白、张国焘各持己见，张国焘经常摇摆。影响了党中央统一领导的权威。

四大后，中国共产党发展成为全国性政党，在中共中央领导下，全国革命迅速走向高潮。5月，中共中央直接领导和推动的五卅运动在全国爆发，形成空前的各阶层广大群众积极参加的反帝爱国运动，标志着全国革命的到来。6月，党领导的省港大罢工在香港爆发，参加工会组织数十个、20余万工人，规模空前，震惊中外，有力推动了广东革命根据地的统一和北伐战争。2月至10月，中共中央推动、支持和参加以黄埔军校学生军为主干的东征军两次东征，打败陈炯明部队，收复海南岛。中共在国民革命军中建立并进行革命思想政治工作，培养了一批优秀的中共党员军事干部，组建起实际上由中共党员掌握的叶挺独立团。此期间，由中国共产党领导的以毛泽东为中央农委书记的全国工农民众运动也掀起高潮，仅湖南一省，党就掌握农民协会会员达136万人；党的组织发展更为迅速，一大党员总数为195人，到二大党员人数为420人，三大增至994人，到党的四大党员总数猛增到57967人。

第四届中央领导集体所犯的错误是十分严重的。

第一，中共中央对国民党新右派认识错误，没有坚持坚决反对给予反击的方针。关键阶段妥协让步，危急时刻右倾投降。先是认为蒋介石等是国民党左派，同意国民党二大少选中共党员中委。结果被蒋介石等新老右派得到国民党中央大部分实权。中山舰事件后，认为蒋介石是中派，采取妥协让步，中共党员被从第一军内撤出，被蒋介石夺取了军权。"整理党务案"时又妥协让步，中共党员被从国民党中央排挤出来，被蒋介石等夺取了国民党党权。面对蒋介石利用北伐扩大势力、形成军事独裁的严峻局面，陈独秀等不组织强有力的反击，采取迎合汪精卫回国，实行汪蒋合作、由汪负责政治、蒋负责军事的对策。中共中央错误认为汪精卫等是可靠的国民党左派，竟然主张把党权、政权甚至中共领导的工农民众运动，完全交给他们掌握。这种把希望寄托在汪精卫等身上的幻想及以退让求团结的政策，实质上是用牺牲工农民众的根本利益，去迁就国民党新右派。蒋介石乘机占领南京、上海，然后公开叛变革命，建立起新军阀的统治中心。

第二，不懂得掌握革命武装与革命政权的极端重要性，没能更多建立发展工农革命武装和掌握可靠的革命军队。北伐前黄埔军校毕业生和国民革命军中有2000多名中共党员、共青团员。北伐开始后，湘鄂赣等地工农民众从败退敌军中夺得大量武器，急需扩大工农武装。国民革命军中也有不少军官邀请中共派人帮助工作。但陈独秀等却反对利用这些有利条件来扩大党掌握的可靠革命武装。更为严重的是，党中央消极采取在野地位的政策，不仅没有在北伐过程中争取建立以工农左派为主体的革命政权，反而严厉批评正在尝试建立革命政权的同志，致使国民政府及地方政府全为国民党掌权。上海武装起义后，远东局建议立即动员党团员和工会积极分子2000－3000人加入指挥员是左派的第一师，将左倾的第二十一师向上海集结，第二、第六军向南京苏州集结，改变军事力量对比，削弱蒋介石实力，使其很难同武汉决裂。但当时陈独秀、彭述之等置之不理，错过良好时机。

1927年4月27日至5月9日在汉口召开的中国共产党第五次全国代表大会上选举产生了第五届中央领导集体。这一届中央领导集体由新成立的中央政治局11名成员（7名正式委员、4名候补委员）组成。他们是陈独秀、蔡和森、李维汉、瞿秋白、张国焘、谭平山、李立三、周恩来、苏兆征、邓中夏、陈延年。在中央政治局正式成员中推举陈独秀、张国焘、蔡和森（后又增补谭平山、邓中夏）组成新成立的中央常务委员会，处理党的日常事务，陈独秀当选为中央委员会总书记。会议选举产生了由31名正式委员、14名候补委员组成的中央委员会，选举产生了由7名正式委员、3名候补委员组成的中央监察委员会。

党的五大是在大革命危急关头并即将失败的情况下召开的一次重要会议。全党82名代表参加会议，共产国际代表团罗易、鲍罗廷、维经斯基，国民党中央汪精卫、徐谦等出席会议。会上，瞿秋白、李立三、张太雷、毛泽东、恽代英、任弼时等，对陈独秀、彭述之的严重右倾错误进行了尖锐批评。陈独秀在报告中做了一些自我批评，承认某些错误并承担责任，但主要观点没有变。陈独秀继续当选总书记。大会仍然把深入革命的重任寄希望于已经变质的汪精卫、唐生智等身上，而对如何争取实现无产阶级领导权，如何正确对待武汉政府和国民政府，如何深入发动农民进行土地革命，如何组织掌握党直接领导以工农为主体的可靠军队等问题，未能提出明确的方针政策和强有力的具体措施。因而也就不可能引导全党挽救大革命的失败。

在这五届中央领导集体中，除了陈独秀一直是党的主要领导人外，在中央领导集体中较长时间的还有张国焘、蔡和森，两人均当过四届中央领导集体的成员。

陈独秀在党的领导地位是自然形成的，他最早发起组织中国共产党，对早期党的建设有较大贡献，在推动和促成国共合作中发挥了重要作用，亲自领导和成功组织了标志着革命高潮来到的五卅运动，并在较长时间内得到共产国际的信任和支持，因而在党内有较高威信。但是，陈独秀不善于把马克思主义的普遍真理与中国革命的具体实践相结合，找出解决中国问题的具体道路和政策。对人民群众的力量认识不足，过分看重"有军则有权"的封建军阀，关键时刻摇摆不定，不能驾驭大局，犯了右倾机会主义的错误。陈独秀在五大后不久离开党中央领导岗位，公开表达对共产国际和苏共中央不满情绪，并很快就滑入托派，反映出其政治上不成熟。

张国焘是党的一大、二大、四大、五大中央领导集体的重要成员。他组织能力较强，曾代替陈独秀主持中央工作数月，积极与邓中夏一起掀起了工人运动高潮。因受到过列宁接见，并在领导工人运动中反对与国民党实行党内合作，强调保持中共独立性而在全党颇有影响。但张国焘思想理论水平有限，对重大决策缺乏主见，过分相信共产国际及其代表的主张，在残酷斗争面前，思想忽"左"忽右，几次出现摇摆。

蔡和森是党的二大、三大、四大、五大中央领导集体的重要成员。他政治上比较坚定，马克思主义理论水平较高，是二大宣言、决议的主要起草人，参与组织领导了上海五卅运动。但蔡和森缺乏实际斗争经验，从 1925 年 10 月起担任中共驻共产国际代表团团长，1927 年 4 月回国不久大革命就失败了。

中央一届至五届领导集体主要成员的马克思主义理论水平和实际领导能力的不足，致使在大革命时期还无法形成一个成熟的中央领导集体，因此大革命的失败也是极其自然的。

从 1927 年 8 月至 1937 年 7 月的土地革命战争时期，中国共产党只召开过一次全国代表大会，产生了第六届中央领导集体。但是，在五大之后中央领导集体开始频繁变动，瞿秋白、向忠发、李立三、王明、博古、张闻天、毛泽东等都曾主持过中共中央的工作。

1927年8月7日在湖北汉口召开的紧急会议（史称八七会议）上产生了五大后的新一届中央领导集体。新的中央领导集体由新成立的中央临时政治局16名成员组成。苏兆征、向忠发、瞿秋白、罗亦农、顾顺章、王荷波、李维汉、彭湃、任弼时等9人当选为政治局委员；邓中夏、周恩来、毛泽东、彭公达、张太雷、张国焘、李立三等7人当选为政治局候补委员。临时中央政治局第一次会议选举瞿秋白、李维汉、苏兆征等3人组成中央常务委员会，瞿秋白任中央主要领导人。

八七会议在中国革命的危急关头，坚决纠正并结束了以陈独秀为首的党中央的右倾机会主义错误，确定了实行土地革命和武装反抗国民党反动统治的总方针，为全党坚持继续革命探索新的革命道路指出了正确方向，为挽救党和革命做出了重要贡献，成为中共历史上一个重要转折点。中国革命从此开始由大革命失败到土地革命战争兴起的历史性转变。

八七会议后，临时中央领导全党开始实现从大革命失败到土地革命战争兴起的过渡。一方面在国民党新军阀进攻面前组织有序的退却和防御，进行隐蔽斗争，以保存党的组织和干部，保存和积蓄革命力量；另一方面领导全党展开新的进攻，组织发动农民秋收暴动，创建革命根据地。这期间，毛泽东在湖南发动和领导了湘赣边界的秋收起义，组成了工农革命军第一师；张太雷、叶挺、叶剑英在广州领导和发动了广州起义，组成了工农革命军第四师；彭湃、杨其珊等领导了海陆丰农民起义，组成了广东工农革命军第二师；中共鄂东特委领导了黄（安）麻（城）秋收起义，组成了工农革命军第七军；贺龙、周逸群等领导了荆江两岸年关起义，组成了工农革命军第四十九路军；刘志丹、唐澍等领导了（渭）南（华）县起义，成立了西北工农革命军；滕代远、彭德怀、黄公略等领导了平江起义，成立了红军第五军。

八七会议在坚决反对右倾错误的同时，却没有注意防止和纠正"左"的错误。在观念上，认为中国反帝反封建的资产阶级民主革命，必须同时反对已叛变革命的资产阶级包括中产阶级。这种"左"的观点为此后党内"左"倾错误发展提供了理论依据。在政治上，没有认识到革命转入低潮，党应组织必要的退却和正确的反攻，容许并助长了盲目发动工人罢工和组织城市暴动的倾向。在组织上，不适当地强调领导机关负责干部的工人成分，受"唯成分论"的不良影响，会议将向忠发、顾顺章选入中央领导集体，后来此两人均堕落为可耻的叛徒。会议没有通知陈独秀参加会议，就在事实上撤销了他的第五届中央委员会总书记的职务，虽然对他进行了尖锐的批判责备，但却未能从思想上、理论上总结吸取其所犯右倾机会主义错误的根源、教训，结果会议刚刚批判了右倾错误，会后不久党就开始犯"左"倾错误。

1928年6月18日至7月11日，在苏联莫斯科召开的中国共产党第六次全国代表大会上选举产生了第六届中央领导集体。第六届中央领导集体由政治局14名成员组成。苏兆征、项英、向忠发、周恩来、蔡和森、瞿秋白、张国焘等7人当选为政治局委员；关向应、李立三、罗登贤、彭湃、杨殷、卢福坦（后叛变）、徐锡根等7人当选为政治局候补委员。向忠发、周恩来、苏兆征、项英、蔡和森等5人当选为政治局常务委员会委员；李立三、杨殷、徐锡根等3人当选为候补政治局常委。向忠发当选为中央政治局兼常务委员会主席。

六大召开后不久，中央政治局14名成员中，苏兆征病逝，彭湃、杨殷牺牲，瞿秋白、张国焘任中共驻共产国际代表，蔡和森被撤职，卢福坦被捕，徐锡根担任江苏省委书记。实际上在中央的只有向忠发、周恩来、李立三、项英、关向应、罗登贤等6人。而党中央主席向忠发，理论水平不高，领导经验有限，身体患病，没能起到主要领导人的作用。在1929年，实际上起决策作用的是周恩来。1930年周恩来赴莫斯科后，实际上起决策作用的是李立三。

李立三是当时中央领导集体中唯一知识分子干部，在党的五大后任政治局委员兼中央工人部部长，曾参与南昌起义的领导，在领导安源大罢工、上海五卅运动、武汉工运中表现突出，主持全党职工运动，在党内有一定威望。曾被共产国际看好为"政治局的主要政治领导人"。但他思想偏"左"，易于急躁，有时存在盲目乐观情绪。标志李立三"左"倾冒险错误在全党取得统治地位，是1930年6月11日中央政治局通过他起草的《新的革命高潮与一省或几省的首先胜利》的决议，这个决议背离六大总路线，指出目前的总路线是"坚决的准备武装暴动，力争一省与几省的首先胜利"。强调"没有中心城市，产业区域……的罢工高潮，决不能有一省与几省政权的胜利"。在这一错误路线主导下，党中央制订了以武汉为中心的全国主要中心城市暴动和调集主力红军配合夺取大城市的冒险计划。此计划的推行给党和红军造成了极其严重的损失。

根据共产国际的决议，1930年9月24日至28日，在上海召开中共六届三中全会扩大会议，纠正李立三的"左"倾冒险错误。会议对中央领导机构进行了改选，选举向忠发、项英、周恩来、瞿秋白、李立三、关向应、张国焘等7人为政治局委员，罗登贤、徐锡根、卢福坦、温裕成、李维汉、顾顺章、毛泽东等7人为政治局候补委员。由向忠发、周恩来、徐锡根组成政治局常委会。这样，六届三中全会后的中央领导集体核心，即由向忠发、周恩来、徐锡根、瞿秋白（因接替李立三任中央宣传部部长兼中央农委书记、中央党报委员会主任，参加常委工作）组成，实际上由周恩来、瞿秋白主导，在决策时起主要作用。

六届三中全会不久，在共产国际代表米夫主导控制下，于1931年1月7日在上海召开了六届四中全会。按照米夫提出的中央政治局组成名单和由他起草的《中共四中全会决议案》，会议决定：撤销李维汉、贺昌的中央委员职务，李立三、瞿秋白、李维汉退出中央政治局。改选后的中央政治局正式委员为：向忠发、周恩来、项英、张国焘、徐锡根、卢福坦、任弼时、陈郁、陈绍禹（王明）等9人；候补委员为：关向应、罗登贤、毛泽东、温裕成、顾顺章、刘少奇、王克全等7人。政治局常委会由6人组成：正式常委向忠发、周恩来、张国焘；候补常委陈郁、卢福坦、徐锡根。六届四中全会后，名义主席是向忠发，但政治决策和重大问题决定，实际是由共产国际远东局和王明主导。

1931年4月和6月，顾顺章和向忠发相继被捕、叛变。9月下旬，根据共产国际远东局的提议，在上海成立了临时中央政治局，由博古、张闻天（洛甫）、康生、陈云、卢福坦、李竹生（后叛变）等6人组成。博古、张闻天、卢福坦等3人任中央常委，博古负总的责任。

博古能够当上临时中央的总负责，得益于王明的力荐。那年，他刚刚24岁，入党不到6年，连中央委员都不是，仅任共青团中央书记。由于结识了王明，在六届四中全会上与王明一起尖锐批评周恩来、瞿秋白，指责他们根据共产国际指示主持召开以纠正李立三"左"倾冒险错误为题的六届三中全会，犯了调和主义错误，因而得到王明赏识。在王明决定撤离上海前，提出了成立临时中央政治局的名单并得到共产国际批准。因此，博古当上总负责人后，继续了王明的"左"倾教条主义错误，成为"教条宗派"主要成员。

王明、博古"左"倾错误发展的顶峰是在六届五中全会以后。六届五中全会是1934年1月15日至18日在瑞金沙洲坝召开的。全会补选了中央委员会委员、候补委员；改选了中央政治局及其常务委员会；在中央政治局下设立中央书记处，同时亦是中央常委会；选举产生了中央党务委员会。全会选举博古、张闻天、周恩来、项英、王明、陈云、康生、任弼时、张国焘、毛泽东、顾作霖等11人为政治局委员；朱德、王稼祥、关向应、刘少奇、邓发、何克全（凯丰）、李竹生等7人为政治局候补委员。选举博古、张闻天、周恩来、项英、陈云等5人为中央书记处书记（同时亦是中央常务委员会委员）。全会仍然推举博古负总责，主持中央书记处（中央常委会）工作。还选举康生、陈云、项英、高自立、阮啸仙、滕代远、董必武等7人为中央党务委员会委员，董必武任书记。

博古主持临时中央和中共中央工作长达四年，其间作出过一些正确决策，正如后来中共中央《关于若干历史问题的决议》所作的结论那样："并不是一切都错了，他们在反帝反封建、土地革命、反蒋战争等问题上的若干观点，同主张正确路线的同志们仍然是一致的。"

但是，博古的"左"倾错误给党和红军带来的损失却是巨大的。在政治上，实行"左"倾关门主义，助长了察北抗日同盟军的失败，没能抓住福建事变的有利时机发展壮大抗日力量，丧失了联合中间势力共同抗日的良机；在国民党统治区继续推行冒险主义和关门主义，造成大部分党组织遭到破坏；开展反对"罗明路线"运动、查田运动和肃反，对党的建设、苏区和红军建设造成严重危害。在军事上，把作战指挥权交给李德，实行军事冒险主义和防守中的保守主义，而不听毛泽东、朱德的正确意见，导致第五次反"围剿"失败；在长征初期又犯逃跑主义错误，广昌战役后犹豫不决，丧失转移的最佳时机，最后使湘江战役惨败。"据总参谋部的粗略统计……到黎平时损失达到了50%，预备师的损失甚至达到实有人数的75%。"

1935年1月15日至17日，在遵义召开的中共中央政治局扩大会议（即遵义会议）很长一段时间里，实际确立了毛泽东在党和红军领导地位的新一届中央领导集体（以张闻天为总负责）。从而结束了名为博古、实为王明"左"倾机会主义、教条主义在全党长达四年的统治。

七年多时间，中共中央领导集体核心先后五次更换，任期最短的不到一年时间，这种状态对中国共产党的事业是不利的。应该看到，由于国际大背景主要是共产国际的影响，七年中"左"倾路线一直在中央占据统治地位，几位主要领导人大多带着共产国际的色彩，是共产国际看好之后才当选的，王明虽然名义上不是中央领导集体的核心，但在共产国际的主导下，他却实际上在较长时间内行使着中央领导集体核心的权力；博古出任"临时中央"的总负责，甚至未经选举，仅有共产国际的"钦定"就走马上任了。向忠发更不具备做中国共产党领袖的素质，选择他，共产国际仅仅看重了他的工人成分及他在武汉工运中具有一定威望。他在位的两年，都是其他常委在起主导作用，这样的领导是不可能凝聚全党力量、取得与国民党蒋介石斗争胜利的。历史地考察，遵义会议前历届中央领导集体核心，都不具备领导中国共产党担负的完成新民主主义革命、建立社会主义制度历史使命所必备的马克思主义理论水平、治党治军乃至治国的综合素质。

这期间，一个具有挽救中国革命杰出才能的政治明星已经出现。这就是毛泽东，来自湖南韶山冲的中共一大代表，三大中央局委员，四大中央农委主任，五大中央候补委员（八七会议的政治局候补委员），六大中央委员、政治局候补委员、政治局委员。

毛泽东在中国革命最困难的时候，来到湖南领导秋收起义，创建井冈山革命根据地。在严酷的革命斗争实践中，逐步找到了一条把马克思主义基本原理与中国革命具体实践相结合，使中国革命走向胜利的道路。这条道路的核心是，"农村包围城市、武装夺取政权"。实质是把党的重心由城市转移到农村，在农村地区开展游击战争，深入进行土地革命，建立和发展红色政权，待条件成熟时再夺取全国政权。毛泽东认为，中国绝大多数人口在农村，居住于广大农村的农民是革命主力军，而反革命力量在广大农村相对薄弱，把中国革命的中心放在农村，有利于在敌强我弱的情况下积蓄、锻炼和发展革命力量。但是，这条道路与把重心放在城市的俄国十月革命道路在采取的具体策略上有所不同，因而受到奉行"左"倾路线的当时的中央的批评。也许这是他被排除在中央领导核心之外、并在较长时间内政治上受挫的一个重要原因。正是毛泽东创立的这条独特的中国革命道路，拯救了红军，挽救了中国革命，越来越受到党内多数同志的赞成，最终成就毛泽东的一代伟业。

毛泽东在军事上创立了一整套独特的军事理论和战略战术。其经典著作《中国革命战争战略问题》《论持久战》等在世界军事史上都有重要地位。按照毛泽东的战略战术，工农红军（后来称为人民解放军）在与国民党军的一次次较量中，不断创造以少胜多、以弱胜强的光辉战例，以少胜积大胜，最终奠定了中国革命的胜势,从而也确立了在与党内错误路线的斗争中毛泽东不可动摇的领袖地位。

毛泽东在政治上创立了统一战线的理论。这一理论使中国共产党能够有效地把各进步阶级、各进步阶层人士紧紧团结在自己周围,形成了对南京政府的强大包围圈,从而不断动摇国民党政权的统治基础。

1945年4月23日至6月11日,在延安召开了中国共产党第七次全国代表大会。出席大会代表755人,代表着全党121万名党员。毛泽东在大会上致开幕词和闭幕词,并作《论联合政府》的书面报告、关于形势和思想政治问题的报告、关于讨论政治报告的结论和关于选举问题的讲话;朱德作《论解放区战场》的军事报告和关于讨论军事问题上的结论;刘少奇作《关于修改党章的报告》和关于讨论组织问题的结论;周恩来作《论统一战线》的发言。

大会提出党的政治路线是:"放手发动群众,壮大人民力量,在我党的领导下,打败日本侵略者,解放全国人民,建立一个新民主主义的中国。"这样的新中国,既不应是大地主大资产阶级专政的国家,也不应是民族资产阶级统治的旧民主主义的国家,也不能是社会主义国家,而应当是在工人阶级领导下各革命阶级民主联盟的国家,即新民主主义的国家。大会提出,为了建立新中国,当前最重要、最紧迫的任务,就是立即废止国民党一党专政,建立民主联合政府。

大会把毛泽东关于现代世界情况及中国国情的分析、关于新民主主义的理论与政策、关于解放农民的理论与政策、关于革命统一战线的理论与政策、关于革命战争的理论与政策、关于革命根据地的理论与政策、关于建设新民主主义共和国的理论与政策、关于建设党的理论与政策、关于文化的理论与政策等9个方面思想理论,概括为马克思列宁主义基本原理与中国革命实际相结合的伟大理论成果——毛泽东思想,作为党的指导思想和"中国人民完整的革命建国理论"写入了党章。

大会选举产生了第七届中央领导集体。毛泽东、朱德、刘少奇、周恩来、任弼时、陈云、康生、高岗、彭真、董必武、林伯渠、张闻天、彭德怀等13人当选为中央政治局委员;毛泽东、朱德、刘少奇、周恩来、任弼时等5人当选为中央书记处书记。大会选举毛泽东为中央委员会主席、中央政治局主席、中央书记处主席。

七大的召开及毛泽东思想的创立标志着中国共产党已经成熟。

成熟起来的中国共产党人，清醒地看到1949年元旦蒋介石《新年文告》所释放的和谈烟幕。

就在蒋介石发表《元旦文告》的当天，毛泽东发表了题为《将革命进行到底》的新年献词。毛泽东告诉全国人民，中国人民将要在伟大的解放战争中获得最后胜利，这一点，甚至我们的敌人也不怀疑了。但是，无论是中国的反动派，或是美帝国主义在中国的侵略势力，都不会自行退出历史舞台。他们看到中国人民解放战争在全国范围的胜利，已经不能用单纯的军事斗争的方法加以阻止，就一天比一天地重视政治斗争的方法：一方面利用现存的南京政府来进行"和平"阴谋，以组织残余军事力量在长江以南和边远省份继续抵抗；另一方面在革命阵营内部组织反对派，极力使革命就此止步。毛泽东说道，我们只有"用革命的方法，坚决彻底干净全部地消灭一切反对势力"，"在全国范围内推翻国民党的反动统治，在全国范围内建立无产阶级领导的以工农联盟为主体的人民民主专政的共和国，这样，就可以使中华民族来一个大翻身，由半殖民地变为真正的独立国，使中国人民来一个大解放，将自己头上的封建压迫和官僚资本压迫一起掀掉，并由此造成统一的民主的和平局面，造成由农业国变为工业国的先决条件，造成由人剥削人的社会向着社会主义社会发展的可能性。如果要使革命半途而废，那就是违背人民的意志，接受外国侵略者和中国反动派的意志，使国民党赢得养好创伤的机会，然后在一个早上猛扑过来，将革命扼死，使全国回到黑暗世界"。毛泽东号召全国人民、各民主党派、各人民团体真诚合作，采取一致步骤，粉碎美帝国主义和国民党反动派的政治阴谋，将革命进行到底。针对少数人在这个问题上的模糊和动摇，他强调指出，一切愿意参加当前的革命事业的人们要一致，要合作，而不是建立什么"反对派"，也不是走什么"中间道路"。

为了进一步教育和启示全党和全国人民，警惕敌人的阴谋，毛泽东引用古代希腊《农夫与蛇》的寓言：冬天，农夫发现一条蛇冻僵了，他很可怜它，就把蛇放在自己怀里。蛇温暖后，苏醒过来，恢复了它的本性，就咬了它的恩人一口，使他受到了致命的伤害。农夫临死前说："我真该死，我怜悯坏人，应该受到恶报。"毛泽东以此告诫全党，"外国的和中国的毒蛇们希望中国人民还像这个农夫一样地死去，希望中国共产党，中国的一切革命民主派，都像这个农夫一样地怀有对于毒蛇的好心肠。况且盘踞在中国大部分土地上的大蛇和小蛇，黑蛇和白蛇，露出毒牙的蛇和化装成美女的蛇，虽然他们已经感觉到冬天的威胁，但是还没有冻僵呢！"因此，不要对美蒋抱有任何幻想，随时准备战斗。"只有彻底地消灭了中国反动派，驱逐了美国帝国主义的侵略势力出中国，中国才能有独立，才能有民主，才能有和平。"①

时任中共中央办公厅主任的杨尚昆后来回忆说：《将革命进行到底》是毛主席12月30日完成的。当时，他还为政治局起草了《目前形势与1949年的任务》的决议案。决议案重申了"必须将革命进行到底，而不容许半途而废"的坚定立场。他要求全党、全军、全国人民特别是善良的人们，看清国民党真实的面目，懂得"凡是劝说人民怜惜敌人、保存反动势力的人们，就不是人民的朋友，而是敌人的朋友"。不能把和平的希望寄托于这些人，而应该更加紧密地团结起来，准备随时随地地斗争。

将革命进行到底，会不会引起美国出兵？这是当时人们最为关心的问题。因为，国民党寄希望于美国出兵，来挽救其行将灭亡的命运，并为中国内战国际化大造舆论，采取了多种步骤。

毛泽东在随后召开的中央政治局会议上做出了明确回答：不要肯定他不出兵，那没好处，应该设想可能出兵，青岛就驻有美国兵。这样才能主动，遇到事才不会张皇失措。只要有力量做到坚决就不怕他，小小的，软软的就不行。美国的政策是动摇的，软弱的，我们长期揭露美国助蒋内战，很有成绩，使他在中国比在欧洲还要臭。但怕的事还有，有些人怕原子弹，需要说服。几年来的事实说明一点：美国人并不可怕，只要我们坚决，有力量，不乱搞。② 只要人民革命力量愈强大、愈坚决，美国进行直接的军事干涉的可能性也就愈减少，而和平、独立、民主和解放的希望就愈增大。

后来的事态发展证明毛泽东的判断是正确的。就在毛泽东反复劝说一些同志对是否引起美国出兵而担忧的时候，美国国家安全委员会已经建议杜鲁门总统："美国应该：（1）制订妥善的计划，及时做好准备，以便在保持灵活性和避免死守任何一种行动方针或仅仅对一个派别承担义务的同时，利用在中国出

---

① 《毛泽东选集》第四卷，人民出版社1991年版，第1376页。
② 金冲及：《毛泽东传（1893—1949）》（下），中央文献出版社1996年版，第908页。

现的任何机会。(2) 把针对中国的各种努力放在较次要的位置,应更重视其他地区——当美国的资源被投入这些地区后,能使美国的安全得到相应的得益。"[1] 很显然,在国民党的失败已经无可挽回,蒋介石已经被人民抛弃、失去作为"美国在亚洲的反共领袖"(《纽约时报》语)作用之后,美国也已经不愿意付出高昂代价,承受太大的风险,来为国民党买单。

彻底推翻行将灭亡的国民党政权,建立人民当家做主的新中国还要做艰苦的努力。中共中央的决策者们在动员全党全国人民彻底摧毁国民党残余势力的同时,亦开始做好夺取全国胜利的准备。

中共中央提出"将革命进行到底"的方针,最早是在 1947 年下半年。从这年 7 月开始,人民解放军已经由战略防御转入战略进攻。这一重大战略转变,标志着中国革命已经进入新的高潮时期。这时国民党政权最终失败的形势已经比较明朗了,国民党高层也感到了失败正在降临。

危机之中的国民党,于 1947 年 6 月 30 日,在南京召开了中央常务委员会和中央政治委员会联席会议,蒋介石在会上作了《当前局势之检讨与本党重要之决策》讲话,提出了"戡乱总动员"政治决策。7 月 4 日,南京国务会议通过了蒋介石提出的有关方案,并于次日发布了全国总动员令。蒋介石这一提案,一方面标榜国民党对共产党"始终秉政治解决之方针,不惜委曲求全,多方容忍"。把内战的罪责强加于中共,把国民党美化成和平的"捍卫者";一方面旨在使其内部察觉"覆巢"的严重危机,清除日益发展的失败主义情绪和瓦解趋势,全力与中共作困兽之斗。同时借此进一步搜刮国统区内的人力物力,疯狂镇压人民的爱国民主运动,以缓解其政治、经济危机。

总体看,蒋介石推行的"戡乱总动员",是应对人民解放军战略进攻而采取的一种防御对策。他本人多次强调:"这次……'剿匪'工作,政治优于军事,必须实行我在江西'剿匪'时期所提出的'三分军事、七分政治'的口号","加强政治工作,注重民众组训"。[2] 并规定了有关的政策和措施。当时《大公报》报道国民党的这一总体战略有"三大原则":即"军事方面以机动对

---

[1] 陶文钊主编:《美国对华政策文件集(1949—1972)》第 1 卷·上,世界知识出版社 2004 年版,第 15 页。
[2] 刘健清等主编:《中国国民党史》,江苏古籍出版社 1992 年版,第 624 页。

'窜扰'，政治方面以组织对'裹胁'，经济方面以封锁对'劫掠'"。"同时决定组训民众，建立地方武力之纲领要点，以'自清、自剿、自卫、自富'之'四自政策'为号召，以打击中共'求兵、求战、求食'之'三求战略。①"在具体办法上，强调"建立党政军一元化制度"，"提高绥靖区司令职权"，"军、政、经济均由司令官一人兼理"。每个绥靖区直接掌握几个旅的兵力，作为本区"绥靖"的骨干力量，实行"以静制动"；同时在绥靖区设置"快速纵队"，在战区设置"机动兵团"，往来应援，加强机动性，实行"以动制动"。尽管蒋介石机关算尽，但在人民解放军的强大攻势面前，其计划又遭失败，并使战略上的被动态势日趋严重。

国民党的美国盟友同样预感到了"急迫灾祸的迹象"。为谋求挽救国民党的办法，即寻找如何加强美援和发挥美援的效能，以及如何进一步控制南京政府的途径，美国总统杜鲁门依照国务卿马歇尔的建议，于7月9日命令魏德迈为总统特使，来中国进行如下工作："对中国目前以及未来的政治、军事、心理和经济情况作一估计"②，为美国的援蒋政策提供依据。魏德迈在深入沈阳、抚顺、北平、天津、上海和台湾诸地巡视之后，进一步证实了对南京政府的担心。

在这种情况下，撤换蒋介石和促使国共和谈两则消息先后从美方传出。蒋氏在魏德迈离华的第二天即召见司徒雷登的私人秘书傅泾波，探问真情。接着，行政院长张群接见美国合众社记者时声明，"魏德迈代表团来华之结果，将不致使中国政府之内政与外交有所变更"。张群的公开辟谣，不仅表明换蒋传言并非空穴来风，而且证明蒋介石政权已经摇摇欲坠。

中共中央对国民党这种每逢形势于己不利之时就放出和平空气的两面派做法非常反感。并且坚信，对于一年前亲手撕毁停战协议的蒋介石而言，是不会有真正和平的。于是，10月27日，中共中央发出必须将革命进行到底的党内指示，要求全党彻底揭露美蒋组织的以中间派别面目出现的"和平阴谋"，做好争取和团结各民主党派的工作。这份文件指出："必须彻底宣传新民主主义的思想和政纲，反对一切不彻底的资产阶级妥协思想和改良主义政纲。只有动

---

① 刘健清等主编：《中国国民党史》，江苏古籍出版社1992年版，第624页。
② 李友仁等主编：《中国国民党简史（1894—1949）》，档案出版社1988年版，第430页。

员全中国绝大多数人民站在我解放军双十宣言的主张上,并彻底实行之,才能真正摧毁大地主大资产阶级的反动统治和消除帝国主义的侵略。"[1] 这是中国共产党首次提出"将革命进行到底"的方针,这一方针的实质是"中国人民革命战争应该力争不间断地发展到完全胜利,应该不让敌人用缓兵之计(和谈)获得休整时间,然后再来打人民"[2]。在此之前,中共中央于7月7日在抗日战争10周年的纪念口号中,向全国人民公开宣布了坚决、彻底、干净、全部地消灭一切蒋介石进犯军,反对蒋介石的内战、独裁、卖国政策,成立民主联合政府的主张。9月14日,新华社发表《人民解放军大举反攻》的社论,第一次公开提出"打倒蒋介石"的口号。10月10日,人民解放军总部发布《中国人民解放军宣言》,正式提出了"打倒蒋介石,解放全中国"的战略总目标、总口号。把提出"将革命进行到底"的方针与提出"打倒蒋介石,解放全中国"的总目标、总口号联系起来看,实际上中共中央提出了怎样夺取中国革命最后的胜利及在中国革命最后的胜利到来之后建立一个什么样的新中国的命题。

为了全面研究制定党在革命进入高潮时期的纲领和政策,为夺取全国胜利,进行各方面准备,1947年12月25日至28日,中共中央在陕北米脂县杨家沟召开扩大会议(也称12月会议),毛泽东、周恩来、任弼时、陆定一、彭德怀、贺龙、林伯渠、张宗逊、习仲勋、马明方、张德生、甘泗淇、王维舟、李井泉、赵林、王明、谢觉哉、罗迈(即李维汉)、李涛等19名中央委员、候补中央委员及陕甘宁边区、晋绥边区的主要负责同志出席会议。会议着重讨论通过了毛泽东提交的《目前形势和我们的任务》的书面报告。这个报告在中共历史上具有重大意义和深远影响,它规划了在整个打倒蒋介石反动统治集团及建立新民主主义中国的时期内,中国共产党在政治、军事、经济各方面的行动纲领。

在军事方面,报告总结人民革命战争特别是18个月来解放战争的经验,提出了著名的10大军事原则。主要内容是:(1)先打分散和孤立之敌,后打集中和强大之敌。(2)先取小城市、中等城市和广大乡村,后取大城市。(3)以歼灭敌人有生力量为主要目标,不以保守或夺取城市和地方为主要目标。

---

[1] 《中国共产党历史》(1921—1949)第1卷·下册,中共党史出版社2002年版,第965页。
[2] 《中国新民主革命通史》第12卷,上海人民出版社2001年版,第123页。

（4）每战集中绝对优势兵力（两倍、三倍、四倍有时甚至是五倍或六倍于敌之兵力），四面包围敌人，力求全歼，不使漏网。（5）不打无准备之仗，不打无把握之仗。（6）发扬勇敢战斗、不怕牺牲、不怕疲劳和连续作战（即在短期内不休息地连续打几仗）的作风。（7）力求在运动中歼灭敌人。（8）在攻城问题上，一切敌人守备薄弱的据点和城市，坚决夺取之。一切敌人中等程度的守备、而环境又许可加以夺取的据点和城市，相机夺取之。一切敌人守备强固的据点和城市，则等候条件成熟时然后夺取之。（9）以俘获敌人的全部武器和大部人员，补充自己。（10）善于利用两个战役之间的间隙，休息和整训部队。

在经济方面，明确宣布新民主主义革命的三大经济纲领，即：没收封建阶级的土地归农民所有，没收垄断资本归新民主主义的国家所有，保护民族工商业。毛泽东还阐述了新中国的经济构成和党对经济工作的指导方针，指出："新中国的经济构成是：（1）国营经济，这是领导的成分；（2）由个体逐步地向着集体方向发展的农业经济；（3）独立小工商业者的经济和小的、中等的私人资本经济。这些，就是新民主主义的全部国民经济。而新民主主义国民经济的指导方针，必须紧紧地追随着发展生产、繁荣经济、公私兼顾、劳资两利这个总目标。"

在政治方面，重申了《中国人民解放军宣言》中提出的党的最基本的政治纲领。即：联合工农兵学商各被压迫阶级、各人民团体、各民主党派、各少数民族、各地华侨和其他爱国分子，组成民族统一战线，打倒蒋介石独裁政府，成立民主联合政府。

在统一战线方面，毛泽东指出：中国新民主主义的革命要胜利，没有一个包括全民族绝大多数人口的最广泛的统一战线，是不可能的。其原则是孤立敌人，既要反"左"，又要反右，以便划清界限，避免自己的孤立和失败。对中间派问题也是既反右又反"左"。对消灭封建阶级，如同对美蒋斗争一样，在全局上要大胆，在具体斗争中则要谨慎。[1]

在会议结束时，毛泽东作了总结讲话。他认为会议通过的《目前形势和我们的任务》的文件，是一个时期的政治纲领，"打倒蒋介石，建立新中国"的纲领。这个纲领比《新民主主义论》《论联合政府》更进了一步。他说，这次

---

[1] 《中国新民主革命通史》第12卷，上海人民出版社2001年版，第121页。

会议是很令人高兴的一个会，20 年未解决的优势问题，今天解决了，局面开展，胜利可期。北伐时期，局面也很开展，但优势问题未解决，反而失败了。土地革命时期，战争频繁，党内纠纷太多，一直到长征，这是革命的最大难关，幸而渡过。抗日时期，特别是三次反共高潮到日本投降，形势一直严重，我们处于只能招架不能还手的地位。日本投降时，我们还是一则以喜，一则以惧。喜的是日本投降，抗战胜利了；惧的是优势问题未解决，蒋介石很强大，严重的内战危险临头，成败两个可能还在斗争。我到重庆那时候，蒋介石的事情好办，我们的事情不好办。日本投降后长时期内没有写过文章，的确是兢兢业业，很担了一分心，对形势只能估计"有利于我"，或者是说"可能"，而不能作出结论。现在不同了，不再胆战心惊了。现在能作出结论，不是估计，而是事实，我们确实是占了优势。①

以这次会议为标志，中国共产党开始了为建立新中国、担负全面执政使命而进行全面准备。

首先，党制定一系列政策和策略。

1948 年 1 月至 3 月，中共中央集中精力解决新形势下关于土地改革方面、关于工商业方面、关于统一战线方面、关于整党方面、关于新区工作方面的各项具体的政策和策略的问题，反对党内右的和"左"的偏向，而主要是防"左"的偏向。陆续制定并颁布了一系列政策文件。1 月 18 日下发《关于目前党的政策中的几个重要问题》；同月，下发《中共中央关于当前民主党派工作的意见》；2 月 11 日下发《中央关于纠正土地改革宣传中"左"倾错误的指示》；15 日下发《中央关于新区土地改革要点的指示》；16 日下发《中央关于讨论划分阶级草案的指示》；22 日下发《中共中央关于在老区半老区进行土地革命工作与整党工作的指示》；27 日下发《中央关于手工业政策的指示》；3 月 1 日下发《中央关于民族资产阶级和开明绅士问题的指示》等。

在对城市政策中，规定：（1）"极谨慎地清理国民党统治机构，只逮捕其中主要反动分子，不要牵涉太广。"（2）"对于官僚资本要有明确界限，不要将国民党人经营的工商业都叫作官僚资本而加以没收。"对于那些查明确实是"完全官办的工商业，应该确定归民主政府接管营业的原则"。"对于著名的国

---

① 《中国新民主革命通史》第 12 卷，上海人民出版社 2001 年版，第 122 页。

民党大官僚所经营的企业，应该按照上述原则和办法处理。对于小官僚和地主所办的工商业，则不在没收之列。一切民族资产阶级经营的企业，严禁侵犯。"（3）"禁止农民团体进城捉拿和斗争地主。"（4）"入城之初，不要轻易提出增加工资减少工时的口号"，"将来是否酌量减少工时增加工资，要依据经济情况即企业是否向上发展来决定"。（5）"不要忙于组织城市人民进行民主改革和生活改善的斗争。"（6）"国民党员和三青团员必须妥善地予以清理和登记。"①

在对民主党派的政策中，规定：总的方针和政策仍然是"发展进步势力，争取中间势力，孤立顽固势力"和"争取多数，反对少数，利用矛盾，各个击破"。但也要区别情况。（1）对民主同盟、李济深、冯玉祥等，"一切可以争取的中间派，不管他们言论行动中包含多少动摇性及错误成分，我们应采积极争取与合作态度，对他们的缺点错误，采取口头的善意的批评态度。""在将来成立中央人民政府时，邀请他们一部分人参加政府工作是必要的和有益的。"（2）要在报刊上公开批评与揭露"对于对美帝及国民党反动派存有幻想、反对人民民主革命、反对共产党的某些中产阶级右翼分子。"②

在对知识分子的政策中，文件指出"知识分子的绝大多数，是可以参加革命或者保持中立的，坚决的反革命分子只占极少数"。因此文件要求，对于知识分子的绝大多数，必须避免采取任何冒险政策，"如果我们在政治上和思想上好好引导他们，给以适当的教育和改造，他们的知识和技能是可以为着新民主主义的中华人民共和国国家服务的"。③ "只对极少数坚决的反革命分子，才经过群众路线予以适当的处置"。④ 中共中央还强调："我们要防止因为消灭封建制度而排斥一切与封建制度有联系的知识分子。那对人民的事业是有害的。同时，更要注意培养工农出身的知识分子，要使翻身的工人农民得到知识，并将他们中的优秀分子或他们的子弟培养成知识分子，培养他们担负建设任务。如果只利用旧的，而不着重去培养工农知识分子，那就会要犯错误。"⑤

在对农村土地改革的政策中，规定："划分阶级成分的标准只有一个，就

---

① 《中国新民主革命通史》第12卷，上海人民出版社2001年版，第126—127页。
② 《中国新民主革命通史》第12卷，上海人民出版社2001年版，第125—126页。
③ 《任弼时选集》，人民出版社1987年版，第431页。
④ 《毛泽东选集》第四卷，人民出版社1991年版，第1270页。
⑤ 《任弼时选集》，人民出版社1987年版，第431页。

是依据人们对于生产资料的关系的不同,来确定各种不同的阶级。"而"农业中的生产资料,就是土地、耕畜、农具、家屋等。由于对土地、耕畜、农具、家屋等生产资料占有与否,占有多少,占有什么,如何使用(自耕、雇工或出租)而产生的各种不同的剥削被剥削关系,就是划分农村阶级的唯一标准"①。文件还规定:"对于那些同我党共过患难确有相当贡献的开明绅士,在不妨碍土地改革的条件下,必须分别情况,予以照顾。其中政治上较好又有工作能力者,应当继续留在高级政府中给以适当的工作。政治上较好但缺乏工作能力者,应当维持其生活。其为地主富农出身而人民对他们没有很大恶感者,按土地法平分其封建的土地财产,但应使其避免受斗争。"②

以上政策措施的实施,较好地解决了一些解放区在取得重大胜利的形势下,开展工作一度不够谨慎,出现急性病,"侵犯中农,侵犯民族资产阶级,职工运动中片面强调工人眼前福利,对待地主和对待富农没有区别,对待地主的大中小、恶霸非恶霸没有区别,不按平分原则给地主留下必要的生活出路,在镇压反革命斗争中越出了某些政策界限,以及不要代表民族资产阶级的党派,不要开明人士,在新解放区忽视缩小打击面(即忽视中立富农和小地主)在策略上的重要性"③ 等问题。

其次,在全党开展整党运动。

全面内战爆发以后,中国共产党的基层组织有了很大发展,到1947年,全党人数由1945年的120万人发展到270万人,党的队伍迅速扩大,壮大了党的力量,但同时也给党带来了成分不纯和作风不纯的问题,在党内滋长了强迫命令和歪曲党的政策的不良作风。此时,共产党员队伍大体可分为三类:

经过八年抗战、两年内战考验过的党员,他们对敌斗争坚决,工作积极,真正是群众先进的积极分子,其中也有一些作风上不很好的,这是一类。另有为数较少的一小部分党员是很坏的,他们中有些是成分很坏,钻进党来为着保护自己及其亲友地主、富农家庭利益的,有些则不仅作风很坏,而且借势图私,欺压群众,无恶不作及为群众所痛恨,这些人,如不能彻底改变,是须要

---

① 《中国新民主革命通史》第12卷,上海人民出版社2001年版,第150页。
② 《毛泽东选集》第四卷,人民出版社1991年版,第1270页。
③ 《毛泽东选集》第四卷,人民出版社1991年版,第1297页。

从党内清洗出去的，有些则已经证明成为犯罪分子无可挽救，更应立即开除出党，这又是一类。最大部分党员则是作用不大或不很大，群众对他们也无多大恶感，但这些党员还是可以教育的，而过去我们对党员教育确实不够，这又是一类。①

党的组织状况促使毛泽东下决心进行整党，以尽快适应夺取全国胜利和建立新中国对党提出的新要求。毛泽东曾经告诉陈毅："共产党不整就不能胜利。三百万党员中整去三四十万是必要的，否则就要失败。蒋党一不查成分，二不查思想，因此蒋党就在实际上走向灭亡了。"②

根据刘少奇的提议，这次整党"分两个步骤。第一步：由上而下。目的是去掉障碍物（不全是人），打通思想，组织调换，严明纪律，以便保障顺利执行土地改革。第二步：准备由下而上，巩固党，扩大战果，把党按毛主席的思想，在雇农起来的基础上巩固起来，使党的面貌一新，无论作风、制度、人物都是新的。真正做到新形势、新任务、新组织、新人物、新制度与新作风"。③刘少奇代表中央对整党工作进行部署，要求从"中央局整起。首先召开中央局会议，区党委书记、军队纵队的至少一个负责的，检讨一番，实行自我批评。首先在思想上、组织上取得一致，以土地问题为中心。怎样一致？即在中央路线下的一致，在整编队伍上取得一致。要提高群众的，首先提高党的纯洁性。提出党的铁的纪律，谁敢违反一下，给他一个头破血流。同时要行动一致，不准自由主义"④。整党的主要内容是三查三整顿，即查阶级、查思想、查作风；整顿组织、整顿思想、整顿作风。

为保证整党工作的顺利进行，中共中央发出了许多重要指示，规定了整党的方针政策和规定。1948年2月22日，中共中央发出《老区半老区的土地改革与整党工作》的指示。根据老区半老区的土地改革与整党情况划分为三类地区，要求各地根据三类地区的不同情况，采取不同的工作方针。第一类地区是土地改革较为彻底的地区；第二类地区是土地改革尚不彻底的地区；第三类地

---

① 《中国新民主革命通史》第12卷，上海人民出版社2001年版，第192—193页。
② 《中国新民主革命通史》第12卷，上海人民出版社2001年版，第192—193页。
③ 刘少奇：《在全国土地会议的结论》，见《中共党史参考资料》第11册，第90—91页。
④ 刘少奇：《在全国土地会议上第一次总结报告》，见《中共党史参考资料》第11册，第76页。

区是土地改革很不彻底的地区。《指示》提出在老区半老区应准备用 2 年至 3 年时间（1948—1950 年），有计划地完成全区域的土改与整党工作。毛泽东、刘少奇和刘伯承、邓小平、陈毅等都曾发表讲话，阐述整党的重要意义。反复强调党内不纯，"是土地改革不彻底带基本性质的原因"，"党内不纯的情况不改变，即便政策彻底也不行，不只是不能完成土地改革任务，也不能进行战争，还会使党走向灭亡"。而"解决这个党内不纯的问题，整编党的队伍，使党能够和最广大的劳动群众完全站在一个方向，并领导他们前进，是解决土地问题和支援长期战争的一个决定性的环节"。①

各解放区的整党工作从 1947 年冬全面展开。整党过程中，中共中央总结了平山县、渤海地区、晋察冀等地整党的经验。毛泽东专门为创造了整党与发动群众相结合范例的平山经验写了批示，指出："关于如何在农村中进行整党工作，我们有了晋察冀平山县的典型经验（这是刘少奇同志总结的）。"这些经验"比我们领导机关发出的决议案和指示文件，要生动丰富得多，能够使缺乏经验的同志们得到下手的方法，能够有力地击破在党内严重存在着的反马列主义的命令主义和尾巴主义"。②

这次整党取得了巨大成果。毛泽东评价说："在我们的党和政府的组织内，过去存在着某种程度上的成分不纯或者作风不纯的严重观点，许多坏分子混入了党和政府的组织内，许多人发展了官僚主义的作风，仗势欺人，用强迫命令的方法去完成工作任务，因而引起群众不满，或者犯了贪污罪，或者侵占了群众的利益，这些情况，经过过去一年的土地改革工作和整党工作，已经从根本上改变了。"③

第三，开展新式整军运动。

在开展整党运动的同时，人民解放军开展了以"诉苦"和"三查"（查阶级、查工作、查斗志）为主要内容的新式整军运动。

朱德是这场运动的主要倡导者。他指出："我们的军队需要从思想上组织上加以整顿，需要一个查阶级查思想查作风的运动，使军队在思想上达到一致

---

① 《中国新民主革命通史》第 12 卷，上海人民出版社 2001 年版，第 188—189 页。
② 《中国新民主革命通史》第 12 卷，上海人民出版社 2001 年版，第 138 页。
③ 《毛泽东选集》第四卷，人民出版社 1991 年版，第 1049 页。

拥护土改，组织上纯洁严密。因为在土改中暴露了军队的许多毛病，地主富农钻到我们的军队里来，土改中利用我军躲风躲雨，穿起军衣反对群众土地改革；不管在野战军中或军队的后方机关，都要审查清洗。"①

朱德对当时部队的状态作了分析。他说：

现在的战士中又发明了三合一班：有三种战士，（1）国民党主力的俘虏兵。（2）老八路。（3）彻底土改参军的新战士。三种战士各有不同，各有优点，也有缺点。白区的战士，他们的阶级路线是模糊的，老战士有八路军的传统作风。但是他对土改没有完全受到新的实际利益以前，他对解放区的感想不是那样十分好的。他出来是被迫的，而不是土改后自动地出来保护土地这样去的。所以把这三种人组织起来，开一个诉苦会，你是怎样苦，他是怎样苦，他又是怎样苦。经过开会后，三方面的东西就会都合拢起来了。解放区土改也知道了，白区农民的苦处怎么样也知道了，八路军的各种作风也知道了。这个会开他一天两天，一班人的阶级觉悟就会大大地提高。②

朱德的讲话提出了开展新式整军运动的主要内容和基本方法，对搞好这次整军运动起了巨大的推动作用。

新式整军运动是从东北军区辽东三纵队进行诉苦开始的。通过组织部队挖苦根、吐苦水，使干部战士增强了阶级仇恨，强化了战斗意志，同时为"三查"运动的健康发展奠定了思想基础。通过开展"三查"，纠正了部队在组织、思想、作风上的许多问题，还审查出许多特务、伪、异己分子及坏人。

新式整军运动是一次伟大的群众性的整军运动，这个运动大大提高了全军官兵的政治觉悟、纪律性和战斗力，同时也极其有效地加速了把俘虏国民党军队士兵改造为解放军战士的过程。

第四，迅速大批培训干部。

在解放了大批城市之后，马上遇到了如何管理城市、建设城市的问题。而党的干部准备无论从数量上，还是知识能力结构方面，都无法适应形势发展的要求，特别是能够管理城市和工业的干部非常缺乏。为此，中共中央从1947年下半年开始提出抽调干部南下的问题。10月，中央指示"华北、西北各解放

---

① 《中国新民主革命通史》第12卷，上海人民出版社2001年版，第230页。
② 《中国新民主革命通史》第12卷，上海人民出版社2001年版，第231页。

区应尽量收集和抽出长江以南各省籍的干部,今冬派往刘邓、陈粟、陈谢三处,以便时机成熟时随军过江"。12月,中共中央工委决定从晋察冀、晋绥解放区抽调2800名干部派往新的中原解放区。1948年9月8日至13日,毛泽东主持召开中央政治局会议,再次研究讨论了为最后夺取全国政权的各方面准备工作。毛泽东向大会提交了《在中共中央政治局会议上的报告和结论》,从8个方面对我们应该做好的准备工作进行阐述并提出了要求。在谈到"训练干部,……准备占领全国后所需要的各方面工作干部"问题时,他指出:"训练干部,不仅要训练党内的,而且要训练党外的。冀中村干部轮训,是大批训练基层干部的办法。政府要办学校,包括大学、专门学校,大批培养各种干部。训练全国各方面工作的干部,是一个大问题。要出兵川、湘、鄂、赣,马上就需要两三万干部。所以要搞一个计划。"[①] 根据这次会议精神,中共中央制定了《关于准备53000个干部的决议》,指出:随着人民解放军的不断胜利和新解放区的不断扩大,我党必须准备足够的干部。根据过去发展新区的经验,战争第4年(当时的估计,事实上战争只打了3年便结束了)所需要的干部大约是53000个,这53000个干部,以工作性质分,则应包括军事工作(为建立军区、军分区及地方部队所必需的军事及政治工作干部)、党务工作、机要工作、政府工作、工农青妇等民众团体工作、经济工作(管理工业)、财政工作、银行工作、贸易工作(贸易管理局)、通讯社及报纸工作,以及为办大学和党校用的学校教育工作等项干部。

中共中央在明确所需要准备的干部的数量、知识结构的同时,也对如何在短期内完成这批干部的选拔和培养工作提出了指导性意见。中央指示各区中央局(分局)区党委两级应即开办党校或加强和扩大已有的党校,抽调各级的各类的适应的干部到党校学习。在学习中,即应以区党委为单位,包括区党委(或省委)、地委、县委、区委等四级的干部在内,配备整套架子,集中在一起学习。这种配备架子集中学习的办法,可以使学习效果加强,干部易于提高,上下级干部易于熟悉。将来派遣出去,亦可以就这些架子安放在各个地方,不必打乱重配,以利工作的开展。地、县两级,应即普遍开办短期训练,训练区

[①] 《在中共中央政治局会议上的报告和结论》,见《毛泽东文集》第5卷,人民出版社1996年版,第137页。

村干部。同时，在中央局（分局工委）、区党委（省委）、地委、县委、区委等五级班子各种重要岗位上，一律增设副职，使各级担任副职的干部，能在实际工作中得到锻炼，以备将来提拔使用。各大军区要开办军政学校，或加强和扩大已有的军政学校，培养军事及政治工作干部；有条件地区，应开办正规大学、中等学校、专业学校，以培养各种人才，准备补充干部队伍。[①]

各中央局认真贯彻《决议》精神，立即着手干部随军南下的准备工作，到1949年1月，从各老解放区抽调5.3万名各方面的干部，在各地接受为期3个月的集中训练，训练结束后，陆续被派遣到鄂、湘、赣、苏、皖、浙、闽、陕、甘等省，包括500个县和大中城市1.6亿人口的新解放区开展工作。

[①] 中共中央党校理论部编：《中国共产党建设全书》第4卷《党的组织建设》，山西人民出版社1991年版，第98页。

第三章

中国因素牵动世界神经
——美、苏大国着手调整对华政策

新中国政府一成立，苏联立即就承认。1945年签订的中苏条约是不平等的，因为那时是与国民党打交道，不能不如此。新中国成立以后，毛泽东即可来莫斯科。待毛泽东到莫斯科后再解决这个问题。

——苏共中央总书记斯大林会见中共中央书记处书记刘少奇时的讲话①

中国共产党的伟大胜利吸引了世界的目光。

在亚洲，朝鲜、越南等国政府热烈祝贺中共取得的伟大胜利。中国最大的亚洲邻国——印度，也向中共作出了友好的表示，其最高领导人尼赫鲁认为，亚洲正处于一个觉醒的时代，印度独立和新中国诞生是这个新时代的两大标志。其驻华大使潘尼迦则向在南京政府南迁后留于南京的外国使团强调，应当迅速地承认新中国。

在西欧，1949年元旦刚过，英国外交部就向美国国务院暗示：英国准备在比较灵活的基础上同中国共产党领导的新政府打交道。两个多月后，它又明确表示，过一段时间，即对新中国予以承认。

在东欧，各社会主义国家报纸纷纷发表文章，高度评价中国共产党取得的胜利。保加利亚共产党总书记季米特洛夫在保共第五次全国代表大会上，盛赞中国人民解放军"取得了一系列惊人的胜利"，认为这对于改变世界力量的对比具有"极大的重要性"。

正在为取得"冷战"优势争斗不休的美苏两大国，更是以极其复杂的心态审视中国发生的历史性巨变，并努力适应这种巨变，以使中国的形势朝着有利于自己的方向发展。

中国共产党取得全国政权之际，正是"冷战"形势严峻之时。作为世界五

---

① 刘杰诚：《毛泽东与斯大林会晤纪实》，中共党史出版社1997年版，第148页。

大常任理事国之一、又是苏联最大近邻的中国，成为大国角逐不可忽视的力量。美、苏两国以极其复杂的心态审视中共的崛起对世界政治格局的影响。

以美苏两大国主导的东西方"冷战"，是战后形成的。

第二次世界大战后期，共同的反法西斯事业把美苏等世界大国联结起来，形成了世界反法西斯联盟。在世界反法西斯战争胜利的曙光即将升起时，美国总统罗斯福、英国首相丘吉尔、苏联最高领导人斯大林等"三巨头"，共同确定了战后的世界格局。这个被称为"雅尔塔体系"的世界格局框架内容主要有四个方面：

（一）打败德日法西斯，并在两国彻底铲除法西斯主义和军国主义，以防止法西斯主义东山再起。主要包括：（1）具体制定打败德、日法西斯的战略战术；（2）在打败德、日法西斯以后，盟国对德国（包括柏林）的分区占领和美国对日本的占领，在政治、经济、军事、文化、意识形态等各个方面消灭法西斯主义的影响，德国的赔偿，以及对战犯的审判；（3）在世界范围内提倡和平、民主、独立的原则。

（二）重新绘制战后欧亚地区的政治版图，特别是重新划定德国、日本、意大利等法西斯国家的疆界及其被占领地区的归属与边界。主要包括：（1）在欧洲：盟国（美英苏＋法）分区占领德国和柏林及德国赔偿的原则规定；关于波兰的疆界和临时政府组成的协议；英苏关于东南欧的百分比协议。（2）在亚洲：通过关于苏联对日作战条件的秘密协定，满足了苏联对外蒙古、库页岛南部和旅顺大连的要求；苏联则承诺同"中国国民政府签订一项中苏友好同盟协定"，并支持美国的对华政策和整个亚太战略，让美国控制中国和单独占领日本；朝鲜实行国际托管，以后独立（战后美苏分区占领朝鲜，以北纬38°为界）。

（三）建立联合国组织，作为协调国际争端、维持战后世界和平的机构。联合国的核心机构安理会的表决程序实行"雅尔塔公式"，即"大国一致原则"，以美苏中英法五大国为核心，以联合国为主导，保护中小国家的安全，维持世界和平。

（四）对德、日、意的殖民地以及国联的委任统治地实现托管计划，原则上承认被压迫民族的独立权利。[①]

[①] 章百家等主编：《冷战与中国》，世界知识出版社2002年版，第3—4页。

作为雅尔塔体系的一部分，1945年2月4日，罗斯福、丘吉尔、斯大林聚会雅尔塔，并在那里讨论通过并签订了由斯大林提出的一项秘密协定（即雅尔塔协定），全文如下：

三大国关于远东问题的决定

1945年2月11日于雅尔塔

苏联、美利坚合众国及大不列颠三大国领导人同意，在欧洲战争结束二至三个月后，苏联将参加盟国方面对日作战，其条件是：

1. 维持外蒙古（蒙古人民共和国）现状。

2. 恢复1904年日本背信弃义的进攻所破坏的原属俄国的各项权利，即：

（甲）将库页岛南部及其全部毗连岛屿归还苏联；

（乙）大连商港国际化，并保证苏联在这个港口的优惠利益，恢复租借旅顺港为苏联海军基地；

（丙）设立中苏合同公司，对通往大连的中东铁路及南满铁路进行共管，并保证苏联的优惠利益，而中国保持在满洲的全部主权。

3. 千岛群岛交给苏联。

经谅解，有关外蒙古及上述港口与铁路的协议尚需征得蒋介石委员长的同意，根据斯大林元帅的建议，总统将采取步骤以取得该项同意。

三大国政府首脑同意，苏联的这些要求应在战败日本后毫无条件地予以满足。

苏联方面表示准备和中国国民政府签订一项苏中友好同盟协定，以期用武力帮助中国达到从日本枷锁下获得解放的目的。

约·斯大林

富兰克林·罗斯福

温斯顿·丘吉尔[①]

这个协议，以牺牲中国等国家的主权为代价，实现了苏联出兵对日开战、彻底打败日军、结束第二次世界大战的目标。蒋介石了解到《雅尔塔协定》内容后，对斯大林、罗斯福、丘吉尔撇开中国任意处置有关中国主权的事项十分

---

① 萨拉科耶夫、崔布列夫斯基：《德黑兰、雅尔塔、波茨坦会议文件集》，三联书店1978年版，第258页。

震惊,但也无可奈何。他在日记中写道:"阅此,但有痛愤与自省而已,'雅尔塔'果已卖华乎?惟如此可以断定此次黑海会议俄国对日作战已有成议。果尔,则此次抗倭战争之理想,恐成梦幻矣!"

在此之前,1944年10月,英国首相丘吉尔访问苏联,两国达成了另一个划分势力范围的"百分比协议":

罗马尼亚:俄国90%,其他国家10%;希腊:英国90%(与美国一起),俄国10%;南斯拉夫……50%——50%;匈牙利……50%——50%;保加利亚:俄国75%,其他国家25%。①

由于三大国对战后利益的分配达成一致,从而开始了一个短暂的合作时期。从苏联来看,对雅尔塔体系是满意的,起初,斯大林积极维持与西方盟国的伙伴关系,希望通过与西方国家的合作巩固和发展苏联在雅尔塔和波茨坦体系中所获得的政治权益。斯大林坚持这一外交方针的主要考虑是:第一、第二次世界大战的结果使苏联在政治和军事上成为一个世界大国,然而,由于战争的极大破坏和损失,苏联的经济恢复和发展却面临着极其艰巨的任务。这自然就需要苏联与美国等西方国家保持一定的合作关系,以求得国内经济建设有一个和平的外部环境。第二,斯大林认为战后一段时期没有爆发世界大战的可能性,这是苏联确立外交合作方针的前提。按照斯大林的说法,新的战争有两层含义,即资本主义国家之间的战争和资本主义国家与苏联的战争。斯大林认为,爆发前一种战争的可能性要大于后一种战争,因为资本主义国家相互之间战争的目的是要取得对其他国家的优势,而与苏联的战争则涉及资本主义自身的存亡问题。但是,苏联不会进攻资本主义国家。所以,在这种国际形势下,苏联保持与西方的合作是有基础的。第三,雅尔塔体系的建立使苏联战后的国际地位和国家安全利益得到了保证,至少在斯大林看来,苏联在战后世界的势力范围是通过与西方盟国的国际协议的形式固定下来的。出于维护雅尔塔体系的考虑,苏联对外政策也有必要建立在与西方合作的基础之上。

但不久他与西方大国的合作就出现裂痕。矛盾的焦点是在东欧和土耳其、伊朗问题上发生冲突。

东欧从地理位置上看是紧靠着苏联的欧洲领土,也即苏联的中心地区,并

---

① 姜长斌等:《读懂斯大林》,四川人民出版社2001年版,第402—403页。

且在历史上经常成为外敌入侵俄国的通道和入口。所以，东欧便成为斯大林建立战后苏联安全带和势力范围的必争之地。斯大林对东欧政策的核心就是要通过苏联红军越境在东欧作战的有利时机，支持和帮助东欧国家的共产党建立起苏联模式的政权组织，一举完成苏联对外政策中保证国家安全和实现世界革命两大战略目标。唯其如此，苏联在东欧问题上对美国和西方国家寸步不让。早在雅尔塔会议期间，斯大林就明确表示了在东欧的权力问题上不容挑战的决心。

尽管西方大国对斯大林在东欧问题上的强硬态度表示出不满和猜疑，但在雅尔塔体系中，东欧毕竟属于苏联的势力范围，西方即使对此作出反应，也显得底气不足。

但是，苏联不顾西方国家反对，染指那些雅尔塔体系尚未予确定或调整的地区如土耳其和伊朗，就使双方的冲突成为不可避免，最终导致双方在二战中形成的脆弱的联盟的破裂，并互成对手。

从 19 世纪以来，控制土耳其两海峡以及南下波斯湾取得一个重要的不冻港，就是沙俄对外政策的既定方针。二战后，土耳其和伊朗在斯大林的对外政策中同样占有相当重要的地位，因为苏联一旦在这两个国家取得政治和经济权益，不仅能够确保苏联南部的安全，而且还能为苏联提供南下地中海和印度洋发展的基地。然而，在雅尔塔体系中，这两个国家都没有列入苏联的势力范围。因此，斯大林在土耳其和伊朗的举动也就引起了西方大国的强烈反响。

在土耳其问题上，斯大林试图以实力为基础，通过恫吓和讹诈手段，实现苏联对土耳其的领土要求和政治权益。根据 1936 年《蒙特勒公约》的规定，黑海沿岸国家的军舰可以不受限制地通过海峡，而非黑海沿岸国家军舰通过海峡时，在吨位、等级和停留时间上都要受到一定的限制。苏联在与德国的会谈中就提出了要在海峡地区建立军事基地的要求。在雅尔塔会议上，斯大林又表示，修改公约时"应该考虑到俄国人的利益"，不能让土耳其人扼住苏联的咽喉。后来，苏联将这一计划付诸实施，迫使土耳其将其东部卡尔斯—阿尔达汗地区划归苏联；同意苏联在海峡拥有基地。为了达到这一目的，苏联甚至以武力相威胁。把在伊朗的 200 辆坦克的 1/3 部署在伊土边界，并在其邻国保加利亚进行大规模军事调动，以迫使土耳其就范。

苏联对土耳其的要求已经超出了雅尔塔体制的范围，甚至威胁到西方国家的安全利益，因此遭到英美等国的强烈反对。美国照会苏联，表示不同意苏联的要求。照会指出，海峡制度不仅与海峡沿岸国家有关，也与其他国家有关；土耳其应是继续成为防卫海峡的主要责任者。美国还警告苏联，对海峡的进攻必将成为联合国安理会讨论的问题。以后，苏联虽然还不断向土耳其提出类似的要求，但并未采取任何实质性的行动，实际上是在美国的强硬态度面前悄然退却了。

伊朗所在的波斯湾地区，由于其重要的战略地位和丰富的石油资源，历史上一直是大国的主要争夺对象。战争期间，为了消除德国在伊朗的破坏活动，确保盟国援助苏联的物资经伊朗顺利地运往苏联，苏联和英国分别出兵占领了伊朗北部和南部。苏、英、伊三国签订的盟约规定，战争结束后6个月之内，苏军和英军从伊朗领土上撤出。但德国投降后，苏联却以各种借口拖延撤军，因为，伊朗北部地区在历史上属于沙俄的势力范围，伊朗与苏联又有着2500公里的边界，对苏联来说非常重要；但伊朗丰富的石油资源对美英大国也同样重要，1944年8月8日美英两国达成了双方在石油政策方面共同行动的专门协定，苏联违反撤军协议，直接影响了美英的利益，于是，引发了"伊朗危机"。在联合国的干预下，苏联不得不从伊朗撤军。

伊朗和土耳其危机促使美英联合对付苏联，加深了苏联与西方国家之间的猜疑和敌视，使本来就十分脆弱的合作关系变得岌岌可危。

苏联虽然挑战了英美在土耳其、伊朗包括东欧等国的利益，但此时它从本意上是不愿意改变与西方国家的合作政策的。斯大林非常明白，战后的美国其实力达到了世界顶峰。它不仅没有受到战争的破坏，反而受到战争的刺激，经济和军事实力急剧膨胀。战争结束时，美国拥有资本主义世界工业总产量的60%，对外贸易的1/3，黄金储备的3/4，成为世界最大的资本输出国和债权国。美国拥有强大的海陆空军，其军事基地遍布世界各地，并垄断着原子弹，成为世界头号军事强国。二战完全改变了资本主义世界的力量对比，使美国的政治、经济、军事实力跨过两洋，进入欧亚，成为控制整个资本主义世界的超级大国。

而战前欧洲的四大强国英、法、德、意，在二战中却遭到极其沉重的打击。德国因战败不仅遭受到战争带来的巨大经济损失，而且领土也被盟国军队分区占领；意大利的境遇虽较德国为好，但也饱尝战祸，整个半岛一片混乱，陷入严重危机。战争结束时，它的财政赤字已超过了4000亿里拉，国债也达到了1.2万亿里拉之巨。作为战败国之一，意大利的财政、供应状况及和平条约签字时所遭受的最后处理都完全掌握在盟国手里。同时，意大利和德国一样，还将面临战争赔偿和领土割让等问题。曾是欧洲雄主的法国，在二战中也仅是名义上的战胜国。战时维希政权与法西斯国家的合作，使法国的国际声誉一落千丈。虽然戴高乐将军的有力领导在战争结束时维持了国内的相对稳定，然而由于国力衰弱以及在殖民地遇到了重重困难，法国在短期内很难在国际事务中发挥大国作用。另外，主要盟国还没有承认它为平等伙伴，对雅尔塔和波茨坦的协议，法国没有发言权，这些决议的履行及其结果也有一部分把法国排除在外。面对这一局面，戴高乐在国内实行了"理智与革新"相结合的改革，在外交政策上则努力在主要盟国间保持平衡，以恢复法国昔日的地位。英国在二战中曾以顽强的精神，在一段时间内单独与法西斯德国殊死战斗，博得了全世界的赞誉，但英国为赢得战争所付出的代价却使它的实力从根本上发生了动摇。到战争结束时，它的经济已疲惫不堪，其财力在战争中消耗殆尽，从债权国沦为债务国，根本无法应付战后重建。作为海岛国家对外进行贸易的主要运输工具的商船，在战争中损失了600多万吨，商船总吨位只及当时美国的1/3。经济实力的衰弱使英国很难维持它原来赖以生存和发展的英联邦的内部稳定，更无可能像原先那样在欧洲国家中纵横捭阖起到欧洲均势"平衡者"的作用了。因此，战后英国亟须恢复国内经济，并在此基础上保全大英帝国，以图日后东山再起。

苏联经历反法西斯战争的严重考验后，变得更加强大。它的军队是打败法西斯的主力之一，拥有1136万成员和上万架飞机、上万辆坦克，驻扎在西起德国柏林东至朝鲜的广大地区，是一支举足轻重的威慑力量。经济上，在第四个五年计划（1945—1950年）内，苏联工业总产值比1940年增加73%，国防工业取得重大突破，1946年建成了原子能反应堆，1949年第一颗原子弹爆炸成功，打破了美国的核垄断。但是，战争给苏联造成的损失远远超过西方，仅人员伤亡就达到3000多万，这个数字相当于美国人力损失的百倍；物质财富方面的损失更为惊人，1700多座城市和7万多个村镇被洗劫，3万多个工厂和900多万个农庄被破坏，总损失达6790亿卢布，等于整个国民经济的1/4。这使苏联恢复和发展经济的任务十分艰巨。斯大林希望通过与西方大国的合作关系，利用美国贷款尽快发展苏联经济。他认为，只有采取合作的方针才能维持雅尔塔体系的存在，而维持雅尔塔体系存在就能保证苏联的既得利益。

以美国为首的西方国家改变了对苏合作政策。对苏联采取遏制政策，在罗斯福总统在世时就已悄悄开始了。罗斯福对限制苏联势力的拓展采取了多种措施：他拒绝让苏联分享原子弹的秘密；主张美军驻扎在德国南部，赞同丘吉尔对巴尔干的安排；在波兰疆界和波兰政府组成上与斯大林激烈讨价还价；对敦巴顿橡树园会议遗留问题持理智态度，争取美国在太平洋和大西洋获得空军和海军基地；坚持把中国当作大国而不顾英苏的揶揄和反对，以便用作对付苏联的一支抗衡力量，等等，这些在雅尔塔会议及其前后的表现，无一不反映了罗斯福对付莫斯科的良苦用心。

杜鲁门继任后，遏制苏联的发展不仅进一步加剧而且公开化了。在罗斯福逝世后的第 11 天，杜鲁门在接见参加旧金山会议的莫洛托夫时，当面责问苏联为什么不履行雅尔塔会议关于波兰问题的决定，并在给斯大林的信中声称这将严重动摇美苏合作的基础。到 1946 年初，关于战后世界的性质和美国对苏的方针已经基本形成。在美国看来，苏联已从战时盟友变为争夺世界霸权的对手。苏联已不是合作的伙伴，而是需要加以遏制的对象。时年 1 月，美国利用联合国首届大会开会的机会，公开推翻苏联外长在会上所达成的关于国际控制原子能的协议；又利用苏伊争端，支持伊朗控告苏联干涉伊朗内政。2 月 9 日，斯大林在莫斯科选区选民大会上发表演说，颂扬苏联制度，批判资本主义制度，提出两次世界大战均起源于资本主义世界经济危机。斯大林说："资本主义世界的经济体系包藏着总危机和军事冲突的因素，因此现代世界资本主义并不是平稳地向前发展，而是经历着危机和战祸……各资本主义国家发展的不平衡，通常经过相当时期就要剧烈破坏世界资本主义体系内部的均势，那些认为没有得到足够的原料产地和销售市场的资本主义国家，通常就要用武力来改变这种状况，重新划分'势力范围'，以求有利于自己。""资本主义国家发展不平衡将使资本主义世界分裂成两个敌对的营垒，进而打起仗来。只要资本主义制度还存在，战争就不可避免。苏联人民必须对 30 年代往事重演有所准备，必须发展基础工业，消减消费品生产。总之，我看今后少说也得在 3 个五年计划期间作出重大牺牲。和平是不会有了，国内和国外的和平都不会有了。"①

斯大林这一演说，在西方世界引起了轩然大波。《美国时代》杂志说斯大林的演说是"自对日作战胜利以来一个高级政治家所发出的最好战的声明"。美国最高法院法官道格拉斯把斯大林的演说称为"第三次世界大战的宣言"。

斯大林的演说发表不到1个月，即1946年3月5日，英国前首相丘吉尔在美国密苏里州的富尔顿城发表题为《和平砥柱》的"铁幕"演说，对斯大林进行反击。他也攻击了苏联的制度。丘吉尔说，我们对俄国人民和他战时的同志斯大林元帅怀有崇高的敬意。"我们欢迎俄国获得它成为世界首要国家一员的合法地位。我们欢迎它的旗帜在海上飘扬。我们尤其欢迎俄国人民同我们大西洋两岸人民间的接触更加频繁不断，日益增加。"丘吉尔又说，然而，"在这些国家里，各种包罗万象的警察政府对老百姓强加控制，达到了压制和违背一切民主原则的程度。或是一些独裁者，或是组织严密的寡头集团，他们通过一个享有特权的党和一支政治警察队伍，毫无节制地行使着国家的大权"。丘吉尔指责道：

从波罗的海的斯德丁到亚得里亚海的里雅斯特，一道铁幕已笼罩了整个大陆。铁幕的后面是中欧和东欧所有古老国家的首都。华沙、柏林、布拉格、维也纳、布达佩斯、贝尔格莱德、布加勒斯特及索菲亚，所有这些名城及其周围的人口都处于我所必须称的苏联范围之内，它们都在不同的形式上不仅受到苏联的影响，而且也受到来自莫斯科的非常强大的、而且在许多情况下程度越来越厉害的控制。

苏联人并不希望战争，希望的是得到战争的果实和他们的势力和信条的无限扩张。需要做出的回应是，西方民主国家特别是讲英语的英国和美国结成联盟。因为丘吉尔了解俄国人，俄国人最为崇尚的莫过于力量，最不怎么尊敬的莫过于软弱，尤其是军事上的软弱。②

丘吉尔的这次演说曾经被认为是拉开了东西方"冷战"序幕的标志。从俄罗斯解密的档案中发现，此时苏联尚没有改变与西方大国合作的政策。此时，苏联洞察到美国对苏政策的变化。苏联驻美国大使诺维科夫向国内发回《战后

---

① 姜长斌等：《读懂斯大林》，四川人民出版社2001年版，第409页。
② 《杜鲁门传》（下），第四部《总统先生》第十一章，第316页。

美国对外政策》的长篇报告称，杜鲁门政府已经改变了罗斯福时期的对外政策，"战后美国不再奉行加强三大国（或四大国）合作的政策，而是竭力破坏这些国家的团结。目的是在把别国的意志强加给苏联"。"美国政府现行的对苏政策，还旨在限制或消除苏联对邻国的影响。为了在与苏联毗邻的前敌国和盟国中推行这一政策，美国试图在各种国际会议上或直接在这些国家中支持各种反动势力以给这些国家的民主化进程设置障碍。美国这样做，同样也是为了确保美国资本打入这些国家经济中的地位。这种政策目的在于削弱和推翻对苏联友好的执政的民主政府，并在将来以一个驯服地听命于美国政策的新政府取而代之。"①

1947年3月12日，杜鲁门总统在国会发表讲话，公开影射攻击苏联和各共产党国家试图通过"直接或间接侵犯"，把"极权政体"强加给各国人民。他把世界上的各种斗争概括为"自由制度"与"极权政体"之间的斗争，断言所有国家都必须在两者之间进行选择。为此，提出了他的"冷战"内容要点：

美国的政策必须是支持各国自由人民，他们正在抵制武装的少数集团或外来压力所试行的征服活动。

我们必须帮助各国自由人民以他们自己的方式去解决有关他们各自命运的问题。

我们的帮助应该首先通过经济和财政援助的途径，这种援助对稳定经济和有秩序的政治进展是关系重大的。②

杜鲁门的演说把世界分为势不两立的两极，将共产党领导的国家视为"极权政体"，而把美英等国作为"自由制度"国家，明显的是要利用其政治、经济、军事优势向苏联争夺"地盘"。杜鲁门咨文很快被称为杜鲁门主义，它实际上是美国在全世界扩张美国势力的一篇宣言，是对苏联发动全面冷战的宣战书。

苏联仍然不愿意放弃与西方国家的合作。4月9日，在杜鲁门主义提出后斯大林接见美国共和党著名人士哈德罗·时塔生时还说，不同经济制度的国家

---

① 姜长斌等：《读懂斯大林》，四川人民出版社2001年版，第413页。
② [美]小阿瑟·施莱辛格：《世界强权动力学：美国外交政策历史文献（1945—1973）》，纽约1973年版，第309页。

之间有可能继续合作，同时他又强调，应当把合作的可能性与合作的愿望区别开来，合作的可能性总是存在的，而合作的愿望却不是始终都有的。就苏联而言，斯大林再三表示有合作的愿望，问题是西方国家的态度如何。[①] 几天后，斯大林再一次向参加莫斯科外长会议的马歇尔表示，对于美苏之间的问题，他"并未感到形势是如此悲观"，虽然会议没有取得重大成就，但他仍劝美国代表"不要沮丧"，"任何人不应绝望，在所有重要问题上都有可能达成协议"。

已经坚定地奉行"冷战"政策的美国政府把斯大林的和平表示理解为"拖延战术"。马歇尔从莫斯科回国后加紧筹划提出扶助西欧、对抗苏联的马歇尔计划。在4月28日的广播讲话中，马歇尔表示，欧洲人民陷于水深火热之中，亟须援助，我们必须马上采取行动。第二天，他就指示凯南领导的政策设计委员会提出全面援助欧洲的具体建议。1947年6月5日，国务卿马歇尔应邀出席哈佛大学毕业典礼，接受该校的名誉学位，他在下午发表演讲时，不露声色端出了酝酿已久的欧洲复兴计划。这个由美国出钱帮助西欧国家复兴经济的方案，其条件是：受援国必须同美国签订多边或双边协定，采取措施稳定通货，维持有效的汇率和降低关税壁垒，接受美国对使用美元的监督。

马歇尔计划的出笼，使苏联终于关闭了合作的大门。解密的俄罗斯档案显示，斯大林看出，马歇尔计划的根本目的，就是利用美国的经济力量来破坏苏联战后在东欧建立起来的安全带，而把这一安全带上的缓冲国变成向苏联扩张和进攻的前线。说到底，"马歇尔计划的实施将意味着把欧洲各国置于美国的经济和政治控制之下以及美国对这些国家的内政的直接干涉……这个计划的一项重要特征就是企图以包括西德在内的西欧国家集团来对付东欧国家"。斯大林不能容忍美国试图通过马歇尔计划把东欧国家纳入西方势力的影响之下，使欧洲国家在经济、政治上依附于美国资本并建立一个反苏集团，且以援助德国西占区的方式重新武装起一个俄国的宿敌。

从此时起，东西方的"冷战"全面打响。

美国在马歇尔计划提出后，于1948年4月2日国会正式通过《对外援助法案》。为取得美国的经济援助，西欧16国代表和美、英、法驻德军事长官于4月16日签署欧洲经济合作公约，成立了欧洲经济合作组织。在此之前，法国、

[①] 《斯大林文选》，人民出版社1962年版，第486页。

意大利的共产党人已被撵出内阁，而匈牙利、捷克斯洛伐克、波兰、罗马尼亚等国的资产阶级政党和一部分知识分子也企图通过接受马歇尔计划，改变"唯苏联之命是听"的趋势。在经济上笼络西欧的同时，美国还力图从军事上加强对西欧的控制。它从1948年3月22日起，在华盛顿与英、加会谈，通过美国草拟的"五角大楼文件"，开始了签订北大西洋防备条约的准备工作。经过一年的筹备，1949年4月4日，美国、加拿大、英国、法国、比利时、荷兰、卢森堡、丹麦、挪威、葡萄牙、冰岛、意大利等12国在华盛顿签订了《北大西洋公约》。它规定，缔约国"决定联合一切力量，进行集体防御及维持和平与安全"；"对一个或数个缔约国之武装攻击，应视为对缔约国全体之攻击"，每一缔约国应采取必要之行动，包括使用武力，协助被攻击国"以恢复并维持北大西洋区域之安全"。8月24日，北约组织正式成立。从此，以美国为首的西方世界与以苏联为首的东方世界开始了长期的军事对峙。

面对西方世界的威胁，为了确保东欧国家能够与苏联组成强大的对抗西方的利益集团，苏联全面改变对外政策。在政治上，成立了一个新的欧洲共产党协调中心，即共产党和工人党情报局。加强对东欧各国以及欧洲各党的控制。在经济上，分别与保加利亚等6个东欧国家签订了双边贸易协定，巩固了苏联与东欧国家的经济关系，把这些国家的经济纳入了苏联模式的轨道，从而形成了与西方资本主义世界相抗衡的苏联东欧经济圈，奠定了苏联—东欧集团的经济基础。为对抗美国"复兴欧洲"的马歇尔计划对东欧国家争取经济援助的诱惑，反击西方国家对苏联和东欧国家的经济封锁，同年4月，苏联、保加利亚、罗马尼亚、匈牙利、波兰、捷克斯洛伐克等6国，在莫斯科宣告成立以建立与西方资本主义世界市场相抗衡的社会主义世界市场为目标的经济互助委员会（即经互会），共同研究和解决社会主义国家的经济和贸易问题。在军事上，以1949年4月与匈牙利、捷克斯洛伐克两国缔结友好合作互助条约为标志，在一年多的时间里，先后与东欧各社会主义国家签订友好合作互助条约，完成了建立以苏联为首，罗马尼亚、匈牙利、保加利亚、波兰、捷克斯洛伐克、阿尔巴尼亚等东欧社会主义国家参加的苏联东欧同盟体系，后来的华沙条约组织就是以此为基础建立起来的。

美、苏等国不妥协的"冷战"斗争，导致德国在1949年被分裂为两个国家。在第二次世界大战中被美、英、法等国占领的西部地区，在美、英、法等国的主导下，于 5 月 23 日成立德意志联邦共和国，实行资本主义制度；被苏联占领的东部地区则在苏联的操纵下，于 10 月 7 日成立了德意志民主共和国，实行社会主义制度。

在东西方激烈"冷战"中，中国共产党即将取得全国政权，这不能不引起美、苏两个大国的关注和角逐。

国民党统治下的中国是美国的势力范围，为培植亲美的蒋介石政府，美国长期奉行扶蒋反共政策。抗战胜利后，美国政府采取了多种支持南京政府的举措：一是从军事上加强蒋介石的地位，特别是阻止中国共产党接受日伪军投降，企图让蒋介石垄断受降权力，并调动蒋军抢夺胜利果实；二是对国民党施加一些压力，促使蒋介石作出某些改革和妥协，以此诱使中国共产党交出人民武装，从而实现蒋介石统治下的"和平"，达到不战而控制中国的目的；三是借助苏联，取得苏联支持蒋介石而不支持中国共产党的承诺，同时促使国民党与苏联建立良好关系而孤立中国共产党。这一对华政策推行 3 年多，既没有达到控制中国的目的，也没有巩固国民党政权的统治地位，更没能削弱中国共产党的力量。到 1949 年初，国民党政权的彻底垮台已经成为无情的现实，而中共取得在中国的合法执政地位是毫无疑问的了。

美国政府被置于尴尬的境地。

苏联长期以来奉行的对外政策，是公开支持国民党，私下给中国共产党提供一定帮助和支持。苏联采取这一政策是其国家利益至上的表现。战后苏联对外政策的战略目标有三个层次，即和平共处、世界革命、国家安全利益。在斯大林看来，和平共处是手段，是暂时的、短期的目标；世界革命是长期战略目标；国家安全利益是对外政策的根本目标。在这三个层次中，斯大林把苏联的国家安全利益置于其对外政策战略中的最高地位，因而，在涉及苏联国家安全利益的问题上，世界各国无产阶级及其政党的利益在斯大林眼中都处于从属地位。

于是，在中国问题上，斯大林战后的远东战略主要有两点，即把蒙古从中国的版图中独立出来，形成广阔的安全地带；恢复沙皇俄国在满洲的势力范围，以确保苏联在太平洋的出海口和不冻港。苏联的这一要求通过雅尔塔协定和《中苏友好同盟条约》得到了保证，而斯大林对美国的回报是支持蒋介石的南京政府和劝阻中国共产党的革命活动。为了本国的利益，苏联在二战结束之初不支持中共争取对日受降权,反对中共进行武装斗争,敦促毛泽东与国民党谈判建立联合政府,不允许中共进入东北的大城市和在苏占区公开活动,甚至扬言要用武力迫使中共军队撤出沈阳,等等。

中共没有完全听命于苏联,结果胜利仍然来到了。

美、苏两大国所支持的国民党政权失败了,而没有美、苏全力扶持的中国共产党却成为胜利者,即将领导中国这个世界人口最多的大国。

面对即将成为中国新主人的中国共产党,美国和苏联政府都开始从"冷战"的战略角度,全面评估中国共产党的崛起对世界产生的影响,并采取相应的对策。

美国长期奉行支持国民党的政策,源于保护在华利益和对苏"冷战"的考虑,在国民党失去政权亦失去"亚洲反共领袖"作用之后,美国最高决策层开始考虑调整对华政策。

美国重视对华关系是从抗日战争开始的。

此前,它也支持国民党蒋介石政权,但主要是为了保护在华利益和维持太平洋的均势。即使在九一八事变爆发后,面对为发动日美战争做准备的日本侵华战争,美国政府也没有采取保护中国亦是保护自己的政策。胡佛总统在给内阁的一份备忘录中承认,日本在满洲的行动是非正义的,但美国"不打算使用军事力量在其他国家之间维持和平",因为,"这些行动没有危及美国人民的自由以及经济和道义上的前途"。胡佛指出:"我们不会进行战争或实行任何制裁,无论是经济的还是军事的,因为这些都是通向战争的道路。"① 美国政府不愿意因支持中国而冒战争的危险,国务卿亨利·史汀生在1932年1月3日日军占领锦州后的第四天,向中日两国发出相同照会,宣称:"中华民国政府于1931年9月18日以前在南满所有的行政权的最后残余,业已随同锦州附近的军事行动而遭到摧残","美国政府不能认许任何事实上的情势的合法性,也不拟承认中日政府或其代理人之间所缔结的有损于美国或其在华国民的条约权利——包括关于中华民国的主权、独立或领土及行动完整,或关于通称为门户开放政策的对华国际政策在内的任何条约和协定;也不拟承认用违反1928年8

---

① [美]迈耶斯:《赫伯特·胡佛的外交政策1929—1933年》,纽约1940年版,第156—159页。

月 27 日中、日、美均为缔约国的《巴黎公约》之条款与义务的方法，而获致的任何局势、条约或协定"。① 这份被称为"不承认主义"的照会，除了向日本强调确保美国在华利益不受侵犯，向日本和全世界宣布"美国反对以非法的暴力手段破坏远东的现存国际秩序"，向中国政府做一姿态外，对遏制日本侵略中国的战争不起任何作用。

1941 年 12 月 8 日，日军偷袭珍珠港成功，驻扎在珍珠港的美国海军基地——太平洋舰队遭到了毁灭性打击。在持续一个多小时的轰炸中，共击沉美国战列舰 6 艘、重巡洋舰 1 艘、油船 2 艘，重创美军战列舰 2 艘、重巡洋舰 1 艘、轻巡洋舰 6 艘、驱逐舰等 6 艘，炸毁美军飞机约 300 架，造成美军死伤 3578 人。

珍珠港事件，使美国在二战初期失去了在西南太平洋的制海权和制空权。这也是美国绥靖政策的必然结果。20 世纪 30 年代以来，整个美国和平主义思想泛滥，牵制政治。外交政策的孤立主义势力强大，故而对日本的侵略扩张长期实行妥协退让的政策，从而助长了日本的战争野心。

日军偷袭珍珠港，宣告了太平洋战争的爆发。在一周时间内，日本向美、英两国正式宣战，美国、英国、澳大利亚、新西兰、加拿大、古巴等 20 多个国家对日宣战，中国南京政府在正式对日宣战的同时又向德国、意大利宣战，德国、意大利、保加利亚、罗马尼亚、匈牙利也向美国宣战，第二次世界大战全面展开了。

根据罗斯福制定的"先欧后亚"的全球战略，苏联负责对德国作战，美、英两国负责在太平洋战场对日作战。1942 年春，美、英两国又重新划分了各自在太平洋战场的作战区域，决定：英国负责印度、缅甸和印度洋（包括马来亚和苏门答腊）；美国负责整个太平洋（包括澳大利亚、新西兰、中国）。这种战略安排使得中国的战略地位凸显出来，因为，依靠中国战场消耗日本的军力和资源，则可以拖住并滞迟日本南进，为美国取得太平洋战场的胜利争取时间。为此，美国改变对中国的政策，加强了对中国的支持和援助。1942 年 1 月 1 日，美国政府邀请南京政府与美、英、苏一道，领衔签署了《联合国家宣言》，

---

① 美国国务院：《美国与中国的关系》附件，第 17 号，1949 年。见《中国近代对外关系史资料选辑（1840—1949 年）》下卷，第 1 分册，上海人民出版社 1977 年版，第 213 页。

成为国际反法西斯统一战线的重要成员之一；此后，又同意组成中国战区（包括中国、越南、泰国），经罗斯福提议推举蒋介石出任盟军中国战区最高统帅。战争结束时，在罗斯福积极努力下，中国又成为联合国五大常任理事国之一，跨入世界大国的行列。

罗斯福、斯大林两位世界政治强人联手设计的雅尔塔体系，却为战后两国最终走向对立埋下隐患。从1945年到1947年，不到两年时间，美、苏两个大国就从战时盟国转变到战后的尖锐对立。"冷战"的不断加剧使中国再一次成为美、苏两国在远东争夺战略优势的一支不可忽视的力量。

对中国，美国自1927年以来的传统政策一直是以支持蒋介石统一中国为中心的，只承认国民党而不承认共产党。抗日战争爆发后，随着斯诺、史沫特莱等美国人士来到延安，使美国高层对中国共产党有了更多的了解。美国政府越来越认识到国民党腐朽衰败，消极抗日，不讲民主，脱离群众；相比之下，共产党积极抗日，讲民主，得到了人民的拥护。国共之间的差距和矛盾如果继续扩大下去，美国势必无法控制中国战后的政局，苏联势必插手中国的事务，与共产党携起手来。这一考虑促使美国政府在1943－1944年调整对华政策，改变过去只承认国民党而不承认共产党的政策，采取承认国共双方，把双方都掌握在自己手中的带有弹性的两面政策。在美国看来，采取这样的政策，既可以逼迫国民党加紧抗日和实行民主改革，以免政权落入共产党之手；同时又能吸引共产党，以免共产党倒向苏联。[1] 在这一政策主导下，美国政府决定，第一，派出正式观察团到中国共产党所在的地区去；第二，对国民党进行劝告，促其进行政治的军事的改革，实行民主。1944年2月9日，罗斯福致电蒋介石说："在我们确有把握取得最终胜利之前，我们必须与日本主力交战并将其摧毁。日军是集中在华北和满洲的。目前关于华北和满洲之敌的情报极为贫乏。为增加这类情报来源和观测未来空中和地面作战的可能性，立即派遣美军观察团去华北和山西以及华北其他之必要地区是极为必要的。"[2] 对于美军观察组访问延安，中共中央表示欢迎，因为这是增加美国对中国共产党了解和中国共产党向美国宣传自己的内外政策的极好机会。

---

[1] 杨云若等：《中国革命与对外关系》，安徽人民出版社1995年版，第296页。
[2] 杨云若等：《中国革命与对外关系》，安徽人民出版社1995年版，第310页。

美军观察组在延安期间,中共中央的主要领导人毛泽东、朱德、周恩来等都同他们谈了话,介绍了中国共产党对形势、任务及对中美、国共关系的看法。毛泽东同谢伟思作了多次长谈。他首先表达了中国共产党愿与美国合作的愿望,并强调指出:"中国和美国的利益,是互相关联和相似的。它们在经济和政治上交织在一起。我们能够而且必须一起解决问题。"他反复向谢伟思说明,中国共产党愿与美国合作,"美国会发现我们比国民党更易于合作。我们不怕民主的美国影响——我们愿意欢迎它";"美国无须害怕我们不愿意合作,我们必须合作,我们需要得到美国的援助"。针对美国政府对苏联与中共关系方面的各种疑虑,毛泽东坦率地指出:"苏联不论参加远东战争或者中国的战后建设,都完全取决于苏联的情况。俄国人在战争期间损失惨重,战后会全力忙于自己的重建工作。我们不指望得到俄国人的帮助","对我们来说,寻求俄国援助只会使中国局势更糟","而美国和中国共产党之间的合作,将会使一切有关方面都有利和满意"。①

谢伟思对毛泽东谈话的反映是:中国共产党人对于和美国建立友好关系的愿望是真诚的,而且美国的友谊和支持比俄国的更重要。谢伟思在写给国内的报告中说:"他们正在实行民主政策,他们期望美国赞成和同情地支持这些政策。经济上,中国共产党人寻求中国迅速发展和工业化,首要的目的是为了提高人民的经济水平。他们认识到在中国目前的条件下,这必须通过资本主义的大规模外援来实现。他们相信美国,而不是苏联,将是唯一能够提供这种经济援助的国家;并且认识到,为了效率和吸引美国投资,对美国的这种参与给以很大自由是明智的。"同时谢伟思告诫说:"我相信,中国共产党人现在在真心诚意地寻求在美国支持基础上的中国统一。这并不排除他们再转向苏联,如果他们为了在美国援助的国民党进攻下继续生存下去,而不得不这样做的话。"

后来公开的美国政府 1945—1946 年间的一些秘密文件,也证实中国共产党曾准备与美国合作的思想。有关文件说,1946 年 1 月 31 日,周恩来在会见马歇尔时向他表达了中共领导愿意"与美国进行地区性和全国性合作的决心"。马歇尔向杜鲁门总统报告说:"中国共产党人在理论上拥护社会主义并把它作为自己的最终目标,但他们并不认为,在最近的将来就能实现这个目标……他

---

① 杨云若等:《中国革命与对外关系》,安徽人民出版社 1995 年版,第 317 页。

们试图实行美国式的政治制度。"周恩来援引毛泽东的话说：如果什么时候毛泽东想出国，那么他是想去美国（而不是去莫斯科），因为在美国他可以学到许多对中国有益的东西。客观的形势、毛泽东及其周围人的情绪，都促使他们在当时把美国看作是中共外交战略的中心。①

罗斯福对他这种两面承认的政策是满意的。1945 年初，他在会见斯诺时，对国共两党的联合表示了谨慎的乐观。说："我一直在那里同两个政府打交道，我打算继续这样做，直到把他们两方接到一起为止。"3 月 15 日，罗斯福还就中国出席联合国成立大会代表团问题致电蒋介石说，在代表团中包括中共和其他党派的代表大有好处，将在会议上产生良好的印象；美国代表团也将由不同党派代表组成，加拿大和别国也是这样。②

尽管如此，罗斯福奉行的仍然是一种以支持国民党统一中国为中心的传统政策。为着打日本，他可以抛开过去及将来他对苏联及中共抱有的若干成见与疑惧，与苏联及中共合作，并且不容许蒋介石玩弄一面打又一面拉拢的两面手法，甚至强迫国民党联共，但他并不同意以中国共产党为中国政治的中心。斯诺在谈到他与罗斯福的那次会见时曾经说过，罗斯福显然无意抛弃蒋介石政权，他可能把同中共合作当作对蒋介石施加压力的一种手段，以促使蒋走向革新政府，成为统一和进步的中国的核心。

罗斯福逝世后，继任总统杜鲁门宣布继续执行罗斯福的既定政策，但这一政策很快就被逆转为"扶蒋反共"。

出现这个结果，与美国国内当时主张对苏强硬的政策有很大关系。此时，欧战已经胜利在望，日本投降也只是时间问题。在美国决策者的考虑中，打击共同敌人德、日法西斯已退居第二位，而战后如何对付苏联则日益突出。1945 年 4 月 23 日，在杜鲁门就任总统后第一次讨论外交政策的内阁会议上，对苏强硬路线占了上风。哈里曼、福莱斯特（时任海军部长）力主对苏采取强硬态度，认为过去让步太多；而史汀生、马歇尔则主张对苏谨慎从事，尽量争取达成妥协。杜鲁门采纳了前者意见，声称要结束过去的"单行道"（意即美单方

---

① ［苏］E. Ⅱ. 巴扎诺夫著，董友忱编译：《苏中关系的历史教训与现实》，见《国外中共党史研究动态》，1990 年第 1 期。

② 杨云若等：《中国革命与对外关系》，安徽人民出版社 1995 年版，第 329 页。

对苏让步），而企图以经济手段逼苏联在波兰问题上让步。这次会议虽然没有讨论远东问题，但总的精神是一致的。对苏强硬必然导致对中共强硬，因为在主张对苏强硬的一派看来，中国共产党是苏联在远东"扩张的工具"。

其实，围绕对华政策，是搞双向承认（既承认国民党也承认共产党）还是搞单向承认（只承认国民党）的问题，在美国政府内部一直存在着两种不同意见的争论。一部分外交官和国务院认为，"假定……我们拒绝共产党而继续支持蒋，那么我们就将把自己同这样一个政权拴在一起，这个政权已证明无力统治中国，完全依赖英美的支持以苟延残喘，而且在我们向日本发动的决战进攻中对我们用处极小"[①]。鉴于这种判断，国务院中国科于 1945 年 1 月提出一份备忘录，就对华政策中争论最激烈的两个最重要的问题提出对策：（1）武装中国抗日力量问题：美国希望看到一切抗日力量加强武装，但鉴于目前"中国政府与中国共产党之间的关系不令人满意"，武装中共"政治上不妥"。但是，如果军事行动发生在沿海地区，美军应可以武装任何有效对日作战的部队。（2）关于中国统一问题：美国长期与近期目标都是运用其影响来促成中国统一。"统一并不意味着一定要统一在蒋介石之下"。但是目前只能支持蒋，否则会引起混乱。而从长远看，美国应保持一定程度的灵活性，以便同最有可能建立一个统一、民主、友好的中国的领导合作。另一派（如美国驻中国大使赫尔利、盟军参谋长魏德迈等），主张支持国民党蒋介石政权，反对中国共产党。在他们看来，支持中国共产党，战后中共则有投向苏联的可能；而只对蒋介石的南京政府给予一定的援助，即可把中国的叛乱镇压下去。[②]

双方关于对华政策的争论开始仅限于外交系统，后来蔓延到美国政府的决策层。在双方向总统求助进行裁决之后，罗斯福显然做出了有利于强硬派赫尔利的裁定。因为在 3 月 8 日和 24 日受到罗斯福总统两次接见之后，赫尔利便于 4 月 2 日在华盛顿召开记者招待会，宣告："中国的军事机构、中国国民政府和美国驻重庆大使馆是一支队伍。"美国的政策是"承认中国的国民政府，而不是中国任何武装的军阀和武装的政党"；谈到中国国内状况时，赫尔利妄称

[①] 资中筠：《美国对华政策的缘起和发展（1945—1950）》，重庆出版社 1987 年版，第 29 页。

[②] ［美］威廉·李海：《我在现场》，华夏出版社 1988 年版，第 363 页。

"只要（中国）武装的政党和军阀还有足够的力量敢于反抗国民政府，中国就不可能有政治联合。"① 赫尔利大使回到重庆以后，继续按照他的方针行事，而在他的要求下，他的手下熟悉中国情况，敢于提出不同意见的人员全部调离中国，而换上来的则多数具有反共色彩。即使代理国务卿格鲁5月7日给赫尔利发去指示，要求他保持足够的灵活性，以便与可以更好取得团结、和平和亚洲安全的领袖合作，而不要轻易向蒋介石许诺战后给予军事援助。赫尔利也根本不予理睬，甚至说：总统给他的指示是"防止国民政府崩溃，而不是如果国民政府合乎理想就支持他"，除此之外，他没有收到过别的指示，而他正是照总统指示做的。② 这说明赫尔利的确是奉了最高当局的指示。几天之后，美国对华政策"扶蒋反共"的大致格局被确定下来。

这一政策执行两年以后，美国决策者发现，对南京政府的政治支持和大量军事、经济援助，不仅没有消灭中国共产党，反而使国民党军事优势丧失殆尽，出现了难以逆转的败势，而政治、经济的形势更是不断向着有利于中国共产党的方向发展。于是，改变现行对华政策、采取新的更有利于实现美国全球战略的对华政策的讨论在美国政府再度出现。

1947年6月底以前，美国国务卿马歇尔在一个重要场合说："一个时期以来，我一直在考虑，我们能对迅速恶化的局势做些什么。看来，参谋长联席会议，陆、海军部都强烈主张在军事上和经济上支持中国政府。我和范宣德都感到参谋长联席会议提出的建议书不太现实，他们所提出的解决办法不切合实际，特别是在中国难以实施。但是情况确实危急，我感到有迫切必要重新考虑我们的政策，看看我们继续对华采取的行动应有什么改变。"③ 按照马歇尔的说法，从上述考虑出发，他建议总统派遣魏德迈使华，对中国形势和美国可能采取的步骤再做一次调查。但是，作为"扶蒋反共"政策的倡导者之一的魏德迈，仍然沿着美苏"冷战"的惯性思维来考虑国共两党谁主政中国更有利于取得遏制苏联战略优势的影响。他在使华后给美国政府的报告时说："任何苏联的势力范围与力量的更进一步扩张，都有害于美国的战略利益。在战时要是存

---

① 陶文钊：《中美关系史（1911—1950）》，重庆出版社1993年版，第352页。
② 陶文钊：《中美关系史（1911—1950）》，重庆出版社1993年版，第355页。
③ 资中筠：《美国对华政策的缘起和发展（1945—1950）》，重庆出版社1987年版，第152页。

在一个不友好的中国,将使我们不能得到重要空军基地作为轰炸前沿之用,也不能沿亚洲海岸拥有重要海军基地。中国如为苏联所控制,或者成立一个亲苏的政权,则将使许多不冻港和空军基地供作敌用。我们自己在日本、琉球与菲律宾的海空基地将受到比较短程、足以消减实力的空中轰炸。而且,贝加尔湖以东西伯利亚的工业与军事的发展可能使满洲全区多少能够自给自足。……反之,一个与美国友好或结盟的统一的中国,不但可供给重要的海空军基地,而且从它的幅员与人力来看,也是美国的一个重要盟友,虽然它的不良的交通和现代工业的缺乏,会使它的贡献不能立刻奏效。"① 在这种思想主导下提出的美国对华政策,只能是扩大援蒋规模,继续插手中国内战。

魏德迈使华期间,美国驻华人员就美国对华下一步怎么办也提出了各种对策方案。归纳起来有四种倾向性意见:

(一)美国停止援蒋。这是驻北平总领事柯乐博的主张。他认为,中国目前的革命是太平天国以来农民反对旧王朝的革命的继续,只不过这一次是共产党领导而已。他说,"目前的革命就算是共产党领导,仍然是中国的革命,而美国是主张各国人民有权决定自己政府的形式的"。他认为,美国的不断援蒋已经引起中国广泛的批评,继续援助南京政府还会引起新的反美情绪。他建议由联合国出面调停,冻结现状,这样美国可以主动一些,还有一次机会制止内战而不是帮助内战。

(二)要么大力助蒋守住东北,要么完全撤出。这是曾任美军延安观察组组长包瑞德的观点。他建议美国助蒋再作一次最后努力,不放弃东北。比如,派国民党得力将领范汉杰、傅作义或孙立人到东北指挥作战,由美国动用空军力量为其紧急运送武器。如果美国做不到这一点,就不如干脆放弃中国,因为"一个切去了自黑龙江至黄河的大片土地的孱弱的中国",不论是作为经济活动的地盘,或是作为对苏缓冲的地区,对美国来说都没有用。

(三)主张美国援蒋以经济取胜。这是商务官员卡尔德的意见。他认为全部问题的大前提是美苏争夺,而国民党在这场争夺中不可能从军事上战胜共产党,美国可以从经济上帮助它取胜。而快速提高蒋介石威信的重要方面是改善

---

① 资中筠:《美国对华政策的缘起和发展(1945—1950)》,重庆出版社1987年版,第162页。

民生，美国可使用"肥料－粮食闪电战"的战略，迅速改善蒋管区人民的生活，同时给蒋政府政治上、道义上的支持。

（四）主张以国民党厉行改革为条件的"有条件援助"。这是占主流的意见。认为目前中国的革命是中国历史上农民起义的继续，其根源是农民的苦难，首先是内部问题。如果不是中共与苏联的关系，"美国正当的做法本应是完全撤出中国，让中国人民自己解决自己的问题"。但现在不能坐视中共得势，因为这就是苏联得势。因此，美国的政策"应在可能与实际的范围内转向阻止中共出现足以使共产党控制全中国的局势"。具体办法是援助国民党，前提是它实行美国要求的改革。

上述意见经过多次讨论，拖延了近一年也没有结果。到1948年秋，国民党军事、政治和经济形势更加恶化，促使美国决策者开始认真考虑怎样面对国民党的失败和中国共产党的崛起的问题。这时，主流的意见又回到了1945年奉行"扶蒋反共"对华政策之前的认识：即美国要保持政策的灵活性，避免死守一种行动方针，避免仅仅对中国某一个派别承担义务。

9月7日，国务院政策设计室主任凯南领衔起草了一份关于评估和确定美国对华政策的备忘录。其中指出：

一个世纪以来，美国在华利益主要受贸易和理想主义推动。我们的理想主义已在福音派教义、对美国生产方式的提倡和对在国际社会长期处于弱国地位的中国的同情中体现出来。

……

蒋介石在1925—1928年的崛起和国民政府的建立曾给美国人带来这样的希望：使美国政府对华政策受挫的局面得以改观，把美国政府从几乎对维护中国主权负有全责的错误位置上解脱出来。……不幸的是，蒋既未能统一、也未能保卫中国。日本帝国主义、共产党"叛乱"和国民政府对中国政治和经济问题的无能为力挫败了蒋的宏伟计划。

……

当蒋的命运越来越糟糕时，美国政府对他承担的义务也越来越多，也许这并不令人奇怪，因为我们把蒋与我们追求的目标——一个统一而强大的中国——等同起来。很自然地，在一定程度上，作为对国民政府的未来有信心的一种姿态，美国政府在第二次世界大战中坚决主张给予中国大国地位，使之成为战后五大国之一。另外也可以理解，我们为什么会在有迹象表明蒋不可能赢得内战后长时间里仍然支持他。

对蒋继续承担全部义务的做法是可以理解的，但不是好的外交手段。它使美国政府走上了独木桥，无法做其他选择，失去了回旋余地。主动性的这一丧失也许不是致命的，如果事态朝着对我们有利的方向发展的话。然而，在中国目前的形势下，事态的发展对我们不利，我们需要随风转向、甚至抛锚停船的自由，直到确定航向为止。

……

从上述分析中可知，国民党和国民政府已江河日下，走到了在与中国共产党的长期斗争中彻底失败的边缘。

问题自然而然地出现了：时至今日，国民党和目前的国民政府是否还能拯救自己？美国的援助是否能使内战的进程逆转？前一个问题的答案是"不能"；有一点在10年前就已显露出来，现在变得更加清晰了，即蒋——国民党——国民政府的组合缺乏赢得胜利的政治动力。后一个问题的答案是"也许会，但前提是美国有足够长的时间提供足够多的援助"。

我们提供的援助不足以阻止共产党的推进，远远不能改变内战的进程。到底需要增加多少援助，是一个更接近几何级数的问题而非算术级数的问题。"全面援助"几乎等同于公开干涉。公开干涉将增加对于干涉者的抵抗。新民族主义的各种势力和中国人传统的仇外心理很可能会与共产党合流，由于共产党激烈反对帝国主义，他们与苏联的关系已在中国人民眼中变得无关紧要。美国大使公开干涉虽能在军事上加强蒋的力量，但在政治上将对共产党有利。因此，我们越是公开干涉根深蒂固的中国革命，我们在政治上就会陷得越深，中国人民就越会把国民政府视为傀儡——可耻的政权，我们的任务越艰巨，干涉所要付出的代价就越大。

我们乐观地假设最后会出现这样的结果：美国人民不在乎所付出的政治和财政代价，共产党在战场上被打败，国民政府成为统一的中国的主宰。之后又怎么样呢？我们能确保国民政府不会很快再次瓦解吗？我们用什么来保证革命——我们的行动不可能根除其产生的基本原因——不会再度爆发，不会被克里姆林宫再度利用呢？我们什么时候才能从对中华民国政府承担的政治、军事和财政责任的重负中解脱出来呢？

因而，对于国民政府的"全面援助"是一种巨大的、不确定的、充满危险的行为。美国政府不能拿美国的声誉和资源赌博。

那么，我们必须面对这样一种可能性：国民政府的消亡。正如我们现在所知道的，这只是一个时间问题。这个局面究竟会怎样发生，目前难以预料。它也许会因下述因素中的一种或几种促成：

（1）蒋介石死亡、退休或被赶下台；

（2）发生政变；

（3）政府要员的叛逃；

（4）出现一个分离主义政权；

（5）共产党获得一系列重大胜利；

（6）接受共产党提出的建立联合政府的建议。

不管这一变化进行得多么顺利，都会出现不稳定的混乱局面，即使李宗仁副总统迅速接替蒋的职位，国民政府的现有结构大体保持不变，情况也会是如此。

……

美国传统的对华政策目标是：（1）各国共同尊重中国的领土和主权完整；（2）机会均等；（3）鼓励发展一个友好而统一的中国。这些也许可以作为我们长期的追求目标。

鉴于中国的现实状况，鉴于我们自身的能力有限，我们的传统目标显然不大可能在目前和将来的一定时期内实现。因此，我们需要一项在可以预见的将来能够切实指导我们应付中国混乱局面的政策。

然而，如果在现阶段就试图制订未来几年里应遵循的详细行动计划，可能会使我们误入歧途。目前的形势极为混乱，在现有的国民政府消亡以后，形势会更加不稳，事先确定任何行动方针都是不可取的。在世界形势、特别是苏联和中国的形势更加明朗之前，我们的短期政策必须是非常灵活且具有原则性的。因而，在可以预见的将来，美国的对华政策应该是：

（1）继续承认现有的国民政府；

（2）在国民政府像我们现在知道的那样消亡以后，根据当时的具体形势对承认问题做出决策；

（3）尽最大可能阻止中国变成苏联政治军事政权的附庸。①

这份文件郑重提出了从中国"脱身"的战略。尽管美国主要决策者对迅速实施"抽身"战略还是"有限援助"政策在短时间内徘徊不定，但国家安全委员会印发给陆军、海军、空军、国家安全资源委员会、中央情报局等有关部门讨论后，政府内部多数意见认可凯南的方案。国家安全委员会工作班子根据凯南的备忘录起草形成了《关于美国对华政策的报告》，于1949年1月11日，经国家安全委员会执行秘书索尔斯提交国家安全委员会讨论，索尔斯在给国家安全委员会的函中说："如果国家安全委员会通过所附报告，即上呈总统，并提出如下建议：总统批准报告且命令美国政府所有相关部门和机构在国务院的协调下实施。"1949年2月4日，杜鲁门总统终于签发落实国家安全委员会的报告，宣布：

1. 美国的对华目标是，由中国人民自己最终建立一个统一、稳定、独立且对美国友好的中国，以预防中国由任何外国控制后对我们的国家安全造成威胁。

2. 美国应该承认，建成一个令美国满意的统一、稳定和独立的中国的目标，不大可能在可以预见的将来由中国现有的任何一个集团或多个集团实现。

3. 因而，美国的当前目标应该是阻止中国变成苏联的附庸。②

根据新的对华政策，美国准备停止反对中国革命，同时尽量利用中苏矛盾等待时机。对于前者，美国在行动上始终没有做到；对于后者，美国想做而没有成功。

调整对华政策前夕，美国正式宣布停止训练国民党军队；撤回美国军事顾问团，召回巴达维将军。之后，拒绝再给国民党援助；在南京政府南迁后美国驻华大使留在南京，并与中共进行接触；发表《白皮书》，为彻底"脱身"进行舆论准备；开始从青岛撤出美国海军和海军陆战队。同时，对其亚洲政策进行调整，（1）由重视中国改为重视和依靠日本；（2）加强和扶植东南亚国家的反共力量。

---

① 《美国外交文件》1948年第8卷，第146—155页，见陶文钊主编：《美国对华政策文件集（1949—1972）》第1卷·上，世界知识出版社2004年版，第7—13页。

② 陶文钊主编：《美国对华政策文件集（1949—1972）》第1卷·上，世界知识出版社2004年版，第15页。

苏联在对待国共两党关系中长期奉行支持国民党的政策，既有兑现它在《雅尔塔协议》中所取得的在华利益，也有不愿承担公开支持中共所带来刺激美国风险的考虑。在中共取得全国胜利不可逆转之后，便坚定地支持中国共产党的事业。

战后苏联也是奉行支持国民党统一中国的对华政策。其对华政策的基调表现为"一个中心、两个方面"：一个中心——争取全面和充分实现雅尔塔体制，谋求苏联在中国东北的特殊权益，确立苏联在亚洲筑起的一条防御安全带，争取在远东实现和平以重建家园，恢复和发展经济。两个方面——一是承认国民党在全中国的统治地位，支持蒋介石统一中国，以换取蒋介石承认雅尔塔体制，并在苏美之间采取中立立场；二是要求中国共产党放弃武装斗争，参加南京政府，以避免中国发生内战，引起美国的直接干涉，危及苏联的安全。[1]

雅尔塔会议后，就如何落实雅尔塔秘密协定问题，美国总统首席外交顾问霍普金斯、美国驻苏联大使哈里曼到莫斯科与斯大林举行会谈，并达成了协议。1945年5月28日，霍普金斯致电杜鲁门总统，汇报他与斯大林会谈的情况。在谈到斯大林对中国统一问题的态度时，霍普金斯说："他（指斯大林——引者注）将尽最大努力来促进中国在蒋介石领导下的统一。他进一步说，这种领导权应继续到战后，因为没有别人是那么强有力。他特别地说到，没有一个共产党领袖是那么强有力而足以统一中国。尽管他表示对蒋介石有所保留，但他打算支持这位委员长。"[2] 6月9日，杜鲁门向美国驻华大使发出通知：

你已知道2月里达成的协议，总统将采取措施使蒋介石赞同苏联政府的下列承诺。

斯大林希望于7月1日之前在莫斯科与宋（子文）直接讨论他的提议。1.斯大林曾向我们做出明确的声明，他将竭尽全力促成在蒋介石领导下的统一。2.战后将继续由蒋领导。3.他需要一个统一稳定的中国，全东北地区由统一的中国控制。4.他对中国没有领土要求，为对日作战而进入一切地区的苏联军队，将尊重中国的主权。5.为了便于中国在东北地区组织行政机构，他将

---

[1] 杨云若等：《中国革命与对外关系》，安徽人民出版社1995年版，第335页。
[2] ［美］舍伍德：《罗斯福与霍普金斯》，纽约出版社1948年版，第902—903页。

欢迎委员长派代表到进入东北地区的苏联军队中去。6. 他同意美国在中国的"门户开放"政策。7. 他同意朝鲜由中、英、美、苏四国共管。苏联参加对日作战的条件如下，如果同意这些条件，苏联将于8月发动进攻。

罗斯福总统在雅尔塔同意支持苏联的这些要求，如果它参加对日作战，我也同意这种安排。已告知宋子文此则消息。兹指示你在6月15日向蒋介石提及此事，并竭尽全力取得他的同意。①

按照杜鲁门总统的指示，赫尔利大使将美国政府建议的中国政府和苏联政府达成的上述协议的纲要函告蒋介石。接下来，蒋介石派遣国民政府行政院长兼外交部长宋子文，偕蒋介石长子蒋经国等14人，于1945年6月30日赴莫斯科与斯大林进行了一个多月的谈判，最后签署了《中苏友好同盟条约》。这个条约使蒋介石再一次满足了斯大林远远超过雅尔塔协议的要求，换来的是苏联出兵对日宣战及牺牲中国和中国共产党的利益。为了达成这一协议，斯大林向蒋介石承诺：保证东北领土、主权及行政之完整；保证"今后不再支持中共与新疆匪乱"，支持蒋介石遏制毛泽东势力增长的趋势，抵制毛泽东提出的"成立联合政府"的努力；保证"此后援助中国一切武器及其他物资，均以中央政府为惟一对象，不供给武器予中国共产党"。

苏联在很长一段时间内是认真履行它对美国和南京政府关于支持国民党、不支持中国共产党的承诺的。主要体现在以下几个方面：

一是日本投降后配合美蒋取消中共对日受降权，不支持中共武装对日受降。8月15日，朱德总司令在日本投降的当天就接受日本受降一事向美、苏、英提交说帖。说帖指出：中共武装力量经过8年苦战，夺取近百万平方公里的土地，解放了1亿多人民，组织了100万以上的正规军、200多万民兵，建立了19个大块解放区，包围了敌伪所侵占的大量中国城镇、交通要道及沿海口岸。因此，解放区的人民武装有权根据波茨坦宣言有同盟军规定之受降办法，"接受被我军所包围之日本军队的投降"。中共的用意是希望苏联出面支持中国共产党的正当要求，促成修改麦克阿瑟的命令，允许中共受降。但苏联政府对中共的要求未予考虑，并在没有征得中共同意的情况下，与南京政府达成有损全中国利益包括中共利益的《中苏友好同盟条约》，8月28日这个《条约》公

---

① 袁南生：《斯大林、毛泽东与蒋介石》，湖南人民出版社2000年版，第480—481页。

布后中共方知，苏联已经在这个条约中对南京政府做了保证，支持它统一全中国，不支持中共接受日本投降的要求。

二是力促毛泽东赴重庆谈判，不支持中共进行武装斗争。雅尔塔体制下的中国是美国的势力范围，同时在中国东北也有苏联的利益。三国之间的平衡关系建立在中国南京政府承认美、苏的在华利益，美国承认苏联在中国东北的利益，但苏联必须支持国民党统一中国，苏联承认中国是美国的势力范围，支持国民党统一中国（但没有承诺支持蒋介石用武力消灭共产党）的基础上。如果任何一方改变自己的承诺，就将打破此一平衡。所以还在中苏条约签订的前两天的1945年8月12日，蒋介石就在美国赫尔利大使的劝说下给毛泽东发出邀请，请毛泽东亲赴重庆，举行和平建国谈判。通过谈判解决中国共产党与中国国民党的政治纷争，显然是美、苏两国共同的原则，首先它符合美国的利益，建立亲美的国民党政权，保证它在中国与苏联的实力上的总体优势。同时这也符合苏联的利益，在苏联看来，如果谈判成功，将一举三得：履行了支持国民党统一中国的承诺；保证了苏联在华利益的实现；中共也不会被国民党所消灭。于是，8月14日、20日、23日，斯大林以俄共（布）中央的名义，连续给毛泽东发来三封电报。第一封电报主要内容是：中国不能打内战，要再打内战，就有可能把民族引向灭亡的危险地步。第二封电报主要内容是：世界要和平，中国也要和平，尽管蒋介石挑衅想打内战消灭你们，但是蒋介石已再三邀请你去重庆协商国事，在此情况下，如果一味拒绝，国际、国内各方面就不能理解了。如果打起内战，战争的责任由谁承担？你到重庆去同蒋会谈，你的安全由苏美负责。第三封电报主要内容是建议毛泽东与蒋介石达成协议，交出军队，建立联合政府。① 经过20多年来艰苦卓绝的斗争特别是抗日战争的考验，中国共产党及其领导的革命武装已经得到很大发展，虽然此时与国民党军队力量相比仍然处于弱势，但国民党要消灭中国共产党是不可能的，中国共产党最终夺取全国政权是有可能的，对此中共中央是充满信心的。因此，8月20日苏联红军进入中国东北后，在美国调派大批飞机、军舰为国民党运送军队抢占各大城市的同时，毛泽东也批准了华东局从日伪手中夺取上海的计划，并提议组织各大城市武装起义。毛泽东当天接连数电华东局，要求他们坚决彻底地执行

---

① 杨云若等：《中国革命与对外关系》，安徽人民出版社1995年版，第336—337页。

起义方针，除发动南京、上海、杭州三角区内数百万农民武装起义策应以外，还应迅速调派新四军有力部队入城援助。他并且电示华北各区局，要他们效仿华中局的做法，对于北平、天津、唐山、保定、石家庄，也"迅速布置城内人民的武装起义，以便不失时机配合攻城我军实行起义，夺取这些城市，主要是平津"。在这种情况下，斯大林不但不支持中共取得更大的发展，却极力劝说毛泽东与蒋介石谈判。甚至认为中国共产党"在中国发展起义是没有前途的，中国同志应同蒋介石寻求一项暂行的协议（有的译本将'暂行的协议'译作'共处的模式'——引者注），他们应加入蒋介石的政府，并解散他们的军队"。[1] 中国共产党人当然不能同意斯大林的这种判断，也不满足于他的这种安排。多年之后，谈及此事，毛泽东仍然耿耿于怀。他说："1945年当我们正准备推翻蒋介石，夺取政权的时候，斯大林用他们中央委员会的名义，打了一个电报给我们，指示我们不要反对蒋介石，说如果打内战，民族就有毁灭的危险。"[2]

不管怎么说，斯大林的三封电报所传递的信息，使毛泽东原先设想的组织大城市武装起义的计划成为不可能。中共中央只得接受这个现实，于22日告诉全党："苏联为中苏条约所限制及为维持远东和平，不可能援助我们。蒋介石利用其合法地位，接受敌军投降，敌伪只能将城市及交通要道交给蒋介石。在此种情况下，我军应改变方针，除个别地点有可能占领外，一般应以相当兵力威胁大城市及广大乡村，扩大并巩固解放区，发动群众斗争，并注意训练军队，准备应付新局面，作持久打算。"[3] 3天后，又接受斯大林的建议，决定由毛泽东、周恩来赴重庆举行和平谈判。

这次和平谈判，说到底是美国和苏联的一厢情愿。不仅中国共产党不满意美、苏的这一和平安排，国民党更是没有和平诚意。就在与中共签署和平协议（即"双十协议"）几天后，蒋介石就下达了内战手令。

三是不介入马歇尔调停，与中共保持一定距离。落实"双十协议"的一个重大举动，是召开各党派代表和无党派人士参加的政治协商会议，由美国派马

---

[1] 薛衔天：《中苏关系史（1945—1949）》，四川人民出版社2003年版，第5页。
[2] 杨奎松：《毛泽东与莫斯科的恩恩怨怨》，江西人民出版社1999年版，第191页。
[3] 沈志华主编：《中苏关系史纲（1917—1991）》，新华出版社2007年版，第84页。

歇尔作为美国总统特使来华进行国共两党的调停。

马歇尔调停的背景是赫尔利因在中国调停失败而辞职，马歇尔被任命为总统特使出使中国。此时，蒋介石虽然与共产党签署了和平协议，但其主要打算还是用军事手段来消灭人民武装。在美国政府的援助下，调集了80万大军向各解放区进攻。仅平汉、道清一线，国民党军队就集结了20多万兵力，在胡宗南、孙连仲指挥下，配合敌伪，汹汹北上，连续夺取汤阴、获嘉、辉县、磁县等重要的解放区县城。豫西、鄂东八路军、新四军和东江抗日纵队都被大举围攻。内战一触即发。在这种情况下，马歇尔出使中国，杜鲁门给其任务是：一方面约束国民党不能大打内战，以避免把美国卷进去；另一方面，大力援助国民党，增强蒋介石的实力，使中共处于弱势地位，然后通过政治手段把共产党"统一"到国民政府内，实现全国和平。

显然，美国的调停政策是十分矛盾的。如果在现有格局（即不削弱共产党实力）下，要把共产党"统一"到国民政府内，则十分困难，即使勉强促成，只要国民党不占绝对优势，也很难保证国民党能够维持住这个局面；而如果援助国民党，使其在与共产党的力量对比上占有绝对优势，又很容易激起蒋介石以武力征服共产党的自信。对于这一点，苏联也看得清清楚楚。但它对中共的力量估计不足，既担心公开支持中共对己不利，也害怕置身事外使美国在中国的影响无限扩大。因而强调中国的和平、统一应在没有外部势力（美国）的情况下实现，以牵制美国。于是，经过苏、美、英协商，1945年12月27日发表了三国外长莫斯科公报，宣布："必须在国民政府领导下实现中国的团结与民主化，广泛地吸收民主分子到国民政府的一切机构中，并且必须停止内战"，"不干涉中国内部事务之政策"。

在马歇尔来华之前，杜鲁门于12月15日在白宫发表了关于美国对华政策的声明。指出：美国及其他联合国家承认，目前中华民国政府为中国唯一的合法政府，是为达到统一中国目标之恰当机构。美国深知目前中国国民政府是"一党政府"，相信如果这个政府的基础加以扩大，容纳国内其他政治党派，即将推进中国的和平、团结和民主的改革。美国政府主张由中国国内各主要政治党派的代表举行国民会议，从而商定办法，使他们在中国国民政府内得到公平有效的代表权。声明表示，美国将不干涉中国内政，完成中国政治团结所必要采取的详细步骤，应由中国人自行决定。① 中共中央认为，杜鲁门这个声明虽然没有改变扶持蒋介石政府的一贯立场，但宣布不直接参加中国内战，不支持武力统一中国，而支持和平统一中国，应是中共与国民党开展谈判的有利因素。但是，马歇尔调停毕竟涉及中国内政，触及苏联利益，中共中央决定就有关问题征求苏联方面的意见和建议。12月，中共参加政协会议的代表团到达重庆后，叶剑英、王若飞奉命约见苏联大使彼得洛夫。由于大使馆事先已经接到国内的指示，不要暴露与中共代表尤其是来自延安代表团的联系，彼得洛夫遂称病不出，拒绝接见中共代表。1946年1月，叶剑英、王若飞到苏联大使馆要求会见大使。彼得洛夫仍然以"生病"为由婉拒，派出的是一秘列多夫斯基会见中共代表。叶剑英提出，中共是否应当参加马歇尔计划调停，因为这种调停意味着美国直接干涉中国的内政。蒋介石准备在谈判中涉及东北问题，这就触及苏联的利益，苏联方面应当参加讨论。对此二问题，列多夫斯基经请示彼得洛夫，回答说："关于涉及中国民主化和结束内战的谈判中共代表团应该听取中共中央委员会的意见和指示；苏联不能就此等问题向代表团发表意见。至于满洲，苏联大使认为这样的讨论为时尚早，因为无论中央政府还是马歇尔都未正式提到这个问题。"列多夫斯基还补充说："关于和平解决中国国内问题和停止内战，苏联政府的立场已经在莫斯科会议的公报中表示得很清楚了。"② 这种模棱两可的回答，反映了当时苏联有意与中共保持距离、担心因与中共接近而影响与美蒋关系的政策考虑。中国共产党按照自己的判断，作出了接受马歇尔调停的决定。

　　四是禁止中共部队公开进入东北大城市，并向国民政府移交这些大城市的行政权。1945年9月15日，驻东北苏联红军总司令马林诺夫斯基派代表飞抵延安，向中共中央转交他的亲笔信，要求中共军队不要公开进入沈阳、长春和哈尔滨等东北中心城市，到远离城市的农村去发展力量。后来又敦促已经进入沈阳和长春的中共部队撤离，将留下的这些城市移交给国民政府。

　　历史地考察苏联支持国民党统一中国、不支持中共的政策，并不是一贯的，而且随着形势的发展变化而变化。当美国严守在中国问题上的承诺时，苏

---

① 黎永泰：《毛泽东与美国》，云南人民出版社1993年版，第296—297页。
② 沈志华主编：《中苏关系史纲（1917—1991）》，新华出版社2007年版，第8—9页。

联也严守它对美国和国共两党的承诺；当美国违反这个承诺时，苏联亦有帮助中共的举动，这是苏联处理与中共关系的一个重要规律。苏联处理与中共关系还有一个规律，即当形势有利于中共发展时，苏联开始向中共示好；当中共遇到挫折时，苏联就有意识地与中共保持距离。这两个规律反映出苏联在处理与中共的关系时，受到两个重要因素的影响：一是"冷战"因素，从根本上说是美苏关系因素。正如毛泽东所说："国共关系反映美苏关系。"就是说，美苏关系好坏，必然反映到国共关系上。二是国家利益因素。就是说，苏联的对外政策长期以来是围绕国家安全利益而展开的，有利于维护和扩大苏联的利益就坚定地支持，否则就反对，这一点它超越了意识形态的影响。在对华关系上，斯大林长期奉行支持国民党蒋介石政府统一，而不支持与它一样坚持马克思主义的天然盟友中国共产党，很重要一点，就是它怀疑中共的力量，认为中国共产党不可能打败国民党。也正是这些使得斯大林在中国共产党取得决定性胜利后，毅然决定调整对华政策，转而支持中国共产党。

苏联对中国革命持支持态度在战后就已经开始，但这时的支持严格地讲不是外交政策的调整，而是一种牵制美国和南京政府的策略。

1945年9月7日，苏联政府和中国南京政府同时公布《中苏友好同盟条约》不到10天时间，苏联政府就改变了它在《条约》中对南京政府承诺的不支持中共接受日本投降的条文，而积极支持中共在东北取得地盘。那天，苏军驻沈阳部队紧急通知已经到达此地的中共东路军曾克林部，说他们收到了斯大林和莫洛托夫的电报，知道曾克林部确实是毛泽东、共产党的部队，邀请曾克林和唐凯正副司令到苏军司令部会见苏军领导人。曾克林、唐凯二人到达苏军司令部后，苏军驻沈阳部队最高负责人——苏联外贝加尔方面军近卫坦克兵第6集团军司令员克拉夫钦科上将、军事委员图马尼扬中将，苏军驻沈阳各军兵种负责人都参加了会见。克拉夫钦科上将首先讲话，他指出：

签订《中苏友好同盟条约》我们没有告诉中国共产党，很遗憾。我们不称你们"将军"，称"同志"，这是党的谈判，是同志式的谈话，有什么意见都可以摆出来。签订条约，没有同你们打招呼，承认我们有缺陷。不过，你们来了就好，事情就好办了。你们的部队没有标志，没有军衔，也不好识别是不是正规部队。现在我们已经接到莫斯科的电报知道你们确实是毛泽东、朱德的部队，是中国的八路军……苏联和南京政府订有条约，规定由南京政府接管东北主权,这个问题国际上有监督,如果公开同意你们接管东北主权,美、英提出抗议怎么办,南京政府也会提出抗议。我们可以睁一只眼,闭一只眼。公开场合按中苏条约办,但我们苏军不限制你们的行动。但关于部队番号问题,建议用"中国人民自治军"。你们作为自治军,可以不受条约限制,因为条约中有"在已收复领土内树立中国军队,包括正规军和非正规军,与苏联军队间之合作"的条文。其任务是与苏军合作,肃清日伪残余势力,消灭土匪,维持社会秩序。①

苏军的态度非常明确:只要外交上不给他们造成麻烦,八路军便可以在东北放开手脚去发展自己的力量。

在克拉夫钦科上将讲话后,曾克林也介绍了八路军出关的任务:1. 配合苏军作战。2. 接管东北,建立人民政权,肃清敌伪残余。3. 解决装备。根据上述任务,双方就八路军如何配合苏军作战、肃清各地敌伪武装势力等研究了细节,达成了一致。

会谈后,中共出关部队迅速成立了以曾克林为司令员、唐凯为政委的沈阳卫戍司令部;9月30日,中共中央下达命令,进入东北的八路军一律改用"东北人民自治军"番号。苏联远东军司令部下达命令:"凡佩戴东北人民自治军符号的部队,任何地方都可以去接管,苏军不加以限制。"按照苏联远东军司令部的这一命令,东北人民自治军沈阳卫戍司令部立即宣布对全市实施军事管制,限令伪满洲国警察和宪兵一律服从司令部命令,武器装备概行交卫戍司令部。东北人民自治军很快接管了全市区警察系统。9月14日,李运昌率领前方指挥所到达沈阳后,经与苏军协商,成立了沈阳市临时人民政府,民主人士白希清任沈阳市市长,中共党员焦若愚任副市长。这一天深夜至15日凌晨,刘少奇主持召开中共中央政治局会议,研究利用这一"千载一时之机","发展东北我之力量并争取控制东北"问题。会议决定成立以彭真、陈云、程子华、伍修权、林枫为委员,以彭真为书记的中共中央东北局,立即赶赴东北指挥一切。几天后,中共中央派遣了占总数1/4以上的中央委员(10名)和候补中央委员(10名),其中包括4名中央政治局委员,率领2万名干部和11万大军挺进东北。10月25日,苏军代表再向中共东北局表示,中共在东北"如果说过

---

① 沈志华主编:《中苏关系史纲(1917—1991)》,新华出版社2007年版,第48—49页。

去需要谨慎些，现在应该以主人自居，放手去干"；苏军未拆运的工厂设备可全部交中共接收，中共可派人迅速接收工业中心所在城市的工厂，并可逐步接收那里的行政权；苏军将帮助中共军队训练炮兵，如果国民党军队发动进攻，苏军将配合中共军队作战。① 苏联这种积极态度，促使中共采取更加有力的措施，到1946年4月苏军从东北撤退时，中共武装已经控制了安东、本溪、辽阳、海城、抚顺、通化、通辽、辽源等大片地区。

苏联支持中共接管东北，使东北形成了国共平分天下的局面，不仅使中共有条件在东北建立起广大的根据地，而且苏军还给中共留下了大批武器。据华西列夫斯基元帅提供的情况，"中国人民解放军得到了巨额（大量）缴获来的武器装备。仅我们两个方面军转交给中国人民解放军的应有：3700门大炮、迫击炮和掷弹筒，600辆坦克，861架飞机，约1.2万挺机枪，将近680个各种军用仓库，以及松花江分舰队的一些舰艇。苏军司令部还使全部武器保持完好以适于作战使用。"华西列夫斯基元帅曾对东北人民自治军长春某部的周保中说，缺少武装"可尽你的力量拿，你要多少，就拿多少，你拿走的剩下的归我"。"中苏友好条约又没规定将战利品交国民党。所以我只能给它（国民党）武器库房，交给他们长春市"。华西列夫斯基元帅下令把守各武器库的苏军：对持有周保中批条要求调运武器的，予以放行。于是，周保中向东北11个大中城市的卫戍司令部下达十万火急的命令："抢运武器，扩充军队。"在苏军帮助下，东北人民自治军获得了大批日伪投降缴获的武器。而苏军交给国民党东北行营熊式辉的武器仅为2800支枪，15万发子弹和500把军刀。②

东北人民自治军获得的这批武器大大改善了东北民主联军的装备，使其成为中共装备最为精良的部队，为后来夺取辽沈战役的胜利奠定了基础。

苏联迅速改变它与美蒋达成的关于不允许中共接管东北的协议，是美国和中国国民党造成的。雅尔塔协议在平衡美苏两国在华利益的同时，也给两国设定了有关的义务。美国之所以同意苏联对中国东北的利益要求，是因为最后打败日本、结束第二次世界大战的需要；苏联支持中国为美国的势力范围，是因为它在中国东北得到了相应利益。在它看来，关内由美国主导，而

---

① 杨云若等：《中国革命与对外关系》，安徽人民出版社1995年版，第343页。
② 沈志华主编：《中苏关系史纲（1917—1991）》，新华出版社2007年版，第111—112页。

关外则是它的势力范围，任何外部势力是不能染指的。但是，美国并不承认雅尔塔协定有过关于美国不得进入东北地区的任何规定，因而坚持东北必须实行"门户开放"政策。在东北问题上，苏蒋达成的协议是：蒋介石保证苏联在东北享有优越权益，苏联答应在战后把东北交给国民党"接收"。战争结束一个月后，原本在中国并无作战任务的美国海军陆战队，突然以帮助遣返日军俘虏的名义，在靠近东北地区的华北沿海大批登陆，直接帮助国民党军队向东北挺进。这一举动，显然是美蒋共同策划的，苏联大为光火，但雅尔塔协议确实没有对外国势力进入东北地区作出规定，苏联认为，一旦美军驻足东北，苏联在东北的利益要求将会落空。既然美国执意挑战苏联在东北的权益，既然蒋介石违背"保证苏联在东北享有优越权益"的承诺，苏联也可以不履行拒绝中共接收东北的承诺。让中共在东北捷足先登，抢占优势，这样不仅可以利用中共的力量抗衡美国，同时也避免了苏联与美国的直接对抗。1946年4月初，苏方代表接连通知中共东北局：苏军将于15日和25日分别撤离长春和哈尔滨、齐齐哈尔，请中共军队立即前进至三市近郊待机，并入市侦察，以便届时就近占领。苏方代表并且说明，美国利用国民党接管东北来反苏，蒋介石利用美国来反苏反共，苏联目前因谈判不成不能直接插足东北，但希望中共全力坚持东北，使东北问题悬而不决，造成美蒋被动。[①]于是，中共在苏军主动要求下顺利在东北扎根。

　　1946年以后，苏联从暗中支持中共逐步变为公开支持中共。由于此前南京政府在外交政策上迅速向美国倾斜，促使苏联对华政策进行了重大调整。7月5日，苏联《真理报》发表《中国发生了什么事情》的署名文章，严厉谴责国民党"悄悄地为日本帝国主义效劳，把自己的军队开去进攻八路军"；谴责挑起内战的"罪魁祸首"和内战的支持者美国；高度赞扬八路军和中国共产党。11月，南京政府与美国签订《中美商约》后，使苏联对南京政府更加不信任，从此，苏联把美蒋连在一起批判，并且公开表示支持中共的立场。在十月革命29周年前夕，毛泽东、朱德联名致电斯大林，祝贺苏联国庆节。斯大林随后复电，对毛泽东和朱德的祝贺表示"诚挚的谢意"。以斯大林的名义公开回复中共领导人的回电，这是第一次，而且发生在中国内战全面爆发的时刻，其政治

[①] 章百家等主编：《冷战与中国》，世界知识出版社2002年版，第86—87页。

意义非同寻常，实际上是向蒋介石发出的警告。12月9日，在中共发言人对南京政府召开"国大"发表声明后，塔斯社发表评论，呼应中共的声明，并对国民党的指责进一步升级，公开称国民党为"反动派"。评论指出，反动派之所以敢于在11月召开"国大"，"乃由于美国的装备及其他供给"，使他们"得以占领若干战略枢纽地区，于是他们以为自己的军事地位已足够强大而可以为所欲为了"。评论说："假若国民党领导集体不着重地对待中共发言人的声明的话，那么除了其政治危机的进一步发展与加剧之外，似乎不会有别的事情发生。"① 此前，苏联从不公开表示它对中共的同情与支持，甚至不公开使用中共的称谓，而是用"中国民主力量"代表中共。这次评论公开站在中共的立场上，表明苏联的对华政策，从隐蔽地支持中国共产党变为公开地支持中国共产党，从隐蔽地批评国民党变为公开地反对国民党。这一时期，苏联对中共的支持是多方面的：

（1）在国际舞台上苏联积极反对美国直接干涉中国内政。1946年9月底，在联合国安理会上，苏联代表葛罗米柯大量引证美国干预中国内部事务的材料，指责美国使中国问题复杂化。1947年4月，苏联外长莫洛托夫致信美国国务卿马歇尔，表示苏联政府仍然坚持1945年12月莫斯科三国外长会议公报中确认的原则，并强调履行包括"在最短期内"从中国撤出外国军队等规定"具有重要的意义"。信中还提醒说，苏军全部撤出中国已经将近一年，而美国何时履行从中国撤军的义务，人们还一无所知。

（2）苏联通过与东北解放区的贸易往来，向中共提供各种军民生活必需品。1946年12月21日，苏联对外贸易部工作人员斯莱特考夫斯基和全苏粮食出口公司副经理苏利缅科与中共东北人民民主行政委员会进行首次贸易谈判。根据双方达成的协议，苏联向中共军队和解放区人民供应苏联商品及军医院、民用医院和学校用设备等，并转交战利品和苏军从日本人手中没收的粮食。苏联还从海参崴通过海路，或经北朝鲜港口，向大连港转运粮食、植物油、食糖、罐头，然后再经大连港提供给辽东半岛的中共军队。据统计，苏联有关部门与中国东北解放区之间的贸易额从1947年到1949年扩大了两倍，即从4.138亿卢布增加到9.159亿卢布。1947—1949年，苏联还向东北解放区提供

---

① 《解放日报》，1946年12月15日。

了石油制品、汽车、摩托车、工业设备、服装、棉纱、橡胶及其制品、各种食品等。

（3）苏联大力协助东北解放区发展交通运输和物资交流。1947年，在苏联远东外贸运输公司帮助下，开辟了松花江航线，通过这条航线苏联向中共后方基地不断供应一些必需物资，其中包括燃料、药品、衣服、靴鞋等。与此同时，苏联还派来专家小组，积极帮助解放区大量修复铁路。截至1948年12月15日，苏联帮助修复的铁路线达1500公里，大中型桥梁120座。在此期间，苏联专家还帮助中共培训人民解放军铁道兵部队，仅1948年夏季就培训了4000多名。

这一时期，苏联虽然调整了对待国共两党的关系，但这种调整并未改变它在第二次世界大战后期所确定的对华政策基调。为了维持雅尔塔体制，确保在中国东北"优越权益"的实现，苏联仍然希望与美国协调行动，支持蒋介石恢复和平，统一中国，不愿因支持中共而与美国发生直接对抗。1946年12月，斯大林为使美苏继续合作，并与美国达成包括大力发展贸易和向美国借款在内的长期经济协议。明确提出"在远东问题上愿与美国实行一致的政策"，即同意美国在中国所采取的支持蒋介石国民党的政策，以作为苏联方面的主要贡献。1947年4月莫洛托夫致马歇尔的信虽然对美军帮助国民党运兵提出批评，但也表示苏联政府信守1945年12月苏美英三国外长在莫斯科达成的关于中国问题的协议，认为中国仍然应当在国民党的领导下，实现统一和民主化。

苏联真正改变它的对华政策基调，放弃在国民党领导下统一中国、实行在中国共产党领导下统一中国的政策，是在1949年初三大战役结束之后。

1949年初，苏联《新时代》杂志在评论1948年世界形势时，认为"中国人民解放军的胜利"，是"全世界民主反帝国主义阵营不间断的扩大和巩固"的象征之一。此后，苏联报刊开始以大量篇幅报道中国人民解放军的胜利。

4月，人民解放军毅然渡江作战并取得胜利，促使苏联进一步加快转变对华政策的步伐，在行动上对新中国建国工作开始给予积极支持。毛泽东、朱德的渡江命令下达后，苏联各主要报纸均在显著地位予以全文刊登，并报道了新华社发布的解放军渡江战况。南京解放后，《真理报》发表评论说："中国人民解放军解放了22年来国民党反动统治的中心南京，这宣告了国民党反动政权的灭亡。"此后,"新中国"成了苏联舆论中经常使用的字眼。

5月,苏联政府令其驻华大使离开广州,正式抛弃南京政府,结束其在国共之间保持灵活性的政策。从此,苏联的外交重心转到即将诞生的新中国上来了。

第四章

围绕和谈的斗争
——蒋介石"假和谈""真备战"阴谋破产

南京伪政府乃由战争罪犯蒋介石、孙科等出面，一面提出虚伪的反动的和平条件，一面布置所谓"京沪决战"，企图阻止人民解放军渡江，保存匪帮残余力量，取得美帝国主义援助，休养生息，然后向人民解放军发动进攻，消灭人民解放军。此种阴谋诡计，现已完全暴露。现在全国人民对于南京伪政府业已完全丧失信任，伪政府已无继续存在之余地。伪府诸酋，虽欲恋栈，已不可能。为使全国人民早日获得和平，中国共产党中央委员会业已向南京伪政府提出八个真正的民主的和平条件，等候南京伪政府答复。……在等候南京伪政府答复我们的和平建议的期间内，你们的攻击暂以长江北岸为范围，准备渡江，但是不要立即渡江，以便给南京伪政府人员一个考虑和战的机会。

——1949年1月20日中共中央给华东人民解放军和中原人民解放军关于淮海战役胜利结束的贺电

面对日益临近的失败命运，不甘心于就此退出中国历史舞台的国民党，再一次打出和谈牌。

和谈，对于国民党而言已是驾轻就熟的惯用手段，每当形势于己不利，就抛出和谈招数，一旦形势好转，便撕毁协议，重举战斧。对于蒋介石来说，配合和谈，"下野"成为其以退为进、在不利局面下寻求转机的法宝。

——1927年，蒋介石发动"四一二"反革命政变后，在南京建立国民政府，宣布不承认大革命时期成立于广州、后迁都至武汉的国民政府，由此导致宁、汉分裂。主政武汉的汪精卫依靠唐生智、张发奎、程潜、朱培德等不同派系的军队，组成东征军讨伐蒋介石；而宁方蒋介石、李宗仁则调兵在长江中游置防。结果，蒋兵败徐州，陷入被动，使军威重挫；汉方汪精卫对中共南昌起义实行武装镇压后，取得了军队的谅解，宁方内部的新桂系李宗仁、黄绍竑、白崇禧等开始倒戈，并与东征军程潜达成妥协，合力逼蒋。1927年8月13日，蒋介石宣布下野，宁方妥协，这一纷争暂时告一段落。

蒋介石这次下台仅4个月，就在帝国主义的支持下，与汪精卫串通一气，重又复职。于1928年1月4日从上海抵达南京"主持大计"，9日正式通电就任国民革命军总司令，接着又担任了军事委员会主席、国民党中央政治会议主席等拥有实权的职务。

——1931年，蒋介石因胡汉民反对他提出的召开国民会议、制定"训政时期约法"的主张，将胡汉民扣押，此举立刻招致蒋胡两大派系的尖锐对立。反蒋派系再一次联合起来，南下广州，并于5月27日正式组成了国民党中央执、监委员会非常会议，决定另组国民政府，并推举汪精卫担任主席。广州非常会议的召开，使宁粤矛盾进一步激化。南京国民党中央决定开除邓泽如、林森、古应芬、孙科等人的党籍，并下令通缉；粤方派两广军阀出兵北上，突袭湘、赣，占领郴州、衡阳等地，引发宁粤战争。双方纷争一直闹到年底，这时的国民党中央四中全会竟然成了三地会议，蒋方在南京召开，而反蒋派则在广州、上海召开。为解决这一问题，在各方压力下，蒋介石于12月15日宣布辞去国民政府主席、行政院院长及陆海空军总司令等职，并第二次下野，换取广州国民政府宣布取消。

蒋介石虽然下野，但仍控制着军队等要害部门。孙科施展不开，遂于1932年1月4日辞去行政院院长职务。亲蒋派乘机提出请蒋介石到南京主持中央政治会议之动议，当即得到通过。2月21日，蒋回到南京。3月6日被推举为军事委员会委员长兼军事参谋部参谋长。

——1949年1月21日，蒋介石发表文告，第三次宣布下野。他在文告中说：

中正自元旦发表文告倡导和平以来，全国同声响应，一致拥护。乃时逾兼旬，战事仍然未止，和平之目的不能达到。人民之涂炭，曷其有极。为冀感格共党，解救人民倒悬于万一，爰特依据中华民国宪法第49条"总统因故不能视事时，由副总统代行其职权"之规定，本月21日起，由李副总统代行总统职权。务望全国军民暨各级政府，共矢精诚，同心一德，翊赞李代总统，一致协力，促成永久和平。中正毕生从事国民革命，服膺三民主义，自15年自广州北伐，以至完成统一，无时不以保卫民族、实现民主、匡济民生为职志，同时即认定必须确保和平，尔后一切政治、经济之改进，始有巩固之基础。故先后20余年，只有对日之战坚持到底，此外对内虽有时不得已而用兵，均不惜个人牺牲一切，忍让为国，往事斑斑，世所共见。假定共党果能由此觉悟，罢战言和，拯救人民于水火，保持国家之元气，使领土主权克臻完整，历史文化与社会秩序不受摧残，人民生活与自由权利确有保障，在此原则之下，以致和平之功，此固中正声馨祝祷以求者也。

按照蒋介石所言，因为"和平之目的不能达到"，"为冀感格共党，解救人民倒悬于万一"，他才"不惜个人牺牲一切，忍让为国"，宣布下野的。其实，关于这次下野的原因，蒋氏在当日召开的中国国民党中央常务委员会紧急会议上讲得十分清楚。他说："军事、政治、财政、外交皆濒于绝境，在目前情况下，我个人非引退不可，……"① 宣布下野的这一天，他仍放心不下华北的战局，亲笔致长函给傅作义，派徐永昌携飞北平，告之："余虽下野，政治情势与中央并无甚变易，希嘱各将领照常工作，勿变初衷。"②

如此说来，蒋介石下野为实现和平是假，解救人民也是假，而改变国民党濒于绝境的军事、政治、财政、外交形势才是真正的目的。而他的政治伎俩一旦被人们所认识，和谈就成为一场骗局，他的最终失败已经注定了。

四面楚歌的蒋介石发起和平攻势，意在争取喘息时间，绝地重生；李宗仁抓住机会大唱和平，企图"划江而治"。毛泽东洞察其奸，同意进行和平谈判，但前提是以中共提出的八项条件为基础。

与中国共产党握手言和，是蒋介石最不愿意的事情。为了避免至少推迟这一天的到来，1948年8月上旬的一个周末，蒋介石约司徒雷登在牯岭长谈，想把内战国际化，强调组织国际反共联盟的必要，但反应不佳。蒋又想把国共内战提到联合国，作为威胁世界和平案，发了后来的"控苏案"之先声，但这些"远水"救不了"近火"。年底，蒋介石提出亲自到美国来求援，但杜鲁门并不赞成邀请，认为"看不出此刻委员长怎能离开中国"。他又提议由宋美龄代表他来，但美方坚持为私人访问。宋美龄于12月1日上午抵达华府。抗战时期她曾访问美国，被视为抗日英雄，受到美国朝野的敬礼和罗斯福总统的热情接待，并下榻于海德公园罗斯福总统的私人行宫，而此行官方根本不予接待。对

---

① 李勇等编：《蒋介石年谱》，中共党史出版社1995年版，第375页。
② 李勇等编：《蒋介石年谱》，中共党史出版社1995年版，第375页。

于她此行的目的，华府已经心知肚明，援助已经无济于事，真要救蒋，只有卷入中国内战。美国国务院对蒋政权的态度已由鄙夷转为冷漠。12月10日，杜鲁门在书房与其见面，只谈了20多分钟就结束了会见，她向杜鲁门提出三项要求：援华声明、派遣高级军官、增加军援，一项也没有被答应。杜鲁门退休后提及此次会见说：当1948年我仍是总统的时候，她来美国要求更多的"施舍"。我不像罗斯福那样让她住在白宫，我想她颇不高兴，但我一点也不在乎她高兴或不高兴。

杜鲁门冷淡宋美龄，堵死了蒋介石期望通过夫人外交赢得美国支持并继续他的内战道路。无奈之下，蒋介石呼应美国和国民党桂系的"和谈"要求，把"和谈"作为缓解其政治和军事危机、赢得喘息时间的"赌注"抛了出来。在美国和国民党桂系等利益攸关方的配合下，形成了以"和谈"为手段，以实现"划江而治"为目标，至少缓和中共的进攻速度，为国民党进一步备战赢得一定时间的"和平攻势"。蒋介石这一和平攻势暂时把美国和国民党内部各派系团结起来。

作为"和平攻势"的主角之一，蒋介石必须为和谈做出至少是名义上的牺牲——下野。这一点蒋介石早有思想准备。蒋经国后来回忆，蒋介石自1948年11月国民党军在辽沈战役惨败后即有"引退图新，重定革命基础之考虑"，并且对其引退后可能发生之情势，做出如下之分析与判断：

（一）共军南下，渡江进攻京沪。

（二）共军陈兵江北，迫李宗仁等组织联合政府，受共党操纵，并派兵进驻南京。

（三）暂停军事攻势，而用政治方法瓦解南京，然后各个宰割，不战而占据全国。

（四）李当政后，撤换各地方军政要员，或由共党加以收买，使彼等屈服投降。

（五）对父亲（指蒋介石——引者注）个人极端诬蔑、诋毁、诽谤、侮辱，使无立足余地，不复能为反共救国革命领导中心。

（六）李为共军所逼，放弃南京，以迁都广州为名，割据两广，希图自保。

（七）美国对华政策，暂取静观态度，停止援助。

（八）俄帝积极援共，补充其军费，建立其空军，使我南方各省军政在其威胁之下，完全崩溃，无法抵抗。①

蒋介石又对其个人之进退出处，作如下分析：

（一）进之原因：甲、勉强支持危局，维系统一局势。乙、等待国际形势之转变。丙、静观共党内部之变化。

（二）退之原因：甲、党政军积重难返，非退无法彻底整顿与改造。乙、打破半死不活之环境。丙、另起炉灶，重定革命基础。②

蒋经国在自述中说，蒋介石虽然在原则上决定引退，但对何时引退、以什么方式引退，踟蹰再三。做好充分准备之后，始于1949年元旦发表新年文告，做出下野姿态，试探中共、美国和国民党各派的反应，同时给其继任者规定了和谈的五个条件。

一周后，行政院副院长兼外长吴铁城照会美、苏、英、法四国，请该四国政府出面充当国共之间和平谈判的调解人。最先拒绝蒋介石的是美国，它于12日答复说：“美国政府殊难相信在当前情势下，按中国政府的建议，试图充当调解人，有达到任何有益的效果。”此后，英国和法国政府按照美国的口径，答复南京政府说它"殊难相信"谈判"能达到任何有益的效果"。

苏联政府在接到请求后，斯大林于1月10日打电报给毛泽东。他在电报中说：

"从所有情况看，政府的建议是美国授意的。这一建议的目的是向世人宣布，南京政府赞成停战和建立和平，而如果中国共产党直接拒绝与南京和谈，则向世人宣布它主张继续内战。"

"我们想作如下答复：苏联政府过去、现在都赞成中国停战和建立和平。但在同意进行调解之前，苏联政府想知道，作为另一方的中国共产党是否同意接受苏联的调停。鉴此，苏联希望能让中国共产党一方了解中国政府的和平运动，并征求它同意苏联调解。我们想这样答复，请告是否同意。如不同意，请向我们提出更合适的答复。"

"同时我们认为，如向你们征求意见，你们的答复应大致如下：中国共产党一贯主张中国实现和平，因为不是它，而是南京政府发动了内战，南京政府

---

① 《蒋经国自述》，湖南人民出版社1988年版，第202页。
② 《蒋经国自述》，湖南人民出版社1988年版，第202—203页。

应对战争的后果承担责任。中国共产党赞成与国民党直接谈判而不要任何外国调停人。中国共产党特别指出，以自己的武装力量和舰队亲自参加反中国人民解放军内战的国家不能居中调停，因为这样的国家在消除中国战争问题上不可能中立和客观。我们认为，你们的答复大致应如此，如果你们不同意，请将你们的意见通报我们。"[1]

从斯大林的电报可以看出，苏联不愿意美国参加调解，因为美国的调解实际上肯定阻碍中国革命，但他同意国共和谈，并不排除自己出来充当调解人。中共中央收到斯大林来电后，深知斯大林的言下之意，为了防止出现意外的麻烦，毛泽东于1月11日答复斯大林说：

"我们认为苏联政府对南京政府要求苏联调停中国内战的照会应作如下之答复，即：苏联政府过去、现在一贯愿意看见一个和平、民主、统一的中国。但以何种方式实现中国的和平、民主和统一，是中国人民自己的事情。根据不干涉其他国家内战的原则，苏联政府认为不能同意参与对中国内战双方的调停。"[2]

毛泽东刚刚回电斯大林，便收到斯大林的又一封电报。斯大林继续前一天的电文内容说：

"我们指出的你们对国民党建议的答复旨在阻挠和谈。很清楚，没有外国调停，特别是没有美国调停，国民党不会和谈。同样，没有蒋介石和其他战犯参加，国民党也不想谈。所以，我们预料，国民党将拒绝按中共提出的条件举行和谈。结果是，国民党将成为破坏和谈的罪魁。这样，国民党和美国的和谈伎俩将被揭穿，而你们可以继续进行所向无敌的解放战争。"

14日，斯大林对毛泽东11日的电文作出回复，并提出了五点建议：

一、"当然，最好是没有南京政府的和平建议，没有美国搞的这一套和平策略。这一策略不合时宜是显而易见的，因为它可能对我们的共同事业造成麻烦。但遗憾的是，该策略已存在，它是既成事实，对此我们不能视而不见。必须予以考虑。"

二、"毫无疑问，南京和美国的和平建议是欺骗政策的表现，这是因为：

---

[1] 袁南生：《斯大林、毛泽东与蒋介石》，湖南人民出版社2005年版，第510—511页。
[2] 袁南生：《斯大林、毛泽东与蒋介石》，湖南人民出版社2005年版，第511—512页。

第一，与共产党实现和平就意味着国民党放弃它消灭共产党及其军队的基本政策，而放弃这一政策将导致国民党不想与共产党和谈；第二，他们知道，共产党不可能放弃消灭国民党及其军队的基本政策，因而不会与国民党和谈。南京最终想要什么？他们不想与共产党实现和平，他们是要休战，是暂时停止军事行动，加强长江南岸防御工事，从美国运送装备，积蓄力量，之后撕毁停战协定，袭击人民解放军，并将谈判破裂归咎于共产党。至少他们想阻止共产党彻底击溃国民党军队。这就是南京和美国现在所实行的欺骗政策的原因所在。"

三、"对南京和美国的这种策略怎样答复为好？可有两种答复。其一是直截了当、开诚布公地拒绝南京的和平建议，并以此宣布必须继续内战，而这将意味着什么？第一，这意味着，你们打出了最关键的王牌并将和平的旗帜这一重要的武器送到国民党人手中。第二，这意味着，你们在为美国在欧、美制造下述社会舆论提供可乘之机：与共产党无法实现和平，因为它不要和平。实现中国和平的唯一手段是组织大国武装干涉，如1918—1921年四年中在俄罗斯进行的那种干涉。我们认为，当与诚实的人打交道时，直截了当、开诚布公地答复好；但如果同像南京那样的政治骗子打交道，直截了当、开诚布公地答复则可能是危险的。还有另一种答复方式，即（1）承认在中国建立和平是众望所归；（2）双方举行没有外国调停人参加的谈判，因为中国是独立国家，不需要外国调停人；（3）举行共产党和国民党两党之间的谈判，不与内战罪魁并因此而失去人民信任的南京政府谈判；（4）一旦双方就和平和中国领导人组成问题达成协议，不再采取军事行动。"

四、"这就是我们对事态的看法和对你们的建议。也许，在前次电报中我们对自己的建议阐述得不够清楚。""我们请你们将我们的建议确实当作建议加以研究，可以接受，也可以拒绝，没有什么责任问题。你们可以相信，拒绝我们的建议不会影响我们之间的关系，我们将一如既往是你们的朋友。"

五、"至于我们对南京关于调停建议的答复，则我们的答复将按照你们的意见精神做出。"①

在苏联与中国共产党达到一致后，苏联政府17日复函南京政府表示："苏联政府始终不渝地恪守不干涉他国内政的原则，并认为承担上述备忘录所提的

---

① 袁南生：《斯大林、毛泽东与蒋介石》，湖南人民出版社2005年版，第512—514页。

居间调解是不适宜的。""恢复中国之作为民主的与爱好和平的国家的统一,是中国人民自己的事情,要得到这种统一,最好可经有关方面直接谈判,依靠中国的内部力量,无须外国的干涉。"①

在四国均拒绝居间调停之后,蒋介石再也无望,遂于1月19日下午,召集张治中、张群、吴忠信、孙科、邵力子、吴铁城、陈立夫去黄埔路蒋的官邸谈话。蒋介石说:"我是决定下野的了,现在有两个方案请大家研究:一是请李德邻出来和谈,谈妥了我再下野;一是我现在就下野,一切由李德邻主持!"大家面面相觑,半晌无言。蒋就一个一个地问。吴铁城忍不住打破了沉闷的局面,就说:"这个问题是不是应该召集中常会来讨论一下?"蒋愤然地说:"不必,我现在不是被共产党打倒的,而是被国民党打倒的!我再不愿意进中央党部的大门!"(此话一传出去,南京市面上马上就有人反映:"国民党不是被共产党打倒的,而是被蒋某人打倒的!")最后,蒋介石说:"好了,我决定采用第二案,下野的文告应该怎样说,大家去研究。主要意思是:我既不能贯彻'戡乱'的主张,又何忍再为和平之障碍!"②

蒋介石终于兑现了他的下野承诺。

作为"和平攻势"的另一个主角李宗仁,于1月24日由居正监誓,就任代总统。虽然不是正式总统,但争取到这个结果已经十分不易了。为了这一天,李宗仁配合美国政府从1948年下半年就开始发起和平运动,以中途换马的办法来让李宗仁与中共和谈。10月23日,司徒雷登郑重提出了"劝告蒋委员长退休,让位于李宗仁或国民党内的其他较有前途的政治领袖"的建议,被国务院拒绝。马歇尔答复说:"美国政府不能自居于劝告蒋委员长退休的地位,或推荐任何中国人做中国政府的元首。如果提供了这类意见,就要对由此产生的新局面负责任,自然而然地将使美国政府不顾美国的切身利益如何,必须支持这个继承的政权。"美国政府在这个时期"必须保持最大的行动自由"。③ 到年底,国务院内也开始传出,只要蒋在位,不可能指望美增援。有关人士甚至透过各种渠道向南京政府驻美大使顾维钧透露,白宫方面与"有关外交人士"

---

① 《人民日报》,1949年1月21日。
② 屠筱武等:《张治中传》,安徽人民出版社2003年版,第220页。
③ 《中美关系资料汇编》第1辑,世界知识出版社1957年版,第327页。

认为，"委员长"应让位于别人，只要他在一天，美国便不会为中国做什么事。在蒋介石考虑以"主动下野"的办法来促成"和谈"后，李宗仁、白崇禧等桂系不失时机地利用蒋介石所处的逆境，企图实现桂系的一统天下。

李宗仁上台的当天，便发表文告称："只要和平能早日实现，国家能早日步入和平建设之坦途，宗仁个人进退绝不计及。""至于中共方面所提 8 项条件，政府愿即开始商谈。""自今以后，政府工作目标集中于争取和平之实现"。① 为表明其和平姿态，1 月 22 日，他电邀李济深、沈钧儒、章伯钧、张东荪等民主党派首领，共同策进"和平运动"。同时指示行政院决议，由邵力子（首席代表）、张治中、彭昭贤、黄绍竑、钟天心（兼代表团秘书长）等 5 人组成代表团，与中共进行和平谈判。此外，李宗仁派遣甘介侯前往上海，与宋庆龄、张澜、张君劢、章士钊、黄炎培、罗隆基等社会名流磋商，希望这些中间人士前往北平，帮助在南京政府和中共之间斡旋。24 日，李宗仁颁布所谓"八项和平措施"："（1）全国各地'剿总'均改为军政长官公署。（2）取消全国戒严令，惟接近前线各地，俟双方停战后取消。（3）取消戡建大队，交国防部安置。（4）释放各地政治犯。（5）恢复一切在'戡乱'期间因与'戡乱'法令抵触而查封之报刊。（6）取消各级特刑庭。（7）废止一切特刑条例。（8）停止特务活动，人民非以法令不得逮捕。"② 27 日，李宗仁致电毛泽东，表示愿意停战和解。

中共中央对美、蒋、李三方的和平攻势洞若观火。中共高层清楚地看到，由蒋介石发起、李宗仁推行的"和平运动"，是美国导演的一出双簧戏。美国的意图是：让蒋介石离开不安全的南京，继续以国民党总裁的身份，实际指挥作战力量在江南各地布防；而让留在南京的李宗仁，利用"代总统"作幌子，做出和平姿态，掩护其作战力量的部署。③李宗仁及其桂系主和，其真实目的，一方面是利用当时对蒋介石极为不利的形势，逼迫蒋介石下台，抬高桂系军阀的地位；另一方面是想通过"和谈"，依靠美国的支持，实现"划江而治"，阻遏人民解放军渡江南下，将革命力量限制在长江以北，而分治长江以南大部分

---

① 《申报》，1949 年 1 月 23 日。
② 《申报》，1949 年 1 月 25 日。
③ 冯学工等主编：《中国政党：统治大陆时期的中国国民党》，华文出版社 2002 年版，第 287 页。

地区。1948年11月4日国民党《中央日报》发表的《赶快收拾人心》的社论，就是李宗仁这一政策的理论依据。社论说："退一百步说，长江以南地区尚足可抵欧洲十余国，人口有二亿以上，出海便利，物资富饶，交通发达，较之北伐的凭借，其优厚不可同日而语。为什么要悲观？根本毛病就在自身。如果吾人能确实掌设并动员这一广大地区的人力物力，那么消灭共产党实绰有余力。"①

因而，在1948年7月18日，中共中央就做出《关于揭破国民党反动派和平阴谋的指示》，毛泽东在审阅这一指示稿时，认真分析了美、蒋、李三方的真实目的，提出了"变敌人的假和平运动为人民的真和平运动"的主张。他指出：

敌人和平运动公开出现以后，估计将产生两方面的作用。一方面，可能暂时迷惑一部分人民；另一方面，则将对国民党军队及其后方发生动摇和瓦解的作用。由于这后一种原因，国民党虽然正在准备发动和平阴谋，但仍有极大顾虑。针对这两方面的可能性，我党在全国范围内的揭露工作，应依敌方和平运动发动后的情况，一方面，坚决揭露敌人和平的欺骗性，使群众不被欺骗；另一方面，号召群众起来反对假和平，要求真和平。其具体要求，应是美国停止援助国民党，美军及美国军事代表团退出中国，取消中国对美国的一切卖国条约，国民党及其政府公开向人民承认发动内战的错误，惩办一切战争罪犯，取消伪宪伪国大及依据伪宪伪国大所成立的反动政府，召集人民代表大会，成立不包括反动派在内的民主联合政府，取消特务机关，实行言论集会自由，反饥饿，反迫害，没收官僚资本，实行土地改革。这样将美帝和国民党的假和平运动，转变为人民要求真和平的运动，以与人民解放军的攻势作战相配合，促进反动派瓦解崩溃的速度。在蒋管区提出上述口号时，应依群众情绪及环境所许可的情况有所增减，酌量提出，并须和群众生活上的迫切要求相配合，务使美帝和国民党更加孤立，而不使自己陷于孤立。②

十多天后，李济深、冯玉祥等民主党派领导人在香港提出了"利用美国务

---

① 《战后国际关系史》第一编《从反法西斯的第二次世界大战的胜利到中国革命的胜利（1945—1949）》（上），外交学院国际关系教研室编，1964年版，第339页。

② 《关于揭破国民党反动派和平阴谋的指示》（1948年7月18日），见《毛泽东文集》第5卷。

院及司徒促蒋下台，由李、冯主政，下令国军就地停战，不听命者以武力解决"的主张。中共中央8月1日致电中共上海局、香港分局，进一步分析了美、蒋和平运动的实质，要求我党在统一战线工作中灵活加以运用。这份由周恩来起草、毛泽东修改的电报指出：

按美国务院政策，现仍以支持蒋介石反共为主，同时对蒋无能及老吃败仗感不满。为迫蒋让出更多权力，为准备在蒋军更加崩溃时能够团结反动统治各派并企图团结一部分中产阶级分子共同反共起见，又正在进行各种阴谋活动，其中包括对我党试探和谈的可能性。到蒋介石真正无法统治下去时，则准备以李宗仁、何应钦等代替蒋介石。此时则希望与我党停战议和，以便取得喘息时间，重整兵力，然后卷土重来，消灭革命力量。……我们对于美帝这类阴谋是应当揭穿的，但对反动统治内部的分裂与倒蒋运动则应当利用，以促成他们间的更大分裂。我们对于李济深、冯玉祥一类中间派人士的倒蒋活动，不要无分析地一概反对，而应告诉他们美帝及李宗仁、何应钦等反动集团是靠不住的，我们赞成倒蒋是因为蒋倒之后对于解放战争的开展有利，而不是对美帝及李宗仁、何应钦等有任何幻想。相反，应在人民中随时揭破美帝和反动派的阴谋，以免上当。望你们体会上述策略，与李济深、冯玉祥、章伯钧、谭平山及其他中间派反蒋分子保持密切联系，尊重他们，多对他们作诚恳的解释工作；争取他们，不使他们跑入美帝圈套里去。是为至要。①

蒋介石新年文告发表后，毛泽东为新华社撰写了《评战犯求和》《四分五裂的反动派为什么还要空喊"全面和平"？》《国民党反动派由"呼吁和平"变为呼吁战争》《评国民党对战争责任问题的几种答案》《南京政府向何处去？》等一系列评论，揭露国民党利用和平谈判来保存反革命实力。

但是，为了粉碎敌人的和谈阴谋，尽快地结束战争，中共中央还是同意了进行和谈。从目前公布的史料看，中共最早同意与南京政府和谈的时间，是1949年1月13日。那天，毛泽东在给斯大林的回电中说：

"现在我们有充分理由倾向于拒绝国民党的和谈骗局，因为现在中国各阶级力量的对比已发生了根本的变化，国际舆论也对南京政府不利。据此，人民解放军今年夏天将可渡过长江和攻打南京。""我们深感不安的是，这一骗局将

---

① 《对中间派倒蒋活动应取的策略》（1948年8月1日），见《毛泽东文集》第5卷。

对人民产生很大影响,致使我们在政治上将被迫再走一次弯路,即不拒绝与国民党和谈。我们拖延组织联合政府,主要原因是想让美国人和国民党人把他们的王牌统统拿出来,而我们自己的王牌则在最后的时刻拿出。……一句话,我们已留下了充分回旋的余地,以便看看中国人民和国际舆论对国民党和谈骗局如何反应。"①

当然,和谈是有条件的,这就是以中国共产党提出的条件而不是以蒋介石提出的条件为谈判的基础。1月14日,毛泽东以中共中央主席的名义发表关于时局的声明,提出和平谈判的八项条件,对蒋介石新年文告中提出的五项条件做出了回应。声明说:

虽然中国人民解放军具有充足的力量和充足的理由,确有把握,在不要很久的时间之内,全部地消灭国民党反动政府的残余军事力量;但是,为了迅速结束战争,实现真正的和平,减少人民的痛苦,中国共产党愿意和南京国民党反动政府及其他任何国民党地方政府和军事集团,在下列条件的基础之上进行和平谈判。这些条件是:(一)惩办战争罪犯;(二)废除伪宪法;(三)废除伪法院;(四)依据民主原则改编一切反动军队;(五)没收官僚资本;(六)改革土地制度;(七)废除卖国条约;(八)召开没有反动分子参加的政治协商会议,成立民主联合政府,接收南京国民党反动政府及其所属各级政府的一切权力。中国共产党认为,上述各项条件反映了全国人民的公意,只有在上述各项条件之下所建立的和平,才是真正的民主的和平。②

中共八项和平条件提出后,国民党当局立即作出反应。15日下午,蒋介石召集张群、张治中、吴铁城、邵力子、李宗仁、孙科等开紧急会议,研究对付毛泽东"八项条件"的办法。会议决定:一方面为求内部团结,对"八项条件""暂不置答";另一方面对和谈"征求各省党政人员的意见"。蒋介石还约见民社党和青年党的代表及有关人员,讨论时局,交换对"八项条件"的意见。尽管国民党高层认为中共的"八项条件"是"压迫我政府作城下之盟,无条件向共党投降",但代总统李宗仁仍然决定"以中共八项条件为基础尽快举行国共和谈"。

---

① 袁南生:《斯大林、毛泽东与蒋介石》,湖南人民出版社2005年版,第512页。
② 《毛泽东选集》第四卷,人民出版社1991年版,第1389页。

国共双方围绕"和谈"展开政治宣传战：国民党企图先发制人，赢得更多支持，迫使中共在谈判中做出让步；中共中央在教育全党和革命人民识破国民党和谈阴谋的同时，采取谈判与军事准备同步进行的策略，防止国民党把和谈变成其拖延时间、进行战争准备的手段。

国民党虽然多次呼吁中共迅速开展和平谈判，但其内部围绕谈判的争斗并未停止，也未达成一致，和谈没开始，南京就对和谈有三派意见：一是孙科一派的"光荣和平论"；二是"C.C"一派的"全面和平论"；三是白崇禧的"备战求和论"。李宗仁虽然当上了代总统，但实际权力仍然握在蒋介石手中。李宗仁刚刚公开表态愿意在毛泽东八项条件基础上开展和平谈判，而已经下野的蒋介石则自浙江奉化溪口致函南京及上海的国民党军事、政治、党务、特务等各方面首领，命令他们必须作战到底。由人民解放军淮南前线截获的蒋介石给南京政府参谋总长顾祝同的密令称："总统离京赴杭，事先由计划步骤，政治方面交由李（宗仁）副总统及孙（科）院长负责，军事方面由总长负责，经济军事均有充分准备。共产党如无和平诚意，决与之作战到底，以求最后胜利。"① 此前，行政院在院长孙科主持下召开的高级会议作出的"先停战后和谈"的决议，也与蒋介石的态度如出一辙。这使中国共产党对国民党的和平诚意更加怀疑。于是，1月底，中共发言人就和平谈判问题发表谈话，重申和谈的前提："我们愿意在1月14日毛泽东主席对时局声明的基础之上和南京反动政府谈判和平解决的问题。"同时明确了谈判的地点，"大约将在北平"；谈判的时间"要在北平完全解放后才能确定"。② 李宗仁看得很明白，为了延缓内战，阻止共产党渡过长江，保住半壁江山，必须同共产党进行和谈。由此，双方围绕争夺民主党派的支持和谈判的时间、内容展开了政治宣传战。

为了拉住中共尽快坐到谈判桌上，李宗仁上台后立即策动京沪一带的教育界领袖和社会贤达如刘仲华、黄启汉等，飞抵北平，与中共接触。双方接触后，李宗仁于2月份派出两个"人民和平代表团"进行和平之旅。第一批是由"中国人民和平策进会"10名成员组成的、以邱致中为首席代表的南京"人民

---

① 谢毅主编：《向新中国迈进——1949年1月1日至10月1日纪事》，湖南教育出版社1999年版，第38页。

② 谢毅主编：《向新中国迈进——1949年1月1日至10月1日纪事》，湖南教育出版社1999年版，第34—35页。

和平代表团",于2月6日到达北平,11日返回南京。2月14日又派出由颜惠庆、章士钊、江庸为代表,邵力子以私人资格参加组成的第二批上海"人民和平代表团",携带李宗仁5点建议飞抵北平。由李宗仁亲自拟定的5点建议主要内容是:一、政府同意以政治方法解决国内一切问题;二、双方立即组织正式代表团,恢复和谈;三、和谈期间停止一切军事行动;四、今后国家建设应遵循下列原则:政治民主,经济平等,军队国家化,人民生活自由;五、今后外交方针应遵循平等互惠之原则。[1]

李宗仁的"和平"姿态,迷惑了一些人。在革命阵营内部,民族资产阶级、上层小资产阶级和他们的知识分子当中,尚有一些人对美国和李宗仁抱有幻想,支持李宗仁的和平活动。民主党派中也有少数人坚持中间道路的立场,有的幻想通过和谈保留国民党的一部分力量,以巩固中间派的地位;有的幻想吸收国民党的残余力量,以壮大自己;还有人写信给毛泽东,希望多给李宗仁、白崇禧保留一些东西。而李宗仁则企图利用代表中间势力的"第三方面"的支持与幻想,大谈其和平民主,采取新的手法,分化民主党派,阻止人民解放军渡江南进。

为了粉碎国民党的"和谈"骗局,1月25日,中共中央致电各中央局、分局,指出:"美国政府指挥国民党发动的和平攻势,在我党1月14日声明打击下,已起分化。死硬派中的少数反动头子在美国压力下,大谈其和平民主,企图欺骗人民,分化各民主党派,破坏我党领导下的政治协商会议,阻止我军渡江南进。我们必须在广大民众、各民主党派中揭露这种欺骗,尤其要注意争取中间派分子。即对国民党的'和平'阴谋,我党仍以政治斗争手段粉碎之,但不排斥、放弃军事打击的可能性。考虑到李、蒋矛盾,中国共产党的对策是尽可能地分化瓦解国民党,争取到李宗仁政府以和平方式解决国内问题。"[2] 同日,中共发言人发表谈话,一针见血地指出,最近一段时期国民党放出的和平空气,许多是虚伪的、装腔作势的,企图欺骗人民,以达其保存反动势力,获得喘息机会,然后卷土重来,扑灭革命力量之目的。全国人民应有清醒的头脑,决不可被那些伪善的空谈所迷惑。28日,中共发言人针对国民党军事法庭

---

[1] 李宗仁口述、唐德刚撰写:《李宗仁回忆录》,广西人民出版社1981年版,第658页。
[2] 庞松:《共和国年轮1949》,河北人民出版社2001年版,第111页。

宣布日本战犯、日军中国派遣军总司令冈村宁次大将无罪释放一事，发表谈话，严重警告南京政府：你们必须立即将冈村宁次逮捕监禁，不得违误。此事与你们现在要求和我们谈判一事，有密切关系。我们认为你们现在的种种作为，是在企图以虚伪的和平谈判掩盖你们的重整战备，其中包括勾结日本反动派来华和你们一道屠杀中国人民一项阴谋在内；你们释放冈村宁次，就是为了这个目的。[1]

在中国共产党领导下，各民主党派联合起来揭穿国民党的"和平"阴谋。已来李家庄的周建人、翦伯赞、田汉、胡愈之、韩兆鹗、严信民、吴晗、楚图南等，联名致电尚在上海的张澜、黄炎培、史良、陈铭枢、罗隆基等，指出"近闻敌方在沪活动，企图分裂民主阵线，淆乱社会视听，以自保全。诸公久居沪上，所闻所见，必更亲切。当能对反动派之阴谋彻底揭发，严予指斥，并请号召国民党经济区人民坚决依中共所提八条，实现真正和平，彻底消灭中国人民之敌人。"在沈阳的章乃器、施复亮、孙起孟等也致电在香港的俞寰澄及民主建国会诸同人，指出，现在国民党反动派的"和平攻势"方兴未艾，我们正在进一步以团体名义分别发言予以打击，请你们以在港理监事负责方式，陆续发言，以资配合。果然，各民主党派人士不受国民党当局各种手段的利诱与蒙骗，2月1日，李济深、沈钧儒、马叙伦、郭沫若、谭平山、彭泽民、章伯钧、李锡九、蔡廷锴、周建人、符定一、章乃器、李德全、胡愈之、沙千里、茅盾、朱学范、陈其尤、黄振声、朱蕴山、邓初民、翦伯赞、王绍鏊、吴晗、许广平、楚图南、丘哲、韩兆鹗、许宝驹、田汉、洪深、侯外庐、沈兹九、宦乡、杨刚、曹孟君、李文宜、罗叔章、刘清扬、张曼筠、施复亮、孙起孟、严信民、李民欣、梅龚彬、沈志远、周颖、安娥、吴茂荪、何惧、林一元、赖亚力、孔德沚、袁震、沈强、王蕴如等56名民主党派人士，联名致电中共中央，拥护毛泽东的八项和平条件，揭露南京政府"求喘息谓为求和平，待外援名曰待谈判。口诵八条，手庇战犯，眼望美国，脚向广州"的假和平面目，使李宗仁"争取第三方面"的努力归于失败。

与此同时，中国共产党采取把国民党桂系与蒋介石集团区别对待的策略。

---

[1] 谢毅主编：《向新中国迈进——1949年1月1日至10月1日纪事》，湖南教育出版社1999年版，第41页。

1月底，李宗仁派遣的第一个和平代表团来到北平后，毛泽东批示有关部门："望要刘仲容即去告李、白绝不要相信蒋介石的一套，桂系应准备实行和蒋系决裂，和我方配合解决蒋系，才能在人民面前和蒋系有所区别。"2月1日，中共中央就李宗仁派代表抵北平一事致电彭真、叶剑英等，表明中共立场："如其果有反蒋、反美，接受毛主席八项条件要求的真意，即应迅速与蒋决裂。""如李、白托黄、刘转告之言，纯系骗局，则中共便无此余暇与之敷衍。"10日，中共中央再电复彭真、叶剑英等："你们可向桂系有关的代表暗示，只要桂系今后行动站在有利于人民解放事业及能达成真正持久和平之目的，我们是不会拒绝他们的。"① 根据中共中央和毛泽东的指示，中共以北平市军管会主任叶剑英为代表热情接待了李宗仁派来的3批人马、两批正式代表团。

最先接待的是李宗仁的私人代表刘仲华、黄启汉。刘仲华转达李宗仁的意见说，李原则上同意毛主席的八项条件，并相信中共没有李、白也能取得胜利，而李在南京并无多少实力，故愿意到革命方面来，李只是想在蒋介石走后，拿到政权再与中共言和。叶剑英向其说明，如果李宗仁果真有反蒋反美接受毛主席八项条件的真意，就应当迅速与蒋决裂，逮捕蒋介石在南京的嫡系将领和特务头子，以便站稳脚跟，进行和谈。否则李必然一事无成。李宗仁对会谈的结果十分满意。他虽然对逮捕蒋介石在南京的嫡系将领一事感到为难，但对推动和谈十分坚决。他向回宁报告与中共会谈情况的黄启汉表示：（1）决心推动全面和谈，如遇少数人反对，则准备在政治上军事上尽力对付；（2）决不依靠外援打内战，一旦和谈开始，他愿就此发表公开声明；（3）以毛先生八项条件为基础，绝对不成问题；（4）绝无隔江而治之企图。唯希望中共能正式承认李为和谈对象，并对八项条件中关于战犯一项略加变通，因此项目前事实上难以实现，非新政府去做不可。李宗仁甚至表示很想能和毛泽东密谈一次。

2月7日，南京"人民和平代表团"到达北平后的第二天，叶剑英即同代表团成员进行了长谈。10名代表提出了3个方面意见：一、相信蒋无和平诚意，李、白亦不足望，但蒋、桂矛盾应该利用。二、另立新中央，不如利用和谈占有旧中央，因旧中央已为国际及民众所承认，占据旧中央便于顺利占据全中国，更便于号召全中国及发布讨伐令。三、与桂系和谈成功，则西起宜昌，

---

① 《中国新民主革命通史》第12卷，上海人民出版社2001年版，第592页。

东至上海,即可解放,如此蒋只剩赣、闽、粤、台四省,如此则不仅更容易取胜,而且可以大大减少人民和解放军的各种损失。① 叶剑英表示:中共并不反对采用和平方式解决问题,问题在于能否获得真正的和平,只要桂系今后的行动确是站在有利于人民解放事业的立场上,并能达成真正的持久和平的目的,中共不会予以拒绝。

一周后,上海"人民和平代表团"也来到北平。由于这个代表团的成员均为社会名流或国民党的上层人士,且年事已高,中共中央当即决定在北平的高级负责人林彪、罗荣桓、董必武、聂荣臻均出面接见,谈话仍以叶剑英为主。17日,北平召开欢迎大会,副市长徐冰出席并讲话;18日,董必武、林彪、罗荣桓、聂荣臻、叶剑英等宴请代表团一行,进行了深入的谈话。20日,还邀请他们参加招待民主人士的400人宴会。

在与代表团4名成员的会谈中,叶剑英首先说明了中共的和平诚意,但强调了坚持八项条件的必要性。他指出,李先生感到困难的是第一条,其实第一条我党不提出,人民也会提出的,战争的责任问题必须区分清楚。至于战犯名单则并非不可改变,问题在于列上名单者要想洗清罪责,必须将功折罪。只要对人民有功劳,人民就可以重新考虑他的问题。代表团主要成员颜惠庆则坦率地说明,中国确实需要改革,当年他们都曾希望过国民党,现在失败了,如果中国共产党仍不能解决中国的问题,那中国还能指望谁呢?他们并不在乎哪一党出来执政,因此他们衷心希望中共成功。只是他们认为领袖不能走得太快,因为人民觉悟有限,不能天天跑步。换言之,问题要一步一步解决,不要操之过急。比如中共的条件似乎就可商量,如可否将战犯一项移后一点?否则调子唱得太高了,只有蒋介石高兴,因为他一看就知道和平不能实现。目前无论如何应该造成和谈的环境,大家见见面,使主战派而不是主和派陷于孤立,因为国人都希望和平。

此后几天,代表团成员都提出会见毛泽东、周恩来的请求。经请示,中共中央于20日致电叶剑英并告林彪、罗荣桓、彭真:"请告颜、邵、章、江,毛主席欢迎他们来谈",欢迎傅作义、邓宝珊一道来此一谈。于是,22日,代表团全体成员和傅作义、邓宝珊等6人同机抵达中共中央所在地西柏坡。23日,

---

① 杨奎松:《失去的机会?战时国共谈判实录》,广西师范大学出版社1992年版,第282页。

毛泽东、周恩来、任弼时等中共主要领导人会见了颜惠庆、邵力子、章士钊、江庸、傅作义、邓宝珊等。毛泽东一见面就说："你们为和平远道而来，共产党是爱好和平的，有什么事尽可商量。只是时间、地点、人选值得考虑。"此后，周恩来同他们就和平谈判和南北通航、通邮等问题广泛交换了意见。24日，双方达成了八点秘密协定：

（一）谈判以中共与南京政府各派同数代表为之，地点在石家庄或北平。（二）谈判方式取绝对秘密及速议速决。（三）谈判以中共1月14日声明及所提八项条件为基础，一经成立协议立即开始执行。其中有些部分须待联合政府办理者，在联合政府成立后执行之。（四）谈判协议发表后，南京政府团结力量与中共共同克服可能发生之困难。（五）迅速召集新政协成立民主联合政府。（六）南京政府参加新政协及参加联合政府之人选，由中共（包括民主人士）与南京政府商定之。（七）南方工商业按照原来环境，依据中共城市政策充分保障实施。（八）有步骤地解决土地问题，一般先进行减租减息，后行分配土地。①

这一秘密协定的达成，确定了和谈的基础和地点，为正式的和平谈判铺平了道路。颜惠庆等回到上海时，在机场发表谈话，指出："全国人民都希望和平，政府和共产党双方也都希望和平。现在和平之门已开，虽然困难尚多，而希望甚大，和平代表团此行任务已了。今后和谈进行，当由政府与共产党双方开会商讨。"

之后，双方积极进行谈判的各项准备。

南京政府方面，李宗仁于2月25日召集会议，确定了和谈三项基本指导原则："（1）和谈必须建筑在平等的基础上，我们绝不能让共产党以胜利者自居，强迫我们接受不体面的条件。（2）鉴于铁幕后面的附属国形势混乱，我们不能同意建立以共产党为统治党的联合政府。我们应该建议立即停火。在两党控制区之间划一条临时分界线。（3）我们不能全部接受所谓八条，而只同意在两政府共存的条件下讨论八条。"②

这个指导原则与秘密协议的内容相去甚远，暴露了其"划江而治"的真实

---

① 庞松：《共和国年轮1949》，河北人民出版社2001年版，第116页。
② 《中国新民主革命通史》第12卷，上海人民出版社2001年版，第595页。

意图。李宗仁也知道，中共是不可能以他的三项原则为基础进行谈判的。明知不可为，反而为之，反映出其对于臣服于中国共产党心有不甘的矛盾心理。同时，这也是国民党内部主战派与主和派斗争的结果。

蒋介石虽然宣布"引退"，但仍以国民党"总裁"的身份控制党、政、军、特务部门，不时散布不利和谈的言论，阻挠李宗仁宣布实行的"八大和平措施"。蒋的态度促使主战派公开反对和谈。1月29日，参谋总长顾祝同向国民党军发出密令，声称"吾人为捍卫国家民族及党与军之生存，应下最大决心，与之（指中共）势不两立，坚持长期从事自救、自卫与救民之战争"。为抗议李宗仁和谈，行政院院长孙科主持行政院会议作出决议，从2月4日起，行政院移往广州办公。远在溪口的蒋总裁作出指示，国民党中央党部移往广州办公，国民党中政会、中常会也移往广州办公。蒋介石还利用经济力量拉拢在沪立法委员，要他们到广州去复会。2月7日，孙科在广州发表谈话，声称"共党所提出惩办战犯一节，系绝对不能接受者"。9日，南京政府国防部政工局长邓文仪在上海发表《和平与战争》的发言，提出所谓"四点意见"：一、"政府要和"；二、"中共要战"；三、"北平局部和平成了骗局"；四、"备战以言和，能战方能和"，"不惜牺牲一切，与共产党周旋到底"。19日，蒋介石指责李宗仁以毛泽东八项条件为和谈基础，简直等于投降。这使李宗仁陷入孤立地位，处于既不能战，又不能和的处境。

为走出困境，实现其"划江而治"的体面和平，李宗仁采取了各种方法来逼迫蒋介石交权。他请求美国协助，以阻止蒋介石"干涉政府和军队的事务"，并把一切权力和国家资财"移交给他"。他还亲自写信给蒋介石，表示如蒋介石不停止干预，他将"决心引退，以谢国人"，并派吴铁城、张治中等人赴溪口劝蒋介石出国。同时，李宗仁利用立法院、监察院对他的支持，并拉拢张发奎、余汉谋、薛岳、陈济棠等广东地方实力派，向孙科施加压力，迫使孙科于2月28日将行政院迁回南京，并于3月8日辞职。虽然逼蒋交权、出国的目标没有实现，但促成了蒋介石同意改组内阁。3月12日，终于组成了由李宗仁主导的新内阁，具体是：行政院长何应钦、秘书长黄少谷、内政部长李汉魂、外交部长叶公超（代）、财政部长刘攻芸、国防部长何应钦（兼）、总参谋长顾祝同、教育部长杭立武、审计部长林云陔。李宗仁赋予新内阁两大急务：第一，组织正式代表团与中共和谈；第二，谋求内部安定团结，以便进行政治改革，释放政治犯，制止通货膨胀并加强江防。

根据李宗仁授权，何应钦就如何进行和谈，先后4次召开由邵力子、章士钊、李蒸、翁文灏、彭昭贤、贺耀祖、黄少谷等人参加的会议进行研究。做出了三项决定：（一）为会商和谈问题的便利，建议请国民党中央常务委员会和中央政治委员会改在南京开会；（二）为指导和谈进行事宜，请李代总统、何院长，并由中央常务委员会、中央政治委员会联席会议公推委员3人，共同组织指导委员会；（三）和谈不另订方案，只就中共所提八项作基础，加以研究、酌定原则性限度，由和谈代表负责进行。最后把第四次会议研究的"原则性限度"写成了一个腹案，作为到北平商谈的依据。全文如下：

预拟与中共商谈之腹案

一、双方既确认以和平商谈解决国是为全国人民之要求，则双方所应商谈者，端在国家元气之如何保存、人民痛苦之如何解除、国家政策之如何拟定及政治制度之如何建立，以谋长治久安，是以关于战争责任问题，不应再提。

二、同意重定新宪法，此新宪法之起草，我方应有相当比例之人数参加。

三、关于法统问题，与前项有连带关系，可合并商讨。

四、双方军队应分期分年各就驻在区域自行整编，并应树立健全的军事制度，俾达成军队国家化之目的，至分期整编时双方应保留之军队数字，另作商讨。

五、"没收官僚资本"一节，原则同意，但须另行商定施行条例办法。

六、"改革土地制度"一节，原则同意，但须另行商定施行条例办法。

七、关于"废除卖国条约"一事，将来由政府根据国家独立自主之精神、平等互惠之原则，就过去对外签订条约加以审查，如有损害国家领土主权者，应予修改或废止。

八、同意召开政治协商会议，并由该会产生联合政府，唯在该会议与联合政府中，我方与共方应以同等名额参加，其属于第三方面人士之名额，亦于双方区域中各占其半。

九、代表团抵平后，即向中共提出双方应于正式商谈开始之前，就地停战，并参酌国防部所拟停战意见进行商谈。①

---

① 《张治中回忆录》下册，文史资料出版社1985年版，第792—793页。

腹案提出后，张治中于 3 月 29 日专程到溪口向蒋介石做了汇报。在蒋看后表示"我没有什么意见"，才正式定案。后来谈及蒋已下野，为什么还要向其请示谈判事宜时，张治中说道：一是蒋虽退到溪口，但到底力量还在他手上，如果得不到他同意，即使商谈得到协议，也没用。二是溪口之行对国民党在京沪的顽固势力具有震慑的作用。三是蒋为国民党总裁，作为国民党党员，向其请示工作是必要的。

在中共方面，在党的七届二中全会（3 月 5 日至 13 日）上制定了与南京政府谈判的方针。毛泽东指出：

"我们正在准备和南京反动政府进行谈判。南京反动政府方面在这个谈判中的推动力量是桂系军阀，国民党主和派和上海资产阶级。他们的目的是使联合政府中有他们一份，尽可能地保存较多的军队，保存上海和南方资产阶级的利益，力求使革命带上温和的色彩。这一派人承认我们的八条为谈判基础，但是希望讨价还价，使他们的损失不要太大。企图破坏这一谈判的是蒋介石及其死党。蒋介石还有 60 个师于江南一带，他们仍准备作战。"

"我们的方针是不拒绝谈判，要求对方完全承认八条，不许讨价还价。其交换条件是不打桂系和其他国民党主和派；一年左右也不去改编他们的军队；南京政府中的一部分人员允许其加入政治协商会议和联合政府；对上海和南方资产阶级的某些利益允许给以保护。这个谈判是全面性的，如能成功，对于我们向南方进军和占领南方各大城市将要减少许多阻碍，是有很大益处的。不能成功，则待进军以后各个地进行地方性的谈判。谈判时间拟在 3 月下旬。"[①]

到 3 月 17 日，中共就基本确定了谈判的时间。那天，中共中央军委就渡江日期及攻占浦江、炮击南京问题给第二、第三野战军发出指示，指出，渡江战斗的日期确定为 4 月 10 日，而和平谈判之日期，则应在 4 月 1 日或 4 月 5 日，以便在南京代表到达北平开始谈判 10 天或 5 天后，我军即实行渡江，迫使对方或者签订有利于人民的和平协定，或者因破坏和谈而担负起继续战争的责任。因此，攻占浦口、浦镇的时机就在南京代表到达北平的那一天，或者在南京代表到达北平之后的一天，而不要过早或过迟。至于攻占浦口、浦镇之后，是否炮击南京，则要看谈判情形如何才能决定。谈判有利于我，则不要炮

---

① 毛磊等主编：《国共两党谈判通史》，兰州大学出版社 1996 年版，第 332—333 页。

击；谈判破裂，则要炮击。因为浦口、浦镇一被占领，南京政府的大部分人员势必立即跑散，不利于协定的签订，不利于我军和平地接收南京政府，所以，攻占浦口、浦镇的时间，必须由中央临时决定。①

26日，中共中央正式公布了关于和南京政府举行谈判事宜的方针。中共中央决定：（一）谈判开始时间为4月1日；（二）谈判地点为北平；（三）派周恩来、林伯渠、林彪、叶剑英、李维汉为代表（4月1日加派聂荣臻为代表），周恩来为首席代表，与南京方面的代表团举行谈判，按照1月14日毛泽东主席对时局的声明及所提八项条件为双方谈判的基础；（四）将上列各项经广播电台即日通知南京政府，要求他们按照上述时间和地点，派遣其代表团，携带为八项条件所需的必要材料，以利谈判举行。②

在决定与南京政府进行谈判的同时，中共中央也从军事、政治等方面对和谈成功与破裂做了两手准备：

一方面，对渡江作战进行了充分准备。1949年2至3月，中共中央军委依据向长江以南进军的既定方针，命令人民解放军第二、第三野战军和中原、华东军区部队，统归由第二野战军司令员刘伯承、政治委员邓小平和第三野战军司令员兼政治委员陈毅、副司令员粟裕、副政治委员谭震林组成的总前委指挥，准备在5月汛期到来之前，由安庆、芜湖、南京、江阴之线发起渡江作战，歼灭汤恩伯集团，夺取国民党政权的政治经济中心南京、上海以及江苏、安徽、浙江省广大地区，并随时准备对付帝国主义可能的武装干涉。同时决定，第四野战军以第十二兵团部率第四十、第四十三军约12万人组成先遣兵团，由平津地区南下，归第二野战军指挥，攻取信阳，威胁武汉，会同中原军区部队牵制白崇禧集团，策应第二、第三野战军渡江作战。

为贯彻中共中央军委的战略部署，2月8日，总前委书记邓小平在商丘主持由中原局负责同志参加的总前委会议，具体讨论渡江作战的时间、部署、战勤准备等问题，最后形成《关于渡江作战方案和准备工作意见》上报中共中央军委。这个作战方案计划采取5个兵团从江阴至扬中、南京东西、芜湖东西、

---

① 谢毅主编：《向新中国迈进——1949年1月1日至10月1日纪事》，湖南教育出版社1999年版，第110—111页。

② 《人民日报》，1949年3月27日。

铜陵至贵池、安庆东西等地一线展开。另两个兵团以 1 个军进到黄梅、宿松、望江段佯攻，以 5 个军作为总预备队紧随最先突破部队渡江牵制，渡江时间初步定于 5 月底洪水发生之前。9 日，毛泽东为中共中央军委起草致刘伯承、陈毅、邓小平、粟裕、谭震林并告林彪、罗荣桓电，对渡江作战进一步部署。指出："林罗军决在平津地区休整至 3 月底为止。在此期间，须改编与溶化 20 万傅作义军，修复津浦路津济段及平汉路郾城驻马店段，并夺取太原。4 月上旬你们开始渡江行动时，林、罗即由铁路先运 2 个军至 3 个军共约 12 万至 18 万人直达信阳，夺取信阳、孝感之线，威胁汉口，使武汉方面之敌不敢轻动。林罗主力，亦于该时步行南下。"① 3 月上旬，毛泽东、周恩来在七届二中全会期间，同邓小平、陈毅、谭震林等一起研究了渡江作战问题，决定于 4 月份发起渡江作战，歼灭汤恩伯集团，夺取国民党统治中心京沪地区，并准备粉碎美国可能的武装干涉。以第四野战军第十二兵团会同中原军区部队，钳制武汉的白崇禧集团，策应第二、第三野战军渡江作战。

总前委依据中共中央军委的意图和国民党军的部署以及长江中下游地理特点，于 3 月 31 日制定了《京沪杭战役实施纲要》，决定组成东、中、西 3 个突击集团，采取宽正面、有重点的多路突击的战法，于 4 月 15 日在江苏省靖江至安徽省望江段实施渡江作战，首先歼灭沿江防御之敌，尔后向南发展，夺取南京、上海、杭州等城市，占领江苏、安徽省南部及浙江全省。

参加渡江作战的人民解放军各部队，于 3 月初至 4 月初先后进抵长江北岸，开展战役的各项准备工作，进行形势任务和新区城市政策纪律教育；侦察国民党军的防御部署、工事和长江水情、两岸地形；在地方党组织的帮助下筹集、修理船只，到渡江前夕，共筹集各型木船 9400 余只，培训了数千名部队选调的水手；开展以强渡江河和水网稻田地作战为主要内容的战术、技术训练等。在中共中央华东局和中原局的统一部署下，地方各级党政机关竭尽全力动员和组织广大人民群众进行支前工作，仅随军参战的船工即达 1 万余名，临时民工达 300 万人，山东、苏北解放区还组建了 16 个民工团随军服务。与此同时，各兵团还以一部兵力拔除了枞阳、土桥、仪征、三江营等长江北岸国民党

---

① 《毛泽东年谱（1893—1949）》下卷，人民出版社、中央文献出版社 1993 年版，第 452 页。

军据点 10 余处，从北岸控制了长江航道，为主力渡江开辟了道路。

另一方面，对一旦谈判成功的履行协议问题开始考虑。毛泽东要求全党："我们既允许谈判，就要准备在谈判成功以后许多麻烦事情的到来，就要准备一副清醒的头脑去对付对方采取孙行者钻进铁扇公主肚子里兴妖作怪的政策。只要我们精神上有了充分的准备，我们就可以战胜任何兴妖作怪的孙行者。无论是全面的和平谈判，或者局部的和平谈判，我们都应当这样去准备。我们不应当怕麻烦、图清静而不去接受这些谈判，我们也不应当糊里糊涂地去接受这些谈判。我们的原则性必须是坚定的，我们也要有为了实现原则性的一切许可的和必需的灵活性。"①

中共的上述努力，促使双方代表在谈判桌上很快就许多重大问题达成一致和谅解。

李宗仁派出和平使者与中共紧张谈判，蒋介石却坐镇南国指挥部署江防，训练军队。国民党死硬派的顽固反共、主和派关键时刻的犹豫动摇，最终葬送了充满希望的国内和平。

1949 年 4 月 1 日下午 2 时，"南京政府和平商谈代表团"一行 20 多人乘飞机来到北平。参加和谈的正式代表 6 人：张治中（首席代表）、邵力子、章士钊、黄绍竑、李蒸、刘斐；顾问 4 人：刘仲华、屈武、李俊龙、金山；秘书长：卢郁文。另有秘书 10 人、随员 5 人。代表团抵达北平后，北平市副市长徐冰、中共和谈代表团秘书长齐燕铭、第四野战军参谋长刘亚楼等到机场迎接。当晚 6 点，周恩来、林伯渠、林彪、叶剑英、李维汉、聂荣臻等到他们下榻的东交民巷的六国饭店设宴欢迎。饭后，周恩来、林伯渠邀请张治中、邵力子交谈，商定谈判的具体方式。鉴于南京政府不提谈判的具体方案，想先听中共的意见，双方就商定谈判分为两个阶段：在非正式阶段，用 3 至 4 天时间进行个别交谈；在正式阶段，由中共提出一个方案，从 5 日开始进行正式谈判。实际上由于双方的分歧较大，个别商谈一直到 12 日才结束。

2 日，按照前一天商定的办法，周恩来、叶剑英、林伯渠、聂荣臻、林彪分别与张治中、黄绍竑、章士钊、邵力子、李蒸、刘斐进行了个别交谈。从第一天谈的情况看，双方争执的焦点集中在战犯问题上。南京政府方面的多数代

---

① 毛磊等主编：《国共两党谈判通史》，兰州大学出版社 1996 年版，第 333 页。

表认为，我们是第二号战犯（即李宗仁）派来的，第二号战犯怎么能办第一号战犯（指蒋介石）呢？这件事根本办不通。纵然签了字，不仅南京不会同意，而且我们根本就回不了南京了。

鉴于此，当日晚上，周恩来在徐冰、王炳南、齐燕铭陪同下，于六国饭店接见了南京政府派驻谈判现场、充当信使的李宗仁私人代表黄启汉。周恩来首先问："黄先生对南京代表团来和谈，有什么看法？"黄启汉说：他们既然同意在毛主席提出的八项条件基础上来谈，照理，谈起来不应该有很大的困难，困难还是在将来实行的时候，可能会遇到很大的阻力。周恩来接过话茬说："现在就是他们并没有接受八项原则为基础。根据……和他们6个代表个别交换意见的情况看，除邵力子外，其余几个人都异口同声地说'惩治战犯'这一条不能接受。这是什么话呢？李宗仁不是公开宣布承认毛主席提出的八项原则为谈判基础的吗？怎么，代表团来了，又变卦了呢？""还有，南京代表团到北平来之前，张治中还到溪口去向蒋介石请示，这就产生另一个问题，你们代表团究竟是代表南京还是代表溪口呢？这两个问题不解决，和谈怎么进行呢？明天，代表团的专机回南京，黄先生是不是走一趟，回到南京去把这两个问题向李宗仁问个明白。看来，原定4月5日开始正式和谈，也得推迟了。"在第二天上午黄启汉临行前，周恩来又单独接见了他，说：蒋介石不顾全国人民要求和平、民主、统一的愿望，不顾中国共产党为防止内战的真诚努力，悍然发动全面内战，给人民带来了重大损失和痛苦。现在经过辽沈、平津、淮海三大战役的较量，国民党主力部队已被歼灭殆尽，可以说，内战基本结束，剩下的不过是打扫战场而已。但为了尽快地收拾残局，早日开始和平建设，改善人民生活，在毛主席提出的八项原则基础上进行和谈，我们还是欢迎的。但南京来的代表团，却想对这八项原则讨价还价，这是我们不能容许的。本来，我们对蒋介石及其死党，就不存在任何幻想，倒是希望那些错跟蒋介石走的人，应该认清形势，猛醒回头了。你回到南京告诉李先生和白先生，人民解放军完全有足够的力量在全国范围内扫除和平的一切障碍，希望两位先生不应该对帝国主义有幻想，不应该再对蒋介石留恋或恐惧，应该团结一切可能团结的力量，坚决向人民靠拢，也只有这样，才是他们唯一的光明的出路。

周恩来进一步要黄启汉转告李、白几点具体意见：

（1）在和谈期间，人民解放军暂不渡过长江；但和谈后，谈成，解放军要渡江，谈不成，也要渡江。(2) 白崇禧在武汉指挥的国民党军队，应先撤退到花园（在汉口北）以南一线。(3) 希望白在安徽让出安庆。(4) 希望李宗仁在任何情况下，都不要离开南京，能够争取更多的国民党军政人员同留在南京更好。考虑到李的安全，他可以调桂系部队一个师进驻南京保护。万一受国民党军攻击，只要守住一天，解放军就可以到来支援了。[1]

这天晚上，毛泽东在周恩来陪同下，来到双清别墅看望白崇禧派来的秘密代表刘仲容，并请他代为转达中共对李、白的和平诚意。毛泽东说：现在和谈即将开始，我想请你回南京走一趟，对李宗仁、白崇禧两先生再做做工作，再促一促，争取他们在此历史重要时刻，能认清形势，向人民靠拢。刘仲容愉快地接受了毛的使命。毛泽东严肃认真地说：

你可以向李、白两先生转达以下几条：一、关于李宗仁先生的政治地位，可以暂时不动，还是当他的代总统，照样在南京发号施令。二、关于桂系部队，只要不出击，我们也不动他，等到将来再具体商谈；至于蒋介石的嫡系部队，也是这样，如果他们不出击，由李先生做主，可以暂时保留他们的番号，听候协商处理。三、关于国家统一问题，国共双方正式商谈时，如果李先生出席，我也亲自出席；如果李先生不愿来，由何应钦或白崇禧当代表也可以，我方则派周恩来、叶剑英、董必武参加，谈判地点在北平，不能在南京。双方协商取得一致意见后，成立中央人民政府。到那时，南京政府的牌子就不要挂啦。四、现在双方就要开始和平谈判，美国和蒋介石反动派是不甘心的，他们一定会插手破坏，希望李、白两先生要拿定主意，不要上美帝国主义和蒋介石的大当。

另外，白崇禧不是喜欢带兵么？他的桂系部队只不过十来万人，将来和谈成功，一旦成立中央人民政府，建立国防军的时候，人尽其才，对国家也有好处嘛。白先生要我们军队不过江，这办不到。我们大军渡江以后，如果他感到孤立，也可以退到长沙再看情况；又不行，他还可以退到广西嘛。我们来一个君子协定，只要他不出击，我们三年不进广西，好不好？

你看，我们是不是煞费苦心哪？这样做，不是我们没有力量打败他们，而

---

[1] 毛磊等主编：《国共两党谈判通史》，兰州大学出版社1996年版，第339—340页。

是让人民少受点损失。①

中共中央除了动员刘仲容回宁传递中共对李、白的善意，还动员代表各民主党派的朱蕴山、代表李济深的李民欣、代表参谋总长顾祝同的刘子衡一道回宁。

在刘仲容一行临行前，中国国民党革命委员会主席李济深和南京和谈代表邵力子先后到六国饭店看望他。邵力子请黄启汉转告李、白："蒋介石为首的死硬派是没有希望的，只有希望桂系在武汉、南京、广西局部接受和平解放，这对整个局面就可以起推动作用。"李济深请黄启汉转告李宗仁"务必当机立断，同帝国主义和蒋介石决裂"，只要李宗仁见诸行动，将来组织联合政府，民主党派负责人都愿意支持他担任联合政府副主席，支持白崇禧带兵。②

此后，中共中央继续向南京方面释放善意。4日，毛泽东为中共中央军委起草致萧劲光、陈伯钧、唐天际、解沛然（解方）、潘朔端并刘伯承、张际春、李达、中原局、邓小平、饶漱石、陈毅电，指示："我们已和白崇禧代表刘仲容商定，黄冈、阳逻、仓子埠、黄陂、花园、孝感、汉川、蔡甸、黄陵矶之线及其以南地区，我军暂不进占，使武汉不感震动，大商巨绅不致逃跑，将来我军进占该线及武汉地区时，用和平接收方法，免遭破坏。""其余宜昌至武穴线上长江北岸要地，凡我军已占者照旧，凡我军未占者一律暂不进占，以利和平接收。""李宗仁代表黄启汉昨（江）日由北平返南京，除传达上项旨意外，并传达我方允许安庆方面桂军向南京或向武汉撤退。请刘、张、李即作准其撤退之部署，并令前线派人与守军试行联络。"③ 5日，毛泽东函告周恩来：陈赓兵团即日由麻城出发，经浠水、广济、黄梅，向宿松、望江前进，限4月15日以前到达。"请再告刘仲容不要忘记到南京后，叫李宗仁速即告白崇禧，将上述各地及安庆守军火速撤退，愈快愈好，至迟不得超过4月10日，否则守军将被歼灭。"④

---

① 毛磊等主编：《国共两党谈判通史》，兰州大学出版社1996年版，第341—342页。
② 谢毅主编：《向新中国迈进——1949年1月1日至10月1日纪事》，湖南教育出版社1999年版，第137页。
③ 《毛泽东年谱（1893—1949）》下卷，人民出版社、中央文献出版社1993年版，第473—474页。
④ 《毛泽东年谱（1893—1949）》下卷，人民出版社、中央文献出版社1993年版，第474页。

在中共为推动和谈积极努力的同时,坐镇溪口的蒋介石忙着破坏和谈。他于4月2日向国民党中央党部发出关于和谈原则的三条指示,即:(一)和谈必须先订停战协定;(二)共军何日渡江,则和谈何日终止;(三)其破坏责任应由共方承担。据此,国民党第181次中常会于6日通过《关于和谈问题之决议案》,即:(一)如共军在和平谈判进行期间实行渡江,则宣告和谈破裂;(二)为履行联合国宪章所规定的国际责任,对于以往的外交政策应予维持;(三)为切实维护人民之自由生活方式,应停止一切实行暴力之政策;(四)双方军队应在平等条件下各就防区自行整编,整军方案必须有双方相互尊重同时实行之保证;(五)政府之组织形式及其构成分子,以确能保证上列(二)(三)(四)项原则的实施为条件。[①] 国民党中央突然提高谈判价码,使南京谈判的代表们对谈判成功的希望顿时暗淡下来。他们不仅知道这种做法中共绝对不会接受,而且相信这样一来必然使谈判更加困难。这次中常会还决议设置"和谈特种委员会",以李宗仁、何应钦、于右任、居正、孙科、张群等11人为委员,"协助政府负责同志,处理和谈有关问题"。国民党中央当局并一再强调上述"原则",屡次来电强调,要李把和谈进行详情"随时报告党的中央"。其意在于以国民党的"党统"来约束李宗仁的行止,使其不敢违反国民党中央的既定"原则"。在此情况下,李宗仁只得求助美国。4月6日,他派甘介侯去美国驻华使馆,将和谈情况向司徒雷登大使通报,希望美国出面反对中共渡江。但大使表示,在目前情形下,美方不便干预,且希望双方谈出一个好的结果。这一答复令李宗仁十分失望,他不得不再次回到与中共合作的轨道上。4月7日夜,李宗仁致电毛泽东,表达和平诚意,同时也提出了变相修改八项条件核心内容的意见。毛泽东当即回电:"贵方既然同意以八项条件为谈判基础,则根据此八项原则以求具体实现,自不难获得正确之解决。战犯问题,亦如此,总以是否有利于中国人民解放事业之推进,是否有利于和平方法解决问题为标准,在此标准下,我们准备采取宽大的政策。"[②]

双方最高领导人对于八项条件的理解虽然相去甚远,但谋和确是一致的。毛泽东与李宗仁的电文通过报纸电台刊播后,对于和谈起到了一定推动作用。

---

① 杨奎松:《失去的机会? 战时国共谈判实录》,广西师范大学出版社1992年版,第291页。
② 《毛泽东年谱(1893—1949)》下卷,中央文献出版社1993年12月版,第477页。

于是，从 4 月 8 日起，中共由毛泽东出面，与南京政府的 6 名代表分别会见，进行深入商谈。8 日与张治中谈，9 日与邵力子、章士钊谈，10 日与黄绍竑、刘斐谈，11 日与李蒸、卢郁文谈。南京政府谈判代表所涉及的意见基本体现在首席代表张治中所反映的意见上。毛泽东在与张的谈话中基本作了答复。

（1）关于战犯问题。张治中说，蒋介石已经下台，一切交由李宗仁主持，并明确表示愿终老还乡，终身不复担任国家职务，为便利和谈进行，希望战犯问题不要写入条文。毛泽东表示：可予考虑宽大处理。

（2）关于组设联合政府问题。张治中认为重庆政协政治民主化原则及当时达成协议的具体方案，如按此办理，国民政府当将权力移交给新政府。毛泽东表示：联合政府还不知何时成立，或许两三个月、三四个月都说不定。在这段时间，南京政府当照常行使职权。不要散掉了，不要大家都跑了，南京就散了。

（3）关于今后建设问题。张治中表示，国民党执政 20 多年，没能遵循孙中山先生遗教进行建设，我们愧对国家人民，今后是你们执政了，你们怎样做，责任是重大的。毛泽东说：今后，我们大家来做，是大家合作做的。当前最重要的是共同一致来结束战争，恢复和平，以利在全国范围内开始伟大的生产建设。

在就主要问题反复交换意见的基础上，从 13 日开始进行正式谈判。当日早上，中共首席代表周恩来将中共代表团起草的《国内和平协议草案》送交给南京政府代表团，并通知当晚开始正式会议。

当晚 9 时，双方第一次正式会谈在中南海勤政殿举行。中共首席代表周恩来首先就《国内和平协议草案》的具体条款做了详细说明。尔后，南京政府首席代表张治中就《草案》依据毛泽东的八项条件而提出的包括前文部分战争责任在内的 8 条 24 款具体办法，阐述己方的观点。他说：

关于《国内和平协议草案》前文一段，我们很了解过去这一个战争的责任问题，更明白前文中所指出的两点意义。第一，说到我们国民党过去背叛了我们总理中山先生的遗教和政策，我是一个国民党党员，在我们代表团中，除章行严（章士钊——引者注）先生外，其他 4 位也都是国民党员，以国民党员的立场，我们很坦白地承认这是我们党的一个错误。国民党执政 20 多年，都没能切实遵循我们总理——伟大的革命领袖孙中山先生的遗教和他所决定的政策去做，实在是一个不幸的错误，因此才形成了今日失败的局势。第二，说到在这次国内战争中，南京政府军队已被人民解放军所战败，这也是事实，不必我多说。在此我愿意向中共代表团申明：对于自己的错误，我们今日诚意承认；对于我们的失败，也有勇气来承认。所以协定草案前文中指出的我们因错误而遭遇失败，我们决不做任何掩饰。同时还可以说，中共把我们总理孙中山先生特别提出来，这是一个很大的礼貌，对于我们国民党，也可以说是一个很好的友谊表现，我们乐意接受。不过，在前文里有若干过于刺激的字句，我们希望在精神和内容上能酌加删节。

第一条关于战争责任问题，本来在多少次交换意见中，我已一再希望不要做成一个条文。我和毛先生见面时，毛先生已表示很大让步态度，但我还是坚持这一项最好不要列成条文；如果要列成条文，也应该只说：凡今后拥护和平的，可以给予宽大对待，有谁背叛和平，才应追究。

第二条关于宪法问题和第三条关于法统问题，有连带关系，我们也没有多大不同意见，不过认为在文字表现上，似宜删改。

第四条关于军队改编问题，刚才听到周恩来先生的详细解释，我们对这条也研究了很久。研究结果，认为本着协定草案的规定，军队改编应分为两个阶段，即是两个时期，……第一期是整编的驻地问题，就是我们军队指定或商定一个驻地后自行整理。对这一原则性，我们的意见与之没有多大出入。第二期为实行改编时期。……最重要的是整编委员会问题。……周恩来先生说，整编委员会要在人民革命军事委员会领导下成立，我们觉得有值得考虑的地方。在第一时期，民主联合政府成立以前，军队的集中管理，当然还是由南京我们的政府负责任，与中共合作，设立一个什么名义的委员会来监督实施，这我们都可以接受，但是到第二时期，应该由联合政府来办理分区改编军队工作，联合政府下自然有军事机构来掌管这一事项，而且是全国军队一律的整编改编。人民革命军事委员会本来是中共的军事机构，不过协定草案上没有标明，只说是属于人民的，一般人的看法当然还是认为是中共的机构（事实上如此），这点实应考虑。

第五条没收官僚资本，第六条改革土地制度，第七条废除卖国条约，这些条款我们认为在若干文字上或太重，意思上或有些抵触，建议作文字上的修改删节，原则上我们没有不同意见的。没收官僚资本，改革土地制度，原是我们国民党执政 20 多年来早就应该做的事。本党第一次全国代表大会（中共党员曾经参加）所制定的政纲政策如果实施，我们也不致有今天这样地步，现在中共提出这样条款，我们只有惭愧，决无反对之意。

最后，第八条关于召开政协会议、成立民主联合政府，这一条很重要，我们也很了解中共方面所表示的很好意思。不过，有些字眼同样太重，有些文字同样嫌重复些。①

双方代表发言后，商定再作会外协商，并同意南京政府代表团提出修正案，然后举行第二次会议。

张治中的修正案是 14 日晚送交中共首席代表周恩来的，这个修正案提出了 40 多处修正意见。张治中说："这个修正案和原草案最大的不同之点是：词句力求和缓，避免刺眼的词句，同时对军队改编、联合政府两项也有若干的修正。"

根据第一次会议的情况和南京政府代表团提交的修正案，中共代表团于 15 日形成了最后定稿的《国内和平协定》修正案。15 日晚 7 点，周恩来同张治中会面，把这个修正案送给他，并通知他当晚 9 时举行第二次正式会谈。

会上，周恩来介绍中共代表团修订《国内和平协定〈草案〉》并形成《国内和平协定〈最后修正案〉》的情况。周恩来说："经过 13 日第一次会议后，14 日一天我和文白（即张治中——引者注）先生就《国内和平协定〈草案〉》全部内容要点再度具体交换了意见。昨天晚上文白先生在会谈后，也将南京政府代表团对这一草案所提出的书面意见交给本席。我们根据这两天的交谈，参考各种材料，改订了中共代表团方面的和平协定最后稿件，就是今天下午 7 点钟送达南京代表团各位先生的本日所印出的《国内和平协定》文件。在这两天会谈中，中共代表团尽可能吸收南京政府代表团许多意见，就是说凡是于推进和平事业有利、于中国人民解放事业有利的意见，我们尽量采纳。换句话说，就是在某些重大问题上，凡我们觉得应该求得妥协的，总尽量妥协，所以今日提出的这最后定稿，较上次的草案已有若干修正。须得向南京代表团全体朋友说明一下。"

接着，周恩来一一说明中共所作的重大让步：

---

① 《张治中回忆录》下册，文史资料出版社 1985 年版，第 817－822 页。

在定稿中，最重要一个问题，是中国人民革命军事委员会的权力问题。文白先生和其他代表都希望能有变动。经过我们考虑，觉得为使和平事业能实现，我们愿意让步，在联合政府成立前，双方成立的机构，还是用一种合作的方法，南京国民政府暂时行使职权，一直到自己宣告结束之时，也就是联合政府成立之后，同时与人民革命军事委员会合作协商，以解决过渡时期一切问题。在军事方面，成立编制委员会，依照定案上所规定情形办理，上面不再冠以人民革命军事委员会统率和指挥字样。这是我们一个重大让步，是为使得南京代表团向今日南京政府负责人李德邻（即李宗仁——引者注）先生、何敬之（即何应钦——引者注）先生说服时有很多便利，俾和平能早日实现。军事整编委员会双方合作，政权方面则互相协商解决。这样的重大让步，我想南京代表团也会得到体谅。……

其次，关于重要事项方面，文白先生领导的南京代表团提出的对协定草案的修正意见，凡是我们能接受的都接受了，譬如前文有些带刺激性的字眼像"反动分子"等形容词，我们通通去掉了，"背叛"改成"违背"，以便能为南京政府所接受。①

周恩来还对南京政府代表团提出的而中共觉得不能修改的"军队编制问题、人民解放军接收地方政权等两个问题"做了说明，周恩来指出："以上两点我们决不能让步，若让步就失掉了毛泽东主席所提八项条款的基本精神。"

在对《国内和平协定〈最后修正案〉》做出上述说明之后，周恩来还对协定签署的时限和人民解放军渡江问题作了5点宣布：

第一点，人民解放军没有宣布过停战。南京国民政府曾经要求停战议和，我们没有同意；……为了使谈判更顺利，所以我们愿意在谈判进行期间，命令人民解放军暂时不渡江。这一个约束，我们不仅是在南京代表团到北平以后才这样说，就是以前对李德邻先生、白健生（即白崇禧——引者注）先生的私人代表，也同样地告诉过他们。……但是我们不能无限期地受到约束，所以我们今天正式告诉文白先生，请南京代表团回到南京的先生转告李德邻先生和何敬之先生，我们只能约束到本月20日为止，到那时还不能获得协议签字，那我们就只有渡江，不能再拖到20日以后了。

---

① 毛磊等主编：《国共两党谈判通史》，兰州大学出版社1996年版，第372—375页。

第二点，为了保证协定签字以后有效实施，我们必须渡江接收。如何叫有效实施，就是在协定签字之后，要使存心破坏者不敢破坏；如果到时还有敢于陈兵作乱的，要很快地把他们讨平。为了达到这个要求，我们于协定签字之后，必须渡江接收江南地区。

第三点，至于其他的地区，像刚才所提到的苏、浙、皖、湘、鄂、赣、陕、陇东等地如何接收，那就要等到整编委员会成立以后。整编委员会何时成立，根据协定应该立即成立。所谓立即，最少也有几天。协定签字是在 20 日以前，这个会的成立就可以接在签字之后的几天内。

第四点，在南京政府管辖的部队，如果有不同意和破坏这个协定陈兵作乱的，那么为了要协同讨平它，人民解放军就一定不能受约束这 10 个县份之内，我们愿意与南京国民政府管辖下接受和平协定的部队一同作战。

第五点，南京国民政府对于中共代表团所提这个和平协定定案的时间的回答，我们愿意等到 20 日。[①]

第二次会谈结束后，南京政府代表团推选黄绍竑、屈武立即回南京请示最高当局。选中黄，是因为他曾是桂系三巨头之一，与李、白关系密切；选中屈，是因为他是国民党元老于右任的女婿，便于在南京上层做说服工作。

16 日中午时分，黄绍竑、屈武同机飞回南京。下午 4 时，李宗仁就在公馆召开了由白崇禧、何应钦、黄旭初、黄绍竑、屈武等 6 人参加的小型会议。黄绍竑拿出和平条款，对大家说：中共首席代表周恩来再三说明了这个《国内和平协定》是不可变动的最后定稿，签字时限是 4 月 20 日，如政府同意就签字；否则，他们就马上渡江。协定签订后，中共将选定长江中下游 10 个县由解放军和平渡江，接收江南地区。如政府同意于 20 日前签字，中共方面希望李德邻先生、何敬之先生、于右任先生、居觉生先生、童冠贤先生 5 位同来北平参加签字仪式。李、白、何等人看了《国内和平协定》，个个面面相觑。白崇禧最先打破沉默，说："为难你呀，像这样的文件也带得回来！这样苛刻的条款我们能接受吗？"何应钦则说："这么重大的问题，不能够随便决定，行政院开会才好答复，好在距离答复期限还有几天。"李宗仁没想到是这个结果，他自始至终一言没发。

[①] 毛磊等主编：《国共两党谈判通史》，兰州大学出版社 1996 年版，第 376—377 页。

17日，李宗仁派张群乘飞机赴溪口，将《国内和平协定》交给蒋介石过目。

18日下午，李宗仁召集黄绍竑、白崇禧、李品仙、黄旭初、夏威、程思远、邱昌渭、韦永成在傅厚岗官邸举行会议，商议和议问题。黄绍竑见是桂系自己开会，在座的均是熟人，就更敢开地说："有人认为《国内和平协定》是无条件投降的条件，这就看我们从什么角度来对待它。当前在军事上既不能保持均势，从而在政治上也不可能取得绝对的平等地位，吾人迫于形势，绝不能同蒋介石共呼吸、同命运，蒋介石还可以退守台湾，苟延残喘，我们形格势禁，没有别的道路可走，只有和局才足以自保。""如果德公同意签字这一'协定'，则将来可选为联合政府的副主席，即广西部队亦因此得到安全的保障，共方已同意健生所率领的部队可以继续留住武汉，也可以开到两广去，两广在一年内将不实行军事管制和土地改革。这些条件对我们是十分有利的，也是非常宽大的。"李宗仁表示："我对个人问题无所谓，而唯有为绝大多数人的利益着想，我是为和平而上台的，如果求和不成，那就应该去职，以谢国人。所以我们现在要谈的应以大局为重，以国家前途为重。"白崇禧最后发言，他说："和谈代表团北上时，政府是有'腹案'的，代表团没有坚持我们的基本立场，实有负付托之重。至于所谓两广在近期内不至于有大变动，那也不过时间迟早问题。这种和局，好像吃鸡一样，好的部分先吃，其后鸡头鸡尾也要吃光。"白崇禧认为这样的和局无异于无条件投降，他坚决反对签字，并不待会议结束就气愤地飞回武汉，尔后又打来电话："凡发现安抚妥协论调者，应首先格杀。"这次会议不仅没有取得任何积极成果，反而使李宗仁更加坚定中共所提和平协定"条件过苛"的判断。

桂系内部尚且这种态度，以蒋介石为首的国民党主战派就更不能接受这一和平条款了。蒋看了协定勃然大怒，拍桌大骂："文白无能，丧权辱国！"蒋介石当即电示国民党中常会和中央政治会议，用国民党的党中央机构发表声明，拒绝国内和平协定。他在4月17日的日记中写道：中共"对政府代表所提修正条件24条款，真是无条件的投降处分之条件。其前文叙述战争责任问题数条，更不堪言状矣。黄绍竑、邵力子等居然接受转达，是诚无耻之极者之所谓，可痛！余主张一方面还提对案交共军，一方面拒绝其条件。"18日，蒋对中共《国内和平协定》提出三条对策："（甲）提出相对条件复之。（乙）不提出对案，仅以不能接受其所提条件而愿先订停战协定，以表示和谈之诚意。如其在此和谈期间，进攻渡江，则其战争之责任，应由共军负之。（丙）用党部名义驳斥其条件之前文与消灭行宪政府而实行其共产专制政府。"①

　　蒋介石如此反应是可想而知的。因为，和谈一旦成功，功劳是李宗仁的，李及其主和派将会在中共的主持下分享一定的和平盛宴，就如中共人士所承诺的那样，李宗仁有机会出任联合政府的副主席，白崇禧有机会继续掌兵，桂系的势力各尽保全，李宗仁领导下的国民政府内阁中的一部分人还可能进入新的联合政府，等等。蒋介石在新的政治构架里，不仅不可能得到新的政治荣誉，甚至连目前的国民党总裁的职务也难以保住，至多能够得到中共赦免其第一号战犯的罪名。蒋介石是绝对不满足于此的。他要的是打败共产党，对中国全境实行独裁统治。即使不能实现"划江而治"，退守台湾仍是可能的，虽然这与昔日统治中国全境无法相比，但仍然可以在其治辖的小王国里，"呼风唤雨"，踏踏实实地做个"小皇帝"，而且还保有日后东山再起、"反攻大陆"的余地。

　　对于这一点，蒋介石在发表元旦文告后就开始了两手准备。第一手准备是实现"划江而治"，第二手准备是万不得已时退守台湾。蒋介石在下台前夕，就对继续战争作了部署。人事部署方面，国民党军队的参谋总长顾祝同是他的亲信，空军总司令周至柔是他的同乡，蒋介石要他们继续把持这两个要职；同时任命陈诚为台湾省政府主席兼警备司令；朱绍良为福建省政府主席和福州绥靖公署主任；张群、余汉谋分别为重庆、广州绥靖公署主任；薛岳、方天、王陵基分别为广东、江西、四川省政府主席；指定胡宗南负责筹划陕南及川北地区的军事，以加强对江南、华南、西南和台湾等地区的控制。军事部署方面，在闽、赣、粤、湘、云、贵、川、陕等省，设置了14个编练司令部，由王敬久、胡琏、沈发藻、欧震、黄杰、何绍周、罗广文、陈铁、张雪中、孙元良、钟纪、胡宗南、李弥、宋希濂等14人分任司令，负责组训新兵，企图将国民党军重新扩充到350万至500万人，以同中共作最后的较量。为阻止人民解放军渡江，蒋介石还将京沪警备司令部扩大为京沪杭警备总司令部，以汤恩伯为总司令，统一指挥苏浙皖及赣东地区的军事，积极布置湖口至上海间的长江防务。南京政府国防部立即宣布征兵200万，并下令各编练司令部就地募兵，迅

---

① 李勇等编：《蒋介石年谱》，中共党史出版社1995年版，第380页。

速补充，设想在3个月到6个月内，完成编练任务。蒋介石授权他的特务机关，对不受领导者予以"制裁"，并秘密成立了34个"特派队"，由特务头子刘芳雄负责，实施恐怖计划；蒋介石还在溪口设置了大功率电台和通信网，以便在幕后进行遥控指挥。经济方面，命令俞国钧将国库价值3.7亿美元的黄金、白银和外汇移存台湾；将中央、中国银行存在美国的外汇，化整为零，存入私人户头；还命令吴国桢加快疏散上海物资，必要时加以破坏。将大量文物珍宝，如绘画、瓷器、玉器和铜器等共5000多箱近25万件秘密运往台北。

蒋介石做此准备，目的是在李宗仁和谈失败后，由他出来收拾残局。

按说李宗仁应该接受中共的和平协定，协定是有利于李、白及其桂系的。但李宗仁的理想是"划江而治"，当和平协议摧毁了他"划江而治"的最后一线希望后，他开始在接受中共的条件冒政治上被赶下台的风险、与回到蒋介石的主战立场上同样要负和谈失败的责任而下台但却可以一时苟安上徘徊。

他的动摇给了蒋介石机会。蒋介石利用在国民党内的地位，公开施加影响，使和平协议在南京政府难以通过。根据蒋经国传达的蒋介石的指令，18日，国民党中央执行委员会发表声明，重申和平谈判应以本月7日中常会决定之五项原则为依据，这实际上为李宗仁领导的南京政府拒绝《国内和平协定》定了调。19日，行政院召开秘密会议，讨论是否接受《国内和平协定》。会议由行政院长何应钦主持，李宗仁列席会议，中央党部秘书长吴铁城、参谋总长顾祝同、行政院秘书长黄少谷和刚刚从太原逃到南京的阎锡山以及有关内阁部长参加了会议。白崇禧没有参加，想是他早就决定要破裂，已经飞回汉口指挥部署去了。

黄绍竑首先报告和谈的经过。然后又说："代表团的全体代表认为，中共这个和平条款与1月14日提出的和平谈判八项条件，没有什么出入，李代总统以前也曾发表声明，承认中共提出的八项和平谈判条件，所以全体代表认为中共提出的和平条款是可以接受的。"

吴铁城代表国民党中央党部发言，他说，中央常务委员会是党的最高决策机关，中常会并未承认中共提出的八项条件。他的话表面似为李宗仁开脱责任，实际上又是在责备李宗仁未经中常会授权而擅自就重大问题表态。他指出，废除宪法和法统那两项最要不得，宪法是国家的根本大法，法统是实行宪法的表征，如果都废除了，中国将成为什么样的国家呢？

黄少谷代表行政院发言，也认为万不能接受。

顾祝同列举了解放军调动的情况，判断中共正在部署渡江作战，说明中共和谈没有诚意。

何应钦问阎锡山有什么意见？阎低声说："这个条款是难以完全接受的，即使接受了，以后也很难解决问题。"

李宗仁没做任何表态。

最后，何应钦宣布，这个和平条款是不能接受的，由行政院作答复。

同日，李宗仁又主持召开和平指导委员会会议，决议电请中共延长签字日期，使双方仍可就若干基本问题继续进行商谈。

20日下午，南京政府电传在北平的政府和平代表团，对中共《国内和平协定》做出全面答复，称："中共条款之基本精神不平等，不合理，非和谈态度，政府不能接受。"要求中共"重新考虑态度，先行停战，再继续和谈"。并嘱当晚由张治中送交中共代表团。当晚，南京政府代表团又接到李宗仁、何应钦签署的南京政府答复中共的电文，对《国内和平协定》8条24款予以全面拒绝。同日，国民党中央执行委员会发表声明，称中共所提款项"完全失去协议和平的性质，真是对我中华民国全国人民与政府为残酷处分与宰割"，狂妄要求中共"悬崖勒马，立即颁发停战命令"。至此，和谈宣告彻底破裂。由于主战派的包围和自己本身的偏见，李宗仁最终放弃了这一历史性的机会而铸成大错。

第五章

没有悬念的最后决战
——人民解放军百万雄师彻底摧毁国民党政权基础

各野战军全体指挥员战斗员同志们，南方各游击区人民解放军同志们：由中国共产党的代表团和南京国民党政府的代表团经过长时间的谈判所拟定的国内和平协定，已被南京国民党政府所拒绝。南京国民党政府的负责人员之所以拒绝这个国内和平协定，是因为他们仍然服从美国帝国主义和国民党匪首蒋介石的命令，企图阻止中国人民解放事业的推进，阻止用和平方法解决国内问题。……在此种情况下，我们命令你们：（一）奋勇前进，坚决、彻底、干净、全部地歼灭中国境内一切敢于抵抗的国民党反动派，解放全国人民，保卫中国领土主权的独立和完整。（二）奋勇前进，逮捕一切怙恶不悛的战争罪犯。不管他们逃至何处，均须缉拿归案，依法惩办。特别注意缉拿匪首蒋介石。（三）向任何国民党地方政府和地方军事集团宣布国内和平协定的最后修正案。对于凡愿停止战争、用和平方法解决问题者，你们即可照此最后修正案的大意和他们签订地方性的协定。（四）在人民解放军包围南京之后，如果南京李宗仁政府尚未逃散，并愿意于国内和平协定上签字，我们愿意再一次给该政府以签字的机会。

——中国人民革命军事委员会主席毛泽东、中国人民解放军总司令朱德发布的《向全国进军的命令》

南京政府拒绝在《国内和平协定》上签字，也就拒绝了和平，选择了战争，而战争对于 1949 年的国民党来说则是灾难性的。

三大战役之后，国民党军的总兵力还有 204 万人，但精锐部队已基本被消灭，正规军剩 71 个军 227 个师共 115 万人，用于一线作战的有 146 万人。而尚存较强战斗力的白崇禧部、胡宗南部和西北的马步芳、马鸿逵部却分布在西起新疆、东至台湾的广大地区内，已无法在战略上组成有效防御。此时，国民党人心已去，士气涣散，军队和地方实力派中，不少人已经通过各种渠道与中共联系,酝酿起义。蒋介石及其国民党残存政府欲阻止人民解放军的进攻,保住半壁江山,已经没有可能性。

渡江战役于4月20日20时打响。千里长江,人民解放军万船齐放,锐不可当。蒋介石苦心经营的长江防线旋即崩溃,南京守敌仓皇撤离,统治中国22年的国民党政权宣告灭亡。

1949年3月,毛泽东即对渡江战役及其最后消灭国民党军所剩残余作出部署。他指出:

"今后解决这一百多万国民党军队的方式,不外天津、北平、绥远三种。用战斗去解决敌人,例如解决天津的敌人那样,仍然是我们首先必须注意和必须准备的。"

"按照北平方式解决问题的可能性是增加了,这就是迫使敌军用和平方法,迅速地彻底地按照人民解放军的制度改编为人民解放军。用这种方法解决问题,对于反革命遗迹的迅速扫除和反革命政治影响的迅速肃清,比较用战争方法解决问题是要差一些的。但是,这种方法是在敌军主力被消灭以后必然地要出现的,是不可避免的;同时也是于我军于人民有利的,即是可以避免伤亡和破坏。"

"绥远方式,是有意地保存一部分国民党军队,让它原封不动,或者大体上不动,就是说向这一部分军队作暂时的让步,以利于争取这部分军队在政治上站在我们方面,或者保持中立,以便我们集中力量首先解决国民党残余力量中的主要部分,在一个相当的时间之后(例如在几个月,半年,或者一年之后),再去按照人民解放军制度将这部分军队改编为人民解放军。"[1]

对于人民解放军渡江南进,中共中央曾经设定了两种方式。如果和谈成功,就采取北平方式,和平渡江;如果和谈破裂,就采取天津方式,打过长江去。1949年4月20日,南京政府拒绝在和平协定上签字,从而使天津方式成为人民解放军解决渡江问题的首要方式。

此时,蒋介石调集了约75万余人的兵力,其中,陆军115个师,海军的主力第二舰队和江防舰队约130艘舰艇,空军的主力飞机280多架,部署在自宜昌至上海1800多公里的长江沿线,担任防务。国民党军长江防线共分为两

---

[1] 《毛泽东选集》第四卷,人民出版社1991年版,第1424—1425页。

个战区：从湖北宜昌至江西湖口间 1000 公里的地段，由华中"剿总"司令白崇禧指挥，其兵力有 40 个师约 25 万人；从湖口至上海间 800 多公里地段，由京沪杭守备总司令汤恩伯指挥，其兵力有 75 个师约 45 万人。

京沪杭警备总司令部（总司令汤恩伯）的参战部队有：

第八兵团（司令官刘汝明），下辖：第五十五军、第六十八军、第九十六军；

第七绥靖区（司令官张世希），下辖：第二十军、第六十六军、第八十八军；

第十七兵团（司令官侯镜如），下辖：第八十七军、第一〇六军；

第六兵团（司令官李延年），下辖：第九十九军；

首都卫成司令部（总司令张耀明），下辖：第二十八军、第四十五军；

第一绥靖区（司令官丁治磐），下辖：第四军、第二十一军、第五十一军、第五十四军、第一二三军、江阴要塞；

淞沪警备司令部（司令陈大庆），下辖：第三十七军、第五十二军、第七十五军；

第二编练司令部（司令胡琏），下辖：第十军、第十八军、第六十七军；

第九编练司令部（司令张雪中），下辖：第十二军、第七十三军、第七十四军、第八十五军；

浙江警备司令部（司令周喦）。

华中军政长官公署（长官白崇禧）的参战部队有：

第一兵团（司令陈明仁），下辖：第二十九军、第七十一军、第七十九军；

第三兵团（司令张淦），下辖：第七军、第四十八军、鄂保第一旅；

第十九兵团（司令张轸），下辖：第一二七军、第一二八军；

第六绥靖区（司令张光玮），下辖：第五十六军；

第八绥靖区（司令夏威），下辖：第四十六军、皖保第一旅、皖保第二旅；

第十六绥靖区（司令霍揆彰），下辖：第九十七军、第一〇三军、第五十八军、第一二六军；

湘鄂边区绥靖区司令部（司令宋希濂），下辖：第二军、第十五军、第一二四军、第二三五师；

武汉警备司令部（司令刘昉）。

根据蒋介石的战略意图，国民党军的作战方针是：以长江防线为外围，以沪杭三角地带为重点，以淞沪为核心，采取持久防御方针，最后紧守淞沪，与台湾相呼应。兵力部署为：以第三十七、五十二、七十五3个军及青年军第二〇四师、交警总队等部在淞沪地带设立第一、第二道防线及核心防线；以第二十八军防守南京北大门三浦地区（浦口、浦镇、江浦），第四十五军守南京；第四、五十一、二十一、一二三军4个军布防镇江以东至江阴长江沿岸；第五十四、九十九军2个军分驻丹阳、龙潭为机动，而湖口至马鞍山千里江防仅第六十六、二十、八十八、五十五、九十六、六十八军6个军和第四十六军之第一七四师。

这一作战部署，尽管"在战略及战术上均属下策"，但由于是"总裁吩咐"，国防部长徐永昌、参谋总长顾祝同，包括代总统李宗仁也无力改变。

为粉碎国民党军的战略企图，完成中共中央确定的1949年全党头等重要的"渡江南进"战略任务，中共中央军委决定，发起渡江战役（亦称京沪杭战役）。由第二野战军、第三野战军共7个兵团24个军，以及第四野战军先遣兵团等其他部队，总兵力共计110万人，共同完成此次战役任务。

第二野战军（司令员刘伯承、政治委员邓小平）参战部队有：

第三兵团（司令员陈锡联、政治委员谢富治），下辖：第十军、第十一军、第十二军；

第四兵团（司令员兼政治委员陈赓），下辖：第十三军、第十四军、第十五军；

第五兵团（司令员杨勇、政治委员苏振华），下辖：第十六军、第十七军、第十八军；

其他部队：第十九军、特种兵纵队（司令员兼政治委员李达）、工程兵纵队（司令员谭善周）；

第四野战军先遣兵团（司令员萧劲光、政治委员陈伯钧），下辖：第四十军、第四十三军。

第三野战军（司令员兼政治委员陈毅、副司令员兼第二副政治委员粟裕、第一副政治委员谭震林）参战部队有：

第七兵团（司令员王建安、政治委员谭启龙），下辖：第二十一军、第二十二军、第二十三军、第三十五军；

第八兵团（司令员陈士榘、政治委员袁仲贤），下辖：第二十四军、第二十五军、第二十六军、第三十四军；

第九兵团（司令员宋时轮、政治委员郭化若），下辖：第二十军、第二十七军、第三十军、第三十三军；

第十兵团（司令员叶飞、政治委员韦国清），下辖：第二十八军、第二十九军、第三十一军、特种兵纵队（司令员陈锐霆、政治委员张凯）。

打好渡江战役，对于最后消灭国民党军残余势力，解放全中国意义非常重大。因而，在中共中央准备与南京政府谈判之际，就渡江战役先后做出决定：(1) 以第二、第三野战军和以第四野战军第十二兵团组成的先遣兵团及华东、中原军区部分地方武装，准备于4月间发起渡江作战，首先歼灭沿江防御的国民党军，夺取国民党政治、经济中心南京、上海、杭州地区，为尔后向东南、中南、西南地区进军创造条件；(2) 为了做好渡江准备，开辟渡江道路，可提早占领敌长江北岸据点，随时准备一举突破国民党军的长江防线和粉碎帝国主义可能的武装干涉。

长江，历来被兵家视为天堑。下游江面宽达2至10余公里，水位在四五月间开始上涨，五月桃花汛期，风浪高达半米，水湍流急，河流湖泊较多，不利于大兵团作战。总前委根据中共中央军委意图和对国民党军的江防部署和地形情况的了解，对渡江作战的优劣形势进行了认真分析和评估。认为我军的不利因素是：渡江作战是我军的一个新课题，广大指战员多属北方籍，不习水性，存在各种顾虑；领导干部缺乏组织指挥大兵团强渡江河的经验，因为没有现代化渡河器材，渡江只能以木帆船为主要运载工具，这给突破敌人由陆海空军组成的长江防线造成很大困难。而有利因素是：在我渡江正面担任防御的汤恩伯集团战斗力差，缺少骨干力量；长江在5月桃汛之前水流比较平稳，利于我军航渡；南京以西江面较窄，敌防御薄弱，对我军组织渡江比较有利；芜湖至江阴段，江身逐步向北突出，沪宁芜铁路与江平行，利于我军对敌实施钳形突击和渡江后迅速控制铁路，限制敌机动，并达成对宁、芜、镇地区之敌的合围分割。

在分析战局形势的基础上，总前委报请中共中央军委批准，整个渡江战役分为三个阶段：第一阶段达成渡江任务，实行战役展开；第二阶段割裂和包围敌人，确实控制浙赣路一段，断敌退路；第三阶段分别歼灭被包围之敌，完成全战役。

为达成第一阶段渡江任务，总前委决定：以第三野战军第八兵团指挥第二十军、第二十六军、第三十四军、第三十五军，第十兵团指挥第二十三军、第二十八军、第二十九军、第三十一军及苏北军区3个独立旅共35万人，组成东突击集团，由第三野战军副司令员兼第二副政治委员粟裕、参谋长张震指挥；以第三野战军第七兵团指挥第二十一军、第二十二军、第二十四军，第九兵团指挥第二十五军、第二十七军、第三十军、第三十三军共30万人，组成中突击集团，由第三野战军第一副政治委员谭震林指挥；以第二野战军第三兵团第十军、第十一军、第十二军，第四兵团第十三军、第十四军、第十五军，第五兵团第十六军、第十七军、第十八军及地方部队共35万人，组成西突击集团，由第二野战军司令员刘伯承、副政治委员张际春、参谋长李达指挥。

渡江战役第一阶段的兵力部署是：

第三野战军副司令员兼第二副政治委员粟裕、参谋长张震指挥位于江北全椒、仪征、扬州等地的东突击集团第三十四、第三十五军攻占瓜洲、浦口、浦镇，吸引和牵制南京、镇江地区国民党军；主力6个军由三江营（扬中以北）至张黄港（靖江以东）段实施渡江，成功后向宁沪铁路（南京－上海）挺进，控制该路一段，阻击南京、镇江的国民党军东逃和上海方向的国民党军西援，并向长兴、吴兴方向发展，会同中突击集团切断宁杭公路，封闭南京、镇江地区守军南逃的通路，完成战役合围，尔后协力歼灭被围之敌。

第三野战军第一副政治委员谭震林指挥中突击集团，在裕溪口（芜湖以北）至枞阳段渡江，成功后以一部兵力歼灭沿江守军，并监视芜湖守军；主力迅速东进，会同东突击集团完成对南京、上海、杭州地区国民党军的包围，尔后各个歼灭被围之敌。第七兵团准备夺取杭州。为求得中、东两集团行动上的协调，迅速合围南京、镇江地区守军，中突击集团过江后统归粟裕、张震指挥。

第二野战军司令员刘伯承、副政治委员张际春、参谋长李达指挥西突击集团由枞阳至望江段实施渡江，成功后以第三、第五兵团直出浙赣铁路沿线，切断汤恩伯集团与白崇禧集团的联系；第四兵团沿江东进，接替第九兵团歼灭芜湖守军的任务，并准备参加夺取南京的作战。

刘伯承指挥第四野战军先遣兵团第四十军、第四十三军和中原军区部队共

20 万人，在位于武汉以北、以东的长江北岸地区，以一部进占黄梅、浠水，牵制九江之敌，掩护西集团渡江的右翼安全；另一部向汉口方向进攻，钳制白崇禧集团，策应整个东线的渡江作战。

渡江战役首先在中突击集团打响。谭震林指挥第七、第九兵团的 7 个军 30 万人，组成两个梯队，其第一梯队 4 个军（第二十一军、第二十四军、第二十五军、第二十七军），于 4 月 20 日晚 8 时，从裕溪口至枞阳镇间百余公里的江面上，分乘数千只木船，趁夜幕扬帆起航。在强大炮火掩护下，渡江部队突破敌舰和江防炮火的拦截，迅速占领了一些江心洲，并摧毁鲁港至铜陵敌人的防线，在对岸建立了滩头阵地。《人民日报》当时报道说：一时红旗挥动，冲锋号齐响，炮火映红了的江面，突然扬起几千张白帆，径向对岸的火光飞去。……对岸敌人开炮了，炸弹在中游掀起水柱，巨浪冲击着船身，而突击队依然破浪前进。① 经过 10 个小时的战斗，至 21 日晨 6 时，占领了荻港、鲁港地区，并向繁昌、铜陵地区扩张，国民党军队的长江防线被拦腰斩断。

此时，由中国人民革命军事委员会主席毛泽东、中国人民解放军总司令朱德联名签署的《向全国进军的命令》正式发布，命令要求各野战军全体指挥员、战斗员，南方各游击区人民解放军坚决、彻底、干净、全部地消灭中国境内一切敢于抵抗的国民党反动派！

闻讯江防被人民解放军突破的消息后，汤恩伯于 21 日仓皇赶到芜湖组织防堵，已经无济于事。毛泽东当即撰写新闻稿，于 22 日凌晨经新华社向全世界报道："国民党反动派经营了三个半月的长江防线，遇着人民解放军好似摧枯拉朽，军无斗志，纷纷溃退。长江风平浪静，我军万船齐放，直取对岸，不到 24 小时，30 万人民解放军即已突破敌阵，占领南岸广大地区。"②

在中突击集团突破敌人的防线后，东突击集团和西突击集团于 21 日下午 5 时同时开始渡江，向长江南岸之敌发起更加猛烈的攻击。

东突击集团渡江部队在仪征至南通段，一夜间 30 万部队渡过南岸，22 日占领扬中、江阴县城及周边广大地区；在常州以北，22 日晨占领利港至桃花港一线，并向南猛进，切断了京沪铁路线；在镇江至江阴段，通过江阴地下党组

---

① 《人民日报》，1949 年 4 月 28 日。
② 《毛泽东新闻工作文选》，新华出版社 1983 年版，第 286 页。

织，成功地活捉国民党军江阴要塞司令戴戎光，并争取到江阴要塞守敌 7000 余人起义，起义官兵立即掉转炮口，轰击国民党守军和江上舰艇，从而使我军完全占领江阴要塞，封锁了长江。江阴要塞起义为人民解放军渡江成功，创造了有利条件。

西突击集团当夜顺利渡过长江后，分别向三个方向纵深挺进。第三兵团进击徽州地区，第五兵团进击衢州地区，第四兵团进击上饶地区。到 22 日，自贵池至彭泽间的渡江部队，占领了南岸沿江 200 公里阵地，并解放彭泽、至德两个县城及贵池、东流、至德、彭泽之线的广大地区；自马当以东渡江的部队，攻占黄山、香口等要点。

截至 4 月 22 日 13 时，第三野战军的第七、第九兵团已大部过江；第二野战军的第三、第四、第五兵团亦已过江；东集团第二十九、第二十八、第二十三军 3 个军也已过江。于是，总前委致电中共中央军委报告："渡江任务业已完成。"至此，国民党军的长江防线宣告瓦解，国民党宣传很久的"长江天堑，无法飞渡"的神话归于破灭，而人民解放军百万雄师如此神速突破"长江天险"，则是中国人民解放战争史上的空前壮举，它迫使南京政府迅速放弃在南京、上海的抵抗，从而加速了南京、上海的解放。

就在渡江先头部队突破国民党军长江防线之时，21 日，李宗仁召集何应钦、白崇禧、顾祝同等高级将领商讨今后战略。与会者一致认为南京已无法再守，他们心中明白，蒋介石之所以要把汤恩伯撤往上海，目的是要争取时间，利用海上通道向台湾运送物资，然后再将汤恩伯的精锐部队撤回台湾，另建一个小朝廷。而经营台湾对于南京的李宗仁政府来说，只能是最后的无奈选择。他们提出了另一个方案：严守武汉，经营西南。主张放弃京、沪两地，把汤恩伯的主力移到浙赣线和南浔线，与华中 40 万国民党军形成犄角，以固守湘、赣，阻止人民解放军进入西南。李宗仁、何应钦、顾祝同十分赞同白崇禧的这一计划，认为这是今后唯一的出路。但惧于蒋介石在党内的特殊地位，谁也不敢未经蒋的同意而决定如此重大问题。于是，22 日晨，李宗仁、何应钦、白崇禧、张群等又飞往杭州，请示蒋介石。据李宗仁、蒋经国后来回忆，那次晤面除李宗仁一行外，蒋介石还叫来吴忠信、王世杰一同参加，通过商谈经李宗仁同意，蒋介石决定，在国民党中央常务委员会之下设"非常委员会"，蒋任非常委员会主任，李宗仁任副主任。规定：凡政府重大政策，先在党中协议通过，再由政府依法定程序实施。这一决定，名为"俾本党经由此一决策机构协助李宗仁"，实际上则使蒋介石从幕后再次走向前台。蒋介石还决定："（一）关于共党问题，政府今后唯有坚决作战，为人民自由与国家独立奋斗到底。（二）在政治方面，联合全国民主自由人士，共同奋斗。（三）在军事方面，何敬之将军兼任国防部长，统一陆海空军之指挥。（四）采取紧急有效步骤，以加强本党之团结及党与政府之联系。"①

在李宗仁 22 日从杭州返回南京之际，下午 2 时，国民党军已经开始部署总撤退。刘汝明的第八兵团退向浙赣路的上饶地区；丁治磐的第一绥靖区、张世希的第七绥靖区、张耀明的南京卫戍司令部沿京杭国道退向杭州。到午夜 23 时，京镇一线之敌全部撤完，23 日晨芜湖之敌亦向南撤。与此同时，南京政府各院、部、会也已撤往广州；总统府撤到了上海。这一天，行政院长何应钦逃离南京飞往上海；代总统李宗仁放弃原订飞广州的计划而临时决定改飞桂林，静观局势变化，再作选择。

下午，人民解放军第三野战军第八兵团第三十五军从南京的北大门——浦口渡江进入南京。我第一〇三师由和平门顺利入城，直捣国民党政府"总统府"。这天午夜至 24 日上午，解放军大部队由下关经挹江门，源源开入市区。携带新式轻重武器的人民解放军指战员，受到南京成千上万学生和市民的热烈欢迎。

4 月 25 日，《人民日报》刊登新华社题为《庆祝南京解放》的社论。社论说："南京的解放正式地表示了国民党统治的灭亡。"蒋介石及其死党的"末日真正到来了，中国人民民主革命即将取得完全的胜利，除了疯子以外谁也不会有丝毫怀疑了"②。

为庆祝南京解放，毛泽东挥笔写下《人民解放军占领南京》（七律）的诗篇：

钟山风雨起苍黄，
百万雄师过大江。
虎踞龙盘今胜昔，

---

① 《申报》，1949 年 4 月 23 日。
② 《人民日报》，1949 年 4 月 25 日。

> 天翻地覆慨而慷。
>
> 宜将剩勇追穷寇,
>
> 不可沽名学霸王。
>
> 天若有情天亦老,
>
> 人间正道是沧桑。

至此，人民解放军顺利达成了渡江战役第一阶段作战任务。

从 4 月 24 日开始，渡江战役进入第二阶段：合围南京、镇江、芜湖逃敌，占领浙赣铁路。

总前委在部队渡江成功后，立即致电所属部队："我军今后应力争迅速完成东西打通联系，割裂敌人，截断浙赣路"，并部署第七、第九兵团迅速向东挺进，以便迅速与东突击集团会师。总前委还决定第七、第九兵团直归粟裕同志指挥。23 日，鉴于国民党军纷纷向浙赣线及沪、杭撤退，总前委又迅速调整进攻部署：取消西突击集团第四兵团沿江东进参加接管南京的任务，改为与第三、第五兵团并肩向浙赣铁路挺进，追歼逃敌，控制浙赣线，确实切断汤恩伯集团与白崇禧集团的联系，保障第三野战军歼灭包围之敌。同时，第八兵团部率第三十五、第三十四两个军担任南京、镇江地区的警备任务；第三兵团的第十军担任安庆、芜湖等地的警备任务。各部队接到命令后，不顾疲劳，冒着连绵阴雨，向指定地区兼程疾进，实行正面追击战斗，向浙赣铁路和京沪杭铁路，展开全线进攻。

第三野战军指挥东突击集团和中突击集团主力，分别沿丹阳、金坛、溧阳及太仓西侧之线和南陵、宣城、广德之线向长兴、吴兴地区前进，以切断宁杭公路，完成战役合围；中突击集团一部迅速向杭州挺进，第十兵团的第二十九军东进攻取苏州，向上海方向警戒。两个集团东西对进，4 月 26 日，中突击集团的第九兵团主力及第七兵团一部通过广德，东突击集团一部进抵天王寺、宜兴一线，并在溧阳以西、以南地区歼敌一部。27 日，东突击集团第二十九军解放京沪杭路与苏（州）嘉（兴）路之连接点苏州，东突击集团主力第二十八、二十三、二十、三十一军与中突击集团一部会师于吴兴，截断了国民党军逃往杭州的退路，并将从芜湖、南京、镇江南撤之敌 5 个军包围于朗溪、广德山区。第九兵团、第十兵团主力向被围之敌发起进攻，经过两日战斗，将敌 8 万多人全部歼灭，其中俘获 2.7 万余人。中突击集团第七兵团主力继续沿安吉、武康之线向杭州挺进,于 4 月 30 日占领安吉,5 月 2 日攻克武康、德清,3 日下午进入杭州市区。浙江省会杭州的解放,形成解放大军会攻上海的有利态势,并确保了人民解放军继续南进的通道。

第二野战军首长也于 4 月 23 日发出向浙赣线进击的命令。西突击集团第三、第四、第五兵团从贵池、至德、彭泽等地出发,多路并进,经屯溪、婺源、乐平直趋浙赣线。5 月 4 日,第四兵团占领浙赣线的上饶、贵溪、横峰;到 7 日,第三、第五兵团亦分别占领金华、衢县,其中第三兵团一部与中突击集团第七兵团一部会师于诸暨。上述追击作战行动,西突击集团共歼敌 10 万余人,至此,第二野战军完全控制了义乌至东乡段 400 余公里的浙赣线。这一行动,不仅切断了汤恩伯与白崇禧两个集团军之间的联系,粉碎了国民党军在浙赣线组织顽抗的企图,而且扩大了预定的战役范围,为下一步进军创造了有利条件。

在第二阶段作战中,第二野战军和第三野战军共计歼敌 20 余万人。其中,二野歼敌第六十八军、九十六军、一○六军之主力及第一七四师全部,第七十三军一部及第九编练司令部等,共俘敌达 4 万余人。三野歼敌 6 个军之全部(即第二十八、四十五、二十、六十六、四、五十一军),2 个军之大部(即第二十一、八十八军),3 个军之一部(即第九十九、一二三、五十四军),俘敌 12 万余人。①

从 5 月 12 日起渡江战役进入第三阶段:围歼淞沪地区之敌,解放大上海。

南京和杭州的相继解放,使上海形同孤城。为了守住上海,南京政府行政院长兼国防部长何应钦,4 月 23 日从南京退守到上海的当晚,就召集参谋总长顾祝同、京沪杭警备司令汤恩伯、空军总司令周至柔、海军总司令桂永清、淞沪警备司令陈大庆等举行军事会议,部署保卫上海的各项任务。蒋介石为了稳住国民党军统治集团的阵脚并寻求对策,于 26 日从溪口抵上海,分批召见徐永昌、顾祝同、周至柔、桂永清、汤恩伯、陈大庆、毛人凤、石觉、谷正纲等陆海空军高级将领,研究部署上海的防御问题。5 月 5 日,蒋介石主持召开淞沪作战会议。汤恩伯在会上报告淞沪战备情况,并说:"共军虽在兵力、炮火上略占优势,但我有优势的坦克、飞机、兵舰,凭借坚固的阵地,只要各军兵

---

① 《中国新民主革命通史》第 12 卷,上海人民出版社 2001 年版,第 671 页。

种和友邻间密切协同，团结奋战，定能达成固守上海之任务。"

当时屯兵上海地区的国民党军，包括从长江防线撤退下来的各军残部，以及交警、保警在内，共约9个军28个师，连同空军、特种兵号称30万人，实际约25.6万人，编为4个兵团。其部署是：第二十一、五十一、五十二、五十四、七十五、一二三军20个师，配属坦克、装甲车各一部，守备黄浦江以西市区及外围之太仓、昆山、嘉兴、金山等地。其中第二十一、五十二军及吴淞要塞为第一兵团，归第五十二军军长刘玉章指挥，守备狮子林、月浦、杨行、刘行、江湾、大场地区，确保吴淞；第五十四、七十五军及九十五师为第二兵团，归第五十四军军长阙汉骞指挥，守备南翔、真如、虹桥、漕河泾、龙华一带；第一二三军附暂八师占领太仓、昆山、青浦、金山卫一带，担任搜索和警戒；另以第五十一军配置于川沙地区及南汇、奉贤，守备前进阵地。以第十二、三十七军共5个师编为第三兵团，归第三十七军军长罗泽闿指挥，守备黄浦江以东地区，另设市区守备兵团，由交警总局长马志超指挥。其守备重点置于浦西市郊之月浦、刘行、大场和浦东之高行、高桥，借以屏障吴淞和市区，以保出海通路。

国民党军在淞沪地区的防御工事设置为外围阵地、主阵地、核心阵地等3道设防地带。主阵地有：月浦、杨行、大场、真如、浦东的高桥、高行等地。主阵地的前沿，距市区3至6公里。核心阵地包括国际饭店、四行仓库、百老汇大楼等32座建筑物。整个上海，密布钢筋水泥的碉堡5000个，美式水泥活动碉堡3000个，卫星工事半永久性野战掩体万余处。这些工事有些是抗日战争爆发前国民党请美国人、德国人修筑，后来日本人、国民党军又加修的；有些则是1949年初国民党军加工赶修的。汤恩伯还下令将市郊数十公里内的许多村庄的竹林砍光，房屋拆平、烧毁，成为一片杳无人烟的土地，以构筑外围阵地。在上海四周，国民党军除到处构筑碉堡群外，还布满了地雷阵、铁丝网和纵横交错的沟河，以利陆海空三军协同作战，阻挡人民解放军前进。蒋介石吹嘘上海的防御"比斯大林格勒的防御设置还要坚固30%"。

显而易见，解放上海的任务是异常艰难的。面对如此众多的现代化防御工事，特别是上海是中国和亚洲最大的工商业城市，是远东闻名的金融、贸易中心。上海作为一个国际性的大都会，人民解放军对它的军事占领和全面接管，带有特殊的意义。为此，在人民解放军准备攻取上海之际，毛泽东深刻地指出:"我们进上海是中国革命过一难关,它带有全党、全世界性质。"① 中共中央和中央军委在制订上海战役计划,确定攻克上海的指导思想是:"既要打一场城市攻坚战,而又不能把城市打烂了,要争取把上海基本上完整地接管过来。"② 在作战部署上,着重考虑如何使这座全国最大的城市,既能迅速占领又能保全市区免遭战火破坏,即争取"军政全胜",最终确定采取"天津方式"解放上海;在作战方法上,确定先是把重点放在吴淞,暂不向市区发起进攻,迫敌从市区抽调兵力到外围与我军决战,这就为歼敌于郊外、保全市区完整创造了条件。然后,趁市区守敌空虚之机,迅速向市区发动总攻,一举占领市区。

根据中共中央的战略意图和国民党上海守军的情况,总前委决定由第三野战军完成解放上海的任务。4月24日,总前委致电第三野战军粟裕、张震,即对进占上海作出部署。要求:(一)"应掌握第八、九、十军共3个兵团的主力加以整顿,选择适当地点形成对上海之战略包围。"(二)"第七兵团继续向浙东、浙南地区进军,解放浙江全省。"(三)"第八兵团以一部继续担任南京、镇江地区的警备任务,并肃清苏浙皖边境溃散之敌。"随后,总前委还确定,第二野战军主力在浙赣路金华、东乡段休整,准备对付帝国主义可能的武装干涉,保障第三野战军围歼上海之敌;以一部兵力向闽北、赣中进击,并相机占领南昌。

第三野战军迅速制订了攻占上海的整个战役计划,于5月7日上报中共中央军委和总前委。决心集中第九、第十两兵团8个军首先扫清上海郊区敌之据点,然后从两翼迂回钳击吴淞口,切断敌人退路,防止敌人抢运上海物资或提前逃走。次日,中共中央军委复电同意。第三野战军随即将指挥机关移至苏州,靠前指挥。10日,向部队下达了《淞沪战役作战命令》,具体部署是:第十兵团的第二十六、第二十八、第二十九、第三十三军附特纵炮兵一部,由常熟、苏州地区向昆山、太仓、嘉定地区攻击前进,歼灭该区之敌,直插吴淞、宝山,封锁黄浦江口,截断敌人海上运输及退路,然后从西北向市区进攻。第九兵团的第二十、第二十七、第三十、第三十一军附特纵炮兵一部,先以第三

---

① 《陈毅在丹阳干部会议上的讲话》,1949年5月10日。
② 《中国新民主革命通史》第12卷,上海人民出版社2001年版,第674页。

十、第三十一军从南浔、吴江等地迂回浦东,向奉贤、南汇、川沙攻击前进,进逼高桥,协同第一兵团确实封锁吴淞口;第二十、第二十七军从松江以南、嘉兴及其以东地区向松江、清浦攻击前进,尔后该兵团从东、西、南三面与第十兵团一起会攻上海市区之敌。

5月12日,人民解放军向上海外围守敌发起进攻。当天,北线第十兵团左翼第二十九军、第二十八军分别攻占浏河、太仓、嘉定等地。13日后,继续向月浦、杨行、刘行攻击前进。守敌第五十二军在海、空军支援下,依靠密集的钢筋水泥碉堡(有的阵地多达七八道工事和障碍),以炽烈的火力封锁我军攻击道路,并在坦克、装甲车的掩护下,向人民解放军连续实施反冲击,争夺十分激烈。15日,敌又增调第二十一军、第九十九师加强该地区的防御。我军虽顽强攻击,付出较大的代价,但始终未获大的进展,与守敌形成胶着状态。右翼第二十六军经过反复争夺,占领昆山,进逼南翔。南线我第九兵团第二十军、第二十七军、第三十军、第三十一军进展顺利,先后占领了平湖、金山卫、奉贤、南汇及松江、青浦等地,进逼川沙,威胁沪敌侧背。14日,敌被迫由市区抽调第五十一军至白龙港、林家码头地区,企图阻止我军继续向浦东发起进攻。至22日,我军先后攻占月浦、刘行、国际无线电台、周浦、川沙、白龙港、高行等地。在10天的外围作战中,我第十兵团、第九兵团共歼敌第五十一军、第二十一军、暂八师等部两万余人,占领了敌人的外围阵地,部分突入了敌人的主阵地,迫使敌人集中更多的兵力于吴淞口两侧地区,造成我攻取市区、全歼守敌的有利条件。

在外围作战消灭敌人大量有生力量之后,中共中央军委对向上海市区的总攻做出了部署。5月19日,毛泽东为中共中央军委起草致总前委并告粟裕、张震电,指出:"在上海已被我军包围后,攻城时间似不宜拖得太长。……是否可以于辰有(即5月25日——引者注)前后开始攻城?攻城时,似应照粟、张意见,先歼苏州河南及南市之敌,再歼苏州河北及吴淞之敌。"[①] 次日,就总攻上海的时间和步骤问题,毛泽东再次为中共中央军委起草致粟裕、张震并告总前委等电:"(一)据邓、饶、陈电,接收上海的准备工作业已大体就绪,似

---

① 《毛泽东年谱(1893—1949)》下卷,人民出版社、中央文献出版社1993年版,第503页。

此只要军事条件许可你们即可总攻上海。(二)为使侦察及兵力配合臻于完善起见,总攻时间似以择在辰有至辰世(即5月31日——引者注)之间为宜,亦可推迟至巳东(即6月1日——引者注)左右,如何适当由你们决定。(三)攻击步骤,以先解决上海,后解决吴淞为适宜。如吴淞阵地不利攻击,亦可采取攻其可歼之部分,放弃一部分不攻,让其从海上逃去。(四)攻击兵力必须充分,如觉兵力不足,须调齐兵力然后攻击。(五)攻击前必须作战役和战术上的充分准备。"[1]

根据中共中央军委和毛泽东的指示,第三野战军迅速拟订了总攻作战计划:第一步,第九兵团之第三十军、第三十一军和第二十军主力迅速攻歼高桥和浦东市区守敌,控制黄浦江东岸阵地,第二十七军、第二十三军和第二十军一部积极钳制河西之敌;第二步,第九、第十两兵团协力夺取吴淞、宝山及苏州河以南市区,完成对苏州河以北地区敌军之包围;第三步,聚歼退缩于江湾地区之残敌,达成攻占淞沪全区之目的。并决定增调第七兵团之第二十三军、第八兵团之第二十五军及特纵炮兵第一团和第三团各两个营及第2团全部,分别加强和配属第九、第十兵团、第二十四军,使攻击总兵力达40万人。

5月23日夜,人民解放军向上海守敌发起总攻击。各部队成功地突破敌军防御阵地,迅速向市区攻击。第二十九军于当日夜攻占月浦南郊高地,并连续击退敌4次反冲击。24日,第二十七军占领虹桥及徐家汇车站并攻入市区,第二十三军也由龙华附近攻入市区,第二十军攻占浦东市区,并从高昌庙西渡黄浦江攻入市区。至25日晨,我军全部占领苏州河以南市区,并乘胜向苏州河以北追击。当晚,第三十军、第三十一军攻克高桥,至26日午肃清了浦东地区敌人。26日,第二十六军攻占大场、江湾,第二十五军、第二十九军攻占吴淞、宝山,第二十八军、第三十三军攻占杨行等地。27日下午3时残留在杨树浦之敌4万余人,在敌京沪杭警备总部副总司令刘昌义率领下向我军投降。国民党上海守军除汤恩伯率第五十四军等部约5万人登舰逃跑外,其余15万余人全部被歼。至此,上海宣告解放。几天后,以第三野战军第二十五军解放崇明岛为标志,整个渡江战役胜利结束。

---

[1] 《毛泽东年谱(1893—1949)》下卷,人民出版社、中央文献出版社1993年版,第503—504页。

历时 42 天渡江战役，人民解放军在以木帆船为主要航渡工具的条件下，一举突破了国民党军由陆海空军组成的长江防线，合围并歼灭其重兵集团。整个战役，歼灭国民党军 11 个军 46 个师共 43 万余人，解放了南京、上海、武汉等大城市和江苏、安徽两省全境，以及浙江省大部和江西、湖北、福建省的部分地区，取得了战略追击的第一个大胜利。

蒋介石的嫡系胡宗南集团和马步芳、马鸿逵部企图防守西安、确保西北、屏障西南。彭德怀率第一野战军以"钳胡打马""钳马打胡"的方法，从汉中发起进攻，攻克扶郿，解放兰州，北征宁夏，歼灭国民党军两大主力，大西北回到人民手中。

在渡江战役即将结束、向上海发起总攻的当日，中共中央军委就对人民解放军向全国进军做出战略部署。5 月 23 日，就各野战军向全国进军的部署问题，毛泽东为中革军委起草的致总前委，刘伯承、张际春、李达、粟裕、张震并告林彪、罗荣桓，彭德怀、贺龙电，其中指出：

（一）"粟、张养午（5 月 22 日——引者注）电悉。你们应迅速准备提早入闽，争取于六、七两月内占领福州、泉州、漳州及其他要点，并准备相机夺取厦门。入闽部队只待上海解决，即可出动。"

（二）"二野亦应准备于两个月后以主力或以全军向西进军，经营川、黔、康。"

（三）"四野现有两个军渡江，尚有 6 个军已至陇海、长江之间，约于 6 月上旬可渡江，另有 4 个军正由新乡、安阳地区出发，约 6 月中旬可以渡江，四野主力（6 个军及两广纵队）于 7 月上旬或中旬可达湘乡、攸县之线，8 月可达永州、郴州之线，9 月休息，10 月即可尾白崇禧退路向两广前进，11 月或 12 月可能占领两广。一野（4 个兵团 35 万人）年底以前可能占领兰州、宁夏、青海，年底或年初准备兵分两路，一路由彭率领位于西北，并于明春开始经营新疆；一路由贺率领，经营川北，以便与二野协作解决贵州、四川、西康三省。"

（四）"如果上海、福州、青岛等地迅速顺利解决，美国出兵干涉的可能性业已消失，则二野争取于年底或年底以前，占领贵阳、重庆及长江上游一带，并打通长江水路。"

（五）"胡宗南全军正向四川撤退，并有向昆明撤退消息，蒋介石、何应钦及桂系正在做建都重庆、割据西南的梦,而欲消灭胡军及川、康诸敌,非从南面进军断其退路不可。"①

中革军委的电报不仅规定了四大野战军今后的作战任务,而且明确了完成的时限和应采取的方式和行动步骤。

关于第一野战军的任务,主要有3项:一是消灭蒋介石的嫡系胡宗南部、西北马步芳和马鸿逵的"马家军"这两支国民党军残余的尚有实力的重兵集团;二是解放兼经营陕、甘、宁、青、新五省;三是协同二野解放川、黔、康三省。

此时,国民党军尚有40万部队把守西北。主要是:西安绥靖公署主任胡宗南的13个军约17万人,主力集中于陕中及渭河流域;西北军政长官马步芳所部和副长官马鸿逵所部8个军约14万人,驻守甘、青、宁三省;新疆警备总司令陶峙岳所部3个整编师约7万人,驻守新疆;晋陕绥边区总司令邓宝珊部1万人,驻守陕西榆林地区。

进军西北的第一野战军总兵力共2个兵团6个军15万人。为改变西北战场的态势,加速西北解放战争的进程,中共中央军委在提出向全国进军的部署时,就决定加强第一野战军的兵力。4月25日,在人民解放军攻克太原的第二天,毛泽东复电彭德怀,并告徐向前、周士第、罗瑞卿,明确指出:"同意你于5月初回陕,在回陕前请对第十八、十九两个兵团的部署加以确定,尔后该两兵团即由你直接指挥。"在这封电报中,毛泽东还告诉彭德怀,杨成武兵团也"准备将来配合西北我军解决绥、宁问题"②。这一天,中共中央军委决定:华北第十八兵团、第十九兵团"改隶第一野战军建制,尔后行动整训及补给等统听彭德怀同志指挥区处"③。这样,第一野战军总兵力增加到4个兵团12个军34万人,连同地方部队达40万人。不仅在质量上远胜敌人,而且在数量上也与敌基本持平,从而改变了长期以来在西北战场上国民党军占优势的状况,为解放大西北创造了条件。

---

① 《毛泽东年谱(1893—1949)》下卷,人民出版社、中央文献出版社1993年版,第506—507页。

② 《毛泽东年谱(1893—1949)》下卷,人民出版社、中央文献出版社1993年版,第488页。

③ 《毛泽东军事文集》第五卷,军事科学出版社、中央文献出版社1993年版,第554页。

第一野战军的进军行动,是从向陕中地区胡宗南部展开追击作战开始的。

继人民解放军突破国民党军的长江防线,于4月23日解放南京之后,24日华北军区3个野战兵团又解放了太原。惊恐万状的国民党西安绥靖公署主任胡宗南,料知华北解放军必将西进,为摆脱被攻局面,开始实施战略退却,从铜川、蒲城、耀县等地后撤,企图与青、宁"二马"(马步芳、马鸿逵)配合,以陕中、陇东为防御重点,确保西北,屏障西南,并准备迫不得已时退守陕南、川北。

为打乱胡宗南集团的战略撤退计划,第一野战军决心不待周士第第十八兵团、杨得志第十九兵团入陕,即发起陕中战役。作战部署是:第一步,以歼灭三原地区之敌为目标;第二步,视情况逐次夺取咸阳、西安、宝鸡。5月8日,中共中央军委批准此一作战计划,毛泽东起草的致中原局并告彭德怀、张宗逊、赵寿山、西北局的指示电中,要求:"我第一野战军(35万人)6月间开始举行夺取潼关、西安、宝鸡、汉中、天水及陇南地区之战役,希望我陕南刘金轩(时任西北军区所辖陕南军区司令员——引者注)部沿汉水向汉中方向行动,最好能直取汉中区域,切断胡宗南向川北的逃路。"①

根据中共中央军委的指示精神,一野于5月16日发起陕中战役。其第一军在贺炳炎指挥下向临平、岐山方向追击,20日到达岐山、横水镇地区;第二军在王震指挥下向咸阳、武功方向追击,至19日,歼灭守敌九十军五十三师两个团,解放了咸阳、兴平、扶风等地;第三军在许光达指挥下进至武功以北临平及其以西地区;第四军在王世泰指挥下攻克礼泉、武功、乾县,占领监军镇,准备打击"二马"可能增援的部队;第六军在罗元发指挥下于20日解放了古都西安。一个多月的战斗,一野先后歼灭国民党军4万余人,并解放了陕中地区的高陵、三原、泾阳、咸阳、临潼、渭南、华县、华阴、潼关、蓝田等22座县城,迫使胡宗南集团撤至宝鸡及秦岭西段布防。陕中战役首战告捷,打通了进军西北的通道。

为了统一进军西北中党政军工作的领导,中共中央于6月8日决定成立新的中共中央西北局,彭德怀任第一书记、贺龙任第二书记、习仲勋任第三书

---

① 《毛泽东年谱(1893—1949)》下卷,人民出版社、中央文献出版社1993年版,第498页。

记。之后，已经划入第一野战军建制的第十八兵团、第十九兵团相继入陕。而在此之前，驻守榆林的国民党军晋陕绥边区总司令部、第二十二军军部及所属1个师共4000余人，在军长左协中率领下宣布起义，榆林这座陕北重镇和平解放。起义部队旋即被改编为中国人民解放军西北军区独立第二师。这样，在大西北，敌我的力量对比发生了根本变化。

我军的绝对优势兵力和胡、马两个集团在6月13日反扑西安的作战中遭到重创，损兵1.3万人，使胡、马两集团从此转入守势，并进一步西撤。胡宗南部退至扶风以南、渭河以北的陇海路两侧及郿县地区；"二马"主力退至永寿、长宁、彬县地区。胡、马都企图借助对方的力量，互为犄角，联合阻止人民解放军西进甘、宁、青或南下汉中。但胡宗南部是国民党军的嫡系，而马步芳和马鸿逵部是地方的实力派。胡、马之间互有嫌隙，各图保存自己的实力，他们的部署就是准备在形势不利时各自能迅速后撤，这就使他们难以互相支援。

中共中央军委根据西北国民党军的这些特点，制定了"钳胡打马"和"钳马打胡"、逐个歼敌的作战方针，并决定以大兵团运动战、追击战、攻坚战紧密结合的连续作战进军西北。

6月26日，毛泽东致电彭德怀指出："根据近日情报，马匪各部业已准备向彬长撤退，胡匪各部势必同时向宝凤撤退，决不会再向前进了，也不会保守不退。在此种情况下，你们应当集中王（震）周（士第）两兵团及许（光达）兵团主力取迅速手段，包围胡匪四、五个军，并以重兵绕至敌后，切断其退路，然后歼灭之。许兵团留下必要兵力监视两马，以待杨兵团赶到接替。杨兵团应立即向西开进，迫近两马筑工，担负钳制两马任务，并严防两马回击。此点应严格告诉杨得志，千万不可轻视两马，否则必致吃亏。"[①] 毛泽东的这个电报确定了先"钳马打胡"，后"钳胡打马"的作战次序。

就在这一天，彭德怀也致电中共中央军委，建议：如二马集结乾县、永寿、彬县、常宁镇等地区，则以第十八兵团钳制宝鸡、扶风、郿县地区之敌，经第一、二、十九兵团聚歼二马主力；如二马远撤长武、平凉，则以第十九兵

---

① 谢毅主编：《向新中国迈进——1949年1月1日至10月1日纪事》，湖南教育出版社1999年版，第266页。

团钳制二马，集中经一、二、十八兵团围歼胡宗南部及王治岐部，尔后乘胜南下汉中、广元。① 这个方案，在贯彻毛泽东"钳马打胡"作战方针的同时，显然也保留了一定灵活性。27日，毛泽东在深入研究西北战局后，又致电彭德怀，详尽分析了进军西北和川北的部署问题。电文指出：

如青、宁两敌只作小撤退，位于乾、永、彬、常宁、南坊、通润地区，而不是向彬、长、泾作大撤退，则先打两马后打胡王的计划是正确的，但打两马比较打胡为费力，必须充分准备，从精神动员到作战技术都要力求准备充分，并要准备付出数万人的牺牲，以期全歼两马或歼其主力，即可基本上解决西北问题。

如两马向彬、长、泾、凉作大的撤退，距离胡王较远，十九兵团只需负担钳制两马任务（仍要小心）。

你们在执行当前战役，占领宝、凤、泾、凉后，看青宁胡王四敌主要是青宁两敌被歼程度如何，再决定新的部署，如两马主力被歼，进一步解决兰州、青海、宁夏及甘肃西部已无重大困难，则可以按照二中全会时商定的计划，早日分兵为两支。第一支西进，担负解决甘宁青新4省，这一支兵力的数量以能担负解决上述任务为原则。第二支南进，以占领成都解决川北为目的，出动时间要和刘、邓占领黔、渝相配合，不可太早，宁可稍微缓一点，以期歼灭胡匪，不使逃入云南。

如果青宁胡王四敌的主力，特别是青宁主力不能在泾、凉、宝、凤及其以东地区被我歼灭，则你们暂不能作大的分兵。那时，为了免除西进路上的侧翼威胁，可以考虑以主力先给胡匪以打击，然后再西进打马，待两马主力歼灭后再分兵。

为使伪府放心迁往重庆而不迁往台湾（现有一派主张迁台，但不占优势），及使胡匪不致早日入川起见，你们暂似不宜去占汉中，让汉中留在胡匪手中几个月似较有利。②

根据毛泽东的上述指示，第一野战军决定采取先"钳马打胡"，后"钳胡

---

① 谢毅主编：《向新中国迈进——1949年1月1日至10月1日纪事》，湖南教育出版社1999年版，第266页。

② 谢毅主编：《向新中国迈进——1949年1月1日至10月1日纪事》，湖南教育出版社1999年版，第267－268页。

打马"的方针，在沿陇海铁路西段的武功、扶风、郿县一带完成了对胡宗南主力4个军的包围之后，于7月12日发起了扶郿战役。仅48小时，将胡宗南部第三十八军、六十五军、九十军、一一九军共4个军9个师约4.3万余人全部围歼，并乘胜攻占了武功、扶风、岐山、郿县等6座县城，解放了工业城市宝鸡和凤翔。扶郿大捷，创造了西北战场第一野战军迅速勇猛歼敌的范例，使国民党军大肆吹嘘的所谓"关中会战"和"进攻西安"的梦想，不攻自破。同时，将胡、马集团进一步隔离开来。

扶郿战役后，胡宗南残部退守凤县和陇南地区，企图依托秦岭阻止第一野战军南取汉中。青宁二马则沿西兰公路挺进甘、宁，企图在平凉地区与第一野战军决战。毛泽东认为，平凉地区作战是西北战场上举足轻重的一着棋。他指出："只要平凉战役能歼两马主力，则西北战局即可基本上解决。往后占领甘、宁、青、新四省基本上只是走路和接管问题，没有严重的作战问题。"[①] 根据中共中央军委关于暂时不占汉中，集中力量歼灭青、宁二马的指示，第一野战军开始实施"钳胡打马"方针。从7月24日起，数十万大军兵分两路，由关中迅速西进甘肃，北路沿西兰公路于28日解放平凉，之后乘胜追击，攻克固原、隆德，控制了六盘山，迫使马军狼狈北逃；南路于8月3日直捣陇南名城天水，迫敌向西逃窜。11天的战斗，共歼敌1.2万余人，陕西和甘肃境内的16座县城也相继获得解放。

此时，国民党也看中西北这块战略屏障。8月中旬，行政院院长阎锡山在广州召开"西北联席会议"，拟订了"兰州决战计划"，图谋以马步芳部依托兰州坚固城防和黄河天险，吸引和消耗第一野战军主力，以集结在宁夏中卫地区的马鸿逵部和陇南地区的胡宗南部相配合，三路夹击，挫败第一野战军于兰州。

兰州是甘肃省会，西北第二大城市，西北的交通枢纽和军事战略要地。人民解放军占领了兰州，便可以纵横自如，以兰州为中心，迅速地解放青海、宁夏、新疆及甘肃其他尚存国民党军残余力量的地区。而胡、马军失去兰州，就意味着它对西北的"统治已到了最后的结局"。因此，马步芳接受阎锡山"兰

[①] 《对举行平凉战役以及西进作战的意见》，见《毛泽东军事文集》第5卷，军事科学出版社、中央文献出版社1993年版，第644—645页。

州决战计划"，将其主力几乎全部用于防守兰州，由其子马继援坐镇指挥。

马步芳重兵死守兰州，给人民解放军消灭马军提供了机会。彭德怀在分析西北战局后说："我们不怕他守，而是担心他跑掉。如果他真的不跑，就到了我们把他消灭的时候了。"① 8月4日，彭德怀、张宗逊下达进军兰州歼灭马步芳集团的命令。具体布置是：以1个军兵力牵制胡宗南部和马鸿逵部，以其主力第一、第二、第十九兵团的8个军，首先歼灭马步芳部于兰州，尔后再围歼马鸿逵部，兰州战役于是打响。至20日，第一兵团直逼临夏，第二、第十九兵团进抵兰州外围，完成了从东、西、南三面对兰州的包围。21日，第一野战军主力对兰州守敌发起试探性攻击。战局开始并不顺利，激战一天未攻下一个阵地。彭德怀于是下令暂停进攻，以3天时间组织部队总结经验，讨论战术。

毛泽东对兰州战局非常关心，在接到第一野战军试攻兰州的报告后，23日，他以中共中央军委名义致电彭德怀、张宗逊，指出："马步芳既决心守兰州，有利于我军歼灭该敌。为歼灭该敌起见，似须集中3个兵团全力于攻兰战役。王震兵团从（黄河）上游渡河后，似宜迂回于兰州后方，即切断兰州通青海及通新疆的路，并参加攻击，而主要是切断通新疆的路，务不使马步芳退至新疆。"②

根据毛泽东及中共中央军委的指示，第一野战军重新调整攻击兰州的部署。24日21时，彭德怀、张宗逊致电中共中央军委报告："以3个兵团打兰州，王（震）兵团决定从上游渡河迂回兰北。""二兵团、十九兵团攻城准备工作已妥。""以现在准备工作看，攻占兰州有六七成把握，故决定于25日晨开始攻击。"③

就在第一野战军首长与最高统帅部研究决定攻兰方略的同时，第一兵团主力在外围作战中取得突破。至23日，已连克康乐、宁定、和政、临夏四城，这使兰州守敌的右侧和马步芳老巢西宁的安全受到威胁，马步芳不得不抽调兰州守军第八师、第十四师回守西宁，这就给解放军攻克兰州创造了有利条件。

25日拂晓，第一野战军准时向兰州发起总攻。第四军首先攻占沈家岭主阵

---

① 《彭德怀传》，当代中国出版社1993年版，第379页。
② 胡绳武等：《中国20世纪全史》第6卷《战略决战（1945—1949）》，中国青年出版社2001年版，第675页。
③ 《第一野战军战史》，解放军出版社1995年版，第260页。

地上的上、下狗娃山。下午，第六军攻占南山最高峰营盘岭的主阵地三营子；六十三军攻占敌另一主阵地豆家山；六十五军于黄昏占领古城岭、马架山。至此，兰州的"锁钥"全部掌握在我军手中。马继援见大势已去，企图趁黄昏通过黄河铁桥全线撤退，却被一野第二兵团三军七师觉察。解放军随即展开全面追击，于26日2时抢占铁桥，堵死了敌军的唯一退路，经过巷战，至11时，马步芳部2.7万余人被我全歼。兰州城宣告解放。

马步芳部被歼，使宁夏的马鸿逵部4个军约7万人马更加孤立。第一野战军一鼓作气，于9月兵分三路，由甘肃大举进兵宁夏。9月5日，解放青海省省会西宁；15日攻占景泰，突破马鸿逵第一道防线；至21日，其三道防线均被突破。迫于人民解放军的强大威慑，宁马残部各军军长师长联名要求投诚，并于23日正式签订和平解决宁夏问题的协议，24日至25日，人民解放军进驻银川。在进军宁夏的半个月中，人民解放军共歼灭宁马守军8万人，解放了宁夏全境。

就在这个月，新疆省警备总司令陶峙岳、副总司令兼整编四十二师师长赵锡光等发表起义通电，声明脱离广州政府，归向人民阵营；接着，新疆省政府主席包尔汉亦发表起义通电，代表新疆省政府和全省各族同胞郑重宣布："自即日起，和广州反动政府断绝关系，竭诚接受毛主席的八项和平声明和国内和平协定，并将省政府改组为新疆省临时人民政府，暂时维持全省政务，听候中央人民政府的命令。"[①] 第一野战军第二、第六兵团在第一兵团司令员兼政委王震指挥下和平进入新疆。此后不久，胡宗南和二马部队全部溃灭，祖国的大西北绝大部分地区获得解放。

退守中南地区的白崇禧、余汉谋集团是国民党军仅剩的精锐之一。为粉碎敌阻止解放大军南进并确保两广的企图，林彪率第四野战军挺进湘鄂皖，解放湖北、江西、湖南等广大地区，逼使白崇禧残部退守广西，而进入毛泽东早已设下的包围圈。

渡江战役后，彭德怀率领第一野战军进军祖国大西北，追击国民党军在陕西的重兵集团胡宗南部和在甘、青、宁三省的马步芳、马鸿逵等"两马"所部，与此同时，林彪率领第四野战军挺进中南，对退守在这一地区的国民党军重兵集团——华中军政长官公署主任白崇禧集团、广州绥靖公署主任余汉谋集

---

① 《人民日报》，1949年9月29日。

团展开追击。

此时，白崇禧部、余汉谋部共 28 个军 73 个师 40 余万人，全部退据于河南、湖北、湖南、江西、广东、广西等 6 省。5 月 19 日，白崇禧主持召开由程潜、李品仙、黄杰、陈明仁、夏威等高级将领参加的华中军政长官公署军事会议，研究渡江战役后华中军事，最后决定华中区的作战部署是：以湘鄂边绥靖公署宋希濂所属第十四、二十兵团共 6 个军布防巴东至岳阳间长江沿岸及其以南地区；以白崇禧直属第三、第十兵团共 7 个军布防南昌以西、长沙以北九岭山、汨罗江、洞庭湖一线；以长沙绥靖公署程潜部和陈明仁第一兵团共 4 个军布防于长沙、湘潭地区，以第五十六军、一二七军分别布防桂林、常德；以江西绥靖公署方天部第四、十二兵团共 4 个军布防遂川、赣州间；广州绥靖公署余汉谋部 7 个军 21 个师约 11 万人，以 1 个军驻防海南岛，主力沿粤汉路防守粤北，屏障广州。如处境不利，则退保两广。

白崇禧集团在华中地区企图阻止人民解放军南下做出军事部署之时，中共中央军委对向全国进军也做出了全面部署。在这个大布局中，消灭中南地区国民党军的任务交给了第四野战军。为适应解放中南地区斗争任务的需要，中共中央于 1949 年 5 月决定，撤销中原局和中原军区，成立中共中央华中局和中国人民解放军华中军区，林彪任华中局第一书记、华中军区司令员，罗荣桓任华中局第二书记、华中军区第一政治委员，邓子恢任华中局第三书记、华中军区第二政治委员，谭政任华中军区政治部主任，陶铸任华中军区政治部副主任，萧克任华中军区第一参谋长，赵尔陆任华中军区第二参谋长。

早在 1949 年 3 月，中共中央军委和四野就开始为进军中南进行各项准备工作。5 日，中共中央军委命令原属华东野战军的两个纵队改隶第四野战军建制；17 日，又电示林彪、罗荣桓、刘亚楼："你们主力应于 4 月 1 日以前完成出发准备，于 4 月 1 日至 15 日的半个月内，全军出发完毕，争取于 5 月 31 日全军到达南阳、信阳、固始之线及其以南地区，完成兵力展开任务。"[①] 和谈破裂后，毛泽东又于 4 月 28 日为中共中央军委起草致林彪、罗荣桓等电，部署如何更为彻底地歼灭桂系。电文说："我们的基本方针是消灭桂系及其他任何

---

① 《毛泽东年谱（1893—1949）》下卷，人民出版社、中央文献出版社 1993 年版，第 467 页。

反动派。但是，我四野主力还要一个多月才能到达汉口附近，接受汉口的准备工作尚未做好，因此，白崇禧和中央联络的电台暂时仍不割断，萧、陈前线亦应遵守前定界线不要超越，以免刺激汉口敌军恐慌，撤得太早。"① 据此，第四野战军从 4 月 11 日开始，主力部队 70 万余人自平津地区兵分三路，分别沿平汉路、津浦路、平大（名）公路南下。先遣兵团到达武汉的当天，中共中央军委即获悉白崇禧在中南地区的防御部署，遂致电林彪、萧克，对部队下一步的行动做出明确指示：在鄂西方面，"你们可以 3 个军由宜沙渡江，以两个军向宝庆推进，留 1 个军在常德、益阳一带"；在粤汉线方面，"你们可以使用 8 个军，除留 1 个军位于武汉、岳州线，1 个军位于岳州、株洲线，1 个军位于株洲、衡州外，可以 5 个军向郴州推进，协同西路两个军歼击白崇禧于湘粤桂边境，并准备向两广推进"；在江西方面，"你们可以预定经营江西的两个军向该区前进"，"如遇作战，可要求陈赓兵团协助之"。②

第四野战军按照中共中央军委上述指示，迅速做出了具体部署，决定以主力自武汉及东西地区分三路渡江南进：以第十二兵团沿粤汉路向长沙前进；以第十三兵团在宜昌、沙市地区渡江南进；第十五兵团在江南的第四十三军向南浔路前进，其余部队由黄梅、广济地区渡江南进；第十四兵团除以第四十二军留河南剿匪外，主力随第十二兵团后跟进；并以调归野战军建制的东北军区第五十军南下襄樊，集结待命。中共中央军委在批准四野这一作战部署的同时，根据白崇禧可能集中一部分主力在宜春一带寻四野渡江部队作战的情况，又将第二野战军的陈赓兵团暂归第四野战军首长指挥，其任务是："第一步在宜春一带配合四野歼灭桂系主力，第二步待命入湘抄击白崇禧后路，尔后即待命入川。"③

1949 年 7 月，第四野战军在西起湖北宜昌东至江西赣江沿岸的前线上，发起肃清国民党军残部的强大攻势。在西路，第十三兵团发起了宜（昌）沙（市）战役，作战 6 天，歼灭宋希濂部 1.5 万余人，解放了当阳、远安、江陵、沙市、宜昌诸城，切断了宋希濂与白崇禧部的直接联系，打开了南进湘西的大

---

① 《毛泽东年谱（1893—1949）》下卷，人民出版社、中央文献出版社 1993 年版，第 490 页。

② 胡绳武：《中国 20 世纪全史》第 6 卷《战略决战（1945—1949）》，中国青年出版社 2001 年版，第 659—660 页。

③ 《毛泽东军事文集》第 5 卷，军事科学出版社、中央文献出版社 1993 年版，第 596 页。

门；在东路，先后攻克清江、峡江、新余、吉水、安福、分宜、万载、永丰、宜春等近10座县城；在中路，越过湘鄂赣边的幕阜山进入湖南省境，占领湘东军事要地长寿街，解放了赣西北的奉新、高安、家丰、上高等县。当月统计战果：共解放城市37座，歼敌1.9万余人，缴获各种火炮74门、重机枪93挺、轻机枪521挺、各种长枪6500余支、各种弹药700余箱。

8月，第四野战军第十二、第十三兵团从东西两面逼近长沙，国民党军长沙绥靖公署主任、湖南省政府主席程潜，国民党军第一兵团司令官陈明仁，接受中共提出的八项和平条件，率部7万余人起义，长沙宣告和平解放。

长沙的和平解放，极大地震撼了华南、东南、西南、西北的国民党军残部，大大加快了华南乃至全国解放的进程。

8月8日，人民解放军在江西发起赣南战役，14日解放赣南重镇赣州城，至23日，相继攻克了安丰、安远、定南等赣南地区，收复了原中央革命根据地首都瑞金。到月底，江西全境（除闽赣边境的广昌、石城、寻乌等县城外）获得解放。

此时，国民党军的宋希濂部逃到鄂西恩施地区扼守川东门户；余汉谋部据守广东；白崇禧集团退守衡阳、宝庆（今邵阳）地区。赣南仅余国民党江西省主席方天率领的两个军及一个保安旅，随时准备南逃。

中共中央军委和毛泽东根据全国战场形势，就消灭白崇禧集团做出了新的判断，提出了新的作战方针。中共中央军委认为："判断白崇禧准备和我作战之地点不外湘南广西云南三地，而以广西的可能性为最大。但你们第一步应准备在湘南即衡州以南和他作战，第二步准备在广西作战，第三步在云南作战。"对白部作战，"均不要采取近距离包围迂回方法，方能掌握主动，即完全不理白部的临时部署而远远地超过他，占领他的后方，迫其最后不得不和我作战。因为白匪本钱小，极机灵，非万不得已决不会和我作战。因此你们应准备把白匪的10万人引至广西桂林、南宁、柳州等处而歼灭之，甚至还要准备追至昆明歼灭之。"中共中央军委明确告之第四野战军："你们之经营范围确定为豫、鄂、湘、赣、粤、桂6省。"[①]

---

① 胡绳武：《中国20世纪全史》第6卷《战略决战（1945—1949）》，中国青年出版社2001年版，第663页。

为此，中共中央军委明确提出了第四野战军歼灭白崇禧集团的具体作战部署，即除留置河南、江西各1个军、湖南3个军担任工作队任务外，其余10个军组成东、西、中三路大军向华南进军。其中，以第四兵团的第十三、第十四、第十五军，第十五兵团的第四十三、第四十四军及两广部队组成东路军，由第四兵团司令员兼政治委员陈赓指挥，自赣西南经南雄、始兴直取广州，歼灭余汉谋部，切断国民党军自海上逃跑退路；以第十三兵团的第三十八、第三十九军组成西路军，由第十三兵团司令员程子华指挥，自常德取道沅陵、芷江直下柳州，插入敌侧后，切断白崇禧西退云南、贵州之路，与东线形成大的钳形包围；第十二兵团的第四十、第四十一、第四十五军组成中路军，由第十二兵团司令员兼政治委员萧劲光指挥，首先歼灭当面衡阳、宝庆之敌，尔后尾敌南下，会同其他两路军围歼白崇禧集团。

为实现中共中央军委的作战意图，四野首先发起了衡宝战役。

9月13日，西路军自常德、桃源一线出动，以迅猛动作，沿沅江南岸直取沅陵、溆浦、辰溪等县城，29日解放了湘黔边境的麻阳，此后连克湘黔桂三省门户芷江城和黔阳、会同、靖县等地。芷江战役先后解放湘西工业区近20座城镇，歼敌8600余人，不仅突破白崇禧的"湘粤联合防线"，而且完全切断了蒋桂残部赖以西逃贵州的湘黔公路。

这时，中路军以排山倒海之势向蒋介石、白崇禧企图在大陆负隅顽抗的华南军事战略基地衡阳及其以南地区发起强大攻击。白崇禧急忙自乐昌、耒阳抽调部队加强衡宝沿线，待林彪、罗荣桓指挥中路军折向宝庆、祁阳地区，准备与其会战时，白崇禧采取交替掩护的策略将其部全部撤向广西。第四野战军发现后，一面令位于宝庆东南灵宫殿地区的第一三五师坚决阻敌逃窜，一面令中路第十二兵团发起追击。随后将敌第七军军部及其所属的第一七一、第一七二师和临时归其指挥的第一三八、第一七六师这4个精锐师合围于祁阳以北地区。经过1天激战，歼敌2万余人。

衡宝战役共歼敌4.7万余人，而白崇禧集团主力则逃至广西。虽一时躲过人民解放军的围歼，但却进入毛泽东为其设下的迂回包围圈，等待它的是最终被全歼的结局。

第六章

建设什么样的中国？
——中共高层躬身征询良策

> 重庆违教，忽近四年。仰望之诚，与日俱积。兹者全国革命胜利在即，建设大计，亟待商筹，特派邓颖超同志趋前致候，专程欢迎先生北上……
>
> ——毛泽东致宋庆龄的信[①]

中国共产党取得决定性胜利之后，筹建新中国的战略设计工作拉开了序幕。

此时，关注战后中共政策走向的政治力量：国际上主要是美、苏两大国，分别代表不同意识形态的两大阵营；在国内，一是各民主党派，他们反对国民党政权，企盼即将主政的中国共产党能给中国带来新的希望，因而关注中共的内外政策。二是不愿跟随蒋介石退守台湾的原政府人员和民族资产阶级，他们曾经拥护过国民党政权，但逐渐对国民党失去信心，因而选择"留下来"，他们关注中共的政策走向，主要寄希望于中共所奉行的政策能够最大限度地维护他们的利益。三是饱受国民党政权压迫的广大人民，他们坚信中国共产党代表和维护他们的根本利益，企盼中国共产党尽快建立新中国，实现人民当家做主的梦想。

中国共产党的政治主张早已公告内外，这就是：建立一个能够最大限度地代表各阶级利益的民族联合政府，团结一切力量，共同为实现中华民族的伟大复兴而奋斗。为此，在筹建新中国的过程中，中共中央决定征询各方面意见，集中各方面智慧，实现人民的大团结。

诚邀各民主党派、各人民团体领袖及无党派人士共商建国大计。中国共产党的至诚至信，令被邀者不顾个人安危会聚解放区，一份份凝结着心血与智慧的有关新中国建设的各种建言呈献给中共中央的决策者。

[①] 庞松：《共和国年轮1949》，河北人民出版社2001年版，第299页。

对于筹建新中国，中共中央最早开始这项工作始于1948年。5月1日中共中央发布"五一"劳动节口号，公开提出了建立新中国。号召"全国劳动人民团结起来，联合全国知识分子、自由资产阶级、各民主党派、社会贤达和其他爱国分子，巩固与扩大反对帝国主义、反对封建主义、反对官僚资本主义的统一战线，为着打倒蒋介石，建立新中国而奋斗"①。

在此前后，就革命胜利以后建立什么样的中国，中共中央已经形成了成熟的设想。

关于国体，1940年，毛泽东发表著名的《新民主主义论》，明确提出了"新民主主义共和国"的口号。他指出，"国体——各革命阶级联合专政"，"并由各阶级代表大会选举政府"，这就是我们所要建立的新民主主义共和国。这种新民主主义的共和国，既区别于欧美式的、资产阶级专政的、资本主义的共和国，也和苏联式的、无产阶级专政的社会主义的共和国相区别。它是在中国这样一个半殖民地半封建国家的革命，在一定历史时期中所采取的国家形式，因而是过渡的形式。到1945年，毛泽东在党的七大所作的《论联合政府》的报告中，进一步指出："在彻底打败日本侵略者之后，建立一个以全国绝大多数人民为基础而在工人阶级领导之下的统一战线的民主联盟的国家制度。"② 1948年1月18日，毛泽东在为中共中央起草的《关于目前党的政策中几个重要问题》的指示中，对新民主主义政权作了详细的论述，指出："新民主主义的政权是工人阶级领导的人民大众的反帝反封建的政权。所谓人民大众，是包括工人阶级、农民阶级、城市小资产阶级、民族资产阶级，而以工人、农民和其他劳动人民为主体。这个人民大众组成自己的国家并建立代表国家的政府，工人阶级经过自己的先锋队中国共产党实现对于人民大众的国家及其政府的领导。这个人民共和国及其政府所要反对的敌人，是外国帝国主义、本国国民党反动派及其所代表的官僚资产阶级和地主阶级。"③ 这段论述比较清楚地阐明了新中国国家政权的性质及各阶级在未来新国家中的地位和作用。后来，它被概

---

① 林伯渠：《关于中国人民政治协商会议筹备工作的报告——在中国人民政治协商会议第一届全体会议上》（1949年9月22日），选自《五星红旗从这里升起》，文史资料出版社1984年版，第512页。

② 《毛泽东选集》第三卷，人民出版社1991年版，第1056页。

③ 《毛泽东选集》第四卷，人民出版社1991年版，第1272页。

括为"建立无产阶级领导的以工农联盟为基础的人民民主专政",而长期沿用下去。

关于政体问题,毛泽东一直主张采取民主集中制的各级人民代表大会制度,中央和地方各级人民政府,都应当由各级人民代表大会选举。毛泽东指出:"我们政权的制度是采取议会制呢,还是采取民主集中制?过去我们叫苏维埃代表大会制度,'苏维埃'代表大会。我们过去又叫'苏维埃',又叫'大会',就成了'大会大会',这是死搬外国名词。现在我们就用'人民代表大会'这一名词。我们采用民主集中制,而不采用资产阶级议会制。议会制,袁世凯、曹锟都搞过,已臭了。在中国采取民主集中制是很合适的。"①

中共中央在对新中国基本框架形成一致的基础上,于1949年3月5日至13日,在西柏坡召开了七届二中全会。毛泽东主持会议。出席这次全会的中央委员有:毛泽东、朱德、刘少奇、任弼时、林伯渠、林彪、董必武、李富春、饶漱石、李立三、康生、张云逸、贺龙、陈毅、周恩来、张闻天、蔡畅、邓小平、陆定一、曾山、聂荣臻、彭德怀、邓子恢、吴玉章、林枫、滕代远、张鼎丞、李先念、徐特立、谭震林、陈绍禹(王明)、廖承志、王稼祥、陈伯达等34人。候补委员19人:王首道、邓颖超、陈少敏、谭政、程子华、王震、张际春、云泽(乌兰夫)、赵振声(李葆华)、王维舟、方毅、古大存、马明方、吕正操、罗瑞卿、刘子久、王从吾、习仲勋、刘澜涛。列席人员11人:李井泉、杨尚昆、安子文、胡乔木、李维汉、高文华、陈刚、刘少文、李涛、傅钟、杨立三。

在开幕式上,毛泽东作了《在中国共产党第七届中央委员会第二次全体会议上的报告》。他在报告中提出了促进革命迅速取得全国胜利和组织这个胜利的各项方针;说明了在全国胜利的局面下,党的工作重点必须由乡村转移到城市,城市工作必须以生产建设为中心;规定了党在全国胜利以后在政治、经济、外交方面应当采取的基本政策,特别是着重分析了当时中国经济各种成分的状况和党所必须采取的政策,指出了中国由农业国变为工业国,由新民主主义社会转变为社会主义社会的发展方向,等等。

此后,会议安排中央各部门和地方负责人汇报工作,围绕毛泽东的报告进

---

① 《共和国走过的路(1948—1952)》,中央文献出版社1991年版,第14页。

行讨论。毛泽东这个报告和根据会议讨论形成的《中国共产党第七届中央委员会第二次全体会议的决议》，成为以毛泽东为核心的中共中央为筹建中华人民共和国和指导建设新中国的各方面纲领和政策的集大成。这些纲领和政策主要是：

——实现工作重心的战略转移。毛泽东指出："从1927年到现在，我们的工作重点是在乡村，在乡村聚集力量，用乡村包围城市，然后取得城市。采取这样一种工作方式的时期现在已经完结。从现在起，开始了由城市到乡村并由城市领导乡村的时期。党的工作重心由乡村移到了城市。在南方各地，人民解放军将是先占城市，后占乡村。城乡必须兼顾，必须使城市工作和乡村工作，使工人和农民，使工业和农业，紧密地联系起来。决不可以丢掉乡村，仅顾城市，如果这样想，那是完全错误的。但是党和军队的工作重心必须放在城市，必须用极大的努力去学会管理城市和建设城市。"[①]

——提出新中国成立后党的经济政策。毛泽东在深刻分析全国范围内在抗战以前"现代性的工业占10％左右，农业和手工业占90％左右"的基本国情之后，提出我党当前的重要任务：

第一，中国的现代性工业的产值虽然还只占国民经济总产值的10％左右，但是它却极为集中，最大的和最主要的资本是集中在帝国主义者及其走狗中国官僚资产阶级的手里。没收这些资本归无产阶级领导的人民共和国所有，就使人民共和国掌握了国家的经济命脉，使国营经济成为整个国民经济的领导成分。这一部分经济是社会主义性质的经济，不是资本主义性质的经济。谁要是忽视或轻视了这一点，谁就要犯右倾机会主义的错误。

第二，中国还有90％左右的分散的个体的农业经济和手工业经济，这是落后的，我们还有90％左右的经济生活停留在古代。我们废除了或者即将废除带有封建色彩的土地所有制，这使我们的农业和手工业逐步地向着现代化发展成为可能。但是，在今后一个相当长的时期内，我们的农业和手工业，就其基本形态说来，还是和还将是分散的和个体的，即是说，同古代近似的。谁要是忽视或轻视了这一点，谁就要犯"左"倾机会主义的错误。

第三，中国的私人资本主义工业，占了现代性工业中的第二位，它是一个

[①] 《毛泽东选集》第四卷，人民出版社1991年版，第1426—1427页。

不可忽视的力量。在革命胜利以后一个相当长的时期内，还需要尽可能地利用城乡私人资本主义的积极性，以利于国民经济的向前发展。在这个时期内，一切不是于国民经济有害而是于国民经济有利的城乡资本主义成分，都应当容许其存在和发展。这不但是不可避免的，而且是经济上必要的。但是中国资本主义的存在和发展，不是如同资本主义国家那样不受限制任其泛滥的。它将从几个方面被限制——在活动范围方面，在税收政策方面，在市场价格方面，在劳动条件方面。我们要从各方面，按照各地、各业和各个时期的具体情况，对于资本主义采取恰如其分的有伸缩性的限制政策。但是为了整个国民经济的利益，为了工人阶级和劳动人民现在和将来的利益，决不可以对私人资本主义经济限制得太大太死，必须容许它们在人民共和国的经济政策和经济计划的轨道内有存在和发展的余地。如果认为我们现在不要限制资本主义，认为应当对私人资本限制得太大太死，或者认为简直可以很快地消灭私人资本，都是完全错误的。

第四，占国民经济总产值 90% 的分散的个体的农业经济和手工业经济，是可能和必须谨慎地、逐步地而又积极地引导它们向着现代化和集体化的方向发展的，任其自流的观点是错误的。必须组织生产的、消费的和信用的合作社和中央、省、市、县、区的合作社的领导机关。这种合作社是以私有制为基础的在无产阶级领导的国家政权管理之下的劳动人民群众的集体经济组织。中国人民的文化落后和没有合作社传统，可能使得我们遇到困难；但是可以组织，必须组织，必须推广和发展。单有国营经济而没有合作社经济，我们就不可能领导劳动人民的个体经济逐步地走向集体化，就不可能由新民主主义社会发展到将来的社会主义社会，就不可能巩固无产阶级在国家政权中的领导权。谁要是忽视或轻视了这一点，谁也就要犯绝大的错误。国营经济是社会主义性质的，合作社经济是半社会主义性质的，加上私人资本主义，加上个体经济，加上国家和私人合作的国家资本主义经济，这些就是人民共和国的几种主要的经济成分，这些就构成新民主主义的经济形态。

——确定了外交政策的基本原则。毛泽东指出："不承认国民党时代的任何外国外交机关和外交人员的合法地位，不承认国民党时代的一切卖国条约的继续存在，取消一切帝国主义在中国开办的宣传机关，立即统制对外贸易，改革海关制度，这些都是我们进入大城市的时候所必须首先采取的步骤。在做了这些以后，中国人民就在帝国主义面前站立起来了。剩下的帝国主义的经济事业和文化事业，可以让它们暂时存在，由我们加以监督和管制，以待我们在全国胜利以后再去解决。对于普通外侨，则保护其合法的利益，不加侵犯。关于帝国主义对我国的承认问题，不但现在不应急于去解决，而且就是在全国胜利以后的一个相当时期内也不必急于去解决。我们是愿意按照平等原则同一切国家建立外交关系的，但是从来敌视中国人民的帝国主义，决不能很快地就以平等的态度对待我们，只要一天它们不改变敌视的态度，我们就一天不给帝国主义国家在中国以合法的地位。关于同外国人做生意，那是没有问题的，有生意就得做，并且现在已经开始做，几个资本主义国家的商人正在互相竞争。我们必须尽可能地首先同社会主义国家和人民民主国家做生意，同时也要同资本主义国家做生意。"①

周恩来对毛泽东的上述观点作了补充性的阐发。他说："在外交上应注意三个区别：新民主主义阵线与帝国主义阵线的划分，帝国主义与人民的区别，帝国主义之间的矛盾要加以利用。要宣传帝国主义不足畏惧，要认识能够自力更生，但并不拒绝外援。总的精神是按问题的性质及情况分别处理，以对我有利为主，坚决禁止帝国主义分子的一切非法活动。我们现在已摆脱了锁链，家务很大，有些事他非找我不可，我们不必急。现在经验少，将来会摸出一套办法来。"②

——对即将执政的中国共产党的建设提出预警。毛泽东告诫全党："我们很快就要在全国胜利了。这个胜利将冲破帝国主义的东方战线，具有伟大的国际意义。夺取这个胜利，已经是不要很久的时间和不要花费很大的气力了；巩固这个胜利，则是需要很久的时间和要花费很大的气力的事情。资产阶级怀疑我们的建设能力。帝国主义者估计我们终久会要向他们讨乞才能活下去。因为胜利，党内的骄傲情绪、以功臣自居的情绪、停顿起来不求进步的情绪、贪图享乐不愿再过艰苦生活的情绪可能生长。因为胜利，人民感谢我们，资产阶级也会出来捧场。敌人的武力是不能征服我们的，这点已经得到证明了。资产阶级的捧场则可能征服我们队伍中的意志薄弱者。可能有这样一些共产党人，他

---

① 《毛泽东选集》第四卷，人民出版社1991年版，第1434—1435页。
② 庞松：《共和国年轮1949》，河北人民出版社2001年版，第86—87页。

们是不曾被拿枪的敌人征服过的,他们在这些敌人面前不愧英雄的称号;但是经不起人们用糖衣裹着的炮弹的攻击,他们在糖弹面前要打败仗。我们必须预防这种情况。夺取全国胜利,这只是万里长征走完了第一步。如果这一步也值得骄傲,那是比较渺小的,更值得骄傲的还在后头。在过了几十年之后来看中国人民民主革命的胜利,就会使人们感觉那好像只是一出长剧的一个短小的序幕。剧是必须从序幕开始的,但序幕还不是高潮。中国的革命是伟大的,但革命以后的路程更长,工作更伟大,更艰苦。这一点现在就必须向党内讲明白,务必使同志们继续地保持谦虚、谨慎、不骄、不躁的作风,务必使同志们继续地保持艰苦奋斗的作风。我们有批评和自我批评这个马克思列宁主义的武器。我们能够去掉不良作风,保持优良作风。"①

七届二中全会是在中国人民革命取得全国胜利的前夜召开的一次极其重要的会议,也是民主革命时期最后一次中央全会。全会规划了新中国的宏伟蓝图,确定了新中国的大政方针,为保证中国将来由新民主主义向社会主义的转变,从政治上、思想上和理论上做了重要的准备。

根据七届二中全会决定,中共中央办公地点从3月23日起由西柏坡迁往北平。25日清晨,中共中央五大书记由涿州改乘火车到达北平清华园火车站,暂时到颐和园休息。下午5时,在西苑机场举行了庄严、简朴的入城式。毛泽东头戴棉帽,身着延安时期穿旧了的皮大衣,同朱德、刘少奇、周恩来、任弼时一道,检阅了人民解放军受阅部队。并同在场的100余名民主党派领导人和无党派人士见面,受到各界代表1000多人的热烈欢迎。

入城式后,中共中央机关和人民解放军总部入驻北平西郊的香山。毛泽东住在香山的双清别墅。

1949年6月30日,为纪念中国共产党成立28周年,毛泽东用两天时间写下了《论人民民主专政》这一光辉著作。在这篇著作中,毛泽东总结中国近百年革命的历史经验,阐明资产阶级的民主主义让位给工人阶级领导的人民民主主义、资产阶级共和国让位给人民共和国的历史必然性,提出了人民民主专政这一科学概念。

毛泽东指出,在中国,在现阶段,人民中间包括工人阶级、农民阶级、城

---

① 《毛泽东选集》第四卷,人民出版社1991年版,第1438—1439页。

市小资产阶级和民族资产阶级。工人阶级是领导阶级，工农联盟是基础力量。由于中国经济落后，民族资产阶级还有很大的重要性，但是它不应当在国家政权中占主要地位。"这些阶级在工人阶级和共产党的领导之下，团结起来，组成自己的国家，选举自己的政府，向着帝国主义的走狗即地主阶级和官僚资产阶级以及代表这些阶级的国民党反动派及其帮凶们实行专政。""对于人民内部，则实行民主制度，人民有言论集会结社等项的自由权。选举权，只给人民，不给反动派。这两方面，对人民内部的民主方面和对反动派的专政方面，互相结合起来，就是人民民主专政。"①

毛泽东还指出，人民在建立自己的国家之后，要强化人民的国家机器，以巩固国防和保护人民利益，"使中国有可能在工人阶级和共产党的领导之下稳步地由农业国进到工业国，由新民主主义社会进到社会主义社会和共产主义社会，消灭阶级和实现大同"②。这是中国社会的前进方向。

毛泽东的《论人民民主专政》一文和他在七届二中全会上的报告，共同构成了为中国人民政治协商会议第一届全体会议所通过的、在新中国成立初期曾经起了临时宪法作用的《共同纲领》的政策基础。

在做好建立新中国的理论和政策准备之后，中国共产党诚恳邀请"各民主党派、各人民团体及社会贤达，迅速召开新的政治协商会议，讨论并实现召集人民代表大会，成立民主联合政府"。中共中央这个号召提出后，立即得到各民主党派、各人民团体、无党派民主人士、少数民族、国外华侨热烈的响应和赞成。

1949年1月19日，毛泽东、周恩来致函在上海的宋庆龄，邀请她北上参加中国人民政治协商会议，共商国家建设大计。信中说："新的政治协商会议将在华北召开，中国人民革命历经艰辛，中山先生遗志迄今始告实现。至祈先生命驾北来，参加此一人民历史伟大的事业，并对于如何建设新中国予以指导。"③ 这位孙中山先生的遗孀、著名爱国民主人士、德高望重的社会活动家、中国现代史上伟大女性、后来曾任中华人民共和国名誉主席的宋庆龄先生，在

---

① 《毛泽东选集》第四卷，人民出版社1991年版，第1475页。
② 《毛泽东选集》第四卷，人民出版社1991年版，第1476页。
③ 《毛泽东年谱（1893—1949）》下卷，人民出版社、中央文献出版社1993年版，第439页。

读完中共领导人的来信后，深为中国共产党人的至诚所感动，欣然同意北上，抱病参加盛会。

2月，毛泽东特意致电在香港的民主人士柳亚子先生，邀请他北上共议建国大事。这位63岁的老人，对毛泽东的亲自电召感动不已，在饱受战争与灾难、历尽坎坷之后，看到新中国即将诞生，其兴奋之情难以言表。3月18日，柳亚子到达北平时，在六国饭店具体负责接待工作的是中央统战部干部邓子平，他对柳亚子夫妇悉心照顾，问寒问暖，亲自陪同他们下榻北平最好的宾馆——六国饭店。诗兴大发的柳亚子先生有感而发，随后写下七律长诗《赠邓子平》：

嘘寒问暖费经营，豪气能消邓子平。
出入车鱼宁有憾？播迁吴粤岂无名！
狂汉肝胆吾轻剖，琐事眠餐汝总成。
自是人间美男子，翻疑母性太多情。①

受到毛泽东和中共中央热情邀请的，还有湖南军政委员会主席程潜。程潜堪称国民党的元老重臣，曾任孙中山广东政府的陆军总长，北伐时与党代表林伯渠统率第六军，抗日战争任第一战区司令长官，1948年竞选副总统失败后任湖南省政府主席，并在湖南和平解放中起了关键作用。这样一位在国民党阵营有着重要影响的人物如能参加新政协，将对国民党残存势力以沉重打击。为此，毛泽东于8月30日致电程潜，邀其北上。9月7日，程潜到京时，毛泽东率百余人到车站迎接，并把程潜扶进自己的车里，两人同车来到中南海。此时此景令程潜感动得流下热泪。第二天，毛泽东在中南海会见和宴请程潜，他对程潜说："我们这个民族真是多灾多难啊！经过八年浴血抗战，打败了日本侵略者，也过不成太平日子。阴险的美帝国主义存心让蒋介石来吃掉我们。我们是被迫打了四年内战，打出一个新中国。这是人心所向啊。"②

根据毛泽东的指示，在周恩来的周密安排下，原在国民党统治区的各民主党派、爱国民主人士和海外华侨代表，陆续进入东北和华北解放区。据不完全统计，至1949年3月，仅从香港到达解放区的各民主党派领导人、工商业家、文艺界知名人士以及起义后的国民党军政要员，共计达350人以上。其中包括

---

① 陈也辰等：《毛泽东的1949》，东方出版社2007年版，第175页。
② 徐肖兵等：《历史的瞬间》，中共党史出版社1993年版，第441页。

沈钧儒、谭平山、章伯钧、蔡廷锴、郭沫若、李济深、马叙伦、沈雁冰、黄炎培等。

各路民主人士进入解放区后,中国共产党采取不同方式向他们介绍有关政策,组织到各地参观,使他们亲身感受到解放区军民为夺取革命最后胜利所显示的伟大力量,并就有关建国的大政方针同他们交换意见。1949年1月,邓颖超向民主人士作关于《解放区的妇女工作》的报告;胡乔木作《新民主主义的文化政策》的报告;安子文作《关于干部问题》的报告。此后,中共有关方面又安排叶剑英向他们介绍解放区的城市为什么要实行军管制以及军管制的有关政策;戎子和介绍物资接管工作的政策、有关经验和存在的问题;李维汉介绍新政治协商会议的国家制度、政治制度、经济政策及文化教育政策等。

各民主党派、无党派人士分别举行了各种专题座谈会。就接管上海问题,经济界民主人士先后举行了七次座谈会,重点讨论了贸易、工业、商业、劳资关系、房地产、中小工厂开工以及物价、金圆券、农业水利、外资企业、非工商业企业如何转业等一系列紧迫问题。千家驹、吴羹梅、盛康年、朱学范、盛丕华、吴承禧分别发言,对中共接收上海这个远东最大的金融经济中心,包括南方各大城市的接收工作,提出了许多重要的意见和建议。就北平解放后的教育问题,教育界的著名人士马叙伦、卢于道、洪源民、张西曼、雷洁琼、许德珩等20多人,举行了4次座谈会,围绕北平解放后对大学的教育管理问题,包括大学机构的若干调整与合并、国立大学课程的改造、私立大学的管理,还有新民主主义的教育方针和政策,接管沪宁地区的教育机构等问题,展开了深入讨论。新闻出版界的民主人士胡愈之、刘尊琪、杨刚、赵超构等20多人,还就平津地区的报纸、通讯社的接管问题,解放区报纸的印象及其优缺点和改进意见,国营、私立报纸的相互关系、相互配合等问题,进行了多次座谈。

这时,各种全国性的人民团体也相继建立起来。继中华全国总工会在哈尔滨恢复之后,中华全国学生联合会、中华全国民主妇女联合会、中国新民主主义青年团、中华全国民主青年联合会、中华全国文学艺术界联合会相继成立。全国自然科学工作者、社会科学工作者、教育工作者、新闻工作者等组织的筹备会也分别成立。这些全国性群众团体的成立,把社会各界群众进一步组织起来,是召开新的政治协商会议的重要组织准备之一。这样,不仅工农基本群众,就是原国民党统治区的城市小资产阶级、民族资产阶级、开明绅士以及其他爱国民主人士，都已团结在中国共产党的周围，使新的政治协商会议的召开有了广泛的社会基础。

在充分准备及各方达成共识的基础上，1949年6月15日至19日，新政协筹备会第一次全体会议于中南海勤政殿举行。与会者由新政协的倡议者——中国共产党、积极响应中共"五一"口号的各民主党派、各人民团体和无党派人士共23个单位、134人组成。其中，党派组织：11个单位，59人；人民团体：7个单位，41人。其他方面人士：5个单位，共34人。每单位占代表人数4人者有：中国民主促进会、中国国民党民主促进会、中华全国学生联合会、上海人民团体联合会、中国致公党；每单位5人者有：民主建国会、中国农工民主党、中国人民救国会、三民主义同志联合会；每单位6人者有：无党派民主人士、中华全国民主青年联合会、中华全国民主妇女联合会、国内少数民族；每单位7人者有：中国共产党、中国国民党革命委员会、中国民主同盟、中国人民解放军、中华全国总工会、解放区农民团体、产业界民主人士、文化界民主人士、民主教授、海外华侨民主人士等。

出席新政协筹备会议的主要代表有：

中国共产党方面：毛泽东、周恩来、林伯渠、董必武、陈云、薄一波、李维汉；

中国国民党革命委员会方面：李济深、何香凝、李德全；

中国民主同盟方面：沈钧儒、章伯钧、张澜、张东荪、罗隆基、楚图南；

民主建国会方面：黄炎培、章乃器、胡厥文、施复亮；

无党派人士方面：郭沫若、马寅初、李达；

中国民主促进会方面：马叙伦、许广平；

中国农工民主党方面：彭泽民、季方；

中国人民救国会方面：史良、李章达、胡愈之；

三民主义同志联合会方面：谭平山、陈铭枢、王昆仑；

中国国民党民主促进会方面：蔡廷锴、蒋光鼐、陈此生；

中国致公党方面：陈其尤、黄鼎臣；

中国人民解放军方面：朱德、彭德怀、林彪、刘伯承、陈毅、聂荣臻、叶剑英；

中华全国总工会方面：李立三、朱学范、刘长胜、许之桢、陈少敏；

产业界民主人士方面：陈叔通、盛丕华、李烛尘；

文化界民主人士方面：沈雁冰、叶圣陶、郑振铎、侯外庐、欧阳予倩、田汉；

民主教授方面：张奚若、邓初民、许德珩、翦伯赞、梁希、张志让、洪深；

中华全国民主青年联合会方面：廖承志、冯文彬、谢雪红、胡乔木、吴晗、钱三强；

中华全国民主妇女联合会方面：蔡畅、邓颖超、张琴秋、沈兹九；

中华全国学生联合会方面：谢邦定；

上海人民团体联合会方面：周建人、罗叔章；

国内少数民族方面：乌兰夫；

海外华侨民主人士方面：陈嘉庚、司徒美堂、陈其瑗、庄明理。[1]

毛泽东在会议开幕典礼上代表中国共产党发表了讲话。他指出："这个筹备会的任务，就是：完成各项必要的准备工作，迅速召开新的政治协商会议，成立民主联合政府，以便领导全国人民，以最快的速度肃清国民党反动派的残余力量，统一全中国，有系统地和有步骤地在全国范围内进行政治的、经济的、文化的和国防的建设工作。全国人民希望我们这样做，我们就应当这样做。""中国民主联合政府一经成立，它的工作重点将是：（一）肃清反动派的残余，镇压反革命的捣乱；（二）尽一切可能用极大力量从事人民经济事业的恢复和发展，同时恢复和发展人民的文化教育事业。"毛泽东最后充满信心地说："中国人民将会看见，中国的命运一经操在人民自己的手里，中国就将如太阳升起在东方那样，以自己的辉煌的光焰普照大地，迅速地荡涤反动政府留下来的污泥浊水，治好战争的创伤，建设起一个崭新的强盛的名副其实的人民共和国。"[2]

在第二天的会议上，通过了《新政治协商会议筹备会组织条例》，并依条例规定产生了由毛泽东、朱德、李济深、李立三、沈钧儒、沈雁冰、周恩来、

---

[1] 《人民日报》，1949 年 6 月 20 日。

[2] 《毛泽东年谱（1893—1949）》下卷，人民出版社、中央文献出版社 1993 年版，第 517 页。

林伯渠、马叙伦、马寅初、乌兰夫、章伯钧、张澜、张奚若、郭沫若、陈叔通、陈嘉庚、黄炎培、蔡廷锴、蔡畅、谭平山等21人组成的新政协常务委员会，推选毛泽东为常务委员会主任，周恩来、李济深、沈钧儒、郭沫若、陈叔通为副主任，李维汉为秘书长。

会议决定在常务委员会下设立6个小组，分别进行以下工作：第一小组，拟定参加新政协会议之单位及其代表人数，组长李维汉、副组长章伯钧；第二小组，起草新政协会议组织条例，组长谭平山、副组长周新民；第三小组，起草共同纲领，组长周恩来、副组长许德珩；第四小组，拟定中华人民民主共和国政府方案，组长董必武、副组长黄炎培；第五小组，起草宣言，组长郭沫若、副组长陈劭先；第六小组，拟定国旗国徽国歌方案，组长马叙伦、副组长叶剑英。

19日，新政协筹备会举行第三次会议，通过了《关于参加新政协会议的单位及其代表名额的规定》，至此，历时5天的新政协筹备会首届全体会议在完成预定议程后胜利闭幕。

这次会议后，筹建新中国的各项准备工作立即全面、紧张地开展起来。

中共中央向苏共中央详细通报建国设想，就内政外交等重大问题当面征求意见。受到中共真诚态度感动的斯大林，终于开始消除曾经对毛泽东等"中国党"的疑虑。

在中国共产党与国民党的较量中取得主动之后，毛泽东即考虑亲赴苏联同苏联共产党中央和斯大林研究一些问题。因斯大林考虑到中国战局的发展和毛泽东途中的安全，便建议其推迟来苏。据俄罗斯新近披露的档案文件，1948年4月26日，毛泽东致电斯大林，再次提出赴苏。电文说："我决定提前起程赴苏。预定（？月）上旬从河北省阜平县（石家庄以北100公里）出发，在军队的掩护下通过平张铁路……如有可能，于6月上旬或中旬可抵哈尔滨。然后于哈尔滨转途赴贵国。我将就政治、军事、经济及其他一些重要问题与联共（布）中央同志们磋商并寻求指示。此外，如有可能，我想到东欧和东南欧的一些国家，考察那里的人民阵线和其他工作形式。"[1]

从电文分析，毛泽东此时急于亲自赴苏，并希望考察东欧和东南欧国家的

---

[1] 俄罗斯联邦总统档案馆：全宗39，目录1，案卷31，第30—31页。

人民阵线和其他工作形式，显然是为新中国的建立提供参考意见。然而，由于各种原因，这次赴苏还是没有成行。

几个月后，苏联派往中共的情报员阿尔洛夫，向莫斯科发回电报说，毛泽东赴苏有的问题要磋商，有的问题要征询建议，还有些问题是求得在可能情况下的援助。这些问题是：1. 关于同各个小的民主党派（民主人士）的关系。关于召开政治协商会议。2. 关于东方革命力量的联合以及东方各国共产党之间（及其他各国党）的联系。3. 关于反对帝国及蒋介石斗争的战略计划。4. 关于在中国恢复和建立工业，包括（特别是）军事、采矿、交通（公路和铁路）运输问题，向莫斯科说明我们（中国共产党）的需要。5. 关于3000万美元的白银贷款问题。6. 关于同英国、法国建立外交关系的政策（路线）。7. 一系列其他问题。①

阿尔洛夫的电报充分证明了毛泽东希望赴苏的真正原因，即是想就新中国建国的根本战略问题，以及共产主义运动、特别是东方共产主义运动问题，与苏联方面达成一致。

毛泽东要谈的这些问题，斯大林完全清楚。斯大林还清楚毛泽东即将掌管全中国政权，在面对世界两大营垒的格局中，斯大林也十分需要新中国作为盟友。但是，斯大林却一再推迟、实际上取消了毛泽东的来访。1949年1月14日，在联共（布）中央政治局会议上，斯大林道出了他的考虑。他说：做出这一决定，一是怕毛泽东访问苏联时走漏风声，使西方借口攻击毛泽东是苏联的代理人，将有损于中共的威信；二是不久即可成立由毛泽东领导的正式革命政府，届时他以中国政府首脑的身份出访，"反而会提高中国革命政府的威望和信誉，并且具有重大的国际意义"；三是尽管毛泽东访苏被一再推迟（引起他不快），"但因我党中央委员会政治局的一名委员要到中国，所以这个不利的方面却能够予以消除"。②

这样，尽管毛泽东没有实现在新中国成立前访苏，但斯大林派出苏共中央政治局委员、苏联部长会议第一副主席米高扬访问中共，起到了同样的作用。

---

① 俄罗斯联邦总统档案馆：全宗39，目录1，案卷31，第30—31页。
② 《斯大林与中国》，新华出版社2001年版，第59页。

在毛泽东同意斯大林的这一安排后，1月26日，米高扬偕苏联交通部部长、后来被派为联共（布）中央委员会驻中国共产党中央委员会代表的科瓦廖夫乘坐飞机，经旅顺口于1月31日到达西柏坡。

在西柏坡，米高扬逗留了一周，中共中央五大书记同米高扬共举行了3次正式会谈，中央书记处办公室主任师哲担任翻译，毛泽东的长子毛岸英担任生活翻译。据师哲回忆：米高扬到达西柏坡的次日，双方即开始正式会谈，主要是毛主席一人讲话。恩来、弼时偶尔插几句话，做些解释，主席一连谈了三整天，即2月1日、2日、3日。会谈中，中共中央领导人主要谈了以下几个方面的问题：

一、胜利后建立新政权的问题。

毛泽东说：新政权的性质、形式、组成、名义等的明确化，已提到日程上来了。这个问题，我党已思考过。首先，这个新政权的性质简括地讲，就是在工农联盟基础上的人民民主专政，它的实质就是无产阶级专政。不过对我们这个国家来说，称人民民主专政更合适，更为合情合理。其次，是它的组成及其成员问题。它是由各党各派、社会知名人士参加的民主联合政府，但名义上不这样叫。现在中国除共产党外，还有好几个民主党派，与我们已合作多年了，但国家政权的领导权是掌握在中国共产党的手里，这是确定不移的，丝毫不能动摇的。就是说，新政权建立后，中国共产党是核心，同时要不断加强和扩展统一战线工作。毛泽东强调指出："虽然政府的组织形式与苏联、东欧国家有所不同，但其性质与宗旨仍然是在共产党领导下的，将来的目标是实现社会主义和共产主义。"[①]

刘少奇此后与米高扬会谈时明确地说，中国将坚定地走社会主义道路，"我们的目标是：通过加强计划经济的原则，逐步过渡到社会主义。向社会主义过渡将具有时间的长期性和斗争的艰巨性这两个特点"。刘少奇还介绍了中共党内在这个问题上的两种看法：一种是尽力发展并依靠资本主义，这是向资本主义投降。第二种是急于建设社会主义。"我们应该坚决地同这些倾向作斗

---

① 《毛泽东年谱（1893—1949）》下卷，人民出版社、中央文献出版社1993年版，第517页。

争,同时请苏联在这方面给我们出些主意"。①

二、关于胜利后恢复生产和经济建设问题。

毛泽东说,中国连年战争,经济遭到破坏,人民生活痛苦。战争一旦结束,我们不但要恢复生产,而且要建设崭新的、现代化的、强大的国民经济。为此,必须要有正确的政策。中国5亿多人口,对他们的发动、组织、安排谈何容易。当前摆在我们面前的迫切任务是解决人民的衣食住问题和安排生产建设问题。国家建设这个课题对我们来说是生疏的,但是可以学会的。苏联走过的道路可资借鉴,中国经济建设工作的开展可能会快些。

毛泽东强调,苏联过去和现在都给了中国共产党以巨大的援助,为此中共表示衷心感谢。"如果没有苏联的这些援助,我们很难取得目前的胜利。然而,这并不意味着我们就不应自力更生。但事实却不能否定,即占苏联1/4的军援,苏联给了东北,起了非常重要的作用。"②

三、关于军队问题和解放全国领土问题。

毛泽东说,目前我们的军事力量发展得很快,解放区的青年们踊跃参军外,我军还大批大批地收容和改造俘虏人员,缴获的武器、物资也不少。现在战争的人力、物力补充主要来源靠前线。解放军本身也需要逐步现代化。将来中国无须维持过于庞大的兵力,而应实行寓兵于民的方针。

毛泽东特别指出:目前,还有一半的领土尚未解放。大陆上的事情比较好办,把军队开去就行了。海岛上的事情就比较复杂,需要采取另一种较灵活的方式去解决,或者采取和平过渡的方式,这就要花较多的时间了。在这种情况下,急于解决香港、澳门的问题,也就没有多大意义了,相反,利用这两地的原来地位,特别是香港,对我们发展海外关系、进出口贸易更为有利些。总之,要看形势的发展再做最后的决定。

比较麻烦的有两处:台湾和西藏。其实,西藏问题也并不难解决,只是不能太快,不能过于鲁莽,因为:(1)交通困难,大军不便行动,给养供应麻烦也较多;(2)民族问题,尤其是受宗教控制的地区,解决也更需要时间,需要稳步前进,不应操之过急。

---

① 《斯大林与中国》,新华出版社2001年版,第84—85页。
② 俄罗斯联邦总统档案馆:全宗39,目录1,案卷39,第58页。

台湾是中国的领土，这是无可争辩的。现在估计国民党的残余力量大概全要撤到那里去，以后同我们隔海相望，不相往来。那里还有一个美国问题。台湾实际上就在美帝国主义的保护下，这样台湾问题比西藏问题更复杂，解决它更需要时间。

四、关于中国的对外政策问题。

毛泽东说，我们这个国家，如果形象地把它比作一个家庭来讲，它的屋内太脏了，柴草、垃圾、尘土、跳蚤、臭虫、虱子什么都有。解放后，我们必须好好加以整顿。等屋内打扫清洁，干净了，有了秩序，陈设好了，再请客人进来。我们的真正朋友可以早点进屋子来，也可以帮助我们做点清理工作，但别的客人得等一等，暂时还不能让他们进门。

这里的"真正朋友"是指苏联和东欧国家，毛泽东把新中国与它们的关系置于优先位置。并通知米高扬：中国准备派王稼祥任新中国驻苏联大使。米高扬表示，苏联对中国派驻苏联大使的人选问题，没有异议。毛泽东提出"外国由苏联带头立即承认中国新政府"，或者"不急于求得外国承认新政府，如果外国政府表示愿意承认它，则即不必拒绝，也暂不表示同意，这种策略大致继续一年左右"，这样可以放开手脚，对一切外国在华势力施加压力。① 米高扬表示赞同。

什么样的客人毛泽东暂时不能让他们进门呢？毛泽东说："某些不客气，不讲礼貌的客人再有意地带些脏东西进来，那就不好办了。因为他们会说：'你们的屋子里本来就是脏的嘛，……'这样我们就无话可说啦。……但我们知道，对我们探头探脑，想把他们的脚踏进我们屋子里的人是有的，不过我们暂时还不能理睬他们，至于帝国主义分子，他们抱着不可告人的目的，一方面想进来自己抓几把，同时也是为了搅浑水。浑水便于摸鱼。我们不欢迎这样的人进来。"

美国会不会出兵干涉中国革命？毛泽东向米高扬指出：在我们的解放战争进程中，还没有遇到帝国主义的严重阻拦。在长江以南会遇到什么情况，还不知道。到现在为止的经验是：美军并不想直接卷入中国内战，只是间接干预。其他帝国主义国家目前是泥菩萨过河——自身难保，实际上也没有能力出来冒

---

① 薛衔天：《中苏关系史（1945—1949）》，四川人民出版社2003年版，第365页。

险。这个形势，在往昔的中国是难以得到的。我们绝对不会放过这个机会，把解放战争进行到底。

五、关于争取苏联援助问题。

周恩来介绍，人民解放军此时只有150门反坦克炮，坦克也不行，大部分都是轻型的，最重的只有15吨，在徐州战役中缴获了70辆坦克，大部还被损坏了。同时，在军工生产方面，中共现在缺少军工原料，包括生产炸弹的锑弟尔。因此，周恩来提出，希望苏联援助反坦克炮，提供生产炸弹的锑弟尔、钢材、汽油、近3000辆汽车以及其他武器生产的必要设备，并派一些专家和顾问，帮助中共培训军队，建立军校和组织包括武器工业在内的后勤工作。米高扬当场答复说：他将呈请苏联政府考虑这些要求。原则上苏共中央已经同意帮助中共组织武器生产及派遣专家，具体到提供武器和物资等问题，则必须进一步具体研究。①

朱德、任弼时与米高扬会谈中也讨论了苏联在中国军事工业以及其他工业发展中的作用问题。米高扬当天发回莫斯科的电报说："任弼时强调，在制订国民经济计划中，他们尤其重视东北的重要作用，力争把它变成中国的国防基地。东北应该能够生产汽车、飞机、坦克和其他武器。……他们希望，苏联帮助东北的工业开发，并列举了提供帮助的以下几种方式：（1）苏中经济联合体。（2）苏联贷款。（3）由苏联办租让企业。任弼时说，开采沈阳、锦州和热河省的稀有矿藏，如铀、镁、钼和铝，需要苏联的帮助。过去日本从中国掠夺了1吨铀矿。如果苏联对这些矿藏感兴趣，可以考虑合作开发或请办专门租让企业。任弼时指出，东北的工业开发需要高水平的专家。在鞍山钢铁公司，他们不得不聘用日本专家。因此，任弼时请求苏联向中国派遣不少于500名国民经济各领域的专家。"②

刘少奇与米高扬会谈中也讨论了苏联援助的问题。他明确指出："如果没有苏联和其他人民民主国家的帮助，解放后中国工业基础的建立是不可想象的。这种帮助将对我们起决定作用。我们相信，它可以采取这样几种形式：（1）传授你们的社会主义经济改革的经验。（2）向我们提供相应的书籍，以及

---

① 杨奎松：《毛泽东与莫斯科的恩恩怨怨》，江西人民出版社1999年版，第273页。
② 杨奎松：《毛泽东与莫斯科的恩恩怨怨》，江西人民出版社1999年版，第274页。

派出各经济部门的专家和技术人员。（3）向我们提供资金。我们认为，苏联、其他人民民主国家和中国应该在技术上互相帮助。在苏联的帮助下，当然，如果我们不犯错误，我们将会更快进入社会主义。……因此，我们想早一点知道，苏联究竟能给予我们多大规模的帮助，以供我们在制订国民经济计划时考虑。"①

六、关于民族问题。

毛泽东说，中国是多民族的国家，有几十个民族，汉族人数最多，其他如蒙古、回、藏、维吾尔等民族大多居住在边远地区。中国人并非只指汉族，居住在我国版图内的所有民族都是中国人。我们提倡各民族互相团结、互相友爱、互相合作、共同建国。民族间出现某些摩擦或纠纷，甚至是矛盾或冲突是难免的，但是今天可以比较容易解决。目前主要的是防止和反对大汉族主义，同时也要反对地方民族主义，这两者是妨碍和破坏民族团结、共同发展的祸根子。我军向前发展，很快就要进入少数民族聚居的地区了。因此，关于民族问题将会在最近制定出一套相应的方针、政策。

七、关于对民族资产阶级的政策问题。

毛泽东说：中国民族资产阶级是很软弱的，只有不多几家像点样子，其余许多连中等资产阶级都够不上，更谈不上亿万富翁了。他们虽然属于剥削阶层，但同时又受外国资本家的压迫和剥削，而且在政治上软弱无力，甚至受到压抑和排挤。我们对这部分人采取联合、利用、改造的方针，使其为祖国建设服务。这个政策他们是乐于接受的。对资产阶级分子的使用，也可能出现某些消极方面的现象，我们也应当注意防止和纠正。我们准备成立一个工商联组织，这可以把工商业方面的活动人物组织起来，其主要任务一是使他们较有组织地发挥自己的积极性；二是使他们有监督地自我改造。

刘少奇在与米高扬的会谈中进一步阐发了我党对待民族资产阶级的政策，他说，中共将以没收官僚资本的名义没收买办资产阶级的企业。至于民族资产阶级的私营企业，则等待一两年后制订国有化计划时再解决。米高扬同意刘少奇的这一看法，表示对民族资产阶级持谨慎态度是正确的。

米高扬与中共领导人的这次高级会谈，是自中国共产党成立以来，中苏两

---

① 杨奎松：《毛泽东与莫斯科的恩恩怨怨》，江西人民出版社1999年版，第274页。

党第一次级别最高也是最重要、最成功的会谈。在中国期间的所见所闻,让米高扬感受深刻,他对毛泽东、周恩来等中国共产党的领导人产生了由衷的敬佩之情。2月7日晚,他在给斯大林的电报中说:"必须指出,与我交谈的政治局委员们,在一般政治、党务、农民及整体经济问题上完全是行家,并且都很有自信。"他在同师哲私下交谈时说,你们成立中央人民政府时不愁没有领导人,周恩来就是当总理的最合适的人选。米高扬对毛泽东评价很高。他说:"毛泽东有远大的眼光、高明的策略,是很了不起的领袖人物。"他高度肯定在毛泽东领导下中国共产党所取得的伟大胜利,指出:中国共产党人在中国并不机械地搬用马克思主义,而是在充分考虑并结合了中国特点和具体条件的基础上加以运用的。因此,中国革命有自己的道路,有自己的特点,阐述中国党的经验本身就非常重要。它的总结至少对亚洲国家革命运动具有重大理论意义。从俄罗斯目前公布的米高扬写给斯大林的报告中可以看出,米高扬的这次访问对于改善两党关系,尤其是减少莫斯科对毛泽东和中国共产党人疑虑,是起了重要作用的。[①]

　　米高扬访问西柏坡的作用也有其局限性。米高扬此行的使命只是"斯大林的耳朵,只是来听的,回去要如实向斯大林汇报"。陪同米高扬来华、负责毛泽东与斯大林之间的联系的科瓦廖夫也证实米高扬这一说法。据科瓦廖夫回忆,"凡涉及中国的一切问题,斯大林必须亲自处理。哪怕是毛泽东提出的最琐细的请求也只能送给斯大林,由斯大林定夺。1949年初,科瓦廖夫就某些中国问题请示莫洛托夫和维辛斯基。他们没有下达指示,而是说:'今后凡涉及你在中国的工作问题,你只能请示菲利波夫。'"[②](菲利波夫是当年斯大林在同中国领导人联系时使用的化名)。这种情况使得中共急于得到苏联支持的一些重大问题不能马上得到结果,因而还在米高扬逗留西柏坡期间,毛泽东就与其商定,中共将派一个专门的代表团前往莫斯科,就财政、军事技术援助、贷款、两党关系以及在中国国内形势发生变化的进程中所出现的其他内部和外部政治问题,进行具体商谈。5月份,中共中央决定派刘少奇率团秘密访问苏联,代表团成员有高岗、王稼祥。随团工作人员有师哲、邓力群、戈宝权。6月26

[①] 杨奎松:《毛泽东与莫斯科的恩恩怨怨》,江西人民出版社1999年版,第280—281页。
[②] 袁南生:《斯大林、毛泽东与蒋介石》,湖南人民出版社2005年版,第516页。

日代表团抵达莫斯科，8月14日从莫斯科起程回国，在苏联访问整整50天。

代表团在苏期间的主要活动是与斯大林会见和会谈。"由于少奇率领的中共代表团是斯大林的客人，所以只有斯大林一人才有权同中共代表团谈实质性的问题，甚至稍微带有影响的事情，别人都不能插手，也不敢过问"。[①] 代表团先后与斯大林进行了三次会谈，分别是6月28日、7月10日、7月27日。7月11日，代表团还应邀列席苏共中央政治局会议，就中共中央代表团提出的问题举行会谈。关于这次秘密访问，还有一些目前尚未公布的重要档案文献，如7月11日中共中央代表团列席苏共中央政治局会议，参加讨论中共提出的各项问题的文件；7月27日斯大林与刘少奇、高岗关于中国革命评价谈话的文件；7月30日刘少奇和马林科夫分别代表中国和苏联签订贷款协定的文件；8月13日刘少奇、王稼祥、刘亚楼与苏联武装力量部部长华西列夫斯基元帅关于帮助中国组建空军问题会谈的文件，等等。

据新解密的六件俄国档案记载，刘少奇访苏的主要任务是：介绍中国革命的进程、性质、任务和前景；中国革命与世界革命的关系和它对世界革命的影响，特别是对殖民地化和附属国的影响；所要解决的关键问题是取得苏联对中国革命的理解以及在各个方面的支持和援助。

7月4日，中共代表团根据王稼祥的建议，并经毛泽东批准，以中共中央代表团主任刘少奇的名义致信苏共中央和斯大林，向他们提交了书面报告。这个报告提出四个问题：

（一）中国革命目前的形势。报告说，中国人民的革命战争，现在已基本上取得了胜利，不久就将取得完全的胜利。人民解放军在今年夏秋两季可占领福建、湖南、江西、陕西等省，冬季可占领广东、广西、云南、贵州、四川、西康、甘肃、宁夏、青海等省。这样就基本上结束了对国民党的战争。剩下的有台湾、海南岛、新疆和西藏。其中西藏问题只能用政治方式而不能用战争方式解决。台湾、海南岛和新疆，要等到明年才能占领。我们完全赞成尽可能早地占领新疆，而占领新疆的最大困难，是如何肃清和保证向新疆前进的道路，以及缺乏必要的交通工具（由甘肃到新疆需经过漫长的没有粮食和饮水的沙漠地带），如果能够克服这些困难，占领新疆的时间，将可以大为提前。

---

① 《在历史巨人身边：师哲回忆录》，中央文献出版社1991年版，第397页。

中国革命的胜利已经毫无疑问了。但由于我军的行动受到交通条件和自然条件的限制，因而要取得完全的胜利，还需要一些时间。关于帝国主义对中国革命直接武装干涉的可能性，我们从来就有充分的估计，联共（布）方面关于这个问题对我们的指示，更加引起我们的注意，我们完全同意这些指示。我们没有松懈对这种可能性的警惕。但照目前的国际形势来看，似乎没有帝国主义者派遣上百万军队对中国进行大规模武装干涉的可能性。况且，这也只能推迟中国革命胜利的时间，而不能消灭和阻止中国革命，同时还将使帝国主义陷入极大的困境。如果处理得当，帝国主义有可能不敢来进行直接的武装干涉。

（二）新的政治协商会议与中央政府。报告说，我们决定在今年8月召开新的政治协商会议，并成立联合政府，现正在积极进行各项准备工作。新的政治协商会议，不是由共产党一个党或少数几个党发起和召集的，而是由中国所有民主党派、人民团体和少数民族及海外华侨共23个组织共同筹备和召集的。这种方式使党外人士非常满意。我们认为，中国的政治协商会议是为群众所熟悉的中国革命民族统一战线的新的适当组织形式，准备使其成为经常性的组织，并在必要的地方成立地方的政协会议。新的中央政府的组织成分尚未决定。在新的政府中除军事委员会外，在内阁之下，将成立财政经济委员会、文化教育委员会及政法委员会（管理公安、内务、司法等），并设立各部。在各部中，准备设立铁道、农业、林业、商业、冶金、纺织、燃料、交通、邮电等部。中央政府准备以毛泽东同志为主席，周恩来同志为总理。

关于中国新民主主义的国家性质和政权性质，我们的理解是：它是以无产阶级为领导，以工农联盟为基础的人民民主专政的国家。它是对帝国主义、封建势力和官僚资本实行专政的。工人阶级是这个专政的领导力量，工人、农民与革命知识分子的联盟，是这个专政的基本力量，同时，团结尽可能多的能与我们合作的小资产阶级和自由资产阶级及其代表人物和政治派别参加这个专政。这就是这个专政的组成成分。

中国的人民民主专政，与列宁在1905—1907年革命中所提出的"工农民主专政"有共同点，但也有区别点。以无产阶级为领导、工农联盟为基础，这是共同点。但中国人民民主专政包括愿意反对帝国主义、封建主义和官僚资本势力的自由资产阶级的代表和派别在内，这是区别点。其原因在于中国是一个半殖民地国家，我们在革命中及革命后一个相当长的时期内，需要集中力量去对付帝国主义及其走狗，以及中国民族资产阶级的特点。正如斯大林同志1926年在共产国际中国委员会的演说中所说的，中国未来的革命政权将"主要是反对帝国主义的政权"。

中国人民民主专政的形式，是人民代表会议制，这不是资产阶级式的议会制，而相近于苏维埃制，但与无产阶级专政的苏维埃制也有区别，因为民族资产阶级的代表也能参加人民代表会议。

所有各民主党派在公开的政治场合中，都能接受共产党提出的一般纲领，他们都公开地宣布拥护中国共产党的领导。除帝国主义的走狗蒋介石国民党外，中国还没有最后地形成民族资产阶级的政党，没有像欧洲国家那样的反动的资产阶级政党。

在中国实际的政治生活中，参加政协会议的那些人民团体将发挥相当重要的作用。这些团体，有的已拥有广大的会员，并且都在迅速地发展会员。他们在过去的反对美蒋的斗争中，曾有过重要的作用，在今后能发挥更重要的作用。他们都能接受共产党的领导，或者是在共产党的绝对领导之下。除全国总工会早已成立外，最近还召开了妇女、学生、青年的全国代表大会，成立了全国民主妇女联合会、新民主主义青年团及全国学生联合会。因中国青年过去已有很多组织，为了统一这些组织，还成立了全国及各地的青年联合会，暂时作为统一青年运动的组织。

（三）关于外交问题。所有帝国主义在中国的控制权，不论是在军事上的、政治上的、经济上的和文化上的控制权，中国革命均要彻底地加以摧毁。这是已写入我们二中全会的方针，是坚定不移的。今后我们的外交活动，我们认为应根据以下几项原则进行：（1）和各帝国主义国家进行斗争，以便实现中国民族的完全独立；（2）在国际事务中和苏联及各新民主国家站在一道，反对新的战争危险，保卫世界和平与民主；（3）利用各资本主义国家之间和这些国家内部的矛盾；（4）在平等互惠的条件下发展中国与外国的通商贸易，特别是发展与苏联及各新民主国家的贸易。

（四）关于苏中关系问题。对苏中友好同盟条约，我们完全愿意继承这个条约，在苏联与新中国建立外交关系时，这个条约需要加以处理，其处理方式大概有以下三种：（1）由中国新政府宣布全部承认这个条约继续有效，不加任何修改。（2）根据原来条约的精神，由两国政府代表重新签订一个新的中苏友好同盟条约，以便根据新的情况在文字和内容上有所增减。（3）由两国政府代表换文，暂时维持这个条约的原状，但准备在适当的时机重新加以签订。在这三种方式中，应该采取哪一种方式为好？（等毛泽东到莫斯科后再决定这个问题。）

我们长期处在农村游击战争的环境中，对外面的事情知道得很少，现在要来管理一个如此大的国家，并进行经济建设和外交活动，我们还需要学习很多东西。除苏联派专家来中国帮助我们外，我们还希望派一些苏联教授到中国来讲学，并由中国派一些参观团去苏联参观和学习，除此之外，派一些大学生去苏联学习。

事隔一天，刘少奇于7月6日又致函斯大林，对访苏安排提出了八点请求：

一、当我们启程来苏联时，毛泽东同志要我们请求斯大林同志在对国际形势、新战争的危险性和苏联与帝国主义国家——美国和英国的相互关系的评价与分析的问题上给予指示，它们将成为中国共产党领导人评价国际局势的指导性材料。

二、我们希望利用在莫斯科的短暂停留来了解苏联，出于这种考虑我们想了解下述问题：

（1）苏联的国家结构，包括下述问题：各级政府机构的结构。政府活动的各个部门。中央政府和地方权力机构的相互关系。政府管理基层机构的结构。党、政府和群众组织间的相互关系。武装部队、人民法院、安全机构、财政经济机构的组织。文化和教育机构的结构。外交部的结构和外交斗争。

（2）经济政策及在苏联的管理，包括下述问题：工业、农业和贸易发展的结合国家预算，地方预算，工厂的预算，学校、国营农场和集体农庄的财务计划。国家企业、地方企业、各个工厂、教学机构的副业和合作社企业之间的相互关系。银行的组织和作用。合作社的组织和作用。海关和外贸部的组织和作用。税制和税务机构的结构。运输业的机构。

（3）苏联的文化和教育，包括：各级学校组织和体制。学校和生产部门间的联系。大学生的招生和大学生的物质保证。中学的课程选题。文化和艺术领域中的其他工作。科研机构。

（4）党组织和群众组织的结构，包括下述问题：党组织的形式。党的工作范围。党的教育的组织。党委会的体制。党的干部的管理。工会组织的形式。青年组织的形式。

我们要求苏联的负责同志就这些问题和我们进行交谈。我们想请下述机构的负责同志来和我们交谈：部长会议内务部和国家安全部、教育部和高级文化机构、外交部、国家计划委员会、银行、合作社、国内贸易部、外贸部、财政部、党中央组织部、全苏工会中央理事会、全苏共青团中央、1－2位工厂厂长、党支部书记、工会基层委员会主席、联共（布）莫斯科州委员会、联共（布）莫斯科市委员会、莫斯科市苏维埃。此外，我们还想访问1－2个工厂、1－2个集体农庄和国营农场及1－2个学校。

三、我们想请苏联政府建立一所专门的学校，它类似于过去的中国劳动大学，来为新中国培养建设和管理国家与企业所必需的干部。一开始，在这个学校中学习的学生可达1000名。在这个学校中可设置下列各系：工业、贸易、银行业务、法学和教育等。这个学校中的学习可分为为期一年的短期训练班学制、两年的普通学制和三四年的正常学制。这就有可能极其迅速地培养干部，派现在在中国担任各种职务的工作人员去学习，而且由于将通过翻译来进行讲课，所以可以避免因语言不通而产生的困难。目前中国学生在苏联各个中等学校的学习保持不变。

此外，我们还想把各类负责干部派往苏联了解情况，为期3－4个月。他们一方面可以了解他们感兴趣的问题，一方面可以听课和交谈。这一措施将是使我们的干部提高管理国家和经济方面的知识的工作形式之一。

再次，我们希望苏联派各个科目的教师到中国来工作，帮助我们在中国培养管理国务活动各部门所需要的干部。

四、关于中苏间的通讯问题。我们想具体谈谈和具体解决有关建立苏中间的邮政、电报联系，苏中间的海上交通、空中联系，开辟自苏联经哈尔滨和沈阳至远东、自沈阳至北平、自北平经乌兰巴托至苏联的航线，组织中苏航空公司，帮助中国建设飞机修理厂和培训航空军事干部的问题。

五、我们想使有关苏联帮助我们培训海军舰队干部、援助我们扫雷艇和舰船以打捞沉没的船只和创建海岸防御体系的问题具体化。

六、关于苏联帮助我们解放新疆的问题。毛泽东主席已发来电报，其中同意尽快占领新疆并建议我们具体地解决提供苏联空军援助和空运部队的问题。

我们想获得有关新疆局势的材料和具体解决空军援助的问题。

七、涉及东北的一些问题：（1）关于贸易问题。今年冬天，东北可以向苏联运去 80 万至 100 万吨粮食来交换机器设备。（2）关于在远东和东北确定统一的货币，为了促进远东和东北的经济关系，减少我们的外汇负担，最好还是恢复远东的工业。（3）关于开放远东的港口以便向香港和日本输出煤炭和盐等。如果上海和天津被封锁，能否利用远东把货物运至中国？在这种情况下，能否允许美国和英国的商船进出远东？（4）关于利用鸭绿江水电站电力的问题，东北要求上述电站应将一半的电力输送给东北。为建设这一电站中国投资了 7500 万日元，而朝鲜为 5000 万日元。东北请求苏联在解决这一问题时给予协助。

八、关于中苏文化联系。我们想和苏联的负责同志谈一谈有关通讯社、电影、中苏文化协会的工作，有关相互派遣工农和学者参观团，有关在中国培养掌握俄语的干部，有关翻译政治、科学和文学作品，有关在中国建立俄语图书馆，有关开办书店，有关在苏联和新民主国家里出版的报纸、杂志和书籍的发行。

对中共代表团提出的问题，斯大林在与中共代表团会谈中多数给予支持和答复。在首次会谈中，斯大林就基本答应了代表团提出的几乎所有的要求。

一、关于贷款。斯大林说，苏共中央决定向中共中央提供 3 亿美元贷款。关于这一点，两党之间类似这样的协议在历史上尚属首次。

二、关于专家。斯大林说，我们将提供专家。我们已经准备好在最近按照你们的要求，派出第一批专家。但我们应当谈妥关于专家的报酬。我们认为，如果你们是按照粮食向你们的专家提供报酬的话，对苏联专家也可照此办理。但是应当按照你们的优秀专家的高水平报酬标准提供给苏联专家。不能低于，当然也不要高于这个水平。鉴于我国的专家享有高工资，因此，如果需要的话，将由苏联政府向他们补足。

三、关于派遣专家去上海。斯大林说，我们已经挑选了 15 名专家，可以按照你们的要求，在任何时候派过去。请你们研究并通知我们。但是，一般来讲，你们应当注意到，在大城市，特别是在上海，有许多你们自己的专家和具有高度技能的工人，他们能够提供的帮助，会大于而不是小于苏联专家的帮助。因此你们必须吸引他们投入到积极的工作中去。

四、斯大林说，我们还准备帮助你们清除海上的水雷。既可以派专家，我们有很多这方面的专家，也可以提供扫雷艇。

五、关于新疆。斯大林说，不应当拖延占领新疆的时间。因为拖延会引起英国人对新疆事务的干涉。他们可以使穆斯林、包括印度的穆斯林活跃起来，以继续进行反对共产党的内战。这是不能容许的。因为在新疆有丰富的石油储量和棉花，而这些正是中国所急需的。

六、关于舰队。斯大林说，中国没有自己的舰队。然后又补充道，你们好像已经从国民党那里缴获了一些舰只？中国应当有自己的舰队。我们准备帮助你们建立舰队。例如，现在我们就可以打捞那些军用和商用的沉船，并帮助把它们修理好。至于你们请求帮助巩固青岛的海防，我们可以派遣一支分舰队去青岛港。但要在建立全中国的政府以后，以拜访的形式去。

七、在回答代表团提出的关于建立莫斯科和北平之间的空中航线的请求时，斯大林说，我们已经做好了准备，现在就可以着手组建这条航线。我们可以帮助你们建立飞机装配修理工厂。可以向你们提供最新型的歼击机，你们想要捷克斯洛伐克生产的，或者是俄罗斯生产的歼击机都行。这样你们就可以培养自己的飞行人员了。

八、斯大林同意代表团提出的这一请求，即在政治局会议上听取他们关于中国政治军事和经济形势的报告，并就一系列重要问题交换看法。并同意过三四天，以便代表团做好准备。

九、斯大林说，我们准备在国家机构、工业和你们想要学习的所有方面，全面帮助你们。但为此目的，应当称你们是来自东北的贸易代表团，以便你们能够公开进行访问。①

7月27日，斯大林再一次也是最后一次正式接见刘少奇及中共代表团。斯大林再次提到中共对美国和西方国家的外交政策问题。他说：我们共同的意见是暂时保留英美等帝国主义国家在华的经济文化事业。但这一点，你们不要宣布，以便从帝国主义方面获得对于你们的让步。他们想保护自己在中国的利益，就要付出代价，包括商业方面的有利条件，甚至借款，等等。

当晚，斯大林在孔策沃别墅举行宴会，招待中共中央代表团。在接受中国

---

① 《党史研究资料》，1998年第2期。

客人敬酒时，斯大林说：西欧人由于骄傲，在马克思、恩格斯死后，他们就落后了。革命中心由西方移到了苏联，现在又将移到中国。他指出：关于马克思主义，在一般理论方面，也许我们苏联人知道得早一些，多一些。但是，把马克思主义的基本原则应用于实际中去，则你们有许多经验值得我们学习。

斯大林告诉刘少奇，中国的马克思主义者作出了重要的成就。他明确肯定刘少奇报告中的判断，即中国革命的经验对于其他殖民地、半殖民地国家的革命，将是很有用的。并且表示，苏联人以及欧洲人都应当向中国共产党人学习。

斯大林指出，中苏两党以后要分工：你们多做东方和殖民地、半殖民地国家的工作，与东南亚各国建立密切的联系，在这方面多发挥你们的作用和影响。我们对西方多承担些义务，多做些工作。

中共代表团这次访问及其此前米高扬的成功访问中共，使中国共产党在政治上与联共（布）取得了完全一致，在对中国革命的评价上，斯大林认可了"山沟里的马列主义——农村包围城市的道路"；在经济上取得了3亿美元贷款和经济技术援助，带回了大批专家；在军事上，苏联同意援建海军和空军（援建空校和海校）；在外交上，苏联将首先承认新中国，中苏在对外政策上将采取统一步骤。斯大林提出，在国际共产主义运动方面，让中国多做殖民地、半殖民地国家的工作，实际上把中国看作是多殖民地、半殖民地和附属国进行民族民主革命的榜样和旗帜，这是对中国共产党和毛泽东的高度信任。这一切说明，斯大林已经将中国作为"政治上成熟的党"、在世界上具有重大影响的大国执政党，并进入与它进行全面合作的时代。

有关共同纲领和中华人民共和国中央人民政府组织法，中国人民政治协商会议组织法，以及国旗、国歌词谱、国都等被确定下来，标志着新中国的筹建工作基本完成。

刘少奇访苏期间及其之后，中国共产党筹建新中国的工作也进入到实质性阶段。

新政协筹备工作有三个重点：其一是拟定新政治协商会议的各种文件；其二是推动并促成全国社会科学、自然科学、教育、新闻等人民团体的筹备工作，并协助了全国文学艺术工作者联合会的成立；其三是根据筹备会首次全体会议所通过的"关于参加新政治协商会议的单位及其代表名额的规定"，协商各单位的代表名单。

周恩来承担了起草《共同纲领》的重担。《共同纲领》是建国纲领,是全国人民在一定时期内共同奋斗的目标和统一行动的政治准则,具有临时宪法的作用,所以,党中央非常重视,经历了三次起稿、三次命名。

第一次起草的共同纲领,取名《中国人民民主革命纲领草稿》,由中央统一战线工作部部长李维汉主持起草,于1948年10月27日完成第一稿。该稿写出后,上报周恩来,周恩来又通过中央办公厅分送刘少奇、朱德、陆定一、胡乔木、齐燕铭、李维汉等人审阅。该稿共分总则、政治、军事、土地改革、经济财政、文化教育、社会政策、少数民族、华侨、外交等10部分,共46条。这个草稿的着重点是在"人民民主革命"方面,即规定了将要诞生的新中国应实行的最基本的纲领、政策。如,它规定:纲领的基本原则,即新政协各成员"共同奋斗的准则",是"新民主主义亦即革命三民主义";"人民为国家的主人。国家的一切权力出自人民大众,属于人民大众";"中华人民民主共和国各级政权的构成,不采取资产阶级民主的三权鼎立制,而采取人民民主的民主集中制";国家各级权力机关和行政机关,是各级人民代表大会及其选出的各级人民政府;实行耕者有其田的土地制度;没收官僚资本,归国家所有;"国有经济为全部国民经济的领导成分";"发展生产,繁荣经济,公私兼顾,劳资两利,应定为全部国民经济建设的总方针";有计划有步骤地发展工业,争取若干年内"使中国由农业国地位上升到工业国地位";"发展民族的、科学的、大众的文化与教育";各民族一律平等,建立民族自治区等。这些规定,反映了我们党长期以来形成的新民主主义的立国思想,因此大都为后来各个稿本所采纳。

1948年11月,形成了第二稿。这一稿的结构不同于第一稿,它分为人民解放战争的历史任务、建立人民民主共和国的基本纲领、战时具体纲领三大部分。第一部分叙述人民解放战争的历史任务、主要经验及其要完成的推翻三大敌人和国民党反动统治的历史任务。第二部分规定中华人民民主共和国的新民主主义的性质以及它的国家构成、政权构成、经济构成、文化教育、外交政策。第三部分就全力支援人民解放战争、巩固人民解放区、建立临时中央政府三个方面,做出34条规定。这一稿显然突出了战争特征,但随后国内形势发生了重大变化,这使《中国人民民主革命纲领草稿》已不适用。这一稿的一个重大贡献是，它对成立中华人民民主共和国临时中央政府的程序做出了新规定，即：由新政协直接选举临时中央政府。毛泽东在1948年12月30日为新华社撰写的新年献词《将革命进行到底》中宣布：1949年将要召集没有反动分子参加的、以完成人民革命任务为目标的政治协商会议，"宣布中华人民民主共和国的成立，并组成共和国的中央政府"，就是采纳这一意见的结果。1949年2月27日，周恩来对该稿作文字修改后，把它同《关于新的政治协商会议诸问题的协议》《新政治协商会议筹备会组织条例草案》《参加新政治协商会各单位民主人士候选名单》《中华人民民主共和国政府组织大纲草案》一起编印成册，名为《新的政治协商会议有关文件》。1949年6月18日，周恩来在新政协筹备会第三组成立大会上宣布：由于情况发生重大变化，中共方面起草的共同纲领第二稿也已不能适用，必须根据新的形势的需要重新起草。

第二次起稿的共同纲领定名为《新民主主义的共同纲领》草案初稿，由周恩来主持。他亲自动手起草，初稿写出后又先后7次主持讨论、征求意见、反复修改。经过大约2个月时间，于1949年8月22日完成草案初稿。

第三次起稿的共同纲领定名为《中国人民政治协商会议共同纲领》。进入1949年9月以后，共同纲领的起草工作进入最后阶段，其结构也做了改动，不再分一般纲领和具体纲领，而是在序言之后平列七章。纲领的名称随着政协名称的变动而改为《中国人民政治协商会议共同纲领》。

《共同纲领》成稿之后，广泛地征求政协代表的意见。对提出的意见认真研究，凡是有利于革命事业的都予采纳。各方面意见比较集中的是三个问题：

一是关于"爱国民主分子"问题。有的代表提出，序言里有这样一段话："中国人民民主专政是中国工人阶级、农民阶级、小资产阶级、民族资产阶级及其他爱国民主分子的人民民主统一战线的政权。"应删除其中"爱国民主分子"一词，因为这里讲的是阶级，爱国民主分子也属于四个阶级之内。起草组经过慎重考虑认为，这一词不能删，因为，有些爱国民主分子不属于四个阶级，例如地方、官僚资产阶级中的开明分子。单独提出"爱国民主分子"，有利于争取这部分人，给他们开一道门，使他们也能进入革命阵营。于是，在小组讨论时，由刘少奇出面作了说明和解释。

二是关于"人身自由"问题。纲领初稿规定："中华人民共和国人民有思想、言论、出版、集会、结社、通信、居住、迁徙、宗教信仰及示威游行的自由权。"许多代表对此提出意见，认为"人身自由"是最根本的自由，如无人身自由，其他自由都将谈不到，因此应在各种自由权之中增加"人身自由"一项。起草组认真研究后认为这一意见提得好，予以采纳。

三是关于苏联问题。有些产业界的代表出于同外国做生意的考虑，提出在关于外交政策的条文中，不必突出联合苏联的内容。中国国民党革命委员会、三民主义同志联合会、中国国民党民主促进会等3个国民党民主派的政协代表，就这个问题专门进行了讨论。他们的意见是："本党13年（1924年）改组时提出联合平等待我之民族共同奋斗，就是指的苏联，今天应明确地说出来。""联苏口号非公开提出不可。"起草组综合各方面意见，最后保留了"首先联合苏联、各人民民主国家和各被压迫民族"的条文，这样使各方利益得到兼顾。

经过各方反复讨论和多次修改，共同纲领草案提交政协全体会议讨论。9月28日，政协各单位分别举行会议，对纲领草案作最后一次讨论，至此日，又收到代表意见21件，经讨论，除对印稿中的不正规字体加以规整和增添一处标点外，全体一致通过保持原文送交大会主席团。

《中华人民共和国中央人民政府组织法》草案，是继《共同纲领》外，筹备会向中国人民政治协商会议提出的又一部最重要的文件。这部法律将是我国根本的组织大法，不仅要规定国体、政体、国名，还要规定中央人民政府的组成。起草这部法律草案的重任交给了以董必武为组长的第四小组。

董必武对建立中央人民政府不仅有理论的研究，也有实践的探索。

1947年中共中央在"十二月会议"期间，曾就成立全国政权问题交换了意见，明确了新政权的性质，确定国家的权力机关是各级人民代表大会及其选出的各级政府。但此后分析解放战争发展形势，认为在1948年内成立中央人民政府的时机尚不成熟，而华北解放区业已大部连成一片，加上财经已初步统一，因此，决定首先将晋察冀区、晋冀鲁豫区和山东的渤海区统一在一个党委（华北局）、一个政府、一个军事机构的指挥下。1948年3月20日，中共中央将此决定通报全党，并于5月正式成立华北局、华北联合行政委员会和华北军区，董必武被任命为华北联合行政委员会主任、华北局常委，负责筹备华北临时人民代表大会，组建华北人民政府。

召开华北临时人民代表大会，建立华北人民政府，一方面是为统一华北解放区，建立各级地方政权，以领导群众迅速恢复发展生产，支援全国的解放战争；另一方面也是积累建立全国人民政权的经验，为成立中央人民政府作准备。正如董必武所说，华北临时人民代表大会，"是一个临时性的，也是华北一个地区的，但是，它将成为全国人民代表大会的前奏和雏形。因此，它是中国民主革命历史中划时代的一次大会，在中国民主革命历史上将占有光荣的篇章。"①

在董必武主持下，经过数月的努力，1948 年 8 月 7 日，华北临时人民代表大会在石家庄开幕。出席大会的有来自华北各解放区的工人、农民、工商业者、学生、军队、党派、社会贤达、开明绅士及少数民族的代表数百人，显示出解放了的华北人民的大团结。董必武在开幕词中阐述了新政权的人民民主性质，提出了建设华北、支援解放战争的任务。大会经过热烈的讨论，决定正式合并晋察冀行政委员会和晋冀鲁豫边区政府，成立华北人民政府。在华北人民政府第一次全体委员会会议上，董必武当选为华北人民政府主席，薄一波、蓝公武、杨秀峰为副主席。

华北人民政府的成立，在全国引起极大反响，中国国民党革命委员会、中国民主同盟等民主党派和各界进步人士，纷纷打电报祝贺。随后，许多民主人士先后来到华北解放区。

对于刚刚成立的华北人民政府及其各级地方机关，董必武迅速进行充实、整顿并加强制度建设。他指出，解放区建立的革命政权，一般都是军政府性质的，极不完备。随着革命的胜利发展，政权建设必须逐步完备起来，才能更好地发挥人民群众的积极性。为积累人民政权建设的经验，他组织干部在已完成土地改革的地区，用普选的方法召开地方人民代表大会，选举人民政府的试验；他召集座谈会与各地干部商讨地方政权建设问题，逐步地明确了各级地方政权建设的方针、政策和具体步骤。在华北临时人民代表大会上，还讨论、审查了由谢觉哉起草的乡、县、市选举条例和政府组织条例（草案）。1948 年 10 月 6 日，董必武在人民政权研究会讨论这两个草案时，发表《论新民主主义政权问题》的著名讲话，阐明我国新民主主义政权的性质，提出人民政权机构设置的原则和任务等。这篇讲话是我们党在夺取全国胜利前论述全国政权问题的一篇重要的马克思主义历史文献。

---

① 《人民日报》，1948 年 3 月 24 日。

对董必武在人民政权建设方面的实践探索，中共中央给予了肯定。后来中央人民政府委员会曾命令："中央人民政府的许多机构，应以华北人民政府所属有关机构为基础迅速建立起来。"①

有了筹建华北人民政府的经验，起草《中华人民共和国中央人民政府组织法》草案就顺利多了。这部法律的起草分两个方面内容：

（一）关于中央人民政府组织法总纲的研究拟定

这是筹建中央人民政府的基础，也是最基本的一条。1949年6月18日，第四小组召开第一次全体会议，成立了7人提纲起草委员会，负责起草组织法中基本问题的讨论提纲，董必武被该委员会推举为提纲起草人。经过广泛征求意见，董必武就国家名称、国家属性、国家组织原则、国家最高政权机关产生方法、人民政府委员会的组织、最高行政机构名称及机构设置，以及人民革命军事委员会、人民监察委员会、人民法院和人民检察委员会的组织和隶属关系等问题，写出《国家组织纲要中的基本问题》的讨论提纲。经提纲起草委员会和第四小组全体会议逐项讨论，取得了基本一致的意见。随后，又成立了董必武、张奚若、阎宝航、王昆仑、张志让五人组成的组织法起草委员会，开始政府组织法草案的起草工作。

起草过程中，争议比较大的主要是国名问题。

国名的确定与对国体的认识有关。当时对国名有两种方案：一种是民主人士黄炎培、张志让提出应为"中华人民民主国"；另一种是毛泽东曾一度用过的"中华人民民主共和国"。毛泽东对未来国家的名称先后有三次不同提法：

第一次是1935年12月27日，毛泽东在《论反对日本帝国主义的策略》中，曾专门论述"人民共和国"，指出："人民共和国是代表反帝国主义反封建势力的各阶层人民的利益的。人民共和国的政府以工农为主体，同时容纳其他反帝国主义反封建势力的阶级。"② 这是毛泽东较早提出"人民共和国"的概念，无论其形式还是内容，都应是"中华人民共和国"名称的雏形。

第二次是1940年1月，毛泽东在《新民主主义论》一文中提出"我们要建立一个新中国"，并将新中国以"中华民主共和国"命名，说："中华民主共

---

① 《人民日报》，1948年3月24日。
② 《毛泽东选集》第一卷，人民出版社1991年版，第159页。

和国""只能是在无产阶级领导下的一切反帝反封建的人们联合专政的民主共和国"。①

第三次是1948年8月之后，多次使用"中华人民民主共和国"的概念。当月1日，毛泽东在给各民主党派的复电中，提出要"建立独立、自由、富强和统一的中华人民民主共和国"；10月10日，毛泽东在他起草的《中共中央关于九月会议的通知》中，继续采用这一名称，宣布："准备在1949年召集中国一切民主党派、人民团体和无党派人士的代表们开会，成立中华人民民主共和国临时中央政府。"1949年6月15日，毛泽东在新政协筹备会第一次全体会议上的致辞中说："过去，中华民国是名不符实的。现在，我们要建立一个名副其实的中华人民民主共和国。"接着，他连呼了三个口号，第一个口号就是："中华人民民主共和国万岁！"②

为此，筹备会工作小组起草的文件初稿中，都沿用了"中华人民民主共和国"这一名称。7月8日，第四小组在讨论"政府组织法的基本问题"时，代表们对这个国名提出了不同意见。雷洁琼发言说，如果国名太长，用时不用全称即得注明是简称。这个意见婉转地表达了对修改国名的看法。黄炎培、张志让则直截了当地提出不同意见，后被整理成书面报告，分发给新政协筹备会主任、副主任、委员和各组组长。报告指出："我国国名似可将原拟中华人民民主共和国改为中华人民民主国，简称中华民国或中华民主国。"这个意见与原拟国名不同的是，节略了"共和"二字，"人民"与"民主"这两个概念被保留下来。他们认为，民主与共和无并列之必要。汉语使用的共和国一词，纯系翻译西文"列坡勃立克"，这个词与"共和"二字在我国经典上的原意并无关系。因此，他们主张去掉"共和"二字，称为"中华人民民主国"。

对"中华人民民主共和国"这一名称提出疑问的还有清华大学教授张奚若先生。他的意见是：保留"共和"二字，去掉"民主"二字。7月9日，在第四小组第二次会议上，张奚若说："有几位老先生嫌中华人民民主共和国的名字太长，他们说应该去掉'民主'二字，我看叫中华人民共和国好。有'人民'，就可以不要'民主'二字，焉有人民而不民主哉？且民主一词Democracy

---

① 《毛泽东选集》第二卷，人民出版社1991年版，第663、675页。
② 庞松：《共和国年轮1949》，河北人民出版社2001年版，第323页。

来自希腊字，原意与人民相同。去掉'民主'二字，从下面的解释也是很容易明白的：是共和而非专制，是民主而非君主，是人民而非布尔乔亚的国家。"①

以董必武为首的起草委员会先后三次开会，并征求了钱端生、邓初民、王之相等专家的意见。认为，"共和国"可说明新中国的国体，"人民"二字在新民主主义中国是指工、农、小资产阶级和民族资产阶级及爱国分子，这几个字表达了人民民主专政的深刻内涵。而"中华人民民主国"不能完全表达国体；"中华人民民主共和国"的"民主"二字没有重复的必要。于是，采纳民主人士张奚若的建议，确定国名为"中华人民共和国"。在8月17日起草小组第三次全体会议修改通过的组织法初步草案中，国名的表述已经使用了"中华人民共和国"。

对新中国国名的修改，得到了中央的赞同。9月7日，周恩来在北京饭店向参加新政协的代表作《关于人民政协的几个问题》的报告，在讲到关于国名问题时，肯定了起草组的意见。他指出："在中央人民政府组织法的草案上去掉了中华人民民主共和国的'民主'二字，去掉的原因是感觉到'民主'与'共和'有共同的意义，无须重复，作为国家还是用'共和'二字比较好。辛亥革命以后，中国的国名是'中华民国'，有共和的意思，但并不完全，可以作双关的解释，而且令人费解。现在我们应该把旧民主主义和新民主主义区别开来。因为在辛亥革命时期，俄国十月革命尚未成功，那时只能是旧民主主义的。从那以后由不完备的旧民主主义进步到完备的新民主主义。今天，为了使国家的名称合乎国家的本质，所以我们的国名应该是中华人民共和国。我们的国家是属于四个民主阶级的人民民主专政，反动的封建阶级、官僚资产阶级的分子不能列入人民的范围。等到他们彻底悔悟和改造后才能取得人民的资格。中国的少数民族也应该包括在中华人民共和国之内，承认他们的自治权。因此，我们认为中华人民共和国这个国名是很恰当的。"②

周恩来代表中央的这次讲话为国名最终确定画上了句号。

（二）关于政府的总体规划和机构设置

中共中央对政府的设置问题早有考虑。1949年初周恩来与米高扬会谈，所谈主要内容就是关于新中国政府的总体规划、政府各部委机构设置及职能等问

---

① 庞松：《共和国年轮1949》，河北人民出版社2001年版，第323页。
② 周恩来：《关于中华人民共和国组织法草案》，1949年9月7日。

题。5月27日，经毛泽东同意，他又将新政府各机构设置的研究和准备情况，向黄炎培等民主人士作了通报。有关这时中共对政府机构设置的筹划情况，刘少奇在同年7月访苏时向斯大林曾通报说：新的中央政府的组织成分尚未决定。除军事委员会之外，在内阁之下，将成立财政经济委员会、文化教育委员会及政治委员会（管理公安、内务、司法等），并设立各部；在内阁中，准备设立铁道、农业、林业、商业、金属、纺织、燃料、交通、邮电、工业等部。可见，此时拟在中央政府中分设军事委员会和内阁，并在内阁中设立三个委员会以分管各部的大体框架，已基本确定。

新政协筹备会召开后，在中共中央提出政府总体方案的基础上，起草组又对政府机构设置的有关重要问题逐一讨论并做出决定：

一、中央人民政府委员会设主席、副主席，不设主席团和常务委员会，下设政务院、人民革命军事委员会、最高人民法院和最高人民检察署，以分掌国家行政、军事、审判、检察各项职能。

二、关于最高行政机关的名称。最初曾提出过"国务院""行政委员会""部长会议"。方案组开始倾向于称"国务院"，所作决议中有："最高行政机关可称为国务院（或其他适当名称）"①。后经研究认为，"国务院"应管军事。但按已确定的政府体制，军事方面的事务应属人民革命军事委员会而不属内阁管辖。最后确定称"政务院"，其最高领导人称"政务院总理"。

三、中央政府下设30个部、会。为保证政务院对这些机构进行经常领导，政务院与部、会之间又设立4个委员会，即政治法律委员会、财政经济委员会、文化教育委员会和人民监察委员会。前3个委员会属指导性委员会，在政务院中列为一级。政府部、会的设置有3个特点：其一，不设国防部；其二，将工作重点放在财政经济；其三，由总理直接领导外事、情报部门。设计的政府架构大致如下：

1. 政治法律委员会下辖5个部门：内务部、公安部、司法部、法制委员会和民族事务委员会；

2. 财政经济委员会下辖16个部门：财政部、贸易部、重工业部、燃料工业部、纺织工业部、食品工业部、轻工业部、铁道部、邮电部、交通部、农业

---

① 《董必武年谱》，中央文献出版社1991年版，第335页。

部、林垦部、水利部、劳动部、人民银行和海关总署；

3. 文化教育委员会下辖6个部门：文化部、教育部、卫生部、科学院、新闻总署和出版总署；

4. 人民监察委员会无下辖部门；

5. 外交部、华侨事务委员会、情报总署直属政务院。①

上述政府总体方案与"总纲"一起，构成方案组向新政协筹备会常委会提交《中华人民共和国中央人民政府组织法草案》的基本内容。9月13日，新政协筹备会常委会通过了这一草案，完成了研究拟定新中国中央人民政府组织法规的工作。

第六小组承担的拟定国旗、国徽、国歌、纪年、国都方案的工作，也是十分重要且引人注目的。著名教育家、中国民主促进会负责人马叙伦和北平军管会主任叶剑英共同主持这一工作。其成员有：张奚若、田汉、沈雁冰、马寅初、郑振铎、郭沫若、翦伯赞、钱三强、蔡畅、李立三、张澜（刘王立明代）、陈嘉庚、欧阳予倩、廖承志等14人。7月4日，第六小组第一次会议决定：登报公开征求国旗、国徽图案和国歌词谱，设立国旗国徽评选委员会和国歌评选委员会。7月12日，新政协筹备会制定了《征求国旗国徽图案及国歌词谱条例》。

从7月15日起至26日，经毛泽东、周恩来修改审定的《新政治协商会议筹备会为征求国旗国徽图案及国歌词谱启事》，分别在《人民日报》《北平解放报》《新民报》《大众日报》《光明日报》《进步日报》《天津日报》等各大报纸连续刊登。国内各报和香港及海外华侨报纸也纷纷转载，在全国人民和海外华侨中引起热烈反响。征稿启事发出后，应征稿件如雪片一样纷至沓来。短短一个多月时间内，共收到来自海内外，包括当时尚未解放的国民党统治区的应征国旗图案2992幅、国歌歌谱632件、歌词694首、国徽图案900幅。这一幅幅图案、一首首歌词歌曲，反映了全国各族人民、港澳同胞和海外侨胞期盼祖国独立、统一和富强，为新中国诞生倾注的极大热情。

一、国旗图案

中国古代虽然也有过各种各样的战旗，却从来没有正式的国旗。鸦片战争以后，西方列强入侵，中国开始和西方近代国家打交道。后来，洋务大臣李鸿

---

① 《新中国成立前中央人民政府筹备述略》，刊于《中共党史研究》，1996年第6期。

章在同西方国家交往的过程中，发现世界各国都有自己的国旗，便奏请朝廷制定一面代表大清帝国的国旗。19世纪80年代，清政府制定了中国的第一面国旗，也称黄龙旗。旗面为黄色，是皇权的象征，旗面上绘飞龙戏珠的图案，龙为青色，珠为红色，龙头向左上方昂起。

推翻清政府、建立中华民国后，国民党政权使用的是"青天白日满地红"旗。为此孙中山和黄兴发生了激烈的争执，甚至一度为此而不和。原因是早在1895年第一次广州起义前，为表明自己的旗帜，孙中山委托好友陆皓东制作了青天白日旗，后来，孙中山在青天白日旗上加上红底色，便以青天白日满地红旗作为起义军的旗帜和未来的中华民国国旗。但是孙中山的决定并没有得到革命党人的一致赞同，黄兴就反对使用青天白日满地红旗作为未来的中国国旗，他认为青天白日旗有类似日本太阳旗之嫌，他自己设计制作了一面"井"字旗，象征古代中国的井田制度。1911年武昌起义成功后，当时的革命党人放弃以孙中山的青天白日满地红旗作为国旗，也没有使用黄兴的"井"字旗，而是另起炉灶，设计了各种各样的国旗，主要的有十八星旗和五色旗。十八星旗象征汉族聚居的十八行省，含有狭隘的大汉族主义思想，而五色旗象征汉、满、蒙古、回、藏五族共和的意思，故最后决定以五色旗为国旗，十八星旗为陆军旗，青天白日旗为海军旗。孙中山对这一决定虽表反对，但身在美国，鞭长莫及，等他回到国内，国旗之议已定，他也无可奈何。直到1927年北伐定都南京后，蒋介石才决定以青天白日满地红旗作为中华民国的国旗。

新中国成立前夕，中国共产党对设计新的国旗非常重视。专门聘请徐悲鸿、梁思成和艾青等知名专家参加国旗国徽评选委员会。聘请马思聪、贺绿汀、吕骥和姚锦新参加国歌评选。8月16日至20日，政协筹备委员会在北京饭店413会客室特设临时选阅室，将所有应征设计稿集中陈列、展示。在国旗的讨论中，经过反复比较筛选，政协国歌国旗国徽评选委员会从2992幅国旗图案中精选出38幅印刷成册，发给出席政协会议的每一位代表。

毛泽东曾经亲自参与酝酿讨论和确定国旗图案。他花了大量精力，从评选委员会精选成册的38幅国旗图案中，选出了两幅比较满意的作为预选对象，然后征求大家的意见。他手持两幅图画：一幅是红底，左上方一颗大五角星，中间三横杠。其含义是：红色象征革命；五角星代表共产党的领导；三横杠代表长江、黄河、珠江。另一幅是现在的五星红旗。含义是：旗面的红色象征革命；旗上的五颗五角星及相互关系象征中国共产党领导下的革命人民大团结；星用黄色是为着在红底上显出光明，黄色较白色明亮美丽；四颗小五角星各有一尖正对着大星的中心点，表示围绕着一个中心而团结。

毛泽东问大家：哪幅比较合适？大多数人同意使用三横杠旗。张治中发表了不同意见："（1）杠子向来不能代表河流，中间三横杠容易被认为分裂国家，分裂革命；（2）杠子在中国人传统观念中是金箍棒，国旗当中摆上三根金箍棒干吗？因此不如用这五星红旗。"毛泽东觉得此话有理，便采纳了他的意见。

最后，第 323 号设计图案即国旗图案参考资料中第 32 号草图，当选为中华人民共和国国旗图案。这一图案的设计者曾联松，既不是艺术家，也不是搞美术设计的，而是上海市日用杂品公司的副经理！一个长期做经济工作的普通人能设计出国旗，完全出自于一种热切爱国的激情。在报上看到中共征求国旗图案的启事后，曾联松萌发了为新中国国旗设计图案的念头。一个月光皎洁的夜晚，他仰望群星闪烁的太空，陷入了沉思。突然，他从人们常说的"盼星星，盼月亮"中得到启发：中国共产党不正是中国人民的大救星么！于是，他决定以五角星象征伟大的中国共产党。并设想：以一颗大星导引在前，几颗小星环绕于后，像众星拱北斗，大五角星象征伟大的中国共产党，四颗小星象征工人阶级、农民阶级、小资产阶级、民族资产阶级，四个阶级紧紧地环绕在党的周围，团结战斗，从胜利走向胜利。为了使整个图案更加突出全国人民紧密地团结在伟大的中国共产党周围这一特征，曾联松设计了每个小星的中心点都通过自己的一个星尖，跟大星的中心点连成一线，把中国共产党是全中国人民的领导核心这个历史的结论显示在旗上。色彩以红色为主，似红霞满天。红色表达热烈的感情，象征革命，配以黄色，灿烂辉煌，一片光明。1949 年 8 月中旬，曾联松将设计好的五星红旗图案稿寄给了全国政协筹备会，结果被选中。新中国国旗的设计者就这样诞生了。

二、国歌

国歌是象征国家的歌曲，它是一个国家和民族民众共同心声的表达和共同意志的体现，能起到统一人们思想、激发民族爱国情感、催人奋进的巨大作用。清朝以前，中国历代王朝都没有国歌。我国由国家颁布的国歌，最早产生于 19 世纪末。1896 年，清政府派遣北洋大臣、直隶总督李鸿章做外交特使，赴西欧和俄国作礼节性访问。在欢迎仪式上，按照国际惯例，要演奏宾、主两国国歌。但当时清政府没有什么国歌。为了应付门面，只好临时编制了一首。因它是李鸿章最早使用的，后来人们称它为《李中堂乐》。这首歌的歌词是：金殿当头紫阁重，仙人掌上玉芙蓉。太平天子朝天日，五色云丰驾大龙。此后十多年内，清政府在与他国交往以及国内大典中，都袭用这首歌。

辛亥革命后，孙中山在南京设立临时大总统府，立即征集国歌。1912年2月，临时政府发布了由沈恩浮作词、沈彭年谱曲的国歌拟稿公报，歌名为《五旗共和歌》。这首国歌实质上反映了资产阶级立国的理想：亚东开化中华早，揖美追欧，旧邦新造。飘扬五色旗，民国荣光，锦绣山河照，我同胞，鼓舞文明，世界和平永保。

但是，袁世凯篡夺辛亥革命的胜利成果后，其《五旗共和歌》也被篡改。国民党后来夺回了政权，但并未恢复原来的国歌，而是以国民党党歌作为国歌，并一直使用到其政权在大陆的垮台。

这样，即将建立的新中国不可能继续使用历史上的任何国歌，而必须重新征集确定符合新时代要求的新的国歌。于是，新政协筹备会在向全国人民发出了征集国歌的启事中，明确要求：（甲）歌词应注意：（1）中国特征；（2）政权特征；（3）新民主主义；（4）新中国之远景；（5）限用语体，不宜过长。（乙）歌谱于歌词选定后再行征求，但应征国歌歌词者亦可同时附以乐谱（须用五线谱）。

从收到国歌应征稿件的情况看，歌词较多，其中有郭沫若、马叙伦、欧阳予倩、冯至、柯仲年等知名人士的作品。小组评选了一部分歌词、歌谱印发给大家，有的还组织乐队演奏过，但大家都感到不理想。在讨论时，大家都认识到，要在短时间内创作出理想的国歌词谱，的确比较困难。于是，在国歌未制定以前，选择代国歌的动议提了出来。因为，世界上有不少国家，在没有正式国歌前，往往把一首得到民众认可、合乎国情民意的歌曲当作国歌。苏联在建国之初，就曾将著名的《国际歌》作为国歌。

选哪首歌曲作为代国歌呢？大画家徐悲鸿最早建议用《义勇军进行曲》代作国歌。

《义勇军进行曲》诞生于中华民族遭受日本军国主义侵略的生死存亡的危急关头，原为上海电通影片公司1935年拍摄的电影《风云儿女》的主题歌，由田汉作词，聂耳作曲。它一经诞生，迅即成为中华民族解放的号角。在抗日战争的烽火中，它传遍大江南北、长城内外，成为中国各族人民反抗日本侵略者的高昂的战歌，鼓舞了无数中华儿女用自己的血肉，筑成了万众一心、团结御侮的新的长城。无数中华民族的优秀儿女，高唱着、呼喊着"把我们的血肉，筑成我们新的长城"，冒着日本侵略者的炮火，不惧流血牺牲，英勇冲锋陷阵，为挽救祖国和民族的危亡，与日本侵略者血战到底！

1940年美国著名黑人歌唱家保罗·罗伯逊在纽约演唱了《义勇军进行曲》，接着他又灌制了一套名为《起来》的中国革命歌曲唱片，宋庆龄亲自为这套唱片撰写了序言，使这首歌享誉世界，成为国际反法西斯战线一首高昂的战歌。在当时的反法西斯战线上，《义勇军进行曲》是代表中国人民最强音的一支战歌。第二次世界大战即将结束之际，在盟军凯旋的曲目中，《义勇军进行曲》赫然名列其中。

大部分代表和应征稿倾向以《义勇军进行曲》作为代国歌，但也有一部分代表和应征稿认为，应当修改歌词中的"中华民族到了最危险的时候"一句，因为这一句过于悲壮。悲壮的词句出现在国歌中是否妥当？从别的国家的国歌看，悲壮也没有什么不好。《马赛曲》便是一支很悲壮的歌曲。歌中唱道："前进！前进！祖国的儿郎，那光荣的时刻已经来临！专制暴政在压迫着我们，我们祖国鲜血遍地，我们祖国鲜血遍地。你可知道那凶狠的兵士，到处在残杀人民，他们从你的怀抱里，杀死你的妻子和儿女。公民们，武装起来！公民们，投入战斗！前进！前进！万众一心，把敌人消灭净！"这样的悲壮的歌曲，后来便正式确定为法国国歌。

在座谈会讨论时，周恩来明确表示，就用原来的歌词。他说："这样才能鼓动情感。修改后，唱起来就不会有那种情感。"最后，毛泽东拍板，与会者一致赞同，用《义勇军进行曲》代国歌，并交政协会议表决。座谈会结束时，毛泽东、周恩来和与会者一起合唱《义勇军进行曲》。

三、国都

国民党定国都于南京。新中国的国都定于何地，成为新政协考虑的一个重要问题。

有人提出定都哈尔滨。因为，哈尔滨是原定的新政协会议地。1948年底，为了筹备召开新政协会议，毛泽东、周恩来派出许多干部，把疏散在香港、澳门、上海、广州、重庆……以及美国、欧洲各国、日本……的各民主党派和各爱国组织的领导人沈钧儒、郭沫若、沈雁冰、史良、李叔同、马叙伦等人接到哈尔滨，准备召开政协会议。因此，有一种意见倾向把新政权的国都定在哈尔滨。理由是：哈尔滨是东北的大城市，东北又是中国最重要的工业基地。哈尔滨离苏联很近，新中国成立之后，为了发展经济，可以得到苏联的直接援助。针对此一见解，毛泽东在第一次政协会议上说："本来新政协会议是在哈尔滨召开的，由于形势发展很快，北平获得了解放，这样，我们就请各位代表来到这儿开会了，国都问题就可以不考虑哈尔滨了。"[1]

许多人主张定都西安，理由是：（一）中国革命在西北的时间最长。毛主席党中央在延安住了13年，今后指导革命，西安也比较方便。（二）西安是我国历史上五大文明古都之一，而且第一个全国统一的王朝秦朝，就建都于此。西安有号令天下的权威。从历史上看，中国最强盛和时间最长久的两个王朝，都建都在西安——强汉盛唐。因此，为了政权的长久，很多人建议建都西安。（三）从中国的版图上看，西安处在全国的中心位置，而北平则比较偏北了。（四）西安地处西北，今后与苏联联系也比较方便。

毛泽东、周恩来等中共领导人在反复听取了各方面意见之后，采取投票表决的方式，最后决定国都定在北平，后改北平为北京。

最后，只剩确定新国徽了。

在新政治协商会议筹备会在各大报刊登载启事，征集国旗图案、国歌词谱中，国徽图案也被纳入征集之列。但征集到的国徽图案不能令人十分满意。因此，经代表们一致同意，国徽图案没有提交政协大会讨论，留待将来由中央人民政府决定。

后来确定的中华人民共和国国徽主要由国旗、天安门、齿轮和谷穗构成。其蕴含的深刻内容是：中国的新民主主义革命是从五四运动开始的，到1949年取得了伟大胜利，建立了中华人民共和国。天安门是五四运动的发源地，又是新中国成立时举行开国大典的盛大场所，用天安门图案作新的民族精神的象征，是十分恰当的。用齿轮、谷穗象征工人阶级与农民阶级；用国旗上的五星，代表中国共产党领导下的中国人民大团结，鲜明地表明新中国的性质是工人阶级领导的以工农联盟为基础的人民民主专政的社会主义国家。

国徽首度挂在天安门上，中华人民共和国已经成立一周年了。

---

[1] 洪军章编著：《共和国建国内幕》，中国社会出版社2000年版，第53页。

第七章

美国为摇摆不定的弃蒋政策付出代价

——新中国外交选择"一边倒"

在国外，联合世界上以平等待我的民族和各国人民，共同奋斗。这就是联合苏联，联合各人民民主国家，联合其他各国的无产阶级和广大人民，结成国际的统一战线。

一边倒，是孙中山的四十年经验和共产党的二十八年经验教给我们的，深知欲达到胜利和巩固胜利，必须一边倒。积四十年和二十八年的经验，中国人不是倒向帝国主义一边，就是倒向社会主义一边，绝无例外。骑墙是不行的，第三条道路是没有的。

——毛泽东《论人民民主专政》[①]

中国共产党在筹建新中国的过程中面临的一个重大问题，就是外交选向。

"倒向苏联"——是一种意见，这是中共内部占主流的意见。邓小平就是此观点的支持者，他在1949年7月19日写给华东局诸同志的信中直言："帝国主义的各种花样直到封锁，其目的在于迫我就范，我们的斗争也在于迫使帝国主义就范。我们决不会就帝国主义之范，而一个多月的经验看出，帝国主义就我之范亦非易事。这一时期双方斗争实际上都是试探的性质，直到英美摊出封锁的牌。封锁，在目前说来，虽增加我们不少困难，但对我仍属有利，即使不封锁，我们许多困难也是不能解决的。但封锁太久了，对我则是极不利的。打破封锁之道，毛主席强调从军事上迅速占领两广云贵川康青宁诸省，尽量求得早日占领沿海各岛及台湾。同时我们提出的外交政策的一面倒，愈早表现于行动则对我愈有利（毛主席说这是主动的倒，免得将来被动的倒），内部政策强调认真的从自力更生打算，不但叫，而且认真着手做（毛主席说，更主要的从长远的新民主主义建设着眼来提出这个问题），毛主席说这两条很好，与中央

[①] 《毛泽东选集》第四卷，人民出版社1991年版，第1472页。

精神一致。我们这样做，即占领全国，一面倒和自力更生，不但可以立于坚固的基础之上，而且才有可能迫使帝国主义就我之范。"①

"向美、苏两面靠"——是另一种观点，持此观点的主要是第三方面的一些人士。他们从商业利益出发，认为向两面靠可以拉住西方国家，争取经济援助，缓解新中国恢复经济的诸多困难。

究竟采取哪种外交政策？国际国内非常关注。中共明确主张在"断绝对国民党支持"的前提下，与其他国家发展外交关系。有关国家也在为使新中国的外交政策朝着有利于自己的方向发展，而做着各种各样的尝试。

中共最终还是在坚持独立自主原则之下，选择了"一边倒"的外交策略，这是国际国内形势发展的必然结果。

面对国家重建的繁重任务，中共希望与美、英等西方国家恢复关系，以创造有利的国际环境并利用资本主义的经济和先进技术。但是，美国对中共新政权的不良企图，使得中共中央下决心把确保新政权的稳固置于首要地位。

1949年初，毛泽东已在通盘考虑新中国的对外方针。如何对待美国等帝国主义国家的问题，已经成为一个十分敏感而又亟待解决的重大课题。

对待美国，毛泽东一直把它作为国际关系研究的重点。冷战爆发后，毛泽东针对美国战后的对华政策和它的全球战略，形成了观察和分析问题的三个理论：

第一个理论：帝国主义和一切反动派都是纸老虎的理论。

1946年内战全面爆发，战争发展的趋势将会怎样？中外人士非常关心。美国记者杰克·贝尔登发现，在华的美国观察家对蒋介石与中共打仗的结局大致有3种估计：少数美国和西方军界人士认为，蒋介石不出一年就会击败共产党，迫使他们投降，或者把他们消灭。更少的人（被认为思想非常激进和左倾）认为，如果没有外国的干涉，共产党不是那么容易打败的，内战将持续二三十年甚至五十年。绝大多数人认为，蒋介石即使不能完全消灭共产党，也能把他们赶入山中，打通铁路线，重新统一中国，谁也不能与谁争雄。②

但是，贝尔登深入中共解放区访问后，对这3种估计提出疑问，并认为以

---

① 《邓小平文选》第一卷，人民出版社1994年版，第134页。
② [美]杰克·贝尔登：《中国震撼世界》，北京出版社1980年版，第2页。

上3种看法都是缺乏常识的见解。从根本上说，这些预言必然落空，其所以落空，就在于他们只看到蒋介石武器精良、人数众多，他们没有掌握极普通的中国人的心理。"中国农民投入战争与革命中的热切希望和刻骨的仇恨，化成巨大的激情的能量，像在中国社会中爆炸一颗原子弹似的，几乎把中国社会炸得粉碎。"① 基于这一判断，贝尔登认为，中国内战绝不会像美国观察家分析的那样发展，形势将会变得有利于中共。

贝尔登的分析与毛泽东的战略判断结果极其近似。在中共七大，毛泽东便对美国繁荣后面隐藏的危机作了大胆的预言。毛泽东说：美国的资本主义从现在看是"向上"的，它的生产在战争中是它历史上未曾见过的大发展，超过它战前生产的一倍半到两倍。1928年繁荣期间，美国的生产总值为600万万美元，现在，有人说是2000万万，有人说是1800万万，美国国务卿斯退丁纽斯说是1500万万到2000万万。如果说过去600万万是两个指头，那么现在若为2000万万就差不多是七个指头。它的生产有这样大的发展，所以说美国资本主义是向上的。但是，美国现在的繁荣，带有特殊性，是特殊的繁荣，美国的经济危机很快地就要到来了。第一次世界大战后，10年工夫就发生了很大危机，那时胡佛总统吹牛皮，说美国是有组织的资本主义，不会发生危险。讲了以后，不到3个星期，危机就来了。第二次世界大战后，美国经济发展到1500万万到2000万万。如果美国前线有1000万士兵，2000万军需工人，他们回去后，生活职位如何解决？美国共有1亿3000万人口，有6000万工人，两个人中间就有一个工人，这6000万人口我看怎么解决？从经济上说，美国是世界经济的喜马拉雅山，但这个山是要倒的。按照马克思主义的观点看问题，应该这样来认识。美国的危机，归根到底不能由资本主义自身来克服，而是要由无产阶级革命来克服。

毛泽东得出结论：美国有繁荣和强大的一面，又有危机和衰落的一面。从此出发，在美国支持蒋介石打内战的问题上，要看到他们有气势汹汹吓人的一面，又有虚弱和无能的一面。

针对当时党内一些同志对国际形势的悲观估计，对帝国主义力量的过高估计，而把革命力量估计过低，惧怕爆发新的世界大战的片面认识和右倾观点，

---

① ［美］杰克·贝尔登：《中国震撼世界》，北京出版社1980年版，第5页。

毛泽东把与美蒋斗争的形势概括为四句话：人民民主胜利开辟了道路；敌人还有力量，革命的道路是曲折的；但困难是可以克服的；我们的任务是壮大人民力量，分化敌人内部。① 此后，在延安干部会议的演讲中，毛泽东再次重申这样的观点：美国帝国主义是外强中干的，我们不害怕它的威胁，如果它要支持蒋介石打内战，那么我们随时都准备着，就是明天早上要打，我们也准备着。他还写下了《关于目前国际形势的几点估计》的文件，在中央部分领导同志中传阅。

1946年8月6日，美国记者安娜·路易斯·斯特朗搭乘飞机来到延安。毛泽东坐在一棵苹果树下平坦的土台上，会见了斯特朗。在回答斯特朗关于如果美国使用原子炸弹，如果美国从冰岛、冲绳岛以及中国的基地轰炸苏联的问题时，毛泽东提出了"一切反动派都是纸老虎"的著名论点。他说：

原子弹是美国反动派用来吓人的一只纸老虎，看样子可怕，实际上并不可怕。当然，原子弹是一种大规模屠杀的武器，但是决定战争胜败的是人民，而不是一两件新式武器。

一切反动派都是纸老虎。看起来，反动派的样子是可怕的，但是实际上并没有什么了不起的力量。从长远的观点看问题，真正强大的力量不是属于反动派，而是属于人民。在一九一七年俄国二月革命以前，俄国国内究竟哪一方面拥有真正的力量呢？从表面上看，当时的沙皇是有力量的；但是二月革命的一阵风，就把沙皇吹走了。归根结蒂，俄国的力量是在工农兵苏维埃这方面。沙皇不过是一只纸老虎。希特勒不是曾经被人们看作很有力量的吗？但是历史证明了他是一只纸老虎。墨索里尼也是如此，日本帝国主义也是如此。相反的，苏联以及各国爱好民主自由的人民的力量，却是比人们所预料的强大得多。

蒋介石和他的支持者美国反动派也都是纸老虎。提起美国帝国主义，人们似乎觉得它是强大得不得了的，中国的反动派正在拿美国的"强大"来吓唬中国人民。但是美国反动派也将要同一切历史上的反动派一样，被证明为并没有什么力量。在美国，另有一类人是真正有力量的，这就是美国人民。

拿中国的情形来说，我们所依靠的不过是小米加步枪，但是历史最后将证明，这小米加步枪比蒋介石的飞机加坦克还要强些。虽然在中国人民面前还存

---

① 《田家英谈毛泽东思想》，四川人民出版社1991年版，第170页。

在着许多困难,中国人民在美国帝国主义和中国反动派的联合进攻之下,将要受到长时间的苦难,但是这些反动派总有一天要失败,我们总有一天要胜利。这原因不是别的,就在于反动派代表反动,而我们代表进步。①

"纸老虎"理论的提出,标志着毛泽东不仅在意识形态上,而且在实际行动中与美国政府当局展开了全面斗争与对抗的时代。这是他针对美国的帝国主义政策而提出的一个重要的政策,成为鼓舞人民敢于斗争、敢于胜利、敢于彻底革命的科学理论,在后来的实践中被无数事实证明为颠扑不破的真理。

第二个理论:"两大阵营"的理论。

把世界分为"帝国主义阵营和反帝国主义阵营"这两个阵营,是毛泽东1947年12月25日于陕北米脂县杨家沟召集的中共中央会议上首次提出来的。在题为《目前形势和我们的任务》的报告中,毛泽东就第二次世界大战以后,美国是否真如蒋介石和各国反动派所设想的那么强大,进行了科学分析,并由此得出了"全世界反帝国主义阵营的力量超过了帝国主义阵营的力量"的结论。毛泽东说:

美国帝国主义在第二次世界大战期间所增强起来的经济力量,遇着了不稳定的日趋缩小的国内市场和国际市场。这种市场的进一步缩小,就要引起经济危机的爆发。美国的战争景气,仅仅是一时的现象。它的强大,只是表面的和暂时的。国内国外的各种不可调和的矛盾,就像一座火山,每天都在威胁美国帝国主义,美国帝国主义就是坐在这座火山上。这种情况,迫使美国帝国主义分子建立了奴役世界的计划,像野兽一样,向欧亚两洲和其他地方乱窜,集合各国的反动势力,那些被人民唾弃的渣滓,组成帝国主义和反民主的阵营,反对以苏联为首的一切民主势力,准备战争,企图在将来,在遥远的时间内,有一天发动第三次世界大战打败民主力量。这是一个狂妄的计划。全世界民主势力必须打败这个计划,也完全能够打败它。全世界反帝国主义阵营的力量超过了帝国主义阵营的力量。优势是在我们方面,不是在敌人方面。以苏联为首的反帝国主义阵营,已经形成。没有危机的、向上发展的、受到全世界广大人民群众爱护的社会主义的苏联,它的力量,现在就已经超过了被危机严重威胁着的、向下衰落的、受到全世界广大人民群众反对的帝国主义的美国。欧洲各人

---

① 《毛泽东选集》第四卷,人民出版社1991年版,第1194—1195页。

民民主国家,正在巩固其内部,并互相团结起来。以法意为首的欧洲各资本主义国家内的人民的反帝国主义力量,正在发展。美国内部,存在着日趋强大的人民民主势力。拉丁美洲的人民,并不是顺从美国帝国主义的奴隶。整个亚洲,兴起了伟大的民族解放运动。反帝国主义阵营的一切力量,正在团结起来,并正在向前发展。……我们自己的命运完全应当由我们自己来掌握。我们应当在自己内部肃清一切软弱无能的思想。一切过高地估计敌人力量和过低地估计人民力量的观点,都是错误的。我们和全世界民主力量一道,只要大家努力,一定能够打败帝国主义的奴役计划,阻止第三次世界大战使之不能发生,推翻一切反动派的统治,争取人类永久和平的胜利。[1]

毛泽东的"两大阵营"的划分理论,为他观察战后错综复杂的国际形势提供了分析问题的依据,也是中国共产党执行"一边倒"的政策、坚决倒向社会主义苏联的一边的标志,同时也为新中国成立初期的外交政策提供了理论依据。

第三个理论:"中间地带"理论。

"中间地带"理论与"两大阵营"的划分理论是联系在一起的。针对二战后出现的"美苏必战"的论调,毛泽东认为,在美苏两国之间的大量中小国家未被征服之前,美国还无法进攻苏联,这是一个漫长的过程。由此提出了"中间地带"的理论。毛泽东指出:

美国和苏联中间隔着极其辽阔的地带,这里有欧、亚、非三洲的许多资本主义国家和殖民地、半殖民地国家。美国反动派在没有压服这些国家之前,是谈不到进攻苏联的。现在美国在太平洋控制了比英国过去的全部势力范围还要多的地方,它控制着日本、国民党统治的中国、半个朝鲜和南太平洋;它早已控制着中南美;它还想控制整个大英帝国和西欧。美国在各种借口之下,在许多国家进行大规模的军事布置,建立军事基地。美国反动派说,他们在世界各地已经建立和准备建立的一切军事基地,都是为着反对苏联的。不错,这些军事基地是指向苏联。但是,在现时,首先受到美国侵略的不是苏联,而是这些被建立军事基地的国家。我相信,不要很久,这些国家将会认识到真正压迫它们的是谁,是苏联还是美国。美国反动派终有一天将会发现他们自己是处在全

---

[1] 《毛泽东选集》第四卷,人民出版社1991年版,第1259—1260页。

世界人民的反对中。①

毛泽东认为,广大中间地带国家的人民斗争,对于世界形势的发展起着关键的作用,而不是美苏的力量起着关键作用。美苏之间是否爆发战争,并不完全取决于他们之间各自的意图,很大程度上取决于中间地带的人民的革命斗争。世界人民的民主力量超过世界反动力量并向前发展,是美国同苏联达成某种妥协的前提条件。因此美、英、法同苏联之间的某种妥协,只能是全世界一切民主力量向美、英、法反动力量作坚决的有效的斗争的结果。

毛泽东提出对美三个理论短短一年,战争的形势就发生了根本性的变化,国民党在大陆的政权行将垮台,而中国共产党人就要领导新中国了。

要不要与美国建交?

从共产党人的自身利益和中国的发展着想,与美国等西方国家保持正常的国家关系,至少不发生全面对抗,对于巩固中共的执政地位,利用西方国家的外资进行经济建设,等等,好处是不言而喻的。在统一战线内部的"第三方面"人士希望与美、苏保持对等关系,原因之一也是看到了不与美国等西方国家交恶的商业利益。在中共内部,希望不与美国全面对抗而与美国进行经济交往的想法也是有的,后来毛泽东在党内高层会议上公开讲"可以与美国做生意"。此时发生的在中美外交史上有着一定影响的"华德事件"的前前后后,也反映出中共在对美关系上一开始并不愿与美交恶。

1948年11月1日,中国人民解放军解放沈阳。此时,中共对包括美国在内的外国外交机构采取了友善的态度。后来公开的美国外交文件披露当时的情形时说:

一切迹象表明,共产党没有任何企图敌视留在沈阳的美国外交及商业机构的计划。新任命的共产党市长朱其文上任伊始,就立即发出就职通知,并于11月5日以官方身份正式召见了美、英、法等国驻沈阳的领事,表示将严格保护一切外国人和外国机构的安全,并愿意为外国机构提供各种必要的服务,包括发放通行证、为机动车提供标志旗等。3天后,朱市长又对美、英、法领事馆进行了回访,明确肯定他们的领事身份,并饶有兴致地参观了美国新闻处设在沈阳的一个图书室,强调中美之间不仅需要进行技术方面的合作,而且也需要

---

① 《毛泽东选集》第四卷,人民出版社1991年版,第1193—1194页。

进行文化方面的交流。这自然使得留在沈阳与中共地方当局以非正式的和私人交往的形式"建立工作关系"的华德深感振奋,直到11月16日白天,华德打给美国国务卿和驻南京大使馆的电报的调子都是相当积极的。他乐观地等待着朱市长和军管会的召见,准备像前几次那样与他们友好地讨论关于保留美国领事馆继续使用电台的权利问题。他甚至断言:"共产党的意图是承认我们,并允许我们作为美国官方机构行使职责的。"①

这种情况在11月中旬发生了变化。

11月15日上午10时,美国驻沈阳总领事华德接到了中国人民解放军沈阳军事管制委员会第二号公函和第四号通令。内容是除军管会特别批准者外,任何中国和外国公民与机构,凡有电台及其收发报装置者,均须在36小时之内报知该委员会,并送交其保管。

鉴于中共对美国外交机构的友好表示和华德对中美关系的乐观判断,对中共沈阳地方政府发出的这两个文件,华德最初并没有准备认真执行。他在当天给军管会的公函中甚至提出:如果"本地当局仍希望敝总领事馆之继续存在与工作",就请"准予继续使用该项电台","因敝领事馆之存在须依赖此项电台之继续使用"。他相信中共只会"采取一种更为合作与友好的态度"。②

令华德没有想到的是,在中共限定的36小时过去之后,他所期待的与中共方面进行友好讨论继续使用电台的问题没有发生,即使他出面寻求与朱市长接触的努力也没有成功。直到11月18日下午2时,他才有机会会见军管会的一名副主任。华德反复解释电台是美国政府的财产,交出电台他就不能进行正常的工作,但对方毫不动摇,并且坚持"当日下午5时将派参谋人员前往领事馆接收一切,美领馆对外联络方面今后重要电报可经军管会审查批准后由新华社代发"。这时,华德意识到形势起了变化。下午4时,他匆匆忙忙地发了最后一份电报,通知美国国务院和美国大使,沈阳领事馆的电台将就此关闭并被没收。

更为严重的是,11月20日下午,沈阳军管会派人进入美国领事馆,不仅没收了电台,还给华德下达了一份措辞严厉的书面声明。声明不再承认华德的

---

① 杨奎松:《走近真实——中国革命的透视》,湖北教育出版社2001年版,第391页。
② 杨奎松:《走近真实——中国革命的透视》,湖北教育出版社2001年版,第390页。

领事身份，而称其为"先生"；声明强硬地指出："因先生等蔑视本会之命令，今后除经市政府准许外，特禁止旧领事馆全部人员与外界自由来往。"随后，美国驻沈阳领事馆各类人员及其家属，立即被分别软禁在领事馆、美孚油行院和总领事私宅安息日院三处。并且三处的电灯、电话和自来水供应也被全部切断。后来这一事件发展到在1949年10月华德等人遭到沈阳执法机关的起诉，11月下旬，华德等人被分别处以数月徒刑，缓刑一年。1949年12月11日，华德等人被驱逐出境。

事态发展到这样的结局，中美双方都感到遗憾。后来公开的材料披露，首先，是华德对形势的错误判断以及由此采取的实际步骤引发了此一事件。华德所持的中共有求于美国，希望得到美国的承认和援助的观点，代表了当时美国政府的主流想法。事件发生之际，美国对华政策已经由全力支持蒋介石打内战变为尽快从中国"脱身"，这一政策虽然认定国民党的失败已经确定无疑，继续对蒋介石提供援助，不是一种好的外交，并且中断了对国民党政府的军事援助，撤回美国军事顾问团。但是，不支持蒋介石政府并不等于不支持其他国民党人领导的政府，更不等于转而支持毛泽东领导的共产党在中国执政。这一时期美国政府基于国民党的失败已成定局的判断，为了保留与国民党后的中国进行交往的余地，因而对中共采取了新的策略，有条件地承认中共领导的联合政府成为其政策选向之一。

中共中央密切注意着美国对华政策的变动。它认为，美国政府的对华政策已由单纯地支持国民党武装反共，转变为两面性的政策，即：一方面，支持国民党残余军事力量及地方军阀，继续抵抗人民解放军；另一方面，在革命阵营内部组织反对派，极力使革命就此止步。"如果再要前进，则应带上温和的色彩，务必不要太多地侵犯帝国主义及其走狗的利益。"① 因而，在人民解放军解放沈阳之前，当东北局提出对坚持留在沈阳不撤的美国等西方国家领事馆应如何处置问题时，中共中央发出指示：美、英、法等国既然不承认我们的政府，我们当然也不承认他们的领事。为此，我们有必要利用目前的军事管制，达到封锁和孤立美、英等国在沈阳的外交机构的目的，不给他们自由活动的余地。

---

① 《毛泽东选集》第四卷，人民出版社1991年版，第1374页。

只要坚持这样做，相持日久，他们自然会被迫撤走。① 沈阳军管会 11 月 14 日签发的没收电台的通令，正是根据中共中央的这一指示做出的。不知内情的华德对形势做出了错误的判断，他采取的在限期内不交电台的做法，成为事件发生的诱因。

苏联驻哈尔滨领事馆总领事马里宁对事态的反应与美国驻沈阳领事馆总领事华德的反应截然相反。马里宁认为，美国驻沈阳总领事馆留驻沈阳影响了苏联在中国东北的利益，同时也是对中共不怀好意的行为，中共不应接受其留驻中国。11 月 15 日，也就是沈阳军管会发出没收电台通令的次日，马里宁给中共东北局书记高岗打电话，明确要求中共立即派人没收美、英、法驻沈阳领事馆的所有电台，并称"这是关系到苏联的很大的事情"。高岗当即答复说：驻沈阳卫戍司令部已经通知各领事馆必须于 36 小时之内交出所有电台，而我们对美、英、法留在沈阳的领事馆的策略，则是"挤走"的方针。马里宁当即表示欢迎，并称苏联领导人因此会感到高兴。一旦美、英、法领事馆不再起任何作用，人民也憎恨他们，他们最后就只好滚出东北。②

苏联对此事的态度不仅使军管会，也使中共中央对美国领事馆拒交电台一事重视起来。在 11 月 16 日晚 10 时 36 小时期限过了之后，由周恩来起草的中共中央指示电明确指出：既然美国领事馆故意违抗命令，就应派队入室检查，并将电台带走。"凡驻在该旧领事馆的人员因其蔑视中国人民政府限期交出电台的命令，将禁止其与外界自由往来。如有需要须经市政府特许，方准外出（在核准其外出后，应有武装随行保护）。你们如此办理，可达到我们内定之挤走美、英、法等国领事的方针，而形式上则以双方无正式外交关系并实行军事管制，首先给美国旧领事以限制，使其知难而退。"③

毛泽东则致电质问东北局："你们没有事先请示自己做了限期 36 小时交出电台的决定，并已发出了通知，期限已满又不去取，等候中央回电是否同意。难道中央不同意你们就准备取消限期交出电台的命令吗？"在 17 日给东北局的复电中，毛泽东又明确表示："同意你所取挤走沈阳美、英、法领事馆的

---

① 《周恩来年谱》，人民出版社 1989 年版，第 796 页。
② 杨奎松：《走近真实——中国革命的透视》，湖北教育出版社 2001 年版，第 394 页。
③ 杨奎松：《走近真实——中国革命的透视》，湖北教育出版社 2001 年版，第 395、396 页。

方针。"①

苏联方面坚决要求中共没收美驻沈阳领事馆的电台,加上毛泽东的批评,促使沈阳军管会作出过度反应。11月20日,沈阳军管会不仅按中共中央和毛泽东的指示,进入美领馆查收了电台及有关设备等,而且开始对美领馆实行封锁,断水断电并限制美领馆人员的行动自由,这显然超出了中共中央授权的范围。

中共中央和毛泽东高度重视苏联对此事的态度,还有一例,就是在中共中央得知苏联方面对处置美、英、法等国驻沈阳的领事的考虑后,毛泽东致电高岗,明确表示:"关于东北以及全国的外交政策,我们一定和苏联协商处理,以求一致。"②

具有高度独立自主精神的毛泽东,在外交政策上如此重视苏联的态度,反映了新中国成立前夕中共中央对处理内政外交的大局把握。也就是新中国外交方针要确立什么样的基点。当时,毛泽东和中共其他领导人在外交方面考虑比较多的主要是三个方面的问题:其一是得到国际上对新中国的承认,其二是为恢复经济取得外国的必要援助,其三是保障新中国的安全。

外交承认问题,主要是美国和苏联,两个国家都是两大阵营的主角,他们对新中国的态度直接影响其他国家对华外交的最终选择。在两个大国中,实现使美国承认由中共领导的新中国的目标异常困难,在当时几乎是不可能的。主要原因是意识形态的分歧,意识形态的分歧又把世界划分成社会主义和资本主义两大阵营,而资本主义西方阵营的龙头老大美国,是坚决反对马克思主义和社会主义制度的理论和实践的。它决不允许它的传统盟友中国与它的竞争对手苏联成为意识形态的同盟者,它也不能允许它的传统盟友中国的执政党是向来不喜欢美国民主制度的中国共产党。所以,当中国共产党的执政成为不可避免时,美国对华政策的重点转向防止中共与苏联走到一起。这一时期,它所采取的对中共较为缓和的策略目的也是在中共与苏联接近时给以牵制。

苏联是社会主义国家的"老大哥",世界上第一个由共产党执政并建成社会主义的国家,它理应热情支持同样信仰马克思主义的中国共产党执政,并把

---

① 杨奎松:《走近真实——中国革命的透视》,湖北教育出版社2001年版,第395页。
② 《毛泽东给高岗的电报》,1948年11月17日。

中国建成社会主义国家。但是,斯大林领导下的苏联不允许出现一个比苏联更强大的、在其政策上可能独立于苏联和他斯大林个人的共产党国家。在较长时间内苏联对中共怀有戒备心理。在抗日战争胜利前后,苏联希望看到中国出现一个蒋介石领导下的有共产党人参加的联合政府。毛泽东发表《论联合政府》,强调各个革命阶级联合专政与无产阶级专政的区别,在苏联看来这是中共向蒋介石妥协的表示。而当中共即将取得全国政权之时,中共继续主张"各个革命阶级联合专政",却令苏联感到不安了。它怀疑中共是要走"第三条道路",执行亲英美路线。中国与南斯拉夫一样,都是不靠苏联的军事援助,而是靠独立自主进行革命,甚至是在多次抵制苏联错误干预的情况下取得胜利的,与铁托相比,毛泽东的独立意识更是有过之而无不及。斯大林又担心中共一旦掌权又会使中国变成另一个南斯拉夫。[1] 为求"杀一儆百",苏联对南斯拉夫实行高压政策,1948年6月,欧洲共产党和工人党情报局召开第三次会议,通过了《关于南斯拉夫共产党情况的决议》,宣布南共已"处于兄弟的共产党的大家庭之外,处于统一的共产主义阵线之外,从而处于情报局的队伍之外"。[2]

在美国不改反共政策的情况下,新中国要迅速取得国际社会的承认,必须依靠以苏联为首的社会主义阵营。而要取得苏联对新中国的外交支持,中共只能采取切实步骤,以消除苏联的疑虑。中共对华德事件的处理就是这样的步骤之一。在此之前,苏联主导下的欧洲共产党和工人党情报局严厉处理南斯拉夫后,中共中央于1948年7月10日,做出《关于南斯拉夫共产党问题的决议》,表明了在苏南冲突中坚决支持苏联的立场。毛泽东还于同年11月撰文表明反对走"第三条道路"的立场。他在情报局刊物上发表的文章中,特意用反问的语气写道:"在世界范围内,难道除了这样一条革命战线以外,还有什么别的革命战线吗?三十一年的历史难道还没有证明一切既不满意帝国主义,又不满意苏联的人们,一切企图站在帝国主义者的反革命战线和反对帝国主义及其在各国的走狗的人们的革命战线之间的所谓'中间路线',所谓'第三条道路'

---

[1] 杨云若等:《中国革命与对外关系》,安徽人民出版社1995年版,第387页。伍修权《在外交部八年的经历》一书中也说:"过去我们不听共产国际和斯大林的错误主张,斯大林就怀疑我国走'南斯拉夫道路'。我国一些民主党派和无党派民主人士参加了政府,苏联就怀疑我们会不会执行亲英美的路线。"

[2] 《南斯拉夫问题参考资料》,世界知识出版社1958年版,第11页。

的彻底虚伪和彻底破产吗？"①

取得外国经济援助问题，中共领导人在中华人民共和国成立前夕争取的对象集中在以美国为首的西方国家。因为，苏联从战后就开始积极援助中共的根据地政权进行经济活动，此后几年援助的规模不断扩大，到1948年，这样的援助从军事工业发展到林业、造纸、纺织、轻工业、农业等经济领域的许多方面。苏共中央和苏联部长会议多次作出决议，帮助中共东北解放区解决经济发展中的困难。已经解密的科瓦廖夫给斯大林的报告披露，为援助中国东北地区的经济发展，斯大林曾委托科瓦廖夫起草联共（布）中央关于援助满洲恢复工业的决定，任命负责援助中国民主政权恢复工业和铁路运输并组织工业生产等项事宜的苏联部长会议全权代表，以及负责冶金工业副全权代表、军事工业副全权代表、燃料工业副全权代表、电力工业副全权代表、机械制造和金属加工副全权代表、造纸和森林工业副全权代表、交通副全权代表等。责成部长会议全权代表到位后在一个月的时间里对冶金、军事、煤炭、电力、机械制造和化学等工业部门的情况进行调查，为苏联部长会议提出有关恢复和组织生产的紧急措施方案。② 在科瓦廖夫即将带领技术人员去东北帮助中共修复铁路行前，斯大林召见了他，并对他说：我们当然要给予新中国一切可能的援助。如果社会主义在中国胜利，其他一些国家也将走上这条道路，那就可以认为社会主义在全世界的胜利有了保障，我们就不会受到任何偶然事件的威胁。因此，"为了援助中国共产党人，我们不能吝惜力量和金钱"。③ 如果当时中共领导人能够听到斯大林的这番话，一定会感到欣慰的。因为，斯大林的话把援助中共与社会主义在世界的胜利联系起来了，它清楚地表明，苏联将坚定不移地支持即将诞生的新中国。

对于同美国等西方国家发展经济关系，当时的中共领导人以及民主党派有着浓厚的兴趣，曾经希望在战后重建国家中得到美国帮助。当得知英、法政府愿意同解放区建立通商关系时，中共中央于1948年3月31日、7月28日，两

---

① 《人民日报》，1948年11月7日。
② 《关于建国前夕苏联对华经济援助的部分俄国档案文献》，参见《党的文献》2002年第1期、第2期。
③ И. В. Ковалев, Диалог Сталина с Мао Цзэдуном, Проблемы Дальнего Востока, 1992г. No. 1—3, л. 77.

次作出指示:"原则上可非正式表示欢迎,因对双方均有利。"① 1949年4月,华北人民政府工商部长姚依林派人向美国驻北京总领事柯乐博建议,扩大华北与美国占领的日本之间的经济关系,并希望中美贸易恢复到战前水平。后来上海市市长陈毅在对文化界知名人士的讲话中明确表示,新中国不仅欢迎与美、英的正常贸易关系,而且也欢迎贷款和技术援助。② 在处理华德事件时,尽管毛泽东对沈阳军管会没有及时收缴美驻沈阳领事馆的电台表示不满,但他并不主张对美、英、法等西方国家的领事馆采取过火行为。获知沈阳军管会封锁美领馆后,毛泽东严厉批评切断美、英、法领事馆的电灯电话的做法在"外交措施中显得粗率不沉着"。他认为,在沈阳不必禁止其出入,过一时期更应准其修复电灯电话,而"对于英法,似应较对美稍微和缓些"。11月23日,由周恩来拟稿的中共中央指示,明确向东北局强调,任何行动必须事前请示,并要"照顾全局"。目前在东北的行动必须考虑:(1)要对美国与英、法有所区别;(2)东北地区特殊,在东北对美领馆实行的"挤走"方针不一定在其他地区也实行;(3)要考虑到不承认国民党政府与这些国家的外交关系"并不等于我们永远不与这些帝国主义国家发生外交关系"。③

毛泽东和中共中央的指示表明,中共是希望与西方国家保持正常国际关系的,尤其是经贸关系。

美国政府当然明白中共的意愿。但它认为,中共要解决中国的吃饭问题,并进而重建国家,势必要寻求外援,离不开与西方的贸易。这样"在共产主义理论与中国的具体现实之间的第一个冲突大概会具体地在经济领域里产生","正是在对华经济领域中美国具有对付中共政权的最有效的武器"。④ 以经济为手段对付中共政权的美国,是不可能与中共实现合作的。因为,在中共看来,经济援助虽然重要,但最重要的是确保人民政权的生存。

关于保障新生国家的安全问题,毛泽东和中共其他领导人都极为地重视。

---

① 陶文钊:《中美关系史》,重庆出版社1993年版,第474页。参见《中共党史研究》,1994年第5期,《论"一边倒"政策与独立自主原则之统一》。

② 陶文钊:《中美关系史》,重庆出版社1993年版,第474页。

③ 《中共中央关于挤走美英法领事馆给东北局电》。

④ 《艾奇逊致国家安全会议的报告(1949年2月28日)》,原件藏美国国家档案馆,第59类,政策设计室档案,第13匣,(RG59, Records of policy planni-ng staff, Box 13, NARS);国家安全委员会第41号文件,《美国外交文件》,1949年第9卷,第827页。

中国革命的胜利是美国极不愿意看到的，苏联也在很长时间内态度十分暧昧。在这种情况下，维护新生革命政权的稳固，除了彻底消灭国民党反动派的一切残余势力外，就是要防止国际敌对势力的破坏活动。在中国革命胜利的前夕，美国国防部系统开始在中国秘密发展自己的情报组织，刺探解放区的政治、军事和经济情报。中共有关部门不断地破获美国的各类特务案件，在沈阳也破获了一起与美国驻沈阳总领事馆有牵连的间谍案件。

这起间谍案是 1948 年 11 月 21 日破获的，也就是发生在沈阳军管会软禁美国总领事华德等人的第二天。间谍案全部系美国特务，直接由美国驻沈阳总领事馆提供各种收发报装置、经费并领导，任务是刺探并递送有关苏联、外蒙古和中国解放区的各种情报。中共中央是 11 月 25 日从东北局的报告中得知这一情况的，案件使中共领导层极为震惊。因为，此前苏联已向中共东北局提出并转报中共中央：美、英、法领事馆坚持留在共产党控制的中国东北地区，这完全是"别有用心"，中共方面必须"提高警惕"。这一情况的出现，证实了苏联方面关于美国领事馆留在东北"别有用心"的说法是有道理的，也说明美国没有改变它对中国的敌视政策。这一事态不仅给正在筹划中的中共中央外交政策造成很大冲击，也使中共中央在对美、英、法等国驻沈阳领事馆人员被软禁事件的处理上一些积极的做法被中断。

几天之后，又发生了一件火上浇油的事。据称与美国国务院关系密切的美国记者雷文和在香港说，美国国务院（对华）现政策之中心，在于在新的联合政府中造成一有效的反对派，以抵抗中共力量，美国则在某种方式下承认新的联合政府，恢复与中国贸易及对新中国投资，以此方式分化中共统一战线，竭力支持联合政府中之非共产分子。美国承认联合政府的条件是政府的构成须为美国可接受者，联合政府应承认美海军、陆军在上海、青岛等地的基地权。这一情报令毛泽东勃然大怒，12 月 4 日，他在这个谈话材料上批示："此种阴谋必须立即开始注意，不要使美帝阴谋在新政协及联合政府中得逞。"[①]

根据毛泽东这一指示，由周恩来起草的中共中央关于对待资本主义国家外交及新闻人员态度的指示中明确指出："现时帝国主义外交人员及冒险分子都

[①] 《毛泽东年谱（1893—1949）》下卷，人民出版社、中央文献出版社 1993 年版，第 410—411 页。

在寻找机会企图钻进解放区来，进行挑拨和破坏民主阵营的工作，我应严正地注视这一发展，并在适当时机用适当方式，揭露其阴谋，打破其幻想。"指示还规定：对美、英、法等资本主义国家中要求进入解放区的外交人员、记者等，一概拒绝；各种问题，一律不予答复。对于坚持留在我解放区，包括今后留在平津、上海、南京、武汉等地区的外交人员，只当外国侨民看待；对于留在这些地区的美国武官（连同原美国驻延安观察组组长包瑞德在内），因美国军官正在助蒋作战，故应以武装监视。

这样，警惕美国等西方国家对新生人民政权的破坏，对确保政权的稳定，压倒了对向美国寻求经济援助的渴望。

毛泽东给发展中美关系留下余地，美国却徘徊于支持蒋介石与承认共产党之间。"等待尘埃落定"的政策，使美国失去了一次发展与新中国关系的极好机会。

为新中国制定外交方针和政策的工作，于1949年春正式提交到中共中央政治局进行讨论。讨论研究从1月到3月先后进行了两次。

1949年1月6日至8日，中共中央政治局召开会议，讨论建立新中国的各项准备工作，外交问题第一次提到议事日程。由于即将成立的新政权还带有联合政权的性质，政权内部还包含有相当一部分资产阶级和小资产阶级政党的代表，国内还有相当一部分人对帝国主义，特别是对美帝存在程度不同的幻想，这使得中共领导人对美国人的阴谋就其反感和担心。毛泽东在会上强调指出：我们的革命是带反帝国主义性质的，帝国主义恨死了我们的革命，尤其是美帝在中国失掉了威信，它当然不会甘心。美帝的对华政策就是两手，一是帮国民党打我们，二是通过某些右派，甚至利用特务从我们内部破坏我们。从现在情况看，国民党失败后他们是可能承认我们的，这样他们能够钻到我们内部来同我们作斗争。因此，我们相当长的一段时间之内应当不给他们这种机会。我们要等到中国全部解放了，我们已经站稳了脚跟，并且把帝国主义在中国的影响和基础统统搞掉，再说承认的话。

周恩来在会上说：外交政策以不承认为好，对帝国主义国家要观察，根据情况将来再说。总的观念是百年来受压迫，现在站起来了。应该有这样的气概。在外交上应注意三个区别：新民主主义阵线与帝国主义阵线的划分，帝国主义与人民的划分，帝国主义之间的矛盾要加以利用。要宣传帝国主义不足畏惧，要认识能够自力更生，但并不拒绝外援。总的精神是按问题的性质及情况分别处理，以对我有利为主，坚决禁止帝国主义分子的一切非法活动。我们现在已经摆脱了锁链，家务很大，有些事他非找我不可，我们不必急。

会议结束后，由周恩来主持起草中共中央关于外交工作的指示，很快文稿呈送到毛泽东的案头。毛泽东在审阅修改中共中央关于外交工作的指示稿中，加写了如下两段内容：

（一）"外交关系。凡属被国民党政府承认的资本主义国家的大使馆、公使馆、领事馆及其所属的外交机关和外交人员，在人民共和国和这些国家建立正式外交关系以前，我们一概不予承认，只把他们当作外国侨民待遇，但应予以切实保护。对于这些国家的武官，应与外交人员同样看待。但对美国武官，因其直接援助国民党打内战，则应派兵监视，不得给以自由。对于苏联及新民主国家的领事馆及其所属的外交机关和人员，因为他们的外交政策是与资本主义国家的外交政策在根本上不同的，故我们对待他们的态度亦应根本上不同于资本主义国家。但因人民国家现在和他们尚和其他外国一样没有建立正式外交关系，故我们现在和他们的在华外交机关之间，亦只作非正式的外交来往……"

（二）"最后，也是最重要的一项，不允许任何外国及联合国干涉中国内政。因为中国是独立国家，中国境内之事，应由中国人民及人民的政府自己解决。如有外国人提到外国政府调解中国内战等事，应完全拒绝之。"①

经毛泽东修改的外交工作指示，于1月19日发出。其中第一条对"不承认"这一主要外交政策作了原则的说明，指出：

目前我们与任何外国尚无正式的国家的外交关系。许多帝国主义国家的政府，尤其是美帝国主义的政府，是帮助国民党反动政府反对中国人民解放事业的，因此，我们不能承认这些国家现在派在中国的代表为正式的外交人员，实为理所当然。我们采取这种态度，可使我们在外交上立于主动地位，不受过去任何屈辱的外交传统所束缚。在原则上，帝国主义在华的特权必须取消，中华民族的独立解放必须实现，这种立场是坚定不移的。但是，在执行的步骤上，则应按问题的性质及情况，分别处理。凡问题对于中国人民有利而又可能解决

---

① 《毛泽东年谱（1893—1949）》下卷，人民出版社、中央文献出版社1993年版，第439—440页。

者，应提出解决，其尚不可能解决者，则应暂缓解决。凡问题对于中国人民无害或无大害者，即使易于解决，也不必忙于去解决。凡问题尚未研究清楚或解决的时机尚未成熟者更不可急于去解决。总之，在外交工作方面，我们对于原则性与灵活性应掌握得很恰当，方能站稳立场，灵活机动。

中共中央政治局会议开过不久，苏共中央政治局委员米高扬即于当月底至2月初，秘密来到西柏坡，访问了中共中央领导人。已经解密的米高扬于1960年9月22日提交给苏共中央主席团的关于密访西柏坡的书面报告披露，这次访问，实际上确定了中苏同盟关系。报告分中共何时建国、党的建设、旅顺口问题、蒙古问题、新疆问题、对新中国的外交承认等七个部分，介绍了他与毛泽东几天会谈的主要内容。米高扬在报告中说：

关于其他国家承认将来的革命政府问题。在这方面，毛泽东有两个方案：第一方案是让外国，首先是苏联立即承认中国新政府。第二方案（毛泽东明显喜欢这个方案）是不力求外国立即承认新政府。如果外国政府表示出承认它的愿望，则不拒绝，但暂时也不表示同意，大体上在一年期间要坚持这个策略。中国人讲，第二方案的好处是，新政府的手脚不受束缚，容易对中国境内的所有外国势力施加压力，不必考虑外国政府的抗议。

毛泽东几次强调说，他是斯大林同志的学生，并坚持亲苏方针。

2月7日举行最后一次会谈时，毛泽东对讨论了一些重要问题表示满意，并热情感谢斯大林对中国革命的关心。当我抵达符拉迪沃斯托克时，波斯克烈比舍夫往那里打电话，奉斯大林之命告知，政治局对我在中国所做的工作很满意。每天政治局都阅读和讨论我的电报。斯大林要求我尽快回到莫斯科，更详细地讲讲整个情况。回到莫斯科后，我确实了解到，斯大林和政治局其他委员都很满意，认为我很好地完成了使命。[1]

毛泽东虽然没有实现从1947年底就开始筹划的苏联之行，但通过米高扬来访，达到了与苏共中央尤其是斯大林广泛交换意见的目的，并就一些重要问题达成了共识。于是，在3月召开的党的七届二中全会上，正式提出了新中国的外交方针和原则。

毛泽东《在中国共产党第七届中央委员会第二次全体会议上的报告》共讲

---

[1] 俄罗斯联邦总统档案馆：全宗3，目录65，案卷606，第1—17页。

了10个问题，提出了促进革命迅速取得全国胜利和组织这个胜利的各项方针，规定了党在全国胜利以后，在政治、经济、外交方面应当采取的基本政策。谈到新中国的外交方针和政策时，毛泽东指出：

不承认国民党时代的任何外国外交机关和外交人员的合法地位，不承认国民党时代的一切卖国条约的继续存在，取消一切帝国主义在中国开办的宣传机关，立即统制对外贸易，改革海关制度，这些都是我们进入大城市的时候所必须首先采取的步骤。在做了这些以后，中国人民就在帝国主义面前站立起来了。

对于普通外侨，则保护其合法的利益，不加侵犯。

关于帝国主义对我国的承认问题，不但现在不应急于去解决，而且就是在全国胜利以后的一个相当时期内也不必急于去解决。我们是愿意按照平等原则同一切国家建立外交关系的，但是从来敌视中国人民的帝国主义，决不能很快地就以平等的态度对待我们，只要一天它们不改变敌视的态度，我们就一天不给帝国主义国家在中国以合法的地位。

关于同外国人做生意，那是没有问题的，有生意就得做，并且现在已经开始做，几个资本主义国家的商人正在互相竞争。我们必须尽可能地首先同社会主义国家和人民民主国家做生意，同时也要同资本主义国家做生意。①

上述外交方针和政策，实际上包含着两个方面的含义：一是坚持"一边倒"的方针，即与苏联结盟。毛泽东在全会的总结报告中明确地说："中苏关系是密切的兄弟关系，我们和苏联应该站在一条战线上，是盟友。"二是区别对待同其他国家包括同美国等西方国家发展外交关系问题。三是坚持政经分开，可以与美国等西方国家进行经济合作。

可以看出，中共中央和毛泽东给发展与美外交留下了充分余地。也就是说，只要美国能断绝同国民党的关系，中共也考虑与其建立外交关系。但是，中共考虑美国做出选择的可能性很小，因此决定，与美国建交的问题"不必急于去解决"。

要美国在1949年放弃支持国民党蒋介石政权，转而支持中国共产党领导的新生政权，在美国看来也是极其困难的。此前不久，也就是在1947年到

---

① 《毛泽东选集》第四卷，人民出版社1991年版，第1434—1435页。

1948年，美国政府异常艰难地做出了从中国脱身的决策，实际上也没有做到完全脱身。进入1949年，美国驻中国大使司徒雷登回国向国务卿马歇尔就中国问题进行了汇报。司徒雷登以十分肯定的语气向马歇尔报告：由于国民党自身的缺陷，它必将让位于富有生气的共产党。听完了司徒雷登的汇报，马歇尔立即与杜鲁门总统进行了磋商。杜鲁门十分清楚地认识到，蒋介石政府已经完蛋了，是陪同蒋介石继续流亡呢，还是承认北京新当局，已经到了做出决定的时候了。

还没等就中国政策做出决定，国务卿马歇尔就下台了。1949年1月20日，迪安·艾奇逊出任美国国务卿。艾奇逊接任国务卿的次日，蒋介石宣布"引退"。在回忆录中，艾奇逊这样写道："我刚就任，这个家伙就倒在我的脑袋上了。"

艾奇逊国务卿和杜鲁门总统都不想做出这个棘手的决定。继续支持国民党人将意味着切断美国与绝大多数中国人的联系。它还意味着否认一个亚洲社会的革命活动和拒绝一个经过长期追求而获得的和平。然而，摈弃所谓的自由中国人而同一个公开宣布实行共产主义的政权打交道，有引起国内党派骚动的危险。况且，对自布尔什维克革命以后政治上已趋成熟的人们来说，这样的选择需要一番使人不安的意识形态调整。于是，不急于就此问题做出决定成为艾奇逊和杜鲁门的共识。

2月24日，在会见众议院30名议员，并应邀预测中国时局的发展时，艾奇逊说：当森林中有一棵大树倒下，在飞扬的尘埃落定之前，人们无法看到破坏的程度。此时的中国局势仿佛是森林里的一棵大树正在倒下，不等到尘埃落定，就不知道损害的程度。"在灾难的尘埃落尽以前，美国不能决定下一步怎么办。"[①] 第二天，艾奇逊的谈话被美国各大报刊以醒目的大标题登载，接着传遍欧洲、亚洲，人们将美国政府此时的政策定名为"等待尘埃落定"。

艾奇逊提出的这一对华政策，实质是在没有好的办法之前，不急于就对华政策做出决定。它是在既不甘心从中国脱身，又对国民党政权看不到任何希望的情况下而出台的一种折中方案。其理论依据建立在他们认为存在变数的三种情况基础之上：一是中国共产党的胜利是否巩固，新政府能否有效地治理国

---

① 詹姆斯·纳萨恩：《美国外交政策和世界秩序》，波士顿1981年版，第104页。

家,使其长期存在下去;二是中共政权与苏联的关系会否发生分裂;三是对美国和西方国家的态度如何,能否保留美国在华利益,也就是说,美国要等到这三种情况都明朗以后再就对华政策做出决定。

关于第一种情况,美国国务院情报分析司很快得出结论:"任何内部和外部条件的总和都不大可能证明这样一种期望是正确的:即新的中共政权会在五年之内被推翻……""能够希望出现的最好的情况是,今后五年中,内部困难和外部压力使中共政权大大削弱,而为其在将来某个时候垮台准备条件。"①

关于第三种情况,在中共中央关于外交工作的指示、毛泽东在党的七届二中全会的讲话中已经作了明确宣布,表明是期望与美国等西方国家进行合作的。

最核心的是第二种情况即中苏关系问题。在 1949—1950 年间,美国遏制苏联的全球战略发生了重大而深刻的变化,即:遏制对象从苏联的力量转变为遏制任何地方出现的共产主义的扩张,也就是说,意识形态目标成为美国对外政策的指南。这样,就把信仰马克思主义的中共与苏联绑在了一辆战车上。于是,在对待中共新政权的问题上,就出现了两种意见:一种意见是防止中共政权与苏联走到一起;另一种意见对中共政权进行遏制。不管按照哪种意见行使,都需要对中共与苏联关系发展趋势进行评估。

在 1949 年上半年,美国政府内部进行了大量的研究。结论是:中共与苏联不可能走到一起。美国舆论界也支持这一观点。包括《新共和国》《基督教科学箴言报》《华尔街杂志》《新闻周刊》《纽约邮报》等主要报刊,纷纷发表评论或专栏文章,认为中国不会成为苏联的卫星国,中共与苏联之间将会在许多方面产生摩擦。理由是:中国人是强烈的民族主义者,他们在历史上就不信任俄国;毛泽东不是由于莫斯科的支持,而是不顾莫斯科的反对才在中国南方开始其事业的,斯大林不信任毛,毛比铁托更铁托。②

1936 年曾访问过毛泽东并写下著名的《西行漫记》、首次向美国人介绍中国革命的美国记者埃德加·斯诺,也加入到这场讨论之中。在公开发表的《中国会成为莫斯科的卫星国吗?》的文章中,他直截了当地把毛泽东比作铁托,

---

① 美国国务院档案 893,00／7—2949、893,00／9—149,国家档案馆馆藏,RG59。
② 陶文钊:《中美关系史》,重庆出版社 1993 年版,第 478—479 页。

并断言：在毛泽东的领导下，"中国将成为第一个共产党治理下、不跟莫斯科指挥棒转的大国"。

国务卿艾奇逊也支持这一看法。后来他在美国政府内部的一次会议上公开地说："我们必须面临这一事实，就是在中国不存在抵抗共产主义的基础。……毛不是真正的卫星，因为他是靠自己的努力取得政权的，而不是苏联军队扶上台。这一事实是我们在中国最重要的资产。除非为了极其重要的战略目的，我们不应采取一项行动使自己取代苏联成为对中国的帝国主义威胁。……我们现在的处境和俄国在 1927 年被赶出中国并失去影响时的处境相似。苏联等了 22 年才回到（在中国）占压倒优势的影响的地位，我们也很有可能要靠这么多年。"[1]

根据这一结论，美国政府认为，美国不应致力于推翻中共政权，而是防止其成为加强苏联的一支力量。为此，美国不应公开采取敌对态度，因为敌对态度虽可能对中共造成困难，但无助于分化中苏关系；但是也不能采取和解态度，以免中共以此证实其关于美国内部虚弱的理论，美国最佳选择的政策是：

（一）让中共根据自己的经验来认识苏联，要经常注意寻找，并扩大宣传中苏间的任何摩擦，揭露苏联对华真实意图。在此期间对中共对美国在华利益采取的歧视措施不必多加指责，以免转移公众对苏联行为的注意力。

（二）与此同时，注意物色强有力的"革命"（按：实为反革命）团体，但对任何"潜在的革命者"没有证明其价值之前，不要匆忙支持。

（三）不给新政府以援助，不对它的"安逸"做出贡献。将来有机会时，设法运用"潜在的武器"对付它：例如经济制裁、台湾、对日政策、外交承认、侨汇、联合国席位等。[2]

在此政策指导下，与中共接触成为其必然的选项。于是，1948 年 12 月 7 日，国务院指示美国驻中国大使司徒雷登：一旦共军进占南京，国民党政府外逃，在局势得到澄清以前，他和大使馆要继续留在那里。[3] 1949 年 1 月 26 日国

---

[1] 资中筠：《美国对华政策的起源和发展（1945—1950）》，重庆出版社 1987 年版，第 254 页。

[2] FRUS, 1949 VIII, 第 519—520 页。

[3] 1948 年 12 月 7 日美国代理国务卿致司徒雷登电，《美国对外关系》，1948 年第 7 卷，第 859 页。

务卿致司徒雷登电，重申了国务院的此项决定。美国说这样做的理由是：从东北到长江流域的大片中国国土即将归于中共控制之下，而美国在华利益及商人大部分都在这一地区，为"保护"美国的利益，必须有正式代表能与对方进行接触，并认为司徒雷登有特殊的有利条件留在中国，"他中文讲得流利，与中国各派头面人物都熟悉，据称燕京大学有近一半毕业生都在共产党阵营"，可利用师生关系做些工作……此外，如果整个使馆迁往广州，将被解释为对国民党支持到底，因而也就将继续给予援助，这是美国所不愿意的。[①]

4月间眼看共军就要进城了，国民政府代总统李宗仁又要求各国使馆随其迁到广州。国务院才最后决定，司徒雷登应在南京待到共产党在那里稳固地建立了政权为止，届时再回美国磋商。初期应留下来同共产党当局建立联系，从而收集情报，并保护美国在华侨民和领事馆。[②] 国务院还要求司徒雷登，归途不要经过广州和台湾。

国务院的指示为司徒雷登与中共进行外交尝试开了绿灯。

司徒雷登1876年生于中国杭州，其父是在华传教士。他从29岁起就开始在中国传教，曾任燕京大学校长。1946年7月出任美国驻中国大使。他曾忠实地执行杜鲁门政府制定的支持国民党政权，反对共产党的政策。但随着1948年辽沈战役的开始，国民党大势已去，司徒雷登不得不另谋对华对策。

1949年3月10日，司徒雷登致电国务院，请求批准他谋求同中共和解。司徒雷登认为，如果容许他同中共最高领导人直接接触，讨论中共同美国之间各种悬而未决的问题，或许双方能达到相互谅解并建立起良好关系。

他详细列出了同共产党领导人的谈话要点。司徒雷登称，首先要提醒中共注意，美国对中国人民友好并提供援助已有很长的历史。美国仁爱为怀，其最近的例子，就是杜鲁门总统在1945和1946年的对华声明，还有马歇尔访华。马歇尔调处虽然失败，但其本意是值得称道的。然后他将坦率地告诉中共，美国政府虽然完全承认中国人民有权按照自己的愿望选择任何形式的政府，但仍然认为，共产主义制度是"专制主义的一种比较巧妙而凶恶的表现形式，是高

---

① FRUS，1949Ⅷ，第665页。
② 1949年4月22日美国国务卿致司徒雷登电，《美国对外关系》，1948年第7卷，第682—683页；第723—742页。

度组织起来的少数人统治多数人的最后阶段,这种统治早已过时了"。在中国建立这种制度,将导致继续不断的反抗和动乱,会威胁到美国的利益和世界和平。美国感到应该利用一切可以利用的手段,"给中国人民恢复真正的自由"。司徒雷登向国务院保证,他不会以最后通牒或威胁的方式讲话,而是要友好地倾诉相互建立良好关系的愿望。司徒雷登提出,如果中共表示赞同,美国就应采取建立这种关系的具体步骤,否则,美国最好还是准备采取别的方针来对付中国的共产主义。①

国务卿艾奇逊于4月6日复电司徒雷登,授权他与中共接触,同时提出了两点要求:第一,不要把话说绝。他告诉司徒雷登,鉴于目前中国的局势,"不能设想美国政府在这种时候会全力以赴地对中国实施一项军事和经济援助计划"。因此,不能讲利用一切可以利用的手段"给中国人民恢复真正的自由"的话,而只告诉共产党领导人,如果美国的安全和利益因中国的事态发展而受到威胁,"美国政府将不得不重新研究中国的形势,以便采取一种最能维护美国人民利益和世界和平的方针"②,否则,中共如果表示拒绝,就会把司徒雷登那番话看作美国以报复相威胁。第二,注意保密,以免走漏风声,引起国会的反对声浪。

4月24日,人民解放军进入南京。25日早晨,三野八兵团三十五军一〇三师三〇七团一营营长谢宝云和教导员王怀晋带着通讯员、司务长等人,为部队安排食宿,不慎误入美国大使馆。

当天晚上,《美国之音》就播出新闻,称南京的中国人民解放军搜查了美国大使馆。毛泽东听到这个情况后,马上指示南京警备司令部司令员陈士榘和政治部主任江渭清查处此事,并电示总前委"必须立即引起注意"。

司徒雷登对侵犯外交豁免权一事反应温和。因为他肩负着重要的使命,只要能继续待在南京,就有机会接近共产党高层以进行直接对话,他不想在这个问题上搞得很紧张而破坏对话机会。他还向拥护中共的民主人士透露,如果中国共产党政府愿意和美国建立联系,美国愿意承认中国共产党政府,还可以援

---

① 1949年3月10日司徒雷登致国务卿电,《美国对外关系》,1949年第8卷,第173—177页。

② 1949年4月6日美国国务卿致司徒雷登电,《美国对外关系》,1949年第8卷,第230—231页。

助中国 50 亿美元。美国驻北平总领事柯乐博这时也表示：现在是对共产党采取积极态度的时候了。我们应该向他们表明："我们无意干涉内政，准备同他们在相互满意的基础上发展贸易关系，同时希望和新政权建立外交关系。"①

毛泽东对美国发出的试探信息作出了积极回应。4 月下旬，中共中央任命在天津从事外事工作的黄华出任南京军管会外侨事务处处长。这项任命是为着与美国驻华大使司徒雷登接触而作出的。黄华毕业于燕京大学，与司徒雷登的秘书傅泾波是同班同学，与司徒雷登也算有着师生关系。黄华赴任前，周恩来亲自找其谈话，交代他："司徒雷登和许多国家的使节留在南京未走，你去南京外事处工作吧，除负责接管国民党政府外交部和处理有关对外事务外，可以同司徒雷登进行私人接触。"② 1999 年，黄华在接受南京电视台与中共中央党史研究室采访时也证实，周恩来在其南下时便有指示：到南京后要准备和司徒雷登接触！

接着，中共中央开始在党内吹风。4 月 28 日，毛泽东在中共中央军委起草的给渡江战役总前委粟裕等人的电报中指出：

我方对英美侨民（及一切外国侨民）及各国大使、公使、领事等外交人员，首先是美英外交人员，应着重教育部队予以保护。现美国方面托人请求和我方建立外交关系，英国亦极力想和我们做生意。我们认为如果美国（及英国）能断绝和国民党的关系，我们可以考虑和他们建立外交关系的问题。

美国援助国民党反共的旧政策已破产，现在似乎正在转变为和我们建立外交关系的政策。③

4 月 30 日，毛泽东在给中国人民解放军总部发言人起草的声明中，更加明确地谈到了党的外交原则："中国人民革命军事委员会和人民政府愿意考虑同各外国建立外交关系，这种关系必须建立在平等、互利、互相尊重主权和领土完整的基础上，首先是不能帮助国民党反动派。"④

可见，中共中央为了发展与美关系，果断地调整了对美政策，由"不承

---

① 《新中国成立前后中国共产党对美外交政策的演变》，新华网，2007 年 6 月 21 日。参见《中共党史研究》，2007 年第 1 期。
② 《司徒雷登日记——美国调停国共争执期间前后》，香港文史出版社 1982 年版，第 63 页。
③ 《毛泽东年谱（1893—1949）》下卷，人民出版社、中央文献出版社 1993 年版，第 490 页。
④ 《毛泽东选集》第四卷，人民出版社 1991 年版，第 1461 页。

认"和"不急于获得承认",转向了"有条件"地保持接触,以至发展对美关系。这种灵活做法表现了中国共产党人的善意。

4月26日,黄华到达南京。司徒雷登对黄华的新任十分高兴,他对傅泾波说:"这倒是个好机会。"

《无奈的结局——司徒雷登与中国》一书披露,4月27日,司徒雷登开始在家中起草关于承认中共的备忘录。5月4日,司徒雷登与到访的英国、法国和印度大使一道,又仔细讨论了有关承认共产党政权的问题。以后几天,凡是有其他国家的大使来访,司徒雷登都要与他们就是否承认中共的问题展开讨论。最后,他们达成的共识是:承认中共政权是大势所趋,可现在承认又有些为时过早。

5月6日,司徒雷登派傅泾波去与黄华联系。次日,黄华在办公室接见了傅泾波。

据黄华回忆,傅一见面,就替司徒雷登表白,说司徒雷登一年来渐渐了解过去对国民党认识的错误,美国已经停止援助蒋介石了。这次他决定留在南京不走,就是希望同中国共产党接触。这一点也已获得美国国务卿艾奇逊的同意。他甚盼与黄华会见,因现在正是美对华政策的改变时期,他本人希望能在其中起一定的积极作用。还表示"中美商约"可以修改。

黄华告诉他,会见的事考虑后再说。但美国援助蒋介石打内战的政策给中国人民造成的创痛极深,空言无补,目前需要的是美国首先做更多有益于中国人民的事,才能逐步取得中国人民的谅解。

5月8日,黄华将与傅泾波谈话的情况报告了中央,毛泽东于5月10日致电中共南京市委,就黄华与司徒雷登的会见,以及双方谈话时应注意的事项,提出了七点意见:

(1) 黄华可以与司徒雷登见面,以侦察美国政府的意向为目的。

(2) 见面时多听司徒雷登讲话,少说自己意见,在说自己意见时应根据李涛声明。

(3) 来电说"空言无补,需要美首先做更多有益于中国人民的事",这样说法有毛病。应根据李涛声明表示任何外国不得干涉中国内政,此项政策必须停止。如果美国政府愿意考虑和我方建立外交关系的话,美国政府就应当停止一切援助国民党的行动,并断绝和国民党反动残余力量的联系,而不是笼统地要求美国做更多有益于中国人民的事。你们这样说可能给美国人一种印象，似乎中共也是希望美国援助的。现在是要求美国停止援助国民党，割断和国民党残余力量的联系，并永远不要干涉中国内政的问题，而不是要求美国做什么"更多有益于中国人民的事"。照此语的文字说来，似乎美国政府已经做了若干有益于中国人民的事，只是数量上少了一点，有要求它"更多"地做一些的必要，故不妥当。

（4）与司徒雷登谈话应申明是非正式的，因为双方尚未建立外交关系。

（5）在谈话之前，市委应与黄华一起商量一次。

（6）谈话时如果司徒雷登的态度是友善的，黄华亦应取适当的友善态度，但不要表示过分热情，应取庄重而和气的态度。

（7）对于傅泾波所提司徒雷登愿意继续当大使和我们办交涉并修改商约一点，不要表示拒绝的态度。①

5月13日，根据毛泽东的指示，黄华以私人身份前往司徒雷登住处。司徒雷登表示，愿同新中国建立新关系，希望中国政府能广泛地吸收民主人士参加即将成立的新政府。并说，美国已经停止援蒋，不愿参与中国内战。建议待上海解放后即将上海经济合作分署所存粮食、棉花等援蒋物资移交我方，以支持上海恢复生产。黄华表示，美国既表示不干涉中国内政，就应将美国驻青岛等地的海军舰只和陆战队撤走，以免发生冲突。司徒雷登答应转告有关方面。

这一天，艾奇逊致电司徒雷登，提出了承认一个新政权的普遍准则及承认新中国的有关条件。电报说：

关于承认问题，请遵循下列准则：

1. 根据国务院批准的一般立场，承认一个新政权应以下列三个因素为依据：

（a）该政府事实上控制该国领土和行政机构，能维持公共秩序；

（b）该政府有能力并愿意履行其国际义务；

（c）其掌权得到国内人民普遍接受。

另外，除非在对美国国家利益有好处的极特殊情况下，否则，不把承认作

---

① 《毛泽东年谱（1893—1949）》下卷，人民出版社、中央文献出版社1993年版，第499—500页。

为政治武器而扣住不给。

2. 关于承认共产党在事实上而不是在法律上控制（中国）的问题，可以参照下列几条：

(a) 美国政府最近承认（以色列）临时政府事实上的当权者，并在法律上承认之前，互换了代表。

(b) 承认事实上的当权者可以在不撤销对于法律上的政府的承认的情况下进行，这是合法的。（参见奥本海默《国际法》第七段，第一卷，第145—146页。）

(c) 承认共产党政权为事实上当权者，从政治上讲，将鼓励共产党而贬抑国民政府。

(d) 在泰国的銮披汶政府继銮贪隆之后，我们要求并取得了它将履行国际义务的保证，因而没有取消承认。对阿尔巴尼亚则由于它拒绝给予同样保证，美国没有承认它。

3. 在讨论承认共产党政权为事实上的权威当局的可能性时，应当考虑下列问题，国务院希望听到你们对这些问题的意见：

(a) 给予这样的承认是否会使共产党对美国官方人员以及美国的权利和财产采取较为正确和合理的态度，抑或使他们变得更加狂妄？

(b) 承认是否能为保护美国利益带来最大希望？

(c) 共产党在被承认为事实上的权力当局之后，是否会立即要求被承认为法律上的当局？而美国在没有得到它将履行国际义务的证据之前，可能还不准备这样做。[①]

艾奇逊的电报宣告，美国不准备马上承认即将成立的新中国，至多也是给予事实上的承认。它表明，美国不想在国民党政权被完全消灭之前抛弃它，那样做行政当局将面临国会的强大压力，一方面会使亲蒋派势力因为绝望而挑起"是谁丢失了中国"的争吵；另一方面会因为承认中共而背上鼓励共产主义的沉重包袱。在1949年的美国，从政府到民间，普遍存在对共产主义的敌视和恐惧。人们相信共产主义意识形态是与美国自由思想截然对立的一种信仰体系，是对美国人最珍视的价值——自由的真正威胁，是对美国立国基础的颠

[①] 《美国外交文件集》，1949年 IX，第22—23页。

覆；人们相信美国与苏联的斗争是一场两种截然对立的生活方式和意识形态之间你死我活的竞赛，对共产主义的遏制关乎自由价值观和美国生活方式的存亡；人们相信共产主义集团是铁板一块的，世界各国的共产党没有什么本质的不同，他们都服从来自莫斯科的指挥，组成一个团结的整体，鼓动世界革命，并企图最终统治整个世界。不管以什么样的形式承认中国，都将挑战民主共和两党业已形成的意识形态共识，这是谁也不愿触动的敏感神经。

艾奇逊的电报还表明，美国不愿意放弃中国。这块古老的土地有美国巨大的经济利益；中国与苏联有几千公里的接壤领土，拥有众多的人口和联合国常任理事国席位，是美国遏制苏联的前沿阵地。因此，美国的外交决策者开始探索一种能够避免国内政治争吵的方式来处理与新中国的关系。艾奇逊还搬出了《国际法》的有关条文作为法律依据，举出了泰国、阿尔巴尼亚等国的实例作为旁证，试图说服中共。

问题是中国共产党人不会接受这种事实承认。就是正式的承认，毛泽东也不会听从它开出的苛刻条件。按照中共中央最初的设想，是"不承认""不急于"政策，后来根据斯大林的建议，中共采取了灵活的态度，正式宣布了与世界上一切国家建交的两条原则：一是平等、互利，互相尊重主权和领土完整；二是不支持国民党政权。而美国的条件恰恰违反中共的两条原则，第一，所谓事实承认，就是在不废除法律承认的国民党政权基础上的承认，实质是继续支持国民党政权；第二，要求新政权履行所谓的"国际义务"，实质上就是要求新政权承诺它同国民党旧政府过去签订的一切不平等条约继续有效。

中美在建交问题上认识的巨大差异，注定了司徒雷登与中共的接触只能是无果而终。这时美国与中共的接触只能起到为日后与中共发展关系作个铺垫的作用。

司徒雷登已经看到了这种趋势。当日，他向国务院报告了美国驻华大使馆关于美国驻华使、领馆地位问题的六点意见。其中第二条声称：只要国民党政府"没有明白无误地灭亡"，美国与中共的接触就只限于"美国人的福利、财产方面的咨询与抗议"。[①]

6月6日，双方进行第二次会晤。话题很快转到中美关系上。黄华指出，

---

① W. 雷恩等：《被遗忘的大使》（英文版），第323页。

中美要建立新关系，美国首先应当停止援助及断绝与国民党逃亡政府的关系。司徒雷登不愿在停止援蒋问题上松口，但他表示，中共应意识到，各国大使馆继续留驻南京，是一种意味深长的举动。

会谈中，双方态度都十分坦率，但不时也会出现针锋相对的情况。中共的既定原则是，美国必须先同国民党政权断绝关系，停止援蒋，才能同美国进一步谈判。而美国并未决心停止援助国民党政权，也未放弃反共立场，却要求中共首先停止反帝反美的宣传活动，疏远同苏联的关系，甚至背弃共产主义。

这时，司徒雷登接到一份由北平转来的重要情报，称中共高层领导在对苏对美方针上产生了严重的意见分歧。司徒雷登认为"这是极有希望的努力路线"。他决心亲自北上同周恩来等高层领导会谈，以实现在南京达不到的目的。

6月8日，傅泾波告诉黄华，司徒雷登认为，美国现在对新中国的关系很难作正式表示，需他返美后努力。但他需要知道中共更高级方面的意见，回去讲话才有力量。他希望在返美前能赴北平会见周恩来一次，顺便看看燕京大学。傅泾波说，司徒雷登大使想去北平的意图是得到美国国务院副国务卿魏伯指示的。

黄华随即把这一情况报告了中共中央。中共中央和毛泽东同意司徒雷登的北平之行。6月28日，黄华正式通知司徒雷登，已获北平来电，"同意他去燕大一行，他希望与当局晤面事亦有可能"。

实际上在此之前，司徒雷登已得知中共的态度。后来公开的司徒雷登日记记载，5月末和6月初，司徒雷登与民革中央的领导人陈铭枢进行了接洽，并请求陈在前往北平参加新政协筹备会议时给中共领导人带一些口信。6月10日，陈应邀来到南京，同司徒雷登进行了交谈，答应向中共领导人带去司徒雷登的下述五点看法。

首先，美国人相信，意识形态不同的国家可以和平共处；

第二，美国对于未来由中共建立的政府的两方面特征尚有疑问：1. 它是否能遵照联合国宪章保障民权，抑或采取专制和警察国家的通常形式？2. 它是否以马克思列宁主义为指导致力于世界的暴力革命？如果是这样的话，这一立场不能不理解为多多少少是在向世界上其他国家公开宣战；

第三，中共外交政策的走向正在使那些希望中美两国之间保持友好关系的人士感到难堪；

第四，在经济关系方面，中共官方的调子似乎并不鼓励同美国做生意；

第五，美国的立场是"等着瞧"；然而，中共方面应该充分估价司徒雷登和其他外交使团的主要官员仍然留在南京的重要意义。①

司徒雷登还要求大使馆工作人员准备4份很长的文件，由陈铭枢转交中共领导人，以便有助于他们决定对美国的政策。这些文件将中苏条约同中美条约加以对比，谈到中美贸易，并简要地回顾了中美关系的历史。提出这些文件多少是为了表明中美关系对中国多么有利和重要。

6月23日，陈铭枢电告司徒雷登，任务进行顺利。称他同毛泽东、周恩来的谈话"完全令人满意"。他还要求司徒雷登推迟回美国，以便他们在南京交换意见。

于是，6月24日下午5时，司徒雷登致电华盛顿报告说："我已间接地得到了陈铭枢的消息，他已同毛泽东和周恩来谈过话，他认为谈话结果完全令人满意。他报告说，他很快会经南京回上海，希望我能推迟原定的返美时间。虽然进一步的分析尚待我直接从陈铭枢那里得到信息才能作出，但我认为，他能如此迅速地见到这两位中共最高领导人，并得到他们的同意提前返回南方，这本身已很有意义。"②

在接到访问北平的正式邀请的第3天，司徒雷登向国务院报告北平之行的目的，请求批准。他首先就拟议中的北平之行的进展情况作一简要介绍，然后分析了此行的利弊。此行的积极意义是，使他有机会亲自向毛泽东和周恩来说明美国的政策，表明美国对共产党进行世界革命的担心，并提出美国对中国前途的希望。通过和共产党领导人这样交换意见，他就可以给华盛顿带回关于中共意图的最可靠的官方消息。司徒雷登还认为，这种接触还可以增进中共党内自由主义分子和反苏分子的力量。简言之，此行"将是富于想象力的，是一次大胆的行动，表示美国对改变中国的政治趋势持坦率的态度，并可能对今后的中美关系产生有利的影响"。但也要考虑到有消极后果。此行可能在美国国内引起批评而使国务院为难。美国的盟国可能感到美国率先破坏了对付中共的统一战线政策。此行会提高中共和毛泽东在国内和国际上的威望。为了抵消这种

---

① 《美国对外关系》，1949年第8卷，第711页。
② 黎永泰：《毛泽东与美国》，云南人民出版社1993年版，第356页。

消极后果，司徒雷登谈到要不要同样作一次广州之行。但他担心这样两面奔走，会显得美国在擅自干涉中国的内部事务，并会激怒中共。司徒雷登最后强调说，毛、周、黄都"非常希望"他能成行，并且在等待答复，因此希望国务院尽早作出指示。①

美国国务院的有关官员及驻天津、上海、北平的总领事都在不同程度上倾向于赞成司徒雷登成行，认为这是中共方面发出的"极为重要的信息"。他们开出的条件是，一定要保证能见到毛泽东和周恩来；一定要坚持坐自己的专机；事后要访问广州，以免引起弃蒋而准备承认中共的误解；准备好应付国内反对派的说辞等。

此时，美国国内的政治风向已经发生变化。6月24日，参议院外交委员会主席范登堡（Arthur H. Vandenberg）向杜鲁门政府提出，行政当局在没有与外交委员会充分磋商之前，不得考虑承认未来中国的共产党政府。同一天参议员威廉·诺兰（William F. Knowland）向杜鲁门递交了一封由16名共和党和6名民主党参议员签名的信，要总统澄清目前没有考虑承认问题。这种情况使得杜鲁门政府不得不向国会表示：保证在考虑承认之前与外交委员会磋商。

在此情况下收到司徒雷登的请示，结果是可想而知的。7月1日，美国"最高层"经过考虑，向司徒雷登发出指示："在任何情况下都不得访问北平"。

这样，美国自己关上了进入新中国的大门。

苏联愿意对新中国提供援助，支持中共发展同包括美、英在内的世界各国的关系。中共曾一度致力于改善对美关系，遭到拒绝后，果断宣布实行"一边倒"外交方针，在优先发展与各社会主义国家外交关系的同时，英、法、印度等非社会主义国家承认新中国取得重大突破。

从1949年初到6月底中美进行的接触，尽管没有实现两国关系的历史性握手，但是却起到了一个意外的效果，牵制了苏联，使苏联认识到，中共靠近苏联的努力如果受阻，可能促使中共向美国靠近。

支持中共与美国等西方国家发展关系的恰恰是斯大林。

中共中央在1949年初提出新中国外交方针时是不急于同美国等帝国主义

---

① 1949年6月30日司徒雷登致国务卿电，《美国对外关系》，1949年第8卷，第766—767页；1949年6月26日、28日司徒雷登日记，《美国对外关系》，1949年第8卷，第766—767页。

国家迅速建立外交关系的，因而提出了不承认的方针。1月底至2月初，米高扬访问西柏坡时，毛泽东也是这样与他讲的。他回国后写的报告在谈到这个问题时也说："毛泽东……是不力求外国立即承认新政府。如果外国政府表示出承认它的愿望，则不拒绝，但暂时也不表示同意，大体上在一年期间要坚持这个策略。……好处是，新政府的手脚不受束缚，容易对中国境内的所有外国势力施加压力，不必考虑外国政府的抗议。"①

但是，这之后，中共中央迅速调整了策略，开始与美、英等国接触。这种改变除了当时的国际国内形势造成了中共采取灵活政策的有利条件之外，斯大林支持与美国等西方国家接触的态度也起了重要作用，它使得中共中央在考虑这个问题时不必顾虑苏联的反应。

《不确定的伙伴》一书披露，1949年4月间，斯大林向毛泽东提出，为了防止美国在中国制造分裂，中共应提出以其断绝与国民党政府的关系为条件，与美国建立外交关系。斯大林还指示科瓦廖夫转告中共领导人，苏联无意于干预中共与"其他资本主义国家"间的贸易。②

1948—1949年间，曾任苏联经济专家组组长、联共（布）中央驻中共中央代表，负责向中共提供帮助，并监督这种帮助，也是毛泽东与斯大林的联络员的科瓦廖夫，参加了在联共（布）中央和中共中央之间进行的所有重要活动。米高扬秘密访问西柏坡时他是主要成员之一，同住在那里的毛泽东和中共中央政治局的其他成员进行了会谈；1949年6月至8月刘少奇率领中共中央代表团秘密访问莫斯科时，他是主要陪同者，参加了访问的全过程；他还参加了毛泽东1949年12月至1950年2月访问莫斯科的筹备工作。在毛泽东访苏期间，他奉斯大林之命做了斯大林和毛泽东之间的常务联络员。

作为最先得知斯大林希望新中国与美国等西方国家发展关系的少数几个人之一的科瓦廖夫，后来在谈到斯大林讲的上述这段话时说：

斯大林在1949年4月发给毛泽东的电报中写道："我们认为，中国民主政府不应拒绝同包括美国在内的一些资本主义国家建立正式关系，如果这些国家

---

① 俄罗斯联邦总统档案馆：全宗3，目录65，案卷606，第1—17页。

② 《不确定的伙伴》，第230—231页，参见《北京与莫斯科：从联盟走向对抗》，广西师范大学出版社2002年版，第133页。

正式放弃对蒋介石国民党政府的军事、经济和政治支援的话。这个条件是必不可少的,理由是:现在美国的政策是旨在使中国分成华南、华中、华北三个部分,有三个政府。美国支持华南和华中的国民党政府,看来它也愿意支持东北民主政府,目的在于让这些政府彼此争斗,互相削弱,而美国可以从中渔利。因此,如果你们想建立一个以共产党为首的统一的中国,那就只应同那些正式放弃支持广州和南京集团的资本主义国家政府建立正式关系。我们认为,不应该拒绝接受外国贷款和在一定条件下同资本主义国家做生意。问题在于提供贷款和做生意的条件,不能向中国强加可能被用来限制民主国家主权和扼杀民族工业的经济、财政条件……"关于这一点,斯大林在1949年7月27日政治局会议上评论刘少奇的报告时,还更明确地谈了自己的意见:"你们不要担心能否得到帝国主义国家的承认,更不要管它们如何对待你们,你们有很好的行动方针:同帝国主义国家做生意。它们那里已经发生经济危机,我认为,这会加速承认,但现在要同它们做生意……"①

科瓦廖夫还于1949年12月24日给斯大林写了一份《关于中共中央的政策和实践的一些问题》的秘密报告,报告了斯大林对中国革命提出的12条建议的具体执行情况。其中,第12条是"关于对外政策",科瓦廖夫向斯大林报告说:

您建议,新政府不应拒绝同包括美国在内的资本主义国家建立外交关系,如果这些国家正式放弃对蒋介石和整个国民党政权的军事、经济和政治支持的话。

然而,尽管英国和美国过去和现在都积极支持蒋介石,中共中央领导在1949年11月以前还是抱有这些国家会迅速承认中华人民共和国的幻想。

作为这种心态的反映,刘少奇和李立三都表示反对日本、印度和其他受人支配的国家或与英美集团有联系的国家参加亚洲国家工会代表会议,以便不引起美国和英国的强烈不满。

而这一点也可以用来解释为什么(中国对)南斯拉夫向中国提出建立外交关系和互换大使的建议保持沉默。

---

① [俄] С. И. 贡恰罗夫著,马贵凡译:《科瓦廖夫谈斯大林对中国革命胜利和新中国的最初态度》,见《国外中共党史研究动态》,1992年第5期。

很能说明问题的是，在毛泽东在场的一次交谈中，周恩来说："……如果我们驳斥南斯拉夫的建议，公开谴责它的政策，那么有人要问，如果是南斯拉夫的主人的美国找到我们，我们该怎么办？"

由于有这种心态，周恩来对向上海和天津派苏联专家组也持消极态度，因为在这些地点集中了美英的很大经济利益。

这种心态是国内资产阶级分子和其他政治人士向中央施加压力的结果，他们无论过去还是现在都希望美英尽快承认新中国，以便中国资产阶级能够依靠这些帝国主义国家防止中国的进一步民主化和不许加强和发展中苏之间的友谊。①

看过这份绝密文件的人，在苏联只有斯大林、莫洛托夫、贝利亚、马林科夫、米高扬、卡冈诺维奇、布尔加宁等小范围的苏联高级领导人。这份绝密文件是科瓦廖夫配合毛泽东访问莫斯科准备的。在和毛泽东会面时，斯大林将这个报告的副本交给了毛泽东。

斯大林的这一做法，不仅表明他斯大林没有秘密瞒着中国领导人，他对毛泽东怀有充分的信任，他和苏联政府想同毛泽东、同中共和中华人民共和国领导建立在完全信任基础之上的特殊关系，使以毛泽东为首的中国领导人在这个问题上没有丝毫怀疑。同时也说明斯大林对鼓励中共发展与西方国家的关系十分重视。

7月4日，刘少奇在访苏期间，以中共中央代表团团长名义写的《给联共（布）中央和斯大林的报告》，斯大林在其上作了几十处批语，这些批语也体现了他对新中国外交的基本想法。如刘少奇在报告中提出："在新的中央政府成立以后，就会发生与各国建立正式外交关系的问题，参加联合国及其他国际组织和国际会议的问题。各帝国主义国家可能有一段时间不承认我们，或提出若干束缚我们手脚的条件作为承认我们的代价，在这种时候，我们应采何种政策？"斯大林在此处批道："区别对待。谁不承认中国，中国在贸易上就不给它任何优惠（美国的经济危机迫使它不得不重视与中国的贸易），为此要利用中

---

① 《斯大林给中共领导提出的十二点建议》，作者：[俄] A. M. 列多夫斯基等，刊于《中共党史研究》，2004 年第 6 期。参见俄罗斯联邦总统档案馆：全宗 3，目录 65，案卷 584，第 123—144 页。

国的商人。"

刘少奇又提出，（西方国家企图）束缚我们手脚的条件，我们当然是不能答应的，但我们是否应采取积极的办法，以便保证取得这些国家的承认，使我们能够在处理国际事务中占有合法的地位？另一方面，我们是否要再等一等，不急于得到这些国家的承认。斯大林又批："是的！最好不急。"

当刘少奇提出在中国新政府成立后，苏联及东欧各新民主国家是否能尽快承认我们，即使各国帝国主义国家采取无视我们的政策。斯大林批道："对。"

当刘少奇提出在国际活动的政策上，我们一定要与苏联一致。在这一点上，我们已经向各民主党派做了一些解释。斯大林同样批道："对！"

关于联共（布）与中共的两党关系问题。刘少奇提出，毛泽东同志与中共中央认为，联共（布）是世界共产主义运动的统帅部，而中共则只是一个方面军的司令部。局部利益应当服从世界利益，因此，我们中共服从联共（布）的决定，尽管共产国际已不存在，中共也没有参加欧洲共产党情报局。在某些问题上，如果中共与联共（布）出现分歧，中共在说明自己的意见后，准备服从并坚决执行联共（布）的决定。在这段话里，斯大林在两处批注："不！"①

分析这些批注，看出斯大林对中共的事情是极其关心的，对中共希望解决的问题是很诚恳地提出自己的建议的。后来的事实也证明，斯大林允诺的事情基本上都兑现了。比如，他答应中共在新中国成立后协调社会主义阵营的国家尽快予以承认，1949年10月1日中华人民共和国一诞生，几天之内，这些共产党国家纷纷宣布与新中国建立外交关系，与国民党断交。又如，他不同意中共关于服从苏共领导的观点，从这之后，他在两党关系的处理上，表现出了平等的姿态，十分尊重中国的同志，支持中国共产党的工作，并对过去"不适当地"干涉了中国革命的错误，在多个场合作了自我批评。

斯大林建议中共与美国等西方国家发展关系，当然也有从自身利益考虑的因素。当时，苏联全球战略的重点在欧洲与美国争夺，它在远东的战略主要是按照雅尔塔协议确定的框架，维护其在南千岛群岛和在中国东北的既得利益。在与美国的角逐中处于守势的情况下，苏联极力想与美国缓和关系，而不愿在

---

① 《刘少奇给联共（布）中央和斯大林的报告（1949年7月4日）》，参见《关于1949年刘少奇访苏的俄国档案文献》。

中国这个美国的传统势力范围里激怒美国。斯大林判断，如果中共在中国得势，美国将会干涉。那种局面不仅影响苏联在中国东北的既得利益，而且将使苏联有与美国发生对抗的危险，这种对抗对苏联来说是不利的。

基于这一错误判断，斯大林做了许多压制中共发展的事。对于这个问题，邓小平说过："在斯大林时期，中国共产党在一些关键问题上没有听他的话，才取得了中国革命的胜利。"① 即使到1949年初中国革命即将取得彻底胜利之时，斯大林仍然劝说中共不要"过江"，希望搞"南北朝"。现存于台湾国民党档案馆的国民党外交部关于苏驻华大使罗申这一时期在华外交活动的文字记载，清楚地显示，罗申曾不止一次表达苏联这一立场。1月底，李宗仁任代总统，苏联驻华大使罗申同李达成了苏联调停国共内战的三项条件，实际上是支持李宗仁的"划江而治"计划。② 罗申还向张治中保证：莫斯科"希望结束目前的内战，并在委员长的领导下恢复和平。他们承认委员长是能够实现这一目标的唯一领袖"。③ 4月初，罗申在广州又向美国公使克拉克说，中国的局面，包括共产党在内，谁也控制不了，共产党即使最后接管，也如骑虎，不见得比国民党更成功。④ 1984年11月3日，杨尚昆在接见美国作家索尔兹伯里时证实："米高扬曾经转告斯大林的警告，劝阻解放军过江。"⑤

但是，中共在与美国接触中很快发现，美国不满足于与中国做生意，维护在华贸易利益，而是从其遏制苏联的全球战略着眼来看待中共的崛起，企图以经济作诱饵迫使中共新政权逐渐走亲美路线。司徒雷登公开反对新中国实行社会主义制度，要求中共远离苏联，容纳他们能接受的中间派人士进入政府。毛泽东当然不能同意这样做。

苏联较早地发现美国的企图。它迅速致电中共中央，希望中共识破美国的诡计，不使其阴谋得逞。刘少奇在访苏期间向斯大林郑重表示：中共中央同意苏共中央的意见，认为美国帝国主义全力帮助国民党，反对中国革命，失败以

---

① 《邓小平文选》第三卷，人民出版社1993年版，第27页。
② 《中美关系资料汇编》第1辑，第335页。
③ 袁南生：《斯大林、毛泽东与蒋介石》，湖南人民出版社2005年版，第515页。
④ 资中筠：《美国对华政策的起源和发展（1945—1950）》，重庆出版社1987年版，第252页。
⑤ 《党的文献》，1989年第6期，第64页。

后,现在又以下面的方法继续反对中国革命。(1)继续援助国民党及其他可能的力量抵抗中国革命;(2)用一切方法钻进革命阵营的内部来分化和破坏中国革命;(3)用一切方法挑拨中国革命与苏联及世界共产主义运动之间的关系;(4)用许多方法向中国共产党表示接近,企图拉拢中共与帝国主义国家接近。(5)对于帝国主义的这些阴谋,我们是看得清楚的,并且有经验绝不会让帝国主义的阴谋得逞。刘少奇说,中共中央已经在各民主党派中提出警告,并号召人民提高警惕性。

美国的"楔子战略"没有加快中共远离苏联的步伐,反而使苏联增强了接纳中共这个新伙伴的紧迫感。

中共中央本来对司徒雷登是寄予希望的。在得知司徒雷登有意进行北平之行的意愿后,毛泽东、周恩来先是通过燕京大学校长陆志韦于6月16日给司徒雷登发出了邀请函。信中陆志韦透露:"昨天(6月15日)上午我见到周先生。……毛泽东已宣称你有兴趣来燕京访问,我推测政府将会同意你(来)的。"6月23日,又委托陈铭枢致电司徒雷登,告诉他委托的事进展顺利;后又正式通知他:"欢迎他燕校之行。"7月初,在刘少奇访问苏联时他代表中共中央向苏联方面通报中共的基本意见和考虑的文件中显示,"中共方面确实做了在具备条件时与美、英等西方国家建立外交关系的准备"。文件的起草人胡乔木后来也证实了这一事实。[①]

但是,收到中共邀请的十多天时间里,司徒雷登始终拿不定主意,到6月30日,他又致电国务院请示;国务院也没有主意,再提请杜鲁门总统裁定。最后和平之旅"流产"了。其实,司徒雷登完全有理由不再请示国内,因为在6月24日给国务院的电报中他已经报告了有关情况,而艾奇逊也没有表示反对。他的私人秘书傅泾波曾经建议"不必请示",司徒雷登没有听从劝告,从此失去了"保持他在中国的影响"的最后机会。

在司徒雷登离开中国之际,毛泽东发表《别了,司徒雷登》一文,称司徒雷登是美国侵略政策彻底失败的象征。此后,这篇文章便进入中国中学教材课本而家喻户晓。

[①] 《新中国成立前后中国共产党对美外交政策的演变》,新华网,2007年6月21日。参见《中共党史研究》,2007年第1期。

尽管司徒雷登的和平努力最终失败，但出生于中国的他，对中国却有着与美国其他要人不同的复杂感情。回到美国以后，司徒雷登曾撰文指出："中国人了解我热爱他们的国家，关心他们的福祉……但我辜负了他们。"1962年离世前，他留下遗嘱，要求把骨灰埋在中国。但是，司徒雷登在新中国成立前夕这段历史，使得这个问题变得敏感而复杂。随着中美关系的不断改善，司徒雷登魂归中国的愿望终于得以实现。2008年11月17日，司徒雷登的骨灰在他去世46年后，终于回到他出生的浙江杭州，安放在杭州安贤陵园内，墓碑上只简单刻着："司徒雷登，1876——1962，燕京大学首任校长。"美联社当日发表新闻说："中国和美国的官员今天参加了约翰·斯图尔特（司徒雷登）的骨灰安葬仪式。"[1]

中共中央较早地得知了美国最高当局的态度，它于6月30日电告中共南京市委："我们对美帝亦决无改变其政策的幻想。"[2] 中共中央在得知司徒雷登的北平之行已不可能的情况下，于1949年6月30日中国共产党建党28周年前夕，抢在美国最高行政当局宣布取消司徒雷登访问北平的决定之前，发表了毛泽东《论人民民主专政》一文。这篇文章全面总结了中国共产党成立28年来，在十月革命的影响下，中国共产党人经过艰难探索，把马克思列宁主义基本原理与中国革命的具体实践相结合，所走出的一条成功道路和总结的成功经验。毛泽东指出：

中国无产阶级的先锋队，在十月革命以后学了马克思列宁主义，建立了中国共产党。接着就进入政治斗争，经过曲折的道路，走了二十八年，方才取得了基本的胜利。积二十八年的经验，如同孙中山在其临终遗嘱里所说"积四十年之经验"一样，得到了一个相同的结论，即是：深知欲达到胜利，"必须唤起民众，及联合世界上以平等待我之民族，共同奋斗"。

孙中山死去二十四年了，中国革命的理论和实践，在中国共产党领导之下，都大大地向前发展了，根本上变换了中国的面目。到现在为止，中国人民已经取得的主要的和基本的经验，就是这两件事：（一）在国内，唤起民众。这就是团结工人阶级、农民阶级、城市小资产阶级和民族资产阶级，在工人阶

---

[1] 《司徒雷登如愿葬在中国》，见《参考消息》，2008年11月19日。
[2] 《中央给南京市委的电报》，1949年6月30日。

级领导之下,结成国内的统一战线,并由此发展到建立工人阶级领导的以工农联盟为基础的人民民主专政的国家;(二)在国外,联合世界上以平等待我的民族和各国人民,共同奋斗。这就是联合苏联,联合各人民民主国家,联合其他各国的无产阶级和广大人民,结成国际的统一战线。①

毛泽东明确宣布了中国共产党将奉行"一边倒"的方针。他指出:

一边倒,是孙中山的四十年经验和共产党的二十八年经验教给我们的,深知欲达到胜利和巩固胜利,必须一边倒。积四十年和二十八年的经验,中国人不是倒向帝国主义一边,就是倒向社会主义一边,绝无例外。骑墙是不行的,第三条道路是没有的。我们反对倒向帝国主义一边的蒋介石反动派,我们也反对第三条道路的幻想。②

毛泽东这篇文章是根据 4 月初他与张治中的一次谈话内容而写成的。因而,文章采取了答问的方式,系统地回答了对国内外各方面人士特别是民主党派的一些人士中存在的"我们要做生意""我们需要英美政府的援助""不要国际援助也可以胜利"以及"你们一边倒""你们太刺激了""你们独裁""你们不是要消灭国家权力吗?"等问题的政策和主张。

"一边倒"方针的正式宣布,引起了中外的高度关注。美国政府更是把此视为中共全面倒向苏联的标志。其实,"一边倒"是一个政治概念,它具有双重的含义:一是回答在一个被认为是分裂成两大阵营的世界政治格局中,新中国将站在哪一边的问题。在这个层次上,"一边倒"是新中国外交战略的指导方针,也是对未来新中国外交格局的形象的总概括,与苏联结盟和对帝国主义国家的"不承认"都是这一大格局中的具体政策。二是被"作为一项总揽全局的大政方针"提出来的。后来,陈铭枢在晤见司徒雷登时,征得毛泽东同意,对"一边倒"的概念作了如下解释——"一边倒"并不意味着"依靠别人",而"完全"是属于中共的一条"政治路线"。换言之,它是中共为了达到自己的目标而独立作出的一项政治决策。陈援引毛泽东的话说,政治路线"已经是确定的、不能更改的和正确的";"在政治上,严明的立场是必要的;在经济

---

① 《毛泽东选集》第四卷,人民出版社 1991 年版,第 1472 页。
② 《毛泽东选集》第四卷,人民出版社 1991 年版,第 1472—1473 页。

上，妥协是允许的"。①

正如毛泽东所言："一边倒"不是倒向苏联，而是倒向社会主义。坚持社会主义方向与发展包括西方国家在内的世界各国正常的国家关系是不矛盾的。毛泽东在6月15日于新政协筹备委员会上的讲话明确地说："任何外国政府，只要它愿意断绝对于中国反动派的关系，不再勾结或援助中国反动派，并向人民的中国采取真正的而不是虚伪的友好态度，我们就愿意同它在平等、互利和互相尊重领土主权的原则的基础之上，谈判建立外交关系的问题。"②

按照上述原则，新中国宣告成立后，很快与9个社会主义国家建立了外交关系。分别是：

10月3日，苏维埃社会主义共和国联盟与我国建交；

10月4日，保加利亚人民共和国与我国建交；

10月5日，罗马尼亚人民共和国与我国建交；

10月6日，匈牙利人民共和国与我国建交；

10月6日，朝鲜民主主义人民共和国与我国建交；

10月6日，捷克斯洛伐克共和国与我国建交；

10月7日，波兰人民共和国与我国建交；

10月16日，蒙古人民共和国与我国建交；

11月23日，阿尔巴尼亚人民共和国与我国建交。

英国正是看到了中美接触发出的信号，而较早地确定了承认新中国的方针。

1948年12月初，英国外交部远东司提交了一份题为"中国的局势"的文件，供内阁决策参考。这份文件着重强调经济问题，表明了英国对华政策的重点所在。它估计，中共夺取政权后不会立即没收外商财产或驱逐外国商人。在一个走向工业化的稳定的共产党政权控制下，对外贸易反而可望比目前在国民党统治下有所改善。只有在若干年后，中共才会驱逐外商利益。因此，在共产党执政后，英国不是设法脱身，而"应尽力留在原地，在那些不可避免的范围

---

① 陈铭枢备忘录，见《美国对外关系》，1949年第8卷，第771—774页，第773—774页，第774—775页，第776—779页。

② 陈铭枢备忘录，见《美国对外关系》，1949年第8卷，第771—774页，第773—774页，第774—775页，第776—779页。

内保持与中共事实上的联系,并调查在华继续贸易的可能性"。这份文件对英国在华利益前景的乐观估计得到了内阁的首肯。根据文件的建议,内阁将在中国"大门内保持立足点"作为对华政策的基本方针。①

在英国确立"保持立足点"方针的同时,中国共产党也制定了自己对西方国家的方针,这就是不承认它们在华机构和代表的外交地位,使自己"在外交上立于主动地位,不受过去任何屈辱的外交传统所束缚"。这样,那些奉命开放的领事馆根本无法取得外交地位,更谈不上与中共保持事实上的联系,处于一种尴尬的境地。1949年2月,英国外交部官员斯卡莱特(Scarlet)对这一情况作了评论。他认为,中共以无外交关系为由不承认外国领事馆,是为了迫使各国承认新政权。他引述英国外交部法律顾问的话说,承认中共为它所控制地区的事实上的政府,同时继续承认国民政府为法理上的中央政府,这在法律上是合理的,在实践上是必需的,否则就没有理由抱怨中共视我们的领事为一般侨民。②

英国外交部批准了斯卡莱特的建议,电令驻华大使施缔文(Stevenson)让驻北平和天津的领事向中共转达英国政府的愿望。英国的这一行动没有得到中共的回应。

这时,中英间发生了震惊世界的"紫石英"号军事冲突事件。

1949年4月20日,人民解放军发起渡江战役。上午9时许,配属东突击集团渡江作战的第三野战军特种兵纵队炮三团炮七连观测人员发现,在焦山下游约500米处的"紫石英"号英国军舰朝解放军阵地方向开来。为保证渡江战役的顺利进行,我军立刻鸣炮示警,勒令英舰离开。英舰无视人民解放军的警告,首先向人民解放军阵地发起炮击。

面对帝国主义者的嚣张气焰和武装挑衅,根据上级凡外国军舰侵入我防区而不听我警告的,可以立刻开炮射击的指示,炮三团立即对该舰开炮还击。双方展开了激烈的炮战。不久,英舰指挥台与前主炮炮座及舰体其他部位多处中弹,操纵系统失灵,航向失控,挂起白旗。

---

① 英国国家档案馆(Public Record Office),内阁会议备忘录,1948年12月9日,CAB 129131,C. P. (48) 299.
② 《1949—1950年英国对新中国的承认》,见《历史研究》,1994年第5期。

当日下午 1 时半,英军"伴侣"号驱逐舰从三江营方向开来支援受创的"紫石英"号舰。该舰进入有效射程,即向我炮兵阵地猛烈开火。我炮兵部队当即进行还击。"伴侣"号舰在连续中弹五发之后,仓皇逃离。

英国远东舰队总部获悉两艘军舰在长江受创,舰队副总司令梅登海军中将便亲自乘坐旗舰"伦敦"号率驱逐舰"黑天鹅"号,于 4 月 21 日晨驶过江阴,继续向上游解放军控制的江面航行,至七圩港江面抛锚停泊,虎视眈眈地窥视我军控制的江面,舰上的火炮都指向北岸。

扬子江北岸七圩港一带,是东突击集团第二十三军防区。这一敌情迅速上报到负责指挥东突击集团的第三野战军副司令员粟裕、参谋长张震案头,他们立即向中央军委和总前委报告。当日上午 11 时许,中央军委回电,大意是:对帝国主义斗争的策略要有区别。如果是美帝国主义的军舰来犯,就要坚决消灭,对于英国军舰则采取不打第一炮的原则。

于是,人民解放军炮六团三连采取放信号弹、点燃火堆等形式,向英舰示警。

两艘英舰自恃其武器装备优势,竟一齐向我炮六团阵地及其附近村落射击。这时,我沿岸炮兵凡进入有效射程内的都立即向英舰还击。英舰终于寡不敌众,连续中弹,"伦敦"号舰长卡扎勒海军上校被当场击成重伤,副总司令梅登的白色海军将军制服上让炮弹片撕成几个大小形状不规则的窟窿。梅登这才下令掉转船头,驶向上海方向。

中英"紫石英"号事件就这样发生了。

这场冲突,中共方面,共伤亡人民解放军官兵 252 人,并有大量江岸边村舍被炮火摧毁。英军方面,在上海出版的《字林西报》来自英国海军当局于 4 月 22 日报道的信息:"紫石英"号舰死亡 17 人,重伤 20 人,60 人泅水登岸后乘火车抵沪,其舰长斯金勒少校伤重身亡;"伴侣"号舰死亡 10 人,伤 12 人,其舰长罗伯逊中校负伤;"伦敦"号舰死亡 15 人,伤 13 人;"黑天鹅"号舰伤 7 人。此后,英国海军又公布,还有 103 名官兵"失踪"。[①]

中国人民解放军炮击英舰的新闻震动了世界,也震惊了英国朝野。在英

[①] 《震惊世界的中英"紫石英"号军事冲突事件始末》,参见中国共产党新闻网,2007 年 10 月 2 日。

国，这一事件被视为大英帝国在中国实行了百年的炮舰政策的最终收场，也被视为列强时代在中国的终结；在中国，则象征着即将登上中国政治舞台中心的中国共产党人捍卫国家主权坚如磐石的决心，也昭示了即将成立的新中国的外交政策，令世界对中共刮目相看。

这一事件引起了中英外交纠纷。当时双方都作出了强烈反应。

4月22日，毛泽东亲自为新华社起草了社论《抗议英舰暴行》，指责"英帝国主义的海军竟敢如此横行无忌……向中国人民和人民解放军挑衅，闯入人民解放军防区发炮攻击，英帝国主义必须担负全部责任"。

英国前首相丘吉尔则发出了狂妄的战争叫嚣，要求政府"派一两艘航空母舰到远东去实行报复"。英国首相爱德礼发表声明，蛮横地宣称：英国军舰有合法权利开进长江执行和平使命。

针对英国当局的无理指责，1949年4月30日，中国人民解放军总部发言人李涛将军（时任中央军委作战部部长）受毛泽东委托，就英国军舰侵入中国内河长江、炮击人民解放军的暴行一事发表声明，谴责英国前首相丘吉尔在英国下院污蔑中国人民解放军的发言，斥责丘吉尔要求英国政府派两艘航空母舰去远东"实行武力的报复"；驳斥英国首相爱德礼在英国议会中宣称"英国军舰有权进入中国长江"的谬论，申明中国人民解放军有理由要求英国政府承认错误，并执行道歉和赔偿；强调中国人民革命军事委员会和人民政府不愿接受任何外国政府所给予的任何带威胁性的行动；外国政府如果考虑同我们建立外交关系，就必须断绝同国民党残余力量的关系，并且把它们在中国的武装力量撤回去。

在接下来围绕被我炮兵重创的英舰"紫石英"号停搁在镇江附近江面而进行的谈判，一度陷入僵局。后来，英方利用中共作出的让步，于1949年7月30日晚9时许，指使已经修复了的"紫石英"号舰，趁"江陵解放"号客轮经过该舰驶往上海之际，模仿我客轮桅灯，尾随"江陵解放"号客轮潜逃。在潜逃过程中，遭到我龟山炮兵及沿岸步兵战防炮射击，多处中弹。在接近江阴时，"紫石英"号舰停火熄灯，顺江而下。此后，"紫石英"号舰因机械故障，被迫停泊在天生港修理约两个小时，拂晓时不顾一切地向东闯去，将我摆渡的木船和运货的木帆船多只拦腰撞断、撞沉，乘客和船民多人伤亡。最后从崇明岛北口逃出了长江。

"紫石英"号舰逃跑后，中方反应平静，一场引人注目的国际纠纷，就这样以英舰逃逸而结束。

"紫石英"号事件没有影响英国的既定方针。南京解放后，面对中共在战场上的凯歌进行和它继续不承认西方外交代表的现实，英国原先与中共仅仅保持事实联系的想法开始发生变化。5月初，施缔文向外交部报告，有消息说中共在近期内将成立某种形式的中央政府，因此将发生事实承认的问题。他认为，在此问题上英国必须考虑下列5个因素：1. 国民党的逐渐瓦解；2. 在中国保持立足点的需要；3. 在事实承认前想通过领事馆保持英国利益的现实困难；4. 在事实承认基础上派遣外交代表的需要；5. 与崩溃的国民党连在一起会对英国在中共控制区域内的侨民和利益产生反作用。[①] 施缔文的倾向十分明显，那就是对中共的事实承认势在必行。

5月中旬，司徒雷登告诉施缔文，他从黄华处获悉，中国人民政治协商会议将在8月以后召开，随后将成立新的中央政府。施缔文在将此消息报告外交部时认为，如果消息属实，事实承认的问题将不再发生。因为到那时，国民政府很可能已经瓦解，并失去了获得法理承认的基础。言外之意，英国可以直接对中共领导下的新中国给予法理承认了。

没有多久，英国政府接受了施缔文的看法。8月8日，英国外交部拟就了一份供内阁会议讨论的题为"中国"的备忘录。备忘录指出，由于不能指望国民党再进行任何有效的抵抗，对中国的决策必须基于"中共在不久的将来控制全中国"这样一个事实。在分析由此将产生的承认问题时，英国外交部考虑了这样几个问题：

1. 对中共政权的态度。"中共现在的领导人无疑是正统的马列主义者，他们现行的强烈的亲苏政策对西方在中国乃至在东南亚的政治经济利益构成了严重威胁"，但任何阻止中共建立全国政权的企图"不仅将注定失败，而且将在中国人新的价值观念中唤起传统的排外情绪"。英国应"尽可能避免与中共正面冲突"。

2. 对国民党的态度。对国民政府的承认应基于"现实而不是感情"，其中最重要的因素是联合国代表权。由于中国是联合国安理会常任理事国，如果没

---

① 施缔文致英国外交部，1949年5月3日、5月5日，FO371/75811F6575/1023/10.

有它的参加，联合国就无法正常运作，因此在正式承认新政府前还不能撤销对国民政府的承认。

3. 经济问题。西方的经济利益应尽可能长地在中国保持下去。因为，"经营多年、根深蒂固的商业设施和联系一旦失去就再也无法恢复了"。"从长远看，也不应忘记一个强大有效的政府管辖下的中国作为一个原材料和粮食供应地以及出口市场的潜力"。

4. 承认后的前景。从最坏的方面设想，西方与中共关系将沿袭西方与东欧关系的模式，但也有发展成与南斯拉夫那样的关系的可能。因此，西方国家"不要一开始就对中共采取公开敌对的态度，以免损害进一步发展的可能性"。

这份备忘录的结论是：

"仓促承认一个共产党的政权在政治上将遇到明显的反对"，但不承认一个有效控制大部分中国的政权，"在法律上是站不住脚的，并且在保护西方在华利益时将面临严重的实际困难"。在承认中共政权时附加任何条件作为交换是"最不可能的"，拖延承认则"可能严重损害西方在华利益而得不到任何补偿"。它建议在做出正式决定前，与西方各国进行充分磋商。[①]

8月下旬，英国内阁会议批准了外交部的备忘录，从而确立了对华政策的基调。

英国主张承认新中国，首先遇到的阻力是美国。美国在做出暂不承认新中国的决定后，也不希望别的与美国"友好"的国家先于自己承认。特别是对"北约"国家，美国利用其盟主地位，强调在这个问题上的"一致行动"。1949年5月，艾奇逊指示美国驻西方国家的使领馆，本着以下两点精神向各驻在国政府做工作：

第一，目前不宜主动采取通向承认的步骤，也不宜对中共方面争取承认的活动表示欢迎；

第二，西方国家在这方面应建立共同阵线。[②]

1949年8月15日，英国政府正式向美国送交关于中国问题的备忘录，提出主张承认即将成立的新中国政府。理由是：

[①] 外交部备忘录，1949年8月8日，FO371/75813F11653/1023/10.
[②] FRUS, 1949X，第17页。

西方应在"亚洲铁幕"后面保持立足点,便于争取中国疏远苏联而较少敌视西方,保持英国在华利益;承认(中国)没有坏处,最多同与苏联、东欧国家关系一样;长期不承认一个实际上控制大部分领土的政权在法律上站不住脚,将严重损害西方在华利益,而中共却不见得会由于不被承认而受到严重损害,等等。①

9月中旬,英、法、美三国外长在华盛顿举行会谈。对华政策是会谈的主要议题之一。美国在会谈中表明,不应该过早承认中共政权,而应通过施加经济压力迫使中共认识到与西方关系的重要性。如果要承认,也必须让中共保证"承担它的国际义务",即遵守中国现有的一切条约。贝文则表示,英国的基本立场是留在原地,保持贸易关系,尽力避免撤退或被赶走。面对双方明显的分歧,三国外交部长会谈结束时,美国国务卿艾奇逊无可奈何地表示,美国"尽管希望三国能保持一致,但如果他们认为必须单独行动,也不会受到责难"②。这就是说,在承认新中国的问题上,美国最终容忍和接受了英国可以先于它承认的事实。

出现这种结果,主要原因是美、英在华的利益不同,英国驻华大使施缔文形象地说:"美国政府把蔑视他们的领事看作是一件丢脸的事,而在这方面我们并不十分看重。他们要求利用商业利益增强领事地位,而我们则认为保持领事对商业利益是至关重要的。"③

10月1日,中华人民共和国宣告成立。中央人民政府主席宣布愿在平等、互利及互相尊重领土主权的基础上,同与南京政府断绝关系并对新中国采取友好态度的外国政府通过谈判建立外交关系。中央人民政府外交部长周恩来向各国留在北京的领事馆发送了包括上述内容的毛泽东的声明和他本人的信函,请他们转交各自政府。

对英国来说,承认新中国的最佳时机已经到来。10月20日,外交部远东司负责人邓宁(Dening)起草了一份供内阁会议决策用的备忘录,列举了应尽快承认新中国的5点理由:

---

① FRUS,1949X,第57—61页。
② 贝文致英驻美大使,1949年8月26日,FO371/75814F12843/1023/10;三国外长会谈记录,1949年9月13日、9月17日,FO371/75815F14109/1023/10,F14440/1023/10。
③ 施缔文致外交部,1949年3月23日,FO371/75810F4314/1023/10。

1. 我们在华利益比其他国家大得多，因而不必受他国的约束，但应尽可能地得到他国尤其是英联邦国家的同意。

2. 国民党曾是我们的盟友，但现在只能代表他们自己，继续承认他们，无助于英国的利益。

3. 目前中共政权是唯一可替代国民党的政府，过久拖延承认只能使他们敌视我们，增强已有的亲苏倾向，并勒紧裤带拒绝西方的经济援助。

4. 我们的商业利益只有通过尽早地正式承认才能得到保护。

5. 在中共牢固地控制了大片国土和国民党前景暗淡的情况下，承认中共政权为合法政府符合国际法原则。①

10月27日，英国内阁会议批准了这份备忘录。对新中国的承认，从讨论酝酿进入付诸实施阶段。

内阁会议后，英国外交部立即从三个方面着手，为正式承认新中国铺平道路：1. 与西方国家磋商；2. 与英联邦国家磋商；3. 征求国内各方面意见。

28日，英国外交部向驻美、法等国使节发出指令，命令他们向驻本国政府通报英国的决定。除了美国以外，法国、丹麦、瑞典等国对英国的决定表示了不同程度的赞同。然而，美国的反对已无法改变英国的决定了。英国国内在承认问题上表现出惊人的一致。包括时处反对党地位以反共著称的前首相丘吉尔也支持政府做出承认的抉择。国防部的结论是，应选择对印度支那和东南亚影响最小的时候承认新中国。英国在华经济利益的主要代表商人更是迫不及待，伦敦英商中华协会和在华英国商人通过各种途径呼吁政府尽快承认，而"不要被美国的偏见误导"。

12月12日，外交大臣贝文向内阁会议递交备忘录，通报与西方各国和英联邦国家磋商的结果，对与承认有关的问题作了进一步的分析。

贝文指出，我倒不赞成中共的意识形态，但不能无视一个控制大片国土和人口的政权。承认新中国虽不是保护英国在华利益的"灵丹妙药"，但至少可以提供一定程度的保护。而且，"如果不与这个政府建立关系，我们就不能对它将来的发展施加影响"。在对待中国原有条约问题上，贝文认为，单方面的

---

① 外交部备忘录，1949年10月20日，CAB129/37，C. P（49）214；内阁会议记录，1949年10月27日，CAB128/16/62（49）7.

声明没有意义，拖延承认也不能确保中共做出承诺，"没有关系，条约就毫无价值"。关于与国民党的关系，贝文认为，自它撤离广州后，英国就没有再派驻外交代表，因此撤销对它的承认并无问题。在联合国问题上，针对可能会出现美苏分别支持一个中国政府的情况，贝文认为，承认新中国后，"英国将拒绝站在任何一方，直到这个问题通过讨论得到解决"。贝文着重强调了拖延承认对英国的不利之处，认为这会导致中共对英国在华利益施加压力，甚至要求撤走外交官。那样，英国要么被迫承认，要么强硬抵制。但前者会损害英国在远东的威望和地位，后者将丧失在华利益。因此，贝文的结论是："我们现在应该决定尽早正式承认中共政府。"①

12月15日，英国内阁会议对上述备忘录进行讨论，同意了它的基本观点，并决定：1. 应尽早承认新中国，授权贝文决定一个合适的日子。2. 通知英联邦和友好国家，以使他们之中尽可能多的国家在同一天或稍后几天内也承认新中国。②

23日，贝文决定1950年1月6日正式承认新中国。他在给首相艾德礼的信中解释道，因为印度将在12月30日承认新中国，而法国希望英国为了它在印度支那的利益尽可能拖延承认，所以1月6日是个合适的日子。③ 这一选择避免了与印度承认相隔太远而影响英国在印度及亚洲各国的声望，又尽量照顾了法国的愿望。

1950年1月6日，留驻北京的英国总领事格雷厄姆向中国外交部办公厅主任王炳南和欧洲非洲司司长宦乡递交了贝文致周恩来的照会，宣布英国正式承认中华人民共和国，并派胡阶森（Hutchinson）为驻华临时代办。前一天，英国撤销了对国民党政权的外交承认。

英国成为承认新中国的第一个西方国家。

一个又一个国家宣布承认新中国和与新中国建立外交关系，打破了美国利用外交承认打压新中国国际空间的企图。

---

① 贝文备忘录，1949年12月12日，CAB129/37，C. P. (49) 248.
② 内阁第72次会议，1949年12月15日，CAB128/16.
③ 贝文致艾德礼，1949年12月23日，FO371/75830F19460/1023/10.

第八章

一个新生政权诞生
——全世界目光聚焦新中国开国大典

中华人民共和国现已宣告成立,中国人民业已有了自己的中央政府。这个政府将遵照共同纲领在全中国境内实施人民民主专政。它将指挥人民解放军将革命战争进行到底,消灭残余敌军,解放全国领土,完成统一中国的伟大事业。它将领导全国人民克服一切困难,进行大规模的经济建设和文化建设,扫除旧中国所留下来的贫困和愚昧,逐步地改善人民的物质生活和提高人民的文化生活。它将保卫人民的利益,镇压一切反革命分子的阴谋活动。它将加强人民的陆海空军,巩固国防,保卫领土主权完整,反对任何帝国主义国家的侵略。它将联合一切爱好和平自由的国家、民族和人民,首先是联合苏联和各新民主国家,以为自己的盟友,共同反对帝国主义者挑拨战争的阴谋,争取世界的持久和平。

——中国人民政治协商会议第一届全体会议宣言①

自人民解放军解放国民党政府首都南京那一刻,中国共产党建立新中国的政治条件已经成熟。此后,国民党残余政府从南京迁到广州,又从广州迁到重庆,最后彻底离开大陆,迁到了孤岛台湾。

这时的国民党政府实际已经垮台。

这时的中国共产党虽然没有成立正式的政府,但却在履行政府的职能。在大片已经解放的土地上,有条不紊地接管国民党政权,建立起自己的各级地方人民政府,承担起经济和社会建设的责任。

现实要求中国共产党尽快建立中央人民政府,填补国民党政权撤离大陆后留下的政府空白,以结束没有中央政府的局面。

中国共产党人顺应时代和人民的要求,在经过充分准备之后,召开中国人

---

① 《中国人民大团结万岁》,见《人民日报》,1949年10月1日。

民政治协商会议，成立中央人民政府，向全世界庄严宣告：中华人民共和国成立了！中国人民从此站起来了！

毛泽东这一充满自信与力量的宣告，标志着一个旧时代的结束！标志着建设民主富强的新中国的开始！标志着中国历史进入了新纪元！

毛泽东曾计划在1950年1月1日建立新中国。在斯大林多次建议下，中共中央调整建立新中国方案，把宣告新中国成立的时间提前到1949年10月1日。

2007年出版的《天安门广场断代史》披露，毛泽东和中共中央曾计划于1950年1月1日成立新中国中央政府，刘少奇在秘密访苏期间向苏共中央通报这一情况后，斯大林提出了提前建立新中国的建议。斯大林认为，在夺取全国胜利已成定局的前提下，集中力量解放和解决华南各省问题固然重要，但要注意防止帝国主义国家可能利用中国暂时没有中央政府的所谓"无政府状态"，对中国内政进行干涉。他希望中共中央认真考虑这个问题。[1]

1949年7月上旬，刘少奇从莫斯科发回电报，向中共中央和毛泽东报告了斯大林的上述意见。这一建议引起了中共中央的重视。

在刘少奇此次访苏中担任翻译的师哲后来也回忆说：有一天，斯大林问刘少奇："你们打算什么时候正式成立中央政府？因为国民党政府实际已经垮了，等于不复存在了，而你们已经具备了掌握政权的一切条件。"刘少奇回答说："我们目前集中力量解放华南各省，解决那里的问题。至于成立中央人民政府，可能计划在明年1月，或许是1月1日吧。"斯大林说："解决重大问题固然要稳妥，但要掌握住时机。我想提请你们注意，国际上的敌人会不会利用所谓'中国的无政府状态'进行干涉，甚至联合干涉。这是敌人最毒辣的一着，不能不警惕。"刘少奇和中共代表团其他成员对斯大林这番话极为重视，立即向党中央和毛泽东汇报。9月初（应为8月底，刘少奇8月14日离开莫斯科，8月21日到达中国边境城市满洲里——引者注）刘少奇从莫斯科回到东北，便得悉中央已决定于10月1日正式宣布成立中华人民共和国中央人民政府。[2]

中共中央对建立新中国的考虑，最早提出在1949年完成。1948年3月20日毛泽东在党内通报中说："本年内，我们不准备成立中央人民政府，因为时

---

[1] 吴伟等：《天安门广场断代史》，新华出版社2007年版，第240页。
[2] 《中华人民共和国大典》，中国经济出版社1994年版，第58页。

机还未成熟。在本年蒋介石的伪国大开会选举蒋介石当了总统，他的威信更加破产之后，在我们取得更大胜利，扩大更多地方，并且最好在取得一二个头等大城市之后，在东北、华北、山东、苏北、河南、湖北、安徽等区连成一片之后，便有完全的必要成立中央人民政府。其时机大约在1949年。"①

1948年12月30日，毛泽东为新华社写的《将革命进行到底》的新年献词中，明确地说："1949年将要召集没有反动分子参加的以完成人民革命任务为目标的政治协商会议，宣告中华人民共和国的成立，并组成共和国的中央政府。这个政府将是一个在中国共产党领导之下的、有各民主党派各人民团体的适当的代表人物参加的民主联合政府。"②

接着，在1949年1月6日至8日召开的中共中央政治局会议上，研究了这个问题，并在由毛泽东起草的、1月8日通过的《目前形势和党在一九四九年的任务》的决议中，进一步提出："1949年必须召集没有反动派代表参加的以完成中国人民革命任务为目标的各民主党派各人民团体的政治协商会议，宣告中华人民民主共和国的成立，组成共和国的中央政府，并通过共同纲领。"③

中共中央也有过1950年实现建立新中国的设想。那是1948年9月，在中央政治局会议上，毛泽东指出：根本打倒国民党大概要5年左右（以1946年6月—1947年6月为第一年），第4年成立中央政府。④ 按照这个时间推算，应在1950年成立中央政府。这次讲话刚刚两个月，辽沈战役结束，国民党军精锐部队被人民解放军歼灭大部，这使革命形势发生了重大变化，根本打倒国民党已经不需要那么长的时间，建立新中国的任务可以提前完成。于是，中共中央又提出在1949年完成建立新中国的计划。后来，鉴于对国民党政权接收中的实际情况，中共中央又计划于1950年1月1日建立新中国。

苏共中央注意到了中共中央提出的建立新中国的时间表。它认为在中国革命的胜利已成定局的情况下，越早建立新中国越好，晚从国内情况和国际情况看都不利。于是，1949年1月底至2月初，受苏共中央和斯大林之命秘密访问中共的米高扬来到了西柏坡，他的使命之一，用米高扬的话说就是"劝说毛

---

① 《毛泽东选集》第四卷，人民出版社1991年版，第1299页。
② 《毛泽东选集》第四卷，人民出版社1991年版，第1379页。
③ 毛泽东：《目前形势和党在一九四九年的任务》（1949年1月8日），见《毛泽东文集》。
④ 黄峥主编：《共和国主席刘少奇》（下），中共党史出版社1998年版，第946页。

泽东不要拖延建立中国革命政府"。后来米高扬在写给苏共中央主席团关于秘密访问西柏坡的绝密报告中也说：

遵照中央指示，我劝说毛泽东不要拖延建立中国革命政府，应在联合的基础上尽快建立，这样有利。比如，占领南京或上海之后立即宣布成立新的革命政府。这在国际关系中也有利。建立政府之后，共产党就不再是游击队而是作为政府在行动了，这样会有利于进一步对蒋介石的斗争。

毛泽东认为，不应急于建立政府，甚至说，没有政府他们生活得更好。说什么如果有政府则是联合政府，这意味着要在其他党派面前为自己的事情负责，这将使事情变得复杂。现在他们行动就像一个革命委员会，不依赖于其他党，尽管同其他党派保持着联系。毛泽东强调，这将帮助肃清全国的反革命分子。在这件事情上，他很固执，并证明说，不能在夺取南京后（预计在4月）立即成立政府，而是在6月或7月。我则坚持说，过分拖延成立政府会削弱革命力量。[①]

米高扬的报告显然是对毛泽东关于建立新中国的主张和做法有所不满。那么，毛泽东是否有意拖延建立新中国呢？

一般地讲是不会的。推翻三座大山，建立新中国，是共产党人和革命群众多少年梦寐以求的夙愿，中国共产党为着这一天的早日到来作出了多大的牺牲，当这一天终于到来的时候，它能拖延欢呼胜利吗？

而事实上也看不出中共有拖延的任何迹象。米高扬2月8日离开西柏坡，当日，总前委即根据中共中央的指示研究讨论了渡江作战计划。9日，刘伯承、陈毅、邓小平致电中央军委，报告了讨论的情况。

毛泽东于11日复电刘、陈、邓等，指示："同意你们3月半出动，3月底开始渡江作战的计划，望你们照此时间准备一切。"同时任命"刘伯承、邓小平、张际春、陈赓参加华东局为委员"，"总前委照旧行使领导军事及作战的职权，华东局和总前委均直属中央"[②]。后又任命邓小平为华东局第一书记。

12日，毛泽东又为中共中央军委起草致林彪、罗荣桓、聂荣臻并告刘伯

[①] 俄罗斯联邦总统档案馆：全宗3，目录65，案卷606，第1—17页。
[②] 《毛泽东年谱（1893—1949）》下卷，人民出版社、中央文献出版社1993年版，第454页。

承、陈毅、邓小平、华东局、中原局、华北局电,指示:"为配合华东、中原两野战军3月半出动3月底渡江之行动,决定林、罗先出两个军约12万人左右,于3月20日之前到达郾城、信阳间地区,于3月底夺信阳、武胜关,4月15日以前夺取花园、孝感地区,迫近汉口,休整待命,钳制白崇禧部不敢向南京增援,以利刘、陈、邓夺取南京。"①

由此看来,中共中央和毛泽东是有早日渡江准备的。只是后来由于与国民党政府的和平谈判要等到北平解放以后才能开始,而和平谈判开始后,为了谈判的成功,又几次延长谈判的时间,使渡江作战的时间推迟了。

在准备发起渡江作战的同时,3月初,中共召开了七届二中全会。这次会议全面部署了建立新中国的各项工作。毛泽东在会上所作的报告中断定:"召集政治协商会议和成立民主联合政府的一切条件,均已成熟。"并对建国的进程作了估计。毛泽东说:拟于3月下旬与李宗仁政府进行和平谈判;"我们希望4月或5月占领南京,然后在北平召开政治协商会议,成立联合政府,并定都北平"②。

毛泽东上述讲话所规划的建立新中国时间,与米高扬建议的建立新中国时间是一致的,也与经毛泽东提议并得到中共中央同意的在1949年完成建立新中国的时间相吻合。从这一点上看,他接受了米高扬的建议,而不是像米高扬所说毛泽东"很固执",并反对在夺取南京后成立政府。

如果说毛泽东没有听从米高扬的建议,只能说在4月21日人民解放军发起渡江战役,并于4月23日占领南京,从而宣告了国民党南京政府的灭亡之后,中共中央没有马上宣布新中国的成立。

旧的政权灭亡了,新的政权还没有成立,苏联方面认为应当早日结束这种无政府状态也是有道理的。但实事求是地说,这时候宣布成立新政府也不是完全没有问题。

从军事上看,国民党军队还没有完全被消灭,其100多万残余部队还在南方一些地区组织顽抗,美、英等国驻在中国境内的军队也活动频繁,使中国人

---

① 《毛泽东年谱(1893—1949)》下卷,人民出版社、中央文献出版社1993年版,第454页。

② 《毛泽东选集》第四卷,人民出版社1991年版,第1436页。

民解放军在追击国民党军残部的同时，也要拿出一定兵力防止美国的武装干涉。斯大林曾经致电毛泽东，提醒中共要在防止美国武装干涉上做好充分准备。何况这时刚刚发生了英国军舰在长江与人民解放军渡江部队武装冲突的"紫石英"号舰事件。

从建立新中国准备工作的进程来看，还有许多工作没有完成。1948年4月25日，毛泽东致电在西柏坡的刘少奇、朱德、周恩来、任弼时，通知即将在城南庄召开书记处会议的重要议题之一为："邀请港、沪、平、津等地各中间党派及民众团体的代表人物到解放区，商讨关于召开人民代表大会并成立临时中央政府问题。"[①] 几天后，中共中央发布了由毛泽东起草的"五一"口号，其中一条是："各民主党派、各人民团体及社会贤达，迅速召开政治协商会议，讨论并实现召集人民代表大会，成立民主联合政府。"[②]

这两份历史文献反映了中共中央和毛泽东对建立新中国的程序的设计：即第一步，先邀请各民主党派及人民团体代表在解放区召开新政协会，商讨如何召开人民代表大会；第二步，再召开人民代表大会，选举产生中央政府。

随后，中共中央即准备于1948年底或1949年初在哈尔滨召开一个规模比较小的政治协商性质的会议，拟由30个单位，每单位6人，共180人参加，先草拟政治纲领，商定召开全国人民代表会议的办法，然后由全国人民代表会议选举民主联合政府，成立新中国。[③]

要召开人民代表大会，必然要进行全民普选，但在当时的条件下，根本无法进行。一方面，国家尚未统一，战争还在继续，解放区的土地改革也没有完成；另一方面，人民的觉悟和文化程度也有待提高，单就普选就是一个难题。即使1954年的全国人民代表大会，从酝酿到召开前后共经历了两年，仅统计人口就用了一年多时间，那还是在全国性政权已经建立和巩固的基础上进行的。所以，1949年要在召开全国人民代表大会的基础上，选举产生新的中央人民政府，条件显然不成熟。

于是，中共中央接受在哈尔滨的一些民主人士的主张，对建立新中国的程

[①]《毛泽东年谱（1893—1949）》下卷，人民出版社、中央文献出版社1993年版，第304页。
[②] 中共中央文献研究室编：《中华人民共和国开国文选》，中央文献出版社1999年版，第3—4页。
[③]《迎来曙光的盛会——新政治协商会议亲历记》，中国文史出版社1987年版，第14页。

序作出了重大调整。目前发现的关于中共决定改变建立新中国程序的最早的一份文献，是1948年11月3日，周恩来为中共中央起草的致高岗、李富春的电报。电文中说："依据目前形势的发展，临时中央人民政府有很大可能不需经全国临时人民代表会议即径由新政协会议产生。"①

为此，中共中央将晋察冀和晋冀鲁豫两个解放区合并为华北解放区。按照上述程序设计，在华北解放区进行了建立人民政府的实践探索。

尽管调整了建立新中国的程序，但要像米高扬要求的那样，在"占领南京或上海之后立即宣布成立新的革命政府"，仍然在时间上难以做到。因为要召开新政协会议，就要有充分时间使分散在各地的民主党派和人民团体的代表赶到北平，而此时有的地区还没有解放。民主党派和人民团体的代表要从国民党控制区冲破封锁，到达北平，需要几个月时间。而事实上第一届政治协商会议代表到1949年9月才到齐，历时近1年。宋庆龄等重量级民主党派人士都是下半年到达北平的。如果按照米高扬提出的在"占领南京或上海之后"，也就是说1949年4月下旬或5月下旬成立新中国，那时，许多代表还没有到达北平，更不用说起草并审议通过《共同纲领》、新政协组织法等重要建立新中国的文件。

从接收国民党地方政权的情况来看，中共中央希望在稳定大城市后再宣布建立新中国也无害处。据米高扬称，毛泽东不愿过早占领上海等大城市，就是因为大城市的接收需要大批干部，而中共干部不足。他在致苏共中央主席团的秘密报告中说：

我问毛泽东，他想何时完成对中国（南京、上海等）主要工业中心城市的占领。他回答说，这不着急。他说："还需要一两年时间，我们才能从政治上和经济上完全掌握中国。"他暗示，在这以前，战争不可能结束。

同时，他还谈出这样的想法：他们避免夺取大城市，而竭力占领农村地区。例如，他们不想夺取上海，说什么上海是大城市，而中共没有干部。共产党基本上是由农民组成，上海的共产党组织很薄弱。此外，上海靠外来原料和燃料生活，如果他们占领上海，外来燃料就会中断，工业停产，失业增加，所有这一切会恶化居民的生活状况。中共需要培训干部，他们已着手做这项工

---

① 《周恩来年谱（1898—1949）》（修订本），中央文献出版社1998年版，第815页。

作,一旦准备好干部,他们就占领上海和南京。

遵照我们中央还在我从莫斯科动身之前确定的立场,我对这种想法提出了异议,论证说,他们占领城市越早越好,干部会在斗争中成长起来。上海的粮食、燃料问题迟早都会出现。而占领上海可以大大削弱蒋介石的力量,为共产党奠定无产阶级基础。①

事实上,这一时期中共中央和毛泽东的确是在以大量的精力来做接收工作的。由于共产党人长期活动在农村,国民党一向嘲笑共产党是"乡巴佬""土包子",不懂得管理城市。外国观察家直到1948年还坚持认为,共产党不会去想着占领沿海的大城市,"因为党的领导人都能够聪明地认识到,他们缺乏处理大城市问题的能力"。即使到北平、天津解放时,中外反动派仍顽固地预言:中国共产党不可能管理好大城市,在城市只能制造混乱,等待着的只能是失败的结局。

鉴于中共缺乏管理大城市的经验,为粉碎中外敌对势力的预言,中共中央把接收和管理好大城市与军事上夺取大城市放在同等重要的位置。辽沈战役结束后,中共中央任命中央书记处候补书记(是中央政治局七名最高决策者之一)的陈云兼任沈阳市军管会主任,主持沈阳的接收工作。陈云带着东北局抽调的4000名干部走马上任,他总结出了比较系统、可行的接管大城市的成功经验。沈阳的经验解决了城市接管中的两大难题:一是怎样接收完整;二是怎样迅速恢复秩序。陈云将这种迅速完整的接收方法概括为四句话:"各按系统,自上而下,原封不动,先接后分。"中共中央非常重视沈阳的经验,将其转发给各中央局和各前委,并提议东北局将接管沈阳、长春两个城市的人员组成两个班子,为南下接管大城市之用。

1949年1月,天津和北平分别以战斗的方式和和平的方式解放。中共中央迅速作出了《关于接收官僚资本的指示》,指出:"必须严格注意不要打乱原有企业的组织机构,不要任意改革或宣布废除原来的管理制度;对于上述机构和制度中不合理的部分,须待详细研究后逐步加以改革。原企业的管理人员除极反动分子以外,一般应按原职继续留用,然后再以适当方法对他们进行改造或必要的撤换。总之。只有机器照常运转,人员照常工作,才是真正接收了企

---

① 俄罗斯联邦总统档案馆:全宗3,目录65,案卷606,第1—17页。

业，才有可能开始其他各项改革和建设工作。"①

中共中央把北平和天津的接管任务交给了华北局，任命彭真为北平市委书记，叶剑英为北平市军管会主任兼市长；黄克诚为天津市委书记兼军管会主任，黄敬为天津市市长。接管前，毛泽东充满希望地对他们说："这次接管平津，影响中外，你们务必达到像济南、沈阳那样的接收和管理成绩，不要落在济南和沈阳之后，特别要防止出现'左'的做法。"②

按照毛泽东的要求，1.7万名接收人员进入两市后，有区别地对待不同性质的旧机构、旧人员、旧办法、旧制度，能够保存的尽量保存，能够利用的尽量利用。据《叶剑英传》记载，北平的接收工作受到了中外舆论的好评。当时国民党统治区出版的《新闻天地》报道说，"叶剑英领导的中共干部，为了打稳中共未来首都的基础，接管是审慎、周到、仔细、严密的"，"几乎做到尽善尽美的程度"。

但是，接管中也有过教训。北平和平解放以后，傅作义将军旧部军官1.8万人被遣散回绥远，虽然给每人发了3个月薪水，但还是引起不满，有些人很快变成和平解放绥远的阻力。③ 中共中央批评了这种失误，明确提出对于国民党旧人员"只要有一技之长而不是反动有据或劣迹昭著的分子，一概予以维持，不要裁减"④。

问题比较突出的是天津。该市接管后工厂不能迅速复工，造成了不好的影响。尤其是私营企业开工率不足30%。当时天津的"6区有33个铁工厂，开全工的1家，开半工的3家，其余29家都未开工。"工厂不开工，直接影响到天津上百万人的生活。这是一个非常严重的问题。为此，华北局第二书记薄一波给中共中央写了报告，他在报告中指出："所有城市的中心问题就是如何有步骤地有计划地妥善地复工，这一问题得到解决，则万事皆通。否则，一切均谈不到。"⑤

为什么私营企业工厂不开工？一个重要原因是一些党的干部犯了急性病的

---

① 庞松：《共和国年轮1949》，河北人民出版社2001年版，第190页。
② 《叶剑英传》，当代中国出版社1995年版，第407页。
③ 薄一波：《若干重大决策与事件的回顾》上卷，中共中央党校出版社1991年版，第5页。
④ 《毛泽东选集》第四卷，人民出版社1991年版，第1512页。
⑤ 庞松：《共和国年轮1949》，河北人民出版社2001年版，第195页。

错误。在处理劳资纠纷时，对为工人谋利益这一点很习惯，而对维护工厂的管理者——资本家的正当权益很不习惯。对工人工资和劳动条件订得高，对资本家不仅态度冷淡，甚至找上门来也拒之不见。贷款不贷给他们，还不允许他们解雇工人。因而，资本家感到"上贷无门，呼吁无门"①。对这些方面的工作失误，天津市委给中共中央写了检查，承认错误。在报送中央的《关于入城初期所犯错误的自我检讨》中写道："发生这种严重错误的原因，是我们长期处在农村中，独立自由处理问题的习气没有改变，而全套入大城市……害有急性病，我们虽曾讲不要急，急则出毛病，但做起来又是急性病，不懂得拖几天没有大害，做错了收不回来，且可能对国内外产生恶劣影响。"②

天津出现的这些现象，向中国共产党人提出了一个尖锐的问题：在夺取政权之后，应当怎样对待私人资本主义经济？怎样根据中国现实的国情，逐步地由新民主主义向社会主义转变？

这个问题引起了中共中央和毛泽东的极大关注。党的七届二中全会尚未结束，中共中央就委派刘少奇前往天津调查研究，解决尽快恢复和发展城市生产问题。刘少奇的天津之行取得了重要成果，他草拟的《天津工作问题》提纲，第一次全面提出了照顾"四面八方"的深刻思想。即："为在党的总路线之下实现发展生产的目的，必须正确建立与改善以下各方面的关系：公私关系、劳资关系、城乡关系、内外关系。这四面八方的关系，即全面关系，都必须很好地照顾到，否则就会犯严重错误。"③

这些重要思想经薄一波转报毛泽东后，得到毛泽东肯定。在毛泽东1947年12月会议提出的"发展生活，繁荣经济，公私兼顾，劳资两利"方针的基础上，吸取刘少奇关于照顾"四面八方"的思想，概括出"公私兼顾，劳资两利，城乡互助，内外交流"的新的十六字方针。

4月18日，刘少奇出席中共天津市委会议，发表讲话，传达了毛泽东的上述指示。他说："最近，毛主席说过，我们考虑问题要全面，要照顾四面八方。四面就是公私关系、劳资关系、城乡关系、内外关系；八方就是城乡关系的城

---

① 黄火青在汇报天津私营企业问题时的记录，1949年4月11日。
② 《共和国年轮1949》，河北人民出版社2001年版，第196页。
③ 黄小同等：《刘少奇与天津讲话》，河南大学出版社1998年版，第66页。

乡两方，内外关系的内外两方，公私关系的公私两方，劳资关系的劳资两方，这四面八方都照顾到，才叫全面照顾。这四面八方都照顾好了，关系正确地建立了，城市工作就做好了。如果哪一方哪一面照顾不到，就犯严重错误。"①

"新十六字"方针在天津实践取得成功。工业迅速恢复，工业主要生产行业6、7月以后就恢复到解放前较好时期的水平。9月，被批准开业的私营工商业户从4月份的293户增加到了3800户，职工人数增加近20％。外贸也活跃了，据6月21日《天津日报》报道：4月份天津外贸进出口总值为128790万元，其中逆差为2640万元；5月份进出口增加了2％；到7月份，财政收入相抵，还有8561万斤小米的盈余。

南京在接管中也出现了个别部队违反纪律的现象。毛泽东在接到报告后，批评总前委、华东局及粟裕、张震、刘伯承、张际春、李达等："从三十五军在南京数天内所犯无政府无纪律错误行为来看，你们过去在准备渡江时期，对于外交政策及其他许多事项（例如军队在城市中看戏、看电影、洗澡、坐电车、坐公共汽车等事必须和各界人民同样买票，不许特殊，以及未得上级许可不得接受人民慰劳等）似乎没有明确规定。如果没有规定，你们应速规定，通令各军一体遵行。如果过去已有规定，三十五军故意违犯，则除检查该军工作作出结论通令各军外，应向各军重申前令，引起注意，不许再有违犯。""如果各军对于像外交问题这样重大事件，可以不请示，不报告，由各军各地擅自随意处理，则影响所及，至为危险。"②

此种情况使中共中央在占领南京后，不是要迅速成立中央政府，而是要考虑更加谨慎地管理城市，并做好其他大城市的接收工作。

4月25日，也就是人民解放军解放南京的第三天，中国人民革命军事委员会主席毛泽东、中国人民解放军总司令朱德颁布《中国人民解放军布告》，宣布约法八章：

（一）保护全体人民的生命财产。……

（二）保护民族工商农牧业。凡属私人经营的工厂、商店、银行、仓库、

---

① 刘少奇在中共天津市委员会会议上的讲话记录，1949年4月18日。
② 《毛泽东年谱（1893—1949）》下卷，人民出版社、中央文献出版社1993年版，第495—496页。

船舶、码头、农场、牧场等,一律保护,不受侵犯。希望各业员工照常生产,各行商店照常营业。

(三)没收官僚资本。凡属国民党反动政府和大官僚分子所经营的工厂、商店、银行、仓库、船舶、码头、铁路、邮政、电报、电灯、电话、自来水和农场、牧场等,均由人民政府接管。其中,如有民族工商农牧业家私人股份经调查属实者,当承认其所有权。所有在官僚资本企业中供职的人员,在人民政府接管以前,均须照旧供职,并负责保护资财、机器、图表、账册、档案等,听候清点和接管。保护有功者奖,怠工破坏者罚。凡愿继续服务者,在人民政府接管后,准予量才录用,不使流离失所。

(四)保护一切公私学校、医院、文化教育机关、体育场所和其他一切公益事业。凡在这些机关供职的人员,均望照常供职,人民解放军一律保护,不受侵犯。

(五)除怙恶不悛的战争罪犯和罪大恶极的反革命分子外,凡属国民党中央、省、市、县各级政府的大小官员,"国大"代表,立法、监察委员,参议员,警察人员,区镇乡保甲人员,凡不持枪抵抗、不阴谋破坏者,人民解放军和人民政府一律不加俘虏,不加逮捕,不加侮辱。责成上述人员各安职守,服从人民解放军和人民政府的命令,负责保护各机关资财、档案等,听候接收处理。这些人员中,凡有一技之长而无严重的反动行为或严重的劣迹者,人民政府准予分别录用。如有乘机破坏,偷盗,舞弊,携带公款、公物、档案潜逃,或拒不交代者,则须予以惩办。

(六)为着确保城乡治安、安定社会秩序的目的,一切散兵游勇,均应向当地人民解放军或人民政府投诚报到。凡自动投诚报到,并将所有武器交出者,概不追究。其有抗不报到,或隐藏武器者,即予逮捕查究。窝藏不报者,须受相当的处分。

(七)农村中的封建的土地所有权制度,是不合理的,应当废除。但是废除这种制度,必须是有准备和有步骤的。一般地说来,应当先行减租减息,后行分配土地,并且需要人民解放军到达和工作一个相当长的时期之后,方才谈得到认真地解决土地问题。农民群众应当组织起来,协助人民解放军进行各项初步的改革工作。同时,努力耕种,使现有的农业生产水平不致降低,然后逐步加以提高,借以改善农民生活,并供给城市人民以商品粮食。城市的土地房屋，不能和农村土地问题一样处理。

（八）保护外国侨民生命财产的安全。希望一切外国侨民各安生业，保持秩序。一切外国侨民，必须遵守人民解放军和人民政府的法令，不得进行间谍活动，不得有反对中国民族独立事业和人民解放事业的行为，不得包庇中国战争罪犯、反革命分子及其他罪犯。否则，当受人民解放军和人民政府的法律制裁。①

4月27日下午6时，毛泽东就做好上海接收的准备工作，为中共中央起草致总前委电，要求放缓对上海的进攻，以使接收的准备工作更加充分。指示：

你们不但要部署攻击杭州，而且要准备接收上海，以便在上海敌军假如迅速退走，上海人民要求你们进驻的时候，不致毫无准备仓促进去，陷于被动。

如果美舰撤退，杭州又受威胁，国民党在沪军队有迅速撤走可能。加上上海资产阶级不赞成在上海打仗，故上海和平解决之可能性甚大。

为着多一些准备时间，不致国民党过早退出上海，我军仓促进驻上海，请粟、张注意不要使我军过于迫近上海。同时，争取在数日内完成进驻上海的准备工作。

何时进驻上海，须得我们批准。②

30日，总前委致电中共中央军委，提出：根据进占南京的经验，我党我军尚未适当准备，仓促进入大城市，必然陷于非常被动的地位，建议推迟进占杭州、上海的时间。毛泽东5月3日为中共中央军委起草致总前委电，指示："上海在辰灰（5月10日——引者注）以前确定不要去占，以便有10天时间做准备工作。""何时占领上海，要等候我们的命令。"③

5月6日，毛泽东再度推迟进攻上海的时间，并致电粟裕、张震等：

占领吴淞、嘉兴并不放弃推迟占领上海的计划。何时占领上海，仍须依照我方准备工作完成的程度来作决定，最好再有一个月左右的时间，充分完成准备工作，但是你们仍须准备在不可避免的情况下，早日去占领上海。你们的准

---

① 《毛泽东选集》第四卷，人民出版社1991年版，第1457—1459页。
② 《毛泽东年谱（1893—1949）》下卷，人民出版社、中央文献出版社1993年版，第488页。
③ 《毛泽东年谱（1893—1949）》下卷，人民出版社、中央文献出版社1993年版，第495页。

备工作越快越好。①

16日，中共中央发布关于入城部队遵守城市纪律的指示，规定：

（一）凡市内卫戍机关军风纪、交通规则、娱乐场所规则，军队人员必须共同遵守，并服从当地军事管制委员会、警备司令部及公安局之指挥，不得借口隶属关系不同，而有丝毫违抗。

（二）保护城市人民生命、财产不许侵犯，除现行犯（例如抢劫、放火、行凶等），各机关不得擅自逮人。

（三）保护外侨（包括领事馆）不加侮辱，凡遵守人民政府法令与安分守己之外国侨民，一律予以保护并尊重其人格，以礼貌待之；凡有违法或破坏行为者，报告上级及军事管制委员会，不得自行处理，一切有关外侨事务，不论大小均由最高机关办理，各部无权处理。没有命令不得进入外侨住宅，不准住外侨的房屋或教堂、学校，对外侨与外侨住宅，无命令时，不得履行室内检查与人身搜查。

（四）我军各部人员，不得接见中外记者，对新闻记者发表谈话。

（五）军人进入戏院、电影院、理发店、澡堂及公共娱乐场所游览，及乘坐电车、公共汽车者，均须照章买票，照章付钱，不得要求免票或半价付钱。

（六）不经上级许可，不得接受人民的慰劳，对各阶层人士对军队个别人员送礼和被邀请吃饭赴宴者，尤需拒绝。

（七）军队在城市驻扎不得借住或租住民房。

（八）军队之骡马大车不得入城，必须入城者，可在装卸后即应出城。

（九）不准乱放枪。

（十）不准上街乱跑，严格请假制度。

（十一）整顿军容，提倡礼节。

（十二）对群众态度须好，不可蛮横无礼貌。②

5月底上海解放以后，立刻迎来了一场凶猛的金融战。一些投机分子乘人民政府发行人民币，取消金圆券之机，进行银圆投机。在200多家私人银行和

---

① 《毛泽东年谱（1893—1949）》下卷，人民出版社、中央文献出版社1993年版，第497页。

② 《毛泽东年谱（1893—1949）》下卷，人民出版社、中央文献出版社1993年版，第501—502页。

地下钱庄的联手操纵下，自6月2日到9日，短短7天内，银圆黑市价格轮番上涨，从660元涨到1800元以上。银圆暴涨导致物价急剧上涨，在上海解放后的13天内，批发物价指数上涨两倍多，人民生活的必需品粮食和棉花也上涨了1到2倍。在物价暴涨下，一些私营商店开始用银圆标价，拒收人民币。一场严重冲击金融市场的银圆投机风潮愈演愈烈！

在严峻的形势下，上海军管会经中共中央批准，断然决定组织一次严厉的政治打击。6月10日上午8时，200多名公安干警按预定部署，化装秘密进入证券大楼，控制了各活动场所和进出通道。两个小时后，正是投机活动高峰时刻，宋时轮警卫部队一个营到达证券大楼，对整个大楼实行军事包围。此后，公安人员分头搜查了各个投机字号，当场扣压了238名严重违法奸商。

这一举措立刻震动了全上海。重拳打击金融投机的第二天，银圆价格开始大幅下跌，粮油价格也开始下降。一个月后，银圆投机风波被平息下去。

上述情况说明，在上海解放后迅速宣布建立新中国也不无仓促之嫌。但是，这不表明中共中央没有做尽快建立新中国的准备。

6月15日至19日，打击金融投机的战役尚未结束，由中国共产党主导的各民主党派、各人民团体、各界民主人士、国内少数民族、海外华侨等23个单位共134人参加的新政治协商会议筹备会，即在北平召开第一次全体会议。会议通过了《新政治协商会议筹备会组织条例》和《关于参加新政治协商会议的单位及其代表名额的规定》，选出了以毛泽东为主任的常务委员会。毛泽东在会上发表的重要讲话中宣布，"这个筹备会的任务，就是：完成各项必要的准备工作，迅速召开新的政治协商会议，成立民主联合政府，以便领导全国人民，以最快的速度肃清国民党反动派的残余力量，统一全中国，有系统地和有步骤地在全国范围内进行政治的、经济的、文化的和国防的建设工作。"[①]

在这里，毛泽东使用了"迅速"的概念，表明中共中央对尽快建立新中国的紧迫感，但仍然没有说明建国的具体时间。至于"迅速"到何月何日完成建国大业，在这个月的月底，以刘少奇为团长的中共中央代表团起程赴莫斯科秘密访问。其间，向斯大林透露了中共中央决定于1950年1月1日成立中央人民政府的计划。

---

① 《毛泽东选集》第四卷，人民出版社1991年版，第1463页。

对于这一计划，苏联方面是不赞成的。苏联一直主张中共尽快建立新中国，曾经建议中共在占领南京或上海之后即成立革命新政府，而中共显然没有采纳这些建议。于是，1949年6月，斯大林再次建议中共："不要再推迟成立中央政府……中国成了没有政府。从内政角度说，这是危险的，从国际政治角度说，这也是危险的。"[1]

斯大林连续对新中国成立时间提出意见，这是极不寻常的，它反映了苏联对美、对中关系的战略思考。虽然不无美国一旦干涉中国内政会直接影响苏联在华利益的担忧，但苏联所担忧的国民党政权垮台后，由于中共没有宣布成立新政府而出现的无政府状态，确有可能成为美国出兵干涉中国内政的借口。事实上，这时在美国国内围绕如何挽救国民党政权命运的争论仍在继续。美国在华的驻军迟迟不肯撤退，英国军舰与人民解放军渡江部队发生武装冲突，被赶到台湾岛的蒋介石还期望通过拼凑所谓的亚洲反共联盟，把国内问题国际化。

在认真研究苏联的建议，审视国际国内形势后，1949年7月，中共中央决定：1949年10月1日成立中央人民政府，同时在天安门广场举行盛大的开国典礼。

1949年9月21日至30日召开的中国人民政治协商会议第一届全体会议宣告中华人民共和国成立。根据民主人士提议，中央人民政府通过决议，10月1日成为中国人民的国庆日。

在做出提前3个月建立新中国的决定后，中共中央建立新中国筹备的工作进一步加快。

第一，成立开国大典筹备委员会。

中共中央决定，周恩来任开国大典筹备委员会主任，彭真、林伯渠、李维汉为副主任。筹备委员会商定，开国大典包括三项议程：一、中华人民共和国中央人民政府成立典礼；二、中国人民解放军阅兵仪式；三、人民群众游行活动。[2]

筹备委员会成立后，进行了工作分工。其中，阅兵典礼仪式由代总参谋

---

[1] ［俄］A. M. 列多夫斯基等：《斯大林给中共领导提出的十二点建议》，《中共党史研究》，2004年第6期。

[2] 鲁林等主编：《红色记忆：中国共产党历史口述实录（1949—1978）》，济南出版社2002年版，第32页。

长、华北军区司令员聂荣臻主持。军委受领阅兵任务后,即刻成立开国大典阅兵指挥部,由聂荣臻任总指挥,杨成武(第二十兵团司令员)、唐延杰(华北军区参谋长)、唐永健(华北军区司令部作战处处长)、刘仁(中共北京市委副书记)、肖明(北京市总工会主席)、肖松(共青团北京市委书记)等人担任副总指挥。同时成立了阅兵指挥所,具体负责阅兵的组织、训练和指挥,杨成武任指挥所主任,唐延杰任副主任。在中央军委的领导下,杨成武首先主持起草"阅兵典礼方案"。他即刻请示有关中央领导同志,走访在京的军队高级领导人,拜访苏联专家,咨询国民党民主人士,在此基础上起草形成了《阅兵典礼方案》。

这个方案拟制出来后,毛泽东、朱德、周恩来、任弼时等中央领导人在中南海怀仁堂接见筹划阅兵仪式的负责人,专门听取了汇报。聂荣臻汇报了阅兵的基本设想;杨成武汇报了阅兵方案的主要内容:受阅部队的选调、编组、阅兵程序、阅兵礼乐及受阅前的训练等事宜,方案设想,阅兵式分为检阅式和分列式。阅兵方案顺利通过,但开国阅兵地点放在哪里,却没有当即定下来。

阅兵指挥部一方面继续反复研究阅兵的地点问题,一方面调兵遣将,组建阅兵部队,于7月底将16400余名受阅官兵,从四面八方调至北平郊区,接受训练。

此时,参加受阅的部队由陆海空三军组成。其陆军大部分来自第二十兵团、平津卫戍部队;海军和空军的阅兵代表部队,则由有关部队的首长指定抽调。其序列为:海军代表部队由海军学校与华东舰队各一个排编成;陆军代表部队为步兵师、炮兵师、战车师、骑兵师各一个,其中战车师包括摩托化步兵团、装甲车团、坦克团各一个;空军代表部队是刚刚组建的"南苑飞行队"。

为了参加和保卫开国大典,军委航空局奉命组建一支空中战斗部队。局长常乾坤立即组织了一批国民党空军起义人员,夜以继日抢修出美国制造的P—51野马式战斗机,提前于7月3日飞往北平,至8月15日,各地修复的飞机陆续来北平集中,于是,"南苑飞行队"宣布组建。飞行队首任队长由国民党空军军官学校14期毕业生徐兆文担任,队员大部分是起义人员,全队共有飞行员15人,机械员40人。飞机在原有基础上大大增加,总计42架。主要是:美式P—51野马式战斗机23架;英式"蚊式"战斗轰炸机3架;美制B—24重轰炸机1架;美制B—25战斗轰炸机1架;美制C—46运输机3架;美制

C—47运输机3架；美制PT—17教练机2架；美制PT—9教练机4架；美制2—5联络机2架。

飞行队从9月5日开始执行北平的防空任务，每天派4架战斗机在首都上空实施警戒，其他飞行员进行受阅训练，练习编队飞行。

受阅部队经过一段时间分训后，8月已经开始合练，而阅兵地点也必须尽快确定，否则就会影响有关准备工作。阅兵指挥部拿出了他们经过反复论证的两套阅兵方案，交给周恩来。第一套方案：地点选在北平市中心天安门广场；第二套方案：地点在市郊西苑机场。这两套方案都有优点，但也都有缺点。

阅兵地点放在天安门广场，有利条件是显而易见的：地处北平市中心，届时领袖、军队和群众水乳交融，开国大典可以搞得轰轰烈烈，特别是天安门城楼就是现成的阅兵台，不必费太多的力气，就可以让全体政协代表到天安门城楼进行检阅。并且，天安门周围街道四通八达，容易集中和疏散。但是，在天安门广场阅兵，不足之处是：参加开国大典的人员多，当日城市交通至少要中断四小时，当时长安街不够宽阔，只能横排通过步兵12路纵队、骑兵3路纵队和装甲车2路纵队。

与天安门相比较，西苑机场的优势在于它有宽阔的机场跑道，没有阻碍交通的后顾之忧。而且在西苑机场举行阅兵，已经取得成功的经验，1949年3月25日，华北军区为了欢迎党中央、毛泽东进入北平，已经举行过由一万余人观看的阅兵式。在西苑机场举行阅兵式的缺陷，首先，那里没有检阅台，临时搭建应付一些小的场面还可以，举行将有数十万人参加的开国大典就不行了，如果要搭建天安门城楼那样气势雄壮的检阅台，所费工程之大、投资钱财之多，在当时都是很难办到的。其次，西苑机场距市区有很长一段距离，数十万群众要参加大典，往返都不方便；假如没有相当规模的群众参加，开国大典应有的气氛就出不来，阅兵式也就达不到扬我军威的目的，会影响开国大典在国际国内的影响。再次，机场跑道虽大，但只有一条道可以进退，对参加阅兵的部队来说，行动起来很不方便。

两套方案，论证者明显倾向于第一方案，但没有拿出结论性意见。最后，周恩来的思维重心落在天安门上。9月2日，他致函"毛主席、总司令、少奇同志阅：日期在政府成立之日闭幕后。阅兵地点以天安门前为好。时间到时再定。检阅指挥员由聂（荣臻）担任，阅兵司令请朱德同志担任"①。

经过两个多月的紧张训练，受阅部队做好了接受共和国最高统帅检阅的一切准备。陆军和海军受阅部队于 9 月 30 日午夜整装入城，在天安门广场东侧的长安街上集结待命。而空军担任受阅任务的 17 架飞机，此时也在南苑机场装饰一新，飞行员们精神抖擞，整装待发。

第二，整修天安门和天安门广场，美化首都城区。

在天安门广场举行开国大典必须对广场重新整修。据史料记载，刚解放的北平基本上可以用垃圾遍地来形容。以天安门广场为例，当时的天安门城楼年久失修，破败不堪，到处是垃圾，仅城楼上的野鸽子粪便就有几十吨之多；金水河河道淤塞，水面污垢腐臭；天安门前也是垃圾成山，最大的垃圾堆竟然有六七米高！要在天安门广场举行开国典礼，清理城区内的垃圾已经成为新的北平市人民政府的首要工作。为此，8 月 9 日至 14 日，第一届北平市各界代表会议隆重召开，在这次会议上，332 名代表一致决定：整修天安门和天安门广场，使北平以整洁的形象迎接中央人民政府的成立和开国大典。

北平市建设局承担了此项任务。领受任务后，很快确定了整修方案：（一）开辟一个能容纳 16 万人的大广场，清除广场地区多年遗留的渣土和障碍物；（二）修缮天安门城楼主席台，清除楼顶上杂草，粉刷城楼和广场四周红墙；（三）在天安门广场的合适位置设计并修建一个升国旗的设施；（四）修缮天安门前、东、西三座门之间的沥青石砟路面 1626 平方米；（五）美化环境，进行种树、种草等绿化工程，全部整修工程预计于 9 月底前全部竣工。

这项工程主要是靠人民群众的义务劳动实现的。当时，市政府作出一项硬性规定，无论公车私车，一律不准空车出城，出城时必须捎上垃圾。各界群众争先恐后，积极参加到大清理工作中。大清扫运动前后历时 91 天，共清除垃圾 20 多万吨。9 月底，开国大典举行前夕，一个可以容纳 20 万人的广场诞生了。

第三，加快完成起草、修改、审议通过有关建国的一系列法律文件。

最重要的是三个法律文件。一个是《共同纲领》。在中共中央做出提前建

---

① 《关于开国大典和新中国成立的资料》，立山教育网，2007 年 9 月 27 日。参见于江编著《开国大典 6 小时》，辽海出版社 1999 年版。

国的决定时，《共同纲领》已经形成了初稿。据《周恩来年谱（1898—1949）》（修订本）记载，这一稿是6月下旬，周恩来以一周时间在勤政殿起草的。初稿完成后，经过反复修改，于8月22日呈报毛泽东审阅。

毛泽东当日即改出一稿。已经解密的有关文件显示，毛泽东多次对《共同纲领》做出重要修改，经毛泽东修改过的就有5稿，分别是8月22日稿、9月5日稿、9月6日稿、9月11日稿、9月13日稿。其中一稿，毛泽东改写了三段话：

（一）"国民党反动派的残余的地方政府及军事集团，如有愿意停止战争，承认错误，要求和平解决者，可以按照1949年4月15日国内和平协定草案的大意，用和平方法解决之。"

（二）"鼓励并欢迎国民党残余力量中的爱国分子及国民党残余力量统治区域的人民群众组织响应人民解放军，配合人民解放军作战，维护社会秩序及保护国家财产的工作。"

（三）"各级人民代表大会闭会期间的各级政权机关为各级人民政府。国家最高政权机关为全国人民代表大会。全国人民代表大会闭会期间中央人民政府为行使国家政权的最高机关。"① 后来正式通过的《共同纲领（草案）》，采用了毛泽东改写的第三段话。

在文稿修改过程中，毛泽东极端认真，常常通宵达旦。9月10日，在毛泽东住处，他与周恩来从当晚9点开始讨论《共同纲领（草案）》，一直到次日早晨7点。对修改过的文稿，毛泽东亲自校对，并督促付印。他曾三次作出重要批示或给胡乔木写便条，就《共同纲领（草案）》文稿提出要求。在9月11日的稿上批示："乔木，即刻印100份，于下午8时左右送交周副主席。但不要拆版，候起草小组修改后，再印1000份。"在9月3日的便条中写道："纲领共印30份，全部交我，希望今晚10点左右交来，题目就是《共同纲领》。"还有一张便条上写道：乔木："今晚付印的纲领，请先送清样，给我校对一次，然后付印。"从这些琐碎的小事中可以看出，《共同纲领》的起草和制定，倾注了毛泽东、周恩来的大量心血。

---

① 《毛泽东年谱（1893—1949）》下卷，人民出版社、中央文献出版社1993年版，第564页。

9月13日，毛泽东委托周恩来主持新政协筹备会常委会第五次会议，讨论修改《中国人民政治协商会议共同纲领（草案）》和《中华人民共和国中央人民政府组织法（草案）》。根据会议提出的修改意见和会议做出的决定，毛泽东当日又对《共同纲领（草案）》进行修改，并将该稿提交给政协会议代表分组讨论。

9月16日，周恩来主持新政协筹备会常委会第六次会议，审议通过了《中国人民政治协商会议共同纲领修改草案》《中国人民政治协商会议组织法修改草案》《中华人民共和国中央人民政府组织法修改草案》。会议决定将以上文件提交新政协筹备会召开的第二次全体会议审议。

最后审议通过的《中国人民政治协商会议共同纲领》，主要内容是：规定了中华人民共和国是新民主主义即人民民主主义国家；政权是中国工人阶级、农民阶级、小资产阶级、民族资产阶级及其他爱国民主分子的人民统一战线政权，而以工农联盟为基础、以工人阶级为领导；目标是反对帝国主义、封建主义和官僚资本主义，为中国的独立、民主、和平、统一和富强而奋斗。它给新生的中国制定了政权机构、军事制度以及经济政策、文化教育政策、民族政策、外交政策的总原则。保障了全国人民广大范围的民主权利，也规定了人人必须遵守的若干义务。因而，成为新中国的建设蓝图，是中华人民共和国在相当长的时期内的施政准则。

与《共同纲领》同时起草、修改的是《中华人民共和国中央人民政府组织法（草案）》。这一文件涉及新中国的国体、政体和政府机构设置，关系到新中国的全局，中共中央非常重视。在起草、修改过程中，起草组广泛征求意见，反复研究论证。有关史料记载，仅周恩来就先后十多次与有关部门一起研究机构设置中的重大问题。7月8日、29日，周恩来两次主持中共中央汇报会，商讨情报、公安两个部门的机构设置、组建与领导人选问题；8月9日，就工业商业合并成立工商业联合会问题，周恩来审改以中共中央名义下发的指示电。他在电稿中加写："公家人员加入者不要太多，以免私营企业家因公家人占多数不便讲话而裹脚不前。工商业联合会重心应是私营企业，工业较商业比重应逐渐增加。"[①]

中央人民政府组织法草案成稿后，周恩来又于9月7日在北京饭店向已到

---

① 《周恩来年谱（1898—1949）》（修订本），中央文献出版社1998年版，第858页。

北平的政协代表及各方有关人士，就起草、修改过程中的有关问题进行说明。

关于政权制度方面，周恩来说：大家已经同意采用基于民主集中制原则的全国人民代表大会的制度。现在凡是通过普选方式产生出来的会，我们叫作大会，例如人民代表大会。凡是通过协商方式产生出来的会，我们就叫作会议，例如人民政治协商会议。大会和会议名称的区别就在这里。关于普选，本来应该做到普遍的、平等的、直接的、不记名的投票，但这对中国现在的情况来说，是非常困难的。

关于政府组织问题，周恩来又说，中央人民政府的组织系统，是中央人民政府委员会下面分设许多机构，按照民主集中制的原则来分工。在人民代表大会闭幕期间的最高权力机关，是中央人民政府委员会。它是经过民主方式产生的。而对工作的经常指导，又是集中在由民主方式产生出来的主席身上。主席下面的组织，首先是政务院，其他还有人民革命军事委员会，最高人民法院和最高人民检察署。

这一法律文件在周恩来主持下亦顺利地完成了。

还有一个重要的法律文件《中国人民政治协商会议组织法（草案）》。这一文件在谭平山主持下，由第二小组21人共同完成。6月18日，第二小组召集第一次会议，推定5人起草讨论提纲；第二次会议研讨新政协组织的基本原则及其性质、职权、与政府的关系等，推定谭平山、周新民、叶圣陶、蒋光鼐（秦元邦代）、沈兹九、史良、郭春涛、林祖涵、易礼容等9人组织起草委员会。初稿完成后，经多方征询意见，一再修改，于8月18日提交第三次小组会议讨论审议。

8月26日、27日，周恩来主持召开新政协筹备会常委会第四次会议，讨论、修改并通过了这一法律草案。这一草案的主要内容有：

第一，新政治协商会议改名中国人民政治协商会议。

第二，关于总则的规定：政协的立场是"实行新民主主义，反对帝国主义、封建主义及官僚资本主义"；它的任务是"建立及巩固由工人阶级领导的，以工农联盟为基础的，人民民主专政的独立、民主、和平、统一及富强的中华人民共和国"。要完成这个任务，对内必须经过各民主党派、人民团体的团结，去团结全国各民主阶级、各民族共同努力，对外必须联合世界上以平等待我之民族及国家共同奋斗，这样才能保证我们的任务能够完成。

第三，关于参加的单位和代表的规定：第一届政协"由中国人民政协筹备会商定之"，以后各届政协则"由前一届人民政协全国委员会商定之"。关于政协决议的遵守草案规定采取少数服从多数的民主原则。但又规定，参加者如有不同意见，仍得保留至下届会议提出讨论，其对于重要决议根本不同意的，并有申请退出政协的自由。

第四，关于全体会议的规定：草案规定政协全体会议每三年开会一次，但全国委员会认为有必要时，得提前或延期召集会议。全体会议职权的大小，则因全国人民代表大会已否召开而有不同。草案规定在全国人民代表大会召开以前，执行全国人民代表大会的职权，不仅有立法权（制定或修改中央人民政府组织法）和选举权（选举中央人民政府委员会），并有提出决议权；在全国人民代表大会召开以后，则仅有建议权了。

第五，关于全国委员会的规定：草案规定政协闭幕后，即由政协全体会议所选出的全国委员会，来保证实现全体会议及全国委员会的决议，随时向政府提出意见，从实际上帮助政府，保证各党派在政权中的合作，展开地方的统一战线工作，使下届全体会议易于召集，使政协内部的团结加强。①

在上述文件起草完成之后，9月17日，新政协筹备会召开第二次全体会议，完成提交中国人民政治协商会议第一届全体会议通过前的最后一次审议。这次会议通过了常委会提出的《中国人民政治协商会议组织法》《中国人民政治协商会议共同纲领》《中华人民共和国中央人民政府组织法》草案，并授权常务委员会提交中国人民政治协商会议第一届全体会议审议。会议决定将起草政协会议宣言和拟定国旗、国徽两项工作，移交给政协第一届全体会议，由负责这两项工作的筹备会第五、第六两个小组直接向大会主席团提出报告。会议通过了大会主席团及秘书长名单。会议正式决定：将新的政治协商会议定名为中国人民政治协商会议，简称中国人民政协。

9月21日，中国人民政治协商会议第一届全体会议，在北平中南海怀仁堂隆重开幕。参加会议的代表510人，候补代表77人，特邀代表75人，共662人。中国共产党、中国国民党革命委员会、中国民主同盟、中国民主建国会、中国民主促进会、中国农工民主党、中国国民党民主促进会、中国致公党、九

---

① 《人民日报》，1949年9月23日。

三学社、台湾民主自治同盟以及无党派民主人士等 45 个单位的代表参加了会议。

出席会议的中国共产党的正式代表有：毛泽东（首席代表）、刘少奇、周恩来、林伯渠、董必武、陈云、彭真、郑位三、王稼祥、陆定一、吴玉章、徐特立、刘澜涛、李维汉、李克农、安子文等。

各民主党派的首席代表有：李济深、张澜、黄炎培、马叙伦、彭泽民、李章达、谭平山、蔡廷锴、陈其尤、许德珩、谢雪红。

无党派民主人士的首席代表有：郭沫若。

各界知名人士有：作家沈雁冰，画家徐悲鸿，京剧艺术家梅兰芳，科学家茅以升、侯德榜、竺可桢、梁思成，实业家陈叔通、李烛尘、胡子昂，华侨领袖陈嘉庚、司徒美堂等。

特邀代表有：宋庆龄（孙中山先生夫人）、张元济（前清翰林）、张难先（老同盟会员）、章士钊（曾任北洋政府教育总长）、张治中（前南京政府和谈代表团首席代表），还有国民党军起义将领程潜、傅作义、董其武等。

这样的代表阵容，充分展现了即将诞生的新中国具有广大的社会基础，体现了全国爱国民主力量空前的大团结。

会场布置得庄严而隆重。《从中国人民政协到中央人民政府成立》一书这样描写道：人民政协大徽章高悬于会场前，光芒四射。中间秋海棠叶之红色中国，高踞白色地球上，上面又高插四面大红旗。淡蓝色的光线自地球周围发出。再外围，上半圈以蓝色齿轮，下半圈以黄色嘉禾，象征工农。主席台的正面悬挂着中国革命领袖孙中山和毛泽东的画像，中间和两侧挂着中国人民政治协商会议会徽和中国人民解放军的军旗。会场的休息室内挂满了全国各人民团体、各部队和各地区的贺幛和饰旗。场内水银灯照耀，灯光明亮。各代表皆于晚 7 时前入场，喜气洋洋。毛主席莅场时，全体一致起立鼓掌欢迎。

7 点 26 分，毛泽东宣布大会开幕。军乐队齐奏《中国人民解放军进行曲》，同时在场外鸣放 54 响礼炮。全体代表一致起立，热烈鼓掌达 5 分钟之久。

毛泽东以筹备会常务委员会主任的身份致开幕词。他向全世界庄严宣告："占人类总数四分之一的中国人民从此站立起来了。""我们团结起来，以人民解放战争和人民大革命打倒了内外压迫者，宣布中华人民共和国成立了。我们的民族将从此列入爱好和平自由的世界各民族的大家庭，以勇敢而勤劳的姿态工作着，创造自己的文明和幸福，同时也促进世界的和平和自由。我们的民族将再也不是一个被人侮辱的民族了，我们已经站起来了。我们的革命已经获得全世界广大人民的同情和欢呼，我们的朋友遍于全世界。"毛泽东指出："随着经济建设的高潮的到来，不可避免地将要出现一个文化建设的高潮。中国人被人认为不文明的时代已经过去了，我们将以一个具有高度文化的民族出现于世界。"在这个讲话中，毛泽东还提出了"我们将不但有一个强大的陆军，而且有一个强大的空军和一个强大的海军"的目标。① 在"庆贺中华人民共和国的成立！"的口号声中，毛泽东结束了讲话。

接着，中国共产党代表刘少奇、特别邀请代表宋庆龄、中国国民党革命委员会代表何香凝、中国民主同盟代表张澜、解放区代表高岗、中国人民解放军代表陈毅、民主建国会代表黄炎培、中华全国总工会代表李立三、特别邀请新疆代表赛福鼎、特别邀请代表张治中、特别邀请代表程潜、国外华侨民主人士代表司徒美堂等12人依次在开幕式上致辞。

刘少奇在致辞中说："中国人民政治协商会议的第一届全体会议，业已开幕了。从此，中国的历史进入一个完全新的时代——人民民主时代。"②

宋庆龄在致辞中说："今天，中国是一个巨大的动力，中国的人民在前进，在革命的动力中前进。这是一个历史的跃进，一个建设的巨力，一个新中国的诞生！我们达到今天的历史地位，是由于中国共产党的领导。这是唯一拥有人民大众力量的政党。孙中山先生的民主、民权、民生三大主义的胜利实现，因此得到了最可靠的保证。"③

开幕式开了4个小时。

当天，新华社发出电讯：中国人民所渴望的中华人民共和国开国盛典——中国人民政治协商会议，已于今日下午7时半在北平开幕。

次日，《人民日报》发表了题为《旧中国灭亡了，新中国诞生了！》的社论。这篇社论是由毛泽东的政治秘书、新华通讯社社长、人民日报社社长胡乔木奉毛泽东之命撰写，经毛泽东修改定稿后发表。

---

① 《中国人从此站立起来了》，见《人民日报》，1949年9月22日。
② 《刘少奇年谱（1898—1969）》下卷，中央文献出版社1996年版，第224页。
③ 庞松：《共和国年轮1949》，河北人民出版社2001年版，第336页。

这些文献说明两点：一是毛泽东在 9 月 21 日所致的开幕词中已经宣布："中华人民共和国成立了！"并"庆贺中华人民共和国的诞生！"；二是中共中央的宣传媒体新华社、《人民日报》口径一致地以中华人民共和国宣布成立为基调来报道 21 日政协会议的开幕式，使用的是"开国盛典""新中国诞生了"这样的确定语言。事实上，以 1949 年 9 月 21 日政协第一届全体会议开幕为标志，中华人民共和国已经宣布成立了。

而此后政协第一届全体会议继续进行，一直到 9 月 30 日闭幕，通过了《中国人民政治协商会议共同纲领》、《中华人民共和国中央人民政府组织法》、《中国人民政治协商会议组织法》等三个被认为是为新中国奠基的历史性文件；在 9 月 27 日下午的会议上，决定：中华人民共和国的国都定于北平，自即日起改北平为北京！中华人民共和国的纪年采用公元，今年为 1949 年！《中华人民共和国的国歌》未正式制定前，以《义勇军进行曲》为国歌！中华人民共和国的国旗为五星红旗，象征中国人民的大团结。

9 月 30 日，中国人民政治协商会议第一届全体会议进入最后一天，选举人民政协全国委员会和中央人民政府委员会。会议选举毛泽东、朱德、刘少奇、宋庆龄、李济深、张澜、高岗等 180 人为政协第一届全国委员会委员；选举毛泽东为中央人民政府主席，朱德、刘少奇、宋庆龄、李济深、张澜、高岗为副主席，陈毅、周恩来等 56 人为中央人民政府委员，组成中央人民政府委员会。

会议还通过了给中国人民解放军致敬电；通过了建立"为国牺牲人民英雄纪念碑"的决定和纪念碑的碑文；通过了《中国人民政治协商会议第一届全体会议宣言》。这个由毛泽东起草的宣言，向世人宣告：中华人民共和国现在宣告成立。中国人民业已有了自己的中央人民政府。这个政府将遵照共同纲领在全中国境内实施人民民主专政。它将指挥人民解放军将革命战争进行到底，消灭残余敌军，解放全国领土，完成统一中国的伟大事业。它将领导全国人民克服一切困难，进行大规模的经济建设和文化建设，扫除旧中国所留下来的贫困和愚昧，逐步地改善人民的物质生活和提高人民的文化生活。它将保卫人民的利益，镇压一切反革命分子的阴谋活动。它将加强人民的陆海空军，巩固国防，保卫领土主权完整，反对任何帝国主义国家的侵略。它将联合一切爱好和平自由的国家、民族和人民，首先是联合苏联和各新民主国家，以为自己的盟友，共同反对帝国主义者挑拨战争的阴谋，争取世界的持久和平。①

至于后来把 10 月 1 日作为国庆纪念日，是 9 月 21 日在中国人民政治协商会议第一届全国委员会第一次会议上，许广平发言转达马叙伦委员建议，提出希望"把 10 月 1 日定为国庆日"。毛泽东响应这一建议，后来中央人民政府通过《关于中华人民共和国国庆日的决议》，规定每年 10 月 1 日为国庆日，并以这一天作为宣告中华人民共和国成立的日子。

开国大典于 1949 年 10 月 1 日下午 3 点开始。毛泽东登上天安门城楼，以沉稳、激越的湖南乡音向全中国、全世界宣告：中华人民共和国中央人民政府已于本日成立了。接着，亲手按动电钮，升起了第一面五星红旗。

1949 年 10 月 1 日凌晨 6 点，即将出席开国大典的中华人民共和国中央人民政府主席毛泽东，走出了他的办公室。他刚刚结束了又一个不眠之夜。本来他是准备早点休息，以饱满的精力参加第二天的开国大典的，但是，必须处理的一些重要事务，把毛泽东早点入睡的计划打乱了。

上午 8 点，人民解放军受阅部队到达天安门广场东侧长安街的预定地域。10 点，30 万群众陆续从四面八方汇集到了天安门广场。他们都是参加典礼的队伍，有工人、农民，有大中学校的师生，还有机关工作人员和普通市民的队伍。远远望去，整个广场，恰似红色的海洋。

下午 2 时，中央人民政府委员会第一次全体会议，在中南海勤政殿如期举行。中央人民政府主席毛泽东，副主席朱德、刘少奇、宋庆龄、李济深、张澜、高岗，委员陈毅、贺龙、李立三、林伯渠、叶剑英、何香凝、林彪、彭德怀、刘伯承、吴玉章、徐向前、彭真、薄一波、聂荣臻、周恩来、董必武、赛福鼎、饶漱石、陈嘉庚、罗荣桓、邓子恢、乌兰夫、徐特立、蔡畅、刘格平、马寅初、陈云、康生、林枫、马叙伦、郭沫若、张云逸、邓小平、高崇民、沈钧儒、沈雁冰、陈叔通、司徒美堂、李锡九、黄炎培、蔡廷锴、习仲勋、彭泽民、张治中、傅作义、李烛尘、李章达、章伯钧、程潜、张奚若、陈铭枢、谭平山、张难先、柳亚子、张东荪、龙云等，宣誓就职，宣告中华人民共和国成立。会议推选林伯渠为中央人民政府秘书长，任命周恩来为中央人民政府政务院总理兼外交部长、毛泽东为人民革命军事委员会主席、朱德为中国人民解放

---

① 《中国人民大团结万岁》，见《人民日报》1949 年 10 月 1 日。

军总司令、沈钧儒为最高人民法院院长、罗荣桓为最高人民检察署检察长，责成他们从速组成各政府机关，推行各项政府工作。

随后，毛泽东和中央人民政府委员会全体委员，分别乘车驶向天安门。车队开出中南海东门，缓缓而行，穿进故宫，直接开到天安门城楼下。昔日残旧的天安门城楼早已装点一新，城楼顶上金碧辉煌，栋梁中间悬挂着8盏大红宫灯，东西两侧的一面面红旗迎风招展。毛泽东的彩色画像悬挂在天安门的正中央。向上望去，城楼上一条巨幅横幅上写着："中华人民共和国中央人民政府成立典礼"。

下午2点55分，毛泽东同中央人民政府委员会的全体委员，从西侧的古砖梯道拾级而上，登上天安门城楼。当毛泽东出现在主席台时，广场上30万群众立即沸腾起来，"毛主席万岁！""中华人民共和国万岁！"的口号声响彻云天。

开国大典主要有三项内容：一是中华人民共和国成立典礼；二是阅兵；三是群众游行。

此刻，北京新华广播电台开始向全国广播庆祝大会的实况。"毛主席来啦！毛主席健步登上了天安门城楼！"无线电波通过播音员丁一岚、齐越那充满激情的声音，把天安门广场上那激动人心的场面迅速传到各地，传到世界。

下午3时，中央人民政府秘书长林伯渠宣布典礼开始。中央人民政府主席、副主席、各位委员在天安门城楼上的主席台就位，乐队奏响新中国的代国歌——《义勇军进行曲》。

毛泽东走近麦克风前，朝广场深深地望了一眼，以沉稳、激越的湖南乡音向全中国、全世界庄严宣告："中华人民共和国中央人民政府已于本日成立了。"这是中国人民盼望已久的宣言，这是从旧时代向新时代迈进的宣言，这是震撼世界的宣言，它宣告经历了无数次深重灾难的中华民族与中国人民从此告别了屈辱的历史，拥有了屹立于世界东方的祖国，拥有了能够真正保护自己、代表自己的政府。顿时，广场上再次沸腾起来，人们情绪激昂，欢声雷动。

接着，林伯渠大声宣布："请毛主席升国旗！"

广场中央的200名军乐队员立即奏响了威武雄壮的代国歌《义勇军进行曲》。在这一雄壮的旋律声中，毛泽东亲手按动电钮，鲜艳的五星红旗在万众翘首仰望的庄严目光中冉冉升起。30万人一齐肃立，抬头瞻仰新中国的第一面国旗。

就在第一面五星红旗冉冉升起的时候，28响礼炮惊天动地鸣响。开国大典礼炮队总指挥、华北军区特种兵战车团参谋长韩怀志指挥礼炮方阵的54门礼炮同时发射，连续发射28响。后来曾任第5机械工业部副部长的他回忆此一情景时说，鸣放28响礼炮是毛主席亲自定下的，它代表着中国共产党自1921年成立到1949年建国的28年奋斗历史。至于说54响礼炮，开国大典是由108门山炮分成两组，一组发射，一组装填，轮流作业，这样可以提高发射的连贯性，这才是54响礼炮的原因。

礼炮响过之后，毛泽东主席宣读了中央人民政府第一号公告。公告指出："中华人民共和国中央人民政府委员会于本日在首都就职，一致决议：宣告中华人民共和国中央人民政府的成立，接受中国人民政治协商会议共同纲领为本政府的施政纲领，……同时决议：向各国政府宣布，本政府为代表中华人民共和国全国人民的唯一合法政府。凡愿遵守平等、互利及相互尊重领土主权等项原则的任何外国政府，本政府均愿与之建立外交关系。"[①]

随后，林伯渠宣布：阅兵式开始。

阅兵司令员朱德走下天安门城楼，乘敞篷汽车通过金水桥。阅兵总指挥、代总参谋长、华北军区司令员、北京市市长聂荣臻向朱德致军礼并报告：各军种已准备好，待命接受总司令的检阅。

朱德乘阅兵车在聂荣臻总指挥的陪同下，检阅陆海空三军部队。在每个方阵前，朱德一一向指战员敬礼："同志们好！同志们辛苦了！"指战员齐声回答："首长好！为人民服务！"

检阅各兵种部队后，朱德驱车回到天安门城楼上。宣布《中国人民解放军总部命令》，他说：我命令中国人民解放军全体指战员工作员，坚决执行中央人民政府和伟大的人民领袖毛主席的一切命令，迅速清除国民党反动军队的残余，解放一切尚未解放的国土，同时肃清土匪和其他一切反革命的匪徒，镇压他们的一切反抗和捣乱行为。[②]

[①] 《人民日报》，1949年10月2日。
[②] 《人民日报》，1949年10月2日。

随后，分列式开始。

陆、海、空各军种的指战员，在聂荣臻乘坐的指挥车的率领下，伴随着声声军乐，迈着整齐的步伐由东向西走来，接受毛泽东主席等国家领导人的检阅。

受阅部队以海军2个排为前导，接着是1个步兵师、1个炮兵师、1个战车师、1个骑兵师。当队伍进入东三门后，正步前进，到天安门主席台的东侧时，在"敬礼！"口令的指挥下，行进的指战员立即像闪电一样将面部向主席台侧过来行注目礼，同时将枪支上举，行持枪礼。主席台上的将军们以军礼回敬，毛泽东主席及其他党和国家领导人举手回礼。

在陆军方队受阅后，人民空军的银色战斗机编队于4点35分飞过天安门上空。一阵阵马达声中，只见9架野马式战斗机，成"品"字形编队，通过天安门上空，尔后向西飞去。人们刚把目光从上空收回来，天空又有两架蚊式轰炸机成"一"字队形，风驰电掣般掠过人群上空。紧接着，3架大型运输机呼啸而来，后面跟着3架美制PT—19教练机，以"品"字队形通过。6个空军表演分队虽然在天安门上空飞行仅7分多钟，但却给现场的所有人留下了深刻的印象。看着人民解放军也有了自己的空军，看着人民解放军第一支有作战能力的飞行队，天安门广场和城楼的人们情不自禁地鼓起了热烈的掌声。

空中飞行检阅，受到国内外的高度关注。多家外国通讯社对此进行了报道，电文内容是：在中华人民共和国开国典礼上，中共空军派出了一支以野战军P—51战斗机为主的26架飞机参加检阅，充分显示了他们强大的空中力量。

阅兵活动进行了3个小时，直到黄昏。

之后，群众游行开始。

游行队伍按工人、农民、职工组成不同的方队，人们穿着各式衣服，色彩斑斓。这五彩缤纷的人流，经过天安门时，时而涌向金水桥边，时而停住脚步，时而缓步前行。他们翘首向上，希望能让毛泽东主席看得更清楚一些。

在队伍行进到天安门城楼底下时，第一方队工人群众异口同声地高喊口号"毛主席万岁！"以表达对毛泽东主席由衷的祝福。

"工人同志们万岁！"毛泽东向工人方队挥手致意。

第二方队是农民群众，他们喊出了发自肺腑的祝愿："毛主席万岁！"

"农民同志万岁！"广播中立即传来毛泽东主席的回音。

工人、农民听到毛泽东向他们祝愿的声音,激动得热泪盈眶。他们尽情地欢呼雀跃,情不自禁地热烈地鼓掌,掌声歌声口号声海潮一般起伏不休。

整个阅兵和群众游行期间,毛泽东很少到天安门大厅里休息。偶尔休息片刻,也是安排接见各个方面的代表。

庆典结束后,毛泽东乘车回到中南海菊香书屋,仍是激动不已。他对身边的工作人员说:"人民喊我万岁,我也喊人民万岁,这才对得起人民呀!"

这一天,中国民主建国会领导人黄炎培,也陪同毛泽东登上天安门城楼,目睹了大典盛况。他感慨万端,夜不能寐。于是,挥笔写下六言诗:"归队五星旗下,齐声义勇军歌。新的国名定了,中华人民共和。"这一夜,黄炎培还写下了《永远纪念着的1949年》一文,以表达这位七旬老人躬逢盛世的心情。他写道:这个年头,中华人民共和国成立了,跟着中央和各级人民政府宣告成立了,这都是有史以来天大的大事……要知道这个年头发现了"人",认识了"人"。就是从这里起,人的生命宝贵起来了,人的生活被重视起来了……"人"的地位被发现了,"群众"的力量被认识了。①

中华人民共和国的成立,对于中国人民来说,是一个开天辟地的大事情,它宣告中国从此进入了新的时代,标志着中华民族获得了独立和解放,正如毛泽东所说:"这是一个伟大的胜利,是中国从古未有的大胜利,也是十月革命以后一个带世界性的大胜利。"②

它开辟了中国历史的新纪元,标志着新民主主义革命已经取得胜利,并为社会主义革命做了最重要的准备。

它对国际共产主义运动和整个世界具有深远的巨大影响。中国革命的胜利是在一个占全人类四分之一人口的大国的胜利,它冲破了帝国主义在东方的战线,建立了社会主义类型的国家,这就不能不使世界政治力量的对比发生巨大的变动。而对于正在斗争的欧洲和美洲各国人民也是一种很大的鼓舞和援助。

中国革命的胜利,影响是深刻的、久远的。后来邓小平说:"中国在世界上的地位,是在中华人民共和国成立以后才大大提高的。只有中华人民共和国

---

① 庞松:《共和国年轮1949》,河北人民出版社2001年版,第380页。
② 毛泽东:《不要四面出击》(1950年6月6日),见《毛泽东选集》第五卷,人民出版社1977年版,第21页。

的成立，才使我们这个人口占世界总人口近四分之一的大国，在世界上站起来，而且站住了。还是毛泽东同志那句话：中国人民从此站起来了。国内的人民也罢，国外的华侨也罢，对这点都有亲身感受。也只有在中华人民共和国成立以后，才真正实现了全国（除台湾外）的统一。"①

今天，伟大的中华人民共和国已经走过70年的光荣奋斗历程。当我们享受今天的幸福生活，为有幸成为欣欣向荣的社会主义当代中国的公民感到自豪的时候，我们一定不能忘记1949年那个具有特殊重要意义的年份。在这一年里，中国的历史实现了伟大的转折，人民选择了中国共产党，人民选择了社会主义，于是，才有后来的一次次辉煌。

我们一定不能忘记，中国革命的胜利，是以毛泽东为核心的第一代中国共产党人，坚持把马克思列宁主义基本原理与中国革命具体实际相结合、在创立了"农村包围城市，武装夺取政权"的正确道路的基础上取得的。以毛泽东、周恩来、朱德、刘少奇、陈云、邓小平为代表的老一辈无产阶级革命家，带领全党和广大军民同国民党反动派和国际上各种反共势力进行了坚持不懈的斗争，最终消灭了国民党反动军队，推翻了国民党反动政权，建立了中华人民共和国。

---

① 《邓小平文选》第二卷，人民出版社1994年版，第263页。

后　记

　　写毛泽东与蒋介石的书,在新华书店的货架上已经琳琅满目,在图书馆的索引中类似的书目也可查到一大串。即使把这个题目缩小到1949年国共两党的大决战,仍然有数不清的成品、佳作。在这个被同行"炒"了多年的题目下寻找落笔的空间,仍然不是一件容易的事。

　　最初萌生创作念头是在2008年。那年,有几个月时间在中央党校学习,有时间读更多的书、思考更多的问题。在提高理论修养的同时,对平时研究工作中遇到的一些问题也产生了一些新的认识。于是,把思绪锁定在写一本反映毛泽东与蒋介石在1949年的书。随着研究的不断深入,特别是收集、查阅史料过程中,接触越来越多的同类作品,令我产生一种创作的恐惧:是不是选题的方向错了?在精品荟萃的同类作品之外,我如何另辟蹊径,有所突破?于是,放慢了脚步。但中原人的固执与执着,使我不甘心就此罢手。经过一段时间的思考之后,就形成了这样的创作思路:

　　(一)以新中国成立为主线,集中反映以毛泽东为首的中国共产党人与以蒋介石为首的国民党进行了殊死的较量。

　　(二)站在国际大视野下写中国1949年发生的大事、要事,反映围绕新中国的成立,美苏等世界大国为主导未来的中国而进行的各种外交活动,国共两党领袖为确立自己在未来中国的地位而展开的一幕幕惊心动魄的斗争。

　　(三)全面描述1949年的中国,时间节点不止于新中国成立,而要后延到1949年最后3个月中国共产党初试执政的情况。

　　(四)浓墨重书两党两军的最高领袖毛泽东与蒋介石的博弈,但对其他领袖、军队将领在此期间的贡献也不回避。

　　根据这个创作思路,确定了共九章的写作提纲,分别是:"1949年的中国新年——失败情绪笼罩南京国民政府""胜利在望的中国共产党——将革命进行到底""中国因素牵动世界神经——美、苏大国着手调整对华政策""围绕和谈的斗争——蒋介石'假和谈''真备战'阴谋破产""没有悬念的最后决战——人民解放军百万雄师彻底摧毁国民党政权基础""建设什么样的中国？——中共高层躬身征询良策""美国为摇摆不定的弃蒋政策付出代价——新中国外交选择'一边倒'""一个新生政权诞生——全世界目光聚焦新中国开国大典""1949年的最后三个月——初试执政拉开中华民族伟大复兴的序幕"。

最后在修改定稿过程中，考虑到本书已定名为《毛泽东完胜蒋介石实录》，从这个角度出发，新中国成立后的历史应该从略，因此，去掉第九章，其主要内容体现在《从转折到起飞》中。

这样来写本书，目的是想向读者全面、系统地展示国共两党及领袖毛泽东与蒋介石围绕新中国的建立展开博弈的历史；向读者展示1949年在全球大背景下国共两党、两军大决战的历史；向读者展示在1949年的中国，两大阵营、两党两军、各民主党派和全国人民，"一边倒"地拥护毛泽东、支持毛泽东，"一边倒"地抛弃蒋介石、反对蒋介石；向读者展示中国共产党取得执政地位是历史的选择、人民的选择，是不可逆转的时代洪流。能否起到这样的作用，敬请广大读者去感觉，作裁定。

在本书即将出版的时候，我真诚地感谢为此做出贡献的有关老师、同学、同事和编辑同志。首先，党校的学习进修促成了选题的确立，有关章节也是在此期间完成的，因此，我发自内心感谢这段校园生活，此作亦算我的毕业论文。还要感谢华文出版社总编辑汪新老师，是他鼓励我产生一股创作的冲动，并勇敢地克服创作中的困难。特别要感谢的是四川人民出版社刘周远总编辑、张明辉总监、罗晓春副编审，他们为本书早日奉献给读者，做出了很大努力。另外，周风珍、王艳、王尧等，为本书能尽早呈现给读者，也付出了许多艰辛，提供了有力支持。

必须指出的是，本书引用的大量史料和研究成果，除了个人的研究、积累外，还借鉴了有关专著中收集的资料和研究成果，在此一并致谢。

限于本人学识，加之时间仓促，书中不足之处在所难免，敬请读者批评指正。

王相坤

2019年9月